DEMOCRACIA HACKEADA

MARTIN MOORE

DEMOCRACIA
HACKEADA

COMO A TECNOLOGIA
DESESTABILIZA OS
GOVERNOS MUNDIAIS

EDITORA HÁBITO
Avenida Recife, 841 — Jardim Santo Afonso — Guarulhos, SP
CEP 07215-030 — Tel.: 0 xx 11 2379-1019
contato: atendimento@editorahabito.com.br — www.editorahabito.com.br
/editorahabito   @editorahabito

■ **DEMOCRACIA HACKEADA**
©2018, de Martin Moore
Título do original: *Democracy Hacked: How Technology is Destabilising Global Politics*
Copyright da edição brasileira ©2022, Editora Hábito
Edição publicada com permissão contratual da Oneworld Publications (Londres, Inglaterra)

Todos os direitos em língua portuguesa reservados à Editora Hábito.

PROIBIDA A REPRODUÇÃO POR QUAISQUER MEIOS, SALVO EM BREVES CITAÇÕES, COM INDICAÇÃO DA FONTE.

■ Todas as citações foram adaptadas segundo o Acordo Ortográfico da Língua Portuguesa, assinado em 1990, em vigor desde janeiro de 2009.

Todos os grifos são do autor.

■ *Editor responsável:* Gisele Romão da Cruz
Editoras-assistentes: Amanda Santos e Aline Lisboa
Tradução: Jurandy Bravo
Revisão de tradução: Andrea Filatro
Revisão de provas: Elaine Freddi
Projeto gráfico: Claudia Fatel Lino
Diagramação: RLUX
Capa: Arte Hábito

■ **1. edição:** jul. 2022

Dados Internacionais de Catalogação na Publicação (CIP)
(Câmara Brasileira do Livro, SP, Brasil)

Moore, Martin
  Democracia hackeada : como a tecnologia desestabiliza os governos mundiais / Martin Moore. -- São Paulo, SP : Editora Hábito, 2022.

  ISBN 978-65-84795-10-5
  e-ISBN 978-65-84795-11-2

  1. Comunicação e política 2. Democracia 3. Política - Aspectos sociais 4. Redes sociais on-line - Aspectos políticos I. Título.

22-110342   CDD-321.8

Índices para catálogo sistemático:
1. Democracia : Ciências políticas 321.8
Eliete Marques da Silva - Bibliotecária - CRB-8/9380

Para Jojo

Sumário

Introdução 9

Parte 1: *Hackers* 19

1. Indivíduos: o modelo livre-extremista 21

2. Plutocratas: o modelo Mercer 65

3. Estados: o modelo russo 109

Parte 2: Falha de sistemas 149

4. As eleições do Facebook 151

5. Anarquia na Googlesfera 189

6. A insustentável leveza do Twitter 226

Parte 3: Futuros alternativos 261

7. Democracia de plataforma 263

8. Democracia de vigilância 299

9. Democracia re-hackeada 331

Agradecimentos 365

Introdução

Há uma fotografia antiga, colorida, mas desbotada, batida no outono de 1974, que mostra a minha família acomodada dentro de um Triumph conversível laranja. Estou no banco traseiro, com 4 anos de idade, usando um chapéu estilo Davy Crockett, de pele e cauda de guaxinim. Aparento sentir frio e certo mau humor. O meu pai e a minha irmã mais velha se espremem comigo no mesmo banco, enquanto o meu irmão caçula, ainda bebê, está sentado no colo da minha mãe, no banco do passageiro da frente. Colado à porta do carro vê-se o cartaz da campanha do meu pai para a eleição prestes a acontecer. Era a segunda eleição dele como candidato — a primeira fora apenas sete meses antes — de modo que saímos para distribuir panfletos, bater de porta em porta e tentar conquistar os eleitores. Duvido que eu tenha sido de grande ajuda, mas o meu pai estava determinado a passar toda a campanha batendo em cada porta de seu distrito eleitoral. Quando — ou melhor, se — alguém abrisse a porta, ele apresentava seus argumentos e ouvia o que as pessoas desejavam de um candidato. O roteiro, se é que podemos chamá-lo assim, era de autoria dele mesmo; a única orientação que recebera do escritório central era um guia nacional de campanha política contendo uma série de declarações gerais do partido.

Aquele mundo está acabando. Não digo isso como uma espécie de *slogan* ostentado por homens-sanduíches anunciando "O fim está próximo". Mas a democracia dos partidos estabelecidos há tempos, da hierarquia rígida e dos partidos de centro enfrenta um colapso. A ideia de que devemos confiar o trabalho de instruir as pessoas acerca das notícias e da política a um grupo exclusivo de veículos de comunicação está desaparecendo. O conceito de representação política esporádica por meio de eleições ocasionais vem perdendo a legitimidade. E a ideia de que podemos ignorar a política na maior parte do tempo — e, em troca, ser ignorados — está se desbotando em um passado cor de sépia.

Quase meio século depois, a campanha política é algo praticamente irreconhecível. As campanhas oficiais são alimentadas por uma central que as supre de montanhas de dados dos eleitores, submetidos a modelos algorítmicos complexos e usados para o envio de mensagens direcionadas com precisão milimétrica aos eleitores mais cobiçados. Você não é mais um morador anônimo da Avenida Belvedere, 43. Centenas de "pontos de dados" o conhecem porque capturam tudo o que você compra, quanto ganha, o que lê, ao que assiste, quem conhece e o que lhe interessa. Misture tudo isso com dados de pesquisas eleitorais, e qualquer candidato saberá se deve rodeá-lo de atenção, pedir-lhe uma doação ou talvez mesmo desencorajá-lo a sair para votar. As campanhas não oficiais — disputadas por indivíduos e organizações abastados, por grupos de pressão e por nós, o grande público ignaro — mudaram ainda mais. Todos nós agora temos acesso a tamanho arsenal de ferramentas digitais que podemos levantar as armas e lutar por uma mensagem própria no mesmo campo de batalha.

A vitória de Donald Trump em 2016 já foi desconsiderada por muitos uma confluência peculiar de circunstâncias, um acontecimento bizarro inserido na lógica dos "cisnes negros" que não se repetirá.[1] Todavia, as surpresas políticas estão se tornando a norma. Antes da eleição de Donald Trump, houve a derrocada do indiano Narendra Modi, em 2014, a vitória espantosa de Rodrigo Duterte nas Filipinas, em maio de 2016, e a votação do Brexit um mês mais tarde. Depois de Trump ocorreram a ascensão de Emmanuel Macron, em 2017, o sucesso registrado

---

[1] O matemático, estatístico e escritor Nassim Nicholas Taleb chama de "cisnes negros" os acontecimentos improváveis de grande impacto, posteriormente submetidos a racionalizações simplistas. [N. do T.]

em dois dígitos de Jeremy Corbyn na eleição do Reino Unido no mesmo ano e a ascensão do Movimento 5 Stelle — M5S na Itália, em 2018. Seria possível dizer que há boas razões materiais para a raiva das pessoas contra o *establishment* político e sua frustração com a ordem financeira global e neoliberal. Ou que essas surpresas são uma resposta contínua à quebra econômica global de 2008 e aos fantasmas gêmeos da mudança climática e da migração em massa. Contudo, já houve raiva e frustração similares antes, com consequências políticas bem mais previsíveis. Não, essas surpresas políticas — e virão mais — não podem ser compreendidas sem o reconhecimento da transformação fundamental dos nossos ambientes de comunicação.

A revolução nas comunicações digitais — o colapso dos veículos de comunicação e a ascensão de plataformas tecnológicas hegemônicas como Google, Facebook e Twitter — vem maltratando as nossas eleições, derrubando candidatos convencionais e matando afogados os partidos de centro. Mais ainda, vem reestruturando a política, corroendo as instituições existentes e remodelando o papel do cidadão. Ela está criando aberturas para quem antes não tinha nenhuma, espaços em que é possível se esquivar das normas, leis e práticas estabelecidas, e oportunidades para a trapaça e a distorção. Para termos alguma possibilidade de determinar o tipo de sistema político que emergirá desse turbilhão, precisamos começar tentando compreendê-lo.

As insurreições políticas de 2011 foram o primeiro sinal relevante da escala de ruptura, embora os governos democráticos tirassem conclusões equivocadas. Em todo o norte da África e Oriente Médio, cidadãos usaram ferramentas digitais como Facebook e Twitter para incubar protestos e coordenar ações coletivas contra governos autoritários e autocráticos. Observando o desenrolar dessas revoluções, os governos democráticos, bem como quem fazia funcionar as plataformas digitais, se felicitaram mutuamente. Erraram ao presumir que suas ferramentas eram inerentemente democratizantes, quando a tecnologia apenas permitia novas maneiras de alcançar objetivos políticos. Aqueles que enxergaram quão poderosas poderiam ser essas plataformas em termos políticos e usaram as ferramentas digitais para correrem atrás de seus objetivos alvos políticos obtiveram benefícios desproporcionais. Não importava se os alvos eram democráticos, autocráticos ou anárquicos.

Governos autoritários, morrendo de medo do que aconteceu naquele ano, tiraram uma lição bem diferente da Primavera Árabe e procuraram abrandar e domesticar a rede. Na Rússia, o governo de Vladimir Putin quis impor a soberania digital, exigindo que todos os dados pessoais de cidadãos russos fossem mantidos dentro do país e obrigando todos os blogues com mais de 3 mil visitantes por dia (pouco maiores que uma conta decente do Instagram) a se registrarem como organizações de mídia regulamentadas. No Irã, o presidente Rouhani deu início à construção de uma internet nacional completa, incluindo sites domésticos locais próprios, com a chancela do governo, sendo que o primeiro estágio se encerrou no fim de 2017. O governo chinês já contava com o Grande *Firewall* e o Grande *Shield* para policiar a rede, mas ampliou e aprofundou seus métodos de controle, promovendo experiências com sistemas ainda mais invasivos, como o Social Credit.

O ano de 2016 deveria ter sido um sinal de alerta para nós. Os velhos sistemas democráticos têm a mesma propensão a serem manipulados. Não se trata de uma questão política partidária, embora haja quem o interprete assim. O ano de 2016 deixou claro que quem buscava conscientemente subverter o *status quo* e usou ferramentas digitais com esse objetivo teve sucesso muito maior do que em qualquer outro ponto ao longo do meio século precedente. Por isso os três tipos de "hackers" que distorceram com sucesso a eleição norte-americana de 2016 — indivíduos, plutocratas e estados estrangeiros — devem ser vistos não como anomalias, mas como modelos para o que virá a seguir. Interpretá-los como modelos nos permite compreender

Introdução 13

como eles fizeram o que fizeram, o que os ajudou nesse sentido e como outros podem fazer a mesma coisa, quer isso signifique o emprego de memes como ferramentas de guerra, a coleta de vastos conjuntos de dados dos eleitores ou o desenvolvimento de sofisticados métodos para segmentação comportamental, quer implique o envenenamento com informações falsas da fonte de água democrática. Esses métodos, como o ecossistema digital de modo geral, não são exclusivos de uma convicção política particular, embora funcionem melhor para quem ocupa os extremos do que para quem se posiciona no centro, para os desejosos de transgredir princípios e convenções políticas e para os dispostos a ignorar normas éticas.

Nenhum dos hackers conseguiria fazer o que fez se a política não tivesse migrado para o on-line. Obtemos informações políticas on-line, curtimos e juntamo-nos a campanhas políticas on-line, doamos para causas políticas on-line, subscrevemos petições on-line e alguns de nós chegamos a votar on-line. Já vimos "a primeira campanha eleitoral no Reino Unido a investir quase todo [seu] dinheiro em comunicação digital", de acordo com o diretor da campanha oficial Vote Leave, favorável ao Brexit, depois do referendo de 2016. Hoje é raro encontrar uma consultoria política que não se venda com base em sua própria habilidade de lidar com dados, comunicação digital e redes sociais. A Cambridge Analytica alcançou a infâmia global pela quantidade de dados pessoais digitais que coletou e usou para selecionar eleitores, mas é pouco provável que tenha sido a única.

Esses modelos poderiam ter permanecido distintos para os Estados Unidos não fosse pelo fato de a política migrar não só para o on-line, mas também para um punhado de plataformas digitais transnacionais. Técnicas e ferramentas pioneiras nos Estados Unidos podem ser experimentadas com facilidade na Inglaterra, Alemanha, Índia, Malásia ou no Brasil. Ainda que o contexto político de cada país seja diferente, as mesmas plataformas de comunicação predominam em quase todos os cenários.

Entre elas, três se sobressaem: Facebook (e as subsidiárias WhatsApp, Instagram e Messenger), Alphabet (sobretudo Google e YouTube) e Twitter. Juntas essas plataformas se converteram na *esfera pública* virtual, ainda que a um mundo de distância do imaginado pelo filósofo alemão Jürgen Habermas, responsável por popularizar a expressão.

Das três, o Facebook se tornou a plataforma preferida de quem almeja um cargo político. Não é difícil entender por quê. Em 2018 o Facebook tinha bem mais de 2 bilhões de usuários ativos e, em alguns países, era quase sinônimo de internet. Em toda a Ásia do Sul e Leste, por exemplo — na Tailândia, em Taiwan, no Sri Lanka, em Singapura, na Malásia, em Mianmar, no Laos e na Indonésia — mais de 8 em cada 10 usuários da internet também estavam presentes no Facebook.

Os sistemas democráticos começaram a sentir essa força em 2012, quando o Facebook se transformou na máquina de propaganda mais poderosa do mundo. Não aconteceu devido a um grande plano maquiavélico, ou porque Mark Zuckerberg acalentasse a ambição de ocupar o cargo de presidente dos Estados Unidos. Foi mais banal que isso. O Facebook necessitava justificar sua valorização e custear a própria ambição de conectar o mundo. Para isso, potencializou seus pontos fortes mais valiosos — alcance, atenção e informação pessoal — para produzir as ferramentas que permitiriam às empresas anunciantes segmentar os consumidores com exatidão e eficiência sem precedentes. Não era a intenção da plataforma de rede social que as mesmas ferramentas fossem utilizadas por partidos, ativistas ou extremistas políticos, ou por quem estava determinado a semear o caos político. Como os cientistas que desenvolveram a fissão nuclear sem preverem a amplitude assustadora da destruição na qual mais tarde ela seria empregada, os engenheiros do Facebook se limitaram a arquitetar o serviço de publicidade mais eficiente que puderam.

Seja como for, talvez esses engenheiros argumentassem, que não foi o Facebook quem desenvolveu o modelo publicitário,

Introdução 15

baseado em vigilância e dirigido ao comportamento, responsável por impulsionar conteúdos e comunicação em rede. Foi o Google que fez isso. Desde 2000, o Google criara com todo cuidado a maior, mais rápida, mais sofisticada, mais automatizada e mais absurdamente complicada superestrutura publicitária de que se tinha notícia. A coisa toda foi construída de modo a minimizar o envolvimento humano e a maximizar o poder latente dos algoritmos e do mercado. A coisa toda era interconectada de modo tão fantástico que um anúncio podia ser direcionado a qualquer um, onde quer que essa pessoa estivesse no mundo, onde quer que ela estivesse na *web*, via a mensagem com maior probabilidade de induzi-la a clicar, ao custo mais baixo possível. Do ponto de vista do anunciante, parece fabuloso. Do ponto de vista da democracia, a perspectiva de um propagandista, seja qual for sua convicção, de conseguir atingir o eleitor mais suscetível (ou vulnerável), no momento mais oportunista com a mensagem mais provável de instigar uma reação, é bem menos atraente. O sistema era tão abrangente e isento de atrito que não conseguia distinguir com facilidade um anúncio vendendo creme para o rosto de outro vendendo o fascismo.

Quanto mais rápidos e mais virtuais se tornaram a nossa comunicação política e os nossos sistemas de informação, mais leves eles ficaram, esvoaçando o tempo todo para manter o compasso da nossa atenção inconstante. À medida que consumimos informações e notícias com mais rapidez, deslizando a tela do Twitter, mergulhando no Instagram, entrando e saindo do WhatsApp, perdemos a noção do que tem e do que não tem substância. Ao mesmo tempo, por trás de tudo isso, os nossos mecanismos necessários, imperturbáveis, mas falhos para dar as notícias e separar o que tem peso do que não tem, murcharam e secaram.

Quando começaram a avaliar a extensão da ruptura política causada pelas plataformas digitais nos anos posteriores a 2016, os governos democráticos patinaram ao tentarem encontrar maneiras de reagir. Alguns alimentaram a esperança de que o mercado agisse como mecanismo de autocorreção. Outros resolveram que era hora de o Estado entrar em campo e assumir maior controle da rede. A verdadeira questão é: Para onde irão as democracias a seguir? Com base no modo como reagiram até agora, temos a impressão de que se fragmentarão em três direções: rumo à *democracia de plataforma*, à *democracia de vigilância*, e à *democracia digital* reformatada — "re-hackeada". Na primeira, as plataformas digitais se tornarão ainda mais poderosas que hoje, a ponto de passarem a ser portas de entrada não só para serviços comerciais, mas também para serviços públicos como assistência médica, educação e transporte. Nesse cenário, trocar a plataforma digital no futuro pode ter um efeito maior sobre a vida dos cidadãos do que trocar-lhes o governo eleito. No segundo cenário, o Estado atribuirá muito mais poder a si próprio, de modo a ter capacidade bem maior de observar, estimular e direcionar os cidadãos. Nesse modelo, muitas das liberdades de que os cidadãos desfrutam hoje ficarão necessariamente bem mais restritas. Essas duas direções — rumo a um governo enfraquecido ou a um Estado todo-poderoso — há muito são vistas como fragilidades inatas da democracia. Ainda em 1861, no início da Guerra Civil norte-americana, Abraham Lincoln perguntou ao Congresso se havia "em todas as repúblicas essa fraqueza inerente e fatal". "O governo, por necessidade, deve ser forte demais na defesa das liberdades de seu povo", indagou ele, "ou fraco demais para manter a própria existência?" A revolução das comunicações digitais e a ascensão das gigantes de tecnologia conferem urgência a essa questão mais uma vez.

Existe uma terceira direção, rumo à democracia "re-hackeada" para a era digital. Quem deseja seguir nesse sentido precisará repensar o que o termo democracia — "talvez a palavra mais promíscua no mundo dos assuntos de interesse público" — quer dizer de fato e quais de seus aspectos necessitam de proteção. Resolvido esse problema, as pessoas precisarão reformar radicalmente seus sistemas políticos atuais e redistribuir o poder de

Introdução 17

forma tal que desagradará muita gente ocupando cargos eletivos. Isso significará eleger líderes políticos dotados de prudência, bravura e perspicácia.

Estamos em uma "encruzilhada crítica", como chama o estudioso das comunicações Robert McChesney. Um número crescente de pessoas vem reconhecendo que os sistemas políticos democráticos não funcionam mais como deveriam. De semelhante modo, temos constatado que as plataformas digitais, que imaginávamos sustentarem e aprimorarem esses sistemas, na verdade os corroem e os remodelam pouco a pouco. Governos democráticos e estrategistas políticos chegaram tarde a essa constatação, motivados pela evidência crescente de abuso político de suas plataformas. No entanto, ao se inteirarem desse abuso, apesar da compreensão limitada, eles reagiram coletivamente e mais que depressa. "Um pequeno aprendizado", escreveu o poeta Alexander Pope em 1709, "é coisa perigosa: / Beba de uma vez ou não prove do manancial piério." Assim acontece com as reações dos governos a essa encruzilhada crítica. Alguns farejam os perigos da ruptura digital e disparam na direção errada. Outros investem mais responsabilidade nas plataformas, confiando que elas descobrirão como corrigir a política na esfera digital. Seguir em qualquer uma dessas direções acelerará a extinção da democracia liberal e inaugurará uma nova era política: talvez mais eficiente e conveniente, mas também menos tolerante, indulgente e livre. Podemos enveredar por um caminho diferente, em que permitimos à democracia progredir de modo a se beneficiar da tecnologia digital, mas sem ser por ela dirigida, um caminho em que renovemos a fé das pessoas na eficácia dos sistemas políticos democráticos. Mas isso só será possível se agirmos agora.

Parte 1

HACKERS

CAPÍTULO 1

Indivíduos:
o modelo livre-extremista

Danem-se as regras! Somos fortes — nós caçamos!
Se houver uma fera, iremos atrás dela até abatê-la! Fecharemos o
cerco e a encheremos de pancadas e mais pancadas!
William Golding, *O senhor das moscas*

Nas semanas que antecederam as eleições de setembro de 2017 para o *Bundestag*, o parlamento da República Federal da Alemanha, um grupo de extremistas alemães conspirou *on-line* para promover o apoio ao partido de extrema-direita Alternative für Deutschland (AfD) e eliminar os votos para seus oponentes tradicionais. Mais de 5 mil deles eram membros de um canal de bate-papo da internet, privado e anônimo, chamado Reconquista Germania. Nele discutiam como usar a tecnologia a fim de coordenar suas atividades, como sequestrar a pauta das mídias sociais, assediar políticos consagrados, atacar a mídia tradicional, sincronizar investidas contra as redes sociais e promover a normalização de linguagem e imagens de ódio prejudiciais ao debate político.

Quando estava pronto para agir, no início de setembro de 2017, o grupo anunciou em publicamente que "declarava uma guerra de memes contra os degenerados do parlamento".[1]

---

[1] HAMMERSTEIN, Konstantin von; HÖFNER, Roman; ROSENBACH, Marcel. Right-wing activists take aim at German election. **Der Spiegel**, 13 September 2017.

"*Blitzkrieg*[2] contra os velhos partidos!", gritou on-line um dos integrantes do grupo. Outro conclamou ao ataque contra os escritórios do veículo de imprensa alemão *Der Spiegel*. Em um canal separado da internet chamado #Infokrieg ou Infowar, havia salas de bate-papo dedicadas ao desenvolvimento de propaganda política extremista e à discussão de estratégias para manipular o Twitter. Paralelamente, em um imageboard[3] on-line do site 4chan, usuários alemães construíram uma biblioteca de imagens incendiárias com *slogans* prontos para serem disseminados pelas mídias sociais. Em uma seção do subfórum alemão denominado "meme jihad", relatou o site Buzzfeed, membros postaram links de vídeos do YouTube explicando como viralizar conteúdos extremistas.[4] Algumas das imagens usavam *anime* japonês e muitas incluíam a personagem Pepe, o sapo, enquanto outras faziam deliberada referência à imagística nazista e antissemítica. Em local diferente do mesmo site, como descobriram pesquisadores do Institute for Strategic Dialogue (Instituto para o Diálogo Estratégico – ISD em inglês), os membros compartilhavam "recursos para operações psicológicas" a serem utilizados durante a campanha eleitoral alemã de 2017, "tais como um 'passo a passo de como manipular narrativas' com link para os manuais estratégicos do serviço de inteligência britânico sobre fraude e perturbações"[5].

Embora em número limitado, esses extremistas conseguiram causar um impacto danoso e distorcido à eleição alemã. Derrubaram um político ambicioso, promoveram "vídeos patrióticos" ao topo das exibições via YouTube e manipularam as mídias sociais repetidas vezes. "Nas duas semanas de

---

[2] Ataque relâmpago. [N. do R.]

[3] Fórum de discussão baseado na postagem geralmente anônima de imagens. [N. do T.]

[4] SCHMEHL, Karsten; MBOUNDZA, Saba; LYTVYNENKO, Jane; BRODERICK, Ryan. Trolls are trying to hijack the German election by copying Trump supporters. **Buzzfeed**, 4 September 2017.

[5] DAVEY, Jacob; EBNER, Julia. **The Fringe Insurgency: Connectivity, Convergence and Mainstreaming of the Extreme Right.** Institute for Strategic Dialogue, 2017.

arrancada final da eleição", o ISD descobriu, "não se passou um só dia em que a *hashtag* #AfD não estivesse entre os dois *top trending* na Alemanha". O objetivo era não apenas mobilizar a extrema-direita, mas também militarizar o discurso político on-line, sufocar outras vozes e reprimir os eleitores dos partidos tradicionais. No começo de setembro, antes que se intensificasse a atividade desses grupos, o AfD ocupava o quinto lugar nas pesquisas. Ficou em terceiro na eleição, tendo recebido 13,3% dos votos, superando a maior parte das pesquisas e expectativas e permitindo a um partido da extrema-direita entrar no Bundestag pela primeira vez desde 1961.

Se fosse um feito singular, poderíamos ignorá-lo e presumir que não se repetirá em nenhum outro lugar. Todavia, as estratégias e técnicas haviam sido empregadas antes de setembro de 2017 e continuam sendo desde então. Tornaram-se parte de um conjunto de ferramentas utilizado por ideólogos, mercenários e pela infantaria política na tentativa de hackear a política e as eleições democráticas. Embora essa caixa de ferramentas venha sendo adotada com entusiasmo e vigor pela extrema-direita, não é exclusiva de um país ou de uma ideologia política específica. Na verdade, muitos dos métodos são simples e acessíveis a qualquer um com tempo e propensão. Como chegamos aqui? Como nos encontramos em um lugar no qual processos e normas democráticos degeneraram em conflito aberto de um extremo ao outro das plataformas digitais? Um lugar no qual candidatos em campanha negociam manuais de guerras psicológicas, discutem técnicas de espionagem de código aberto e conversam sobre batalhas de memes; um lugar no qual as pessoas produzem no quarto em que dormem exércitos de computadores interligados para ataques cibernéticos, e no qual candidatos on-line correm para "se apoderar da narrativa política" ou para inundar a esfera pública digital da própria perspectiva hipersectária.

A fim de compreender para onde devemos ir, precisamos seguir o fio da meada de volta até antes dos ciclos eleitorais de

2016-17, antes do desenvolvimento das redes sociais, antes até da invenção da World Wide Web. Retorne por esse caminho e descubra que ser capaz de navegar pelas normas e valores atuais da sociedade, de coordenar a ação coletiva com rapidez e de corroer as estruturas de poder existentes foram coisas forjadas no interior das estruturas originais da internet. Claro, na época não existia a ideia de que agir desse modo era algo político — no sentido atribuído ao termo pelo mundo real. Apenas era assim que se fazia as coisas na rede. O ciberespaço existia apartado do mundo real — o espaço físico da existência humana. No ciberespaço, as decisões eram tomadas de maneira diferente; as comunidades se autogovernavam e criavam as próprias regras; Estados e corporações exerciam pouco controle. Dos primeiros colonizadores do ciberespaço, um pequeno número previu que a população virtual logo concorreria com a do mundo real, ou mesmo a suplantaria. Poucos pensaram que as práticas e crenças de governo dessas comunidades on-line se cristalizariam em ideologias. E teria sido anátema para eles imaginar que essas comunidades on-line algum dia começariam a brigar umas com as outras, ou que essas batalhas respingariam na política tradicional, ou, ainda — Deus nos livre!, — que os sistemas democráticos poderiam, em consequência, ser derrubados. De fato, quem subscreveu aos ideais do ciberespaço — os engenheiros, os idealistas e os donos de grandes terras digitais no mundo dos DeLorean e dos Space Invaders da década de 1980 — se caracterizava pelo otimismo digital. O futuro que eles conceberam era uma utopia.

*

Em novembro de 1984, em uma velha base militar junto a Rodeo Lagoon, ao norte de São Francisco, 150 hackers se reuniram para uma conferência de três dias organizada por Stewart Brand e Kevin Kelly. Fazia mais de uma década que Brand publicara a última edição do icônico Whole Earth Catalog, em 1971, e ele acabava de embarcar no projeto novo de catalogar o mundo

Indivíduos: o modelo livre-extremista 25

florescente do software de computador. O Whole Earth Catalog original, organizado por Brand a partir de escritórios localizados em Menlo Park entre 1968 e 1971, era uma miscelânea repleta de dicas contraculturais do tipo "como fazer" acompanhadas de uma pitada de consumismo e utopia tecnológica, tudo isso amarrado em um enorme volume impresso. Conseguia combinar de tudo um pouco, desde como consertar um Volkswagen até o cultivo da própria maconha, passando pela confecção de um estojo de pele de veado para acondicionar a nova calculadora Hewlett-Packard. Era como uma versão primitiva da rede hiperconectada, só que impressa. Ou, como disse Steve Jobs, fundador da Apple, em 2011: "Era uma espécie de Google em versão brochura".

Para alguém que teve influência tão profunda no mundo moderno, impressiona como Stewart Brand é pouco conhecido fora do Vale do Silício. Em três décadas, ele conseguiu por três vezes reunir segmentos culturais aparentemente díspares e dar coerência à voz de uma nova geração: no fim da década de 1960, com seu Whole Earth Catalog; na década de 1980 por meio da conferência de hackers e do Whole Earth'Lectronic Link; e na década de 1990 com a revista *Wired* (mais uma vez organizada junto com Kevin Kelly). Brand sintetizou, tanto em quem era quanto no que fez, a "ideologia californiana" de aspecto contraditório — como definida por Richard Barbrook e Andy Cameron em 1995 — do casamento entre a geração alternativa livre de preocupações relativas à inovação tecnológica e o empreendedorismo de livre mercado.[6]

Quando organizou a primeiríssima conferência de hackers em 1984, Brand queria saber como os ideais que conseguira concatenar no Whole Earth Catálogo se aplicavam ao mundo dos computadores. Investigava se o espírito dos Merry Pranksters[7]

---

[6] BARBROOK, Richard; CAMERON, Andy. The Californian ideology. **Mute**, 1 September 1995.

[7] Ou "Os arruaceiros felizes": assim ficou conhecido o grupo de amigos e colegas do escritor Ken Kesey, autor de "Estranho no Ninho", que na década de 1960

da década de 1960, que captara e imprimira em papel, refletia-se na ética e sensibilidade da crescente comunidade de *geeks* convertidos ao empreendedorismo. Em particular, tentava descobrir se esses hackers adotavam a "Ética *Hacker*" descrita em um novo livro de Steven Levy.[8] O autor, que também esteve presente na conferência — observando muito nervoso os participantes folhearem seu livro recém-impresso — identificara seis princípios éticos, desde "O acesso a computadores [...] deve ser ilimitado e completo" até "Os computadores podem mudar a sua vida para melhor". Houve identificação com todas. Mas a que melhor traduzia a ideologia hacker, que mesclava cada um dos *geeks* a um coletivo maior e se provaria a mais revolucionária, era a segunda: "Toda informação deve ser livre". Como Fred Turner escreve em *From Counterculture to Cyberculture* [Da contracultura à cibercultura]: "Como a energia mística que deveria circular entre as comunidades do movimento 'de volta à terra', unindo seus integrantes uns aos outros, a informação deveria circular abertamente entre a comunidade de hackers, libertando-os ao mesmo tempo para agirem como indivíduos e unindo-os em uma comunidade de mentalidades semelhantes".[9] "Informação", conforme descrita por Levy, refere-se a código, e "livre", a seu fluxo pelo sistema computacional, não a quanto ele custa. De fato, alguns dos hackers da conferência enfatizaram que "livre" não significava que estavam impedidos de cobrar pelo próprio trabalho. Brand tentou fazer essa distinção quando disse aos participantes que, "de um lado, a informação pede para ser cara, pois é muito valiosa. [...] Por outro lado, ela quer ser

---

resolveu residir em um ônibus escolar de 1939 pintado com cores psicodélicas e abastecido de LSD e outras drogas. [N. do T.]

[8] Levy, Steven. **Os heróis da revolução:** como Steve Jobs, Steve Wozniak, Bill Gates, Mark Zuckerberg e outros mudaram para sempre as nossas vidas. São Paulo: Évora, 2012.

[9] Turner, Fred. **From Counterculture to Cyberculture: Stewart Brand, the Whole Earth Network, and the Rise of Digital Utopianism.** Chicago: University of Chicago Press, 2006.

Indivíduos: o modelo livre-extremista 27

livre e gratuita, pois o custo para obtê-la está se tornando cada vez menor". Todavia, como acontece com ideias poderosas, essa distinção logo se perdeu, restando apenas a convicção de que "toda informação deveria ser livre" como o primeiro princípio constante do catecismo dos cidadãos da internet, ou internautas.

Quando a comunidade hacker surgiu, na década de 1970 e início da de 1980, John Perry Barlow escrevia letras para a banda Grateful Dead e mexia com gado na empresa Bar Cross Land and Livestock Company, em Wyoming. Você jamais imaginaria que, entre escrever letras de música e administrar uma fazenda de gado, Barlow se tornaria um migrante precoce do ciberespaço. Não fosse por Steward Brand, é provável que isso não tivesse acontecido. No entanto, logo depois da conferência dos hackers, Brand e Larry Brilliant abriram o Whole Earth 'Lectronic Link, ou WELL. Era basicamente um bulletin board primitivo, baseado em comandos de texto, no qual os assinantes podiam postar tópicos para outras pessoas responderem. Enquanto Brilliant resolvia a questão da tecnologia, Brand congregava a comunidade. Dada sua rede social generosa, essa comunidade acabou sendo composta por uma mistura eclética de hackers, jornalistas, escritores, músicos e letristas. De maneira muito parecida com as comunidades da década de 1960, Brand quis que a sua fosse aberta, irrestrita e se autogovernasse. Barlow se sentiu cativado por ela de imediato, tendo se juntado a David Gans, do Grateful Dead, no WELL em 1987. O ciberespaço, achava Barlow, era um território novo, inexplorado, uma "fronteira eletrônica". Ali ele teve a oportunidade de experimentar "o gesto nobre, humano em essência, de saltar para o interior da vastidão inexplorada", de partir rumo ao oeste em busca de ouro e glória: coisa que seus pais e avós tinham feito no mundo físico, mas que até então fora negada à geração dele. Agora, "outra fronteira se escancara à nossa frente", escreveu Barlow cheio de entusiasmo. "Essa fronteira, do mundo virtual, oferece oportunidades e perigos como nenhuma outra. Ao cruzá-la, estamos nos envolvendo com o que provavelmente

28 DEMOCRACIA HACKEADA

se provará o evento tecnológico mais transformador desde que o homem aprendeu a dominar o fogo."

Barlow foi de tal forma arrebatado pela ideia do ciberespaço como terra inexplorada na qual ele e seus companheiros de aventuras poderiam se estabelecer que chegou a se ofender quando o velho mundo se intrometeu no novo. Em 1990, quando uma pequena editora de jogos quase fechou depois que o serviço secreto norte-americano fez uma batida em seus escritórios e acessou seus e-mails à procura de um documento (que não estava lá), Barlow e mais duas pessoas do WELL abriram a Electronic Frontier Foundation — com o intuito de proteger as liberdades civis no ciberespaço. Seis anos mais tarde, quando o governo dos Estados Unidos tentou aprovar uma lei que puniria a troca de mensagens "obscenas ou indecentes" entre menores de 18 anos, Barlow redigiu sua famosa Declaração de Independência do Ciberespaço. "Governos do mundo industrial, gigantes enfadonhos de carne e aço, eu venho do ciberespaço, o novo lar da mente", escreveu ele em tons "jeffersonianos". "Em prol do futuro, peço a vocês do passado que nos deixem em paz. Vocês não são bem-vindos entre nós. Não têm soberania onde congregamos".[10] Apesar da gravidade das palavras, Barlow as rabiscou no curso de uma noite em Davos, em pleno Fórum Econômico Mundial, entre passos de dança com pós-graduandos.[11] Ele publicou seu texto on-line da Suíça e, apesar da era pré-redes sociais, a mensagem viralizou. Mesmo naquele estágio inicial de evolução, a ideia de que a rede era um mundo novo a ser governado por seus habitantes segundo regras diferentes das do velho mundo exercia grande e irresistível fascínio. A mensagem era tão poderosa que deu à luz o segundo princípio do catecismo da

---

[10] BARLOW, John Perry. A Declaration of the Independence of Cyberspace. **Electronic Frontier Foundation**, 8 February 1996. Disponível em: www.eff. org/cyberspace-independence. Acesso em: 28 set. 2021, 19:12:21.

[11] BARLOW, John Perry. Is cyberspace still anti-sovereign? **California Magazine**, April 2006.

Indivíduos: o modelo livre-extremista 29

rede — a de que os habitantes do ciberespaço deviam ser soberanos na própria terra.

Não muito tempo depois de Barlow apresentar essa declaração, como ele previra, aconteceu uma corrida do ouro na internet. Empreendedores digitais, blogueiros e exploradores de jazidas correram a ocupar a terra recém-descoberta. Em meio a comerciantes, gente que se autopromovia e inovava, havia pioneiros querendo estabelecer novas comunidades. Alguns deles usaram como ponto de partida os primeiros bulletin boards das décadas de 1980 e 1990, embora cada comunidade se definisse pelas propensões pessoais de seus fundadores e por quem escolhesse nela se fixar. Alguns sites evoluíram do formato baseado em texto dos bulletin boards para os weblogues iniciais, como o Memepool (1998); outros se distinguiram por dar às pessoas a liberdade de postarem imagens e texto, como o Fark (1999) e o Something Awful (1999). Houve um site criado poucos anos mais tarde, no verão de 2003, por Chris Poole, o "discutível". Chamava-se 4chan e tinha um aspecto igualmente básico e caseiro, apesar de algumas características distintas, as quais, mais tarde, viriam a fazer toda a diferença.

*

É impossível explicar o impacto político subsequente da comunidade 4chan e dos métodos que seus membros conceberam sem entender como o site opera. Sua arquitetura e seu funcionamento são indissociáveis tanto do modo como ele foi politizado quanto do impacto político que causou a seguir.

O 4chan é um imageboard. Significa que, para adicionar alguma coisa ao site, você precisa publicar uma imagem (ou vídeo), em torno da (ou do) qual pode acrescentar comentários. As pessoas podem, então, responder à postagem com um comentário ou outra imagem e o respectivo comentário. Não existem outros modos de resposta. Não se pode, por exemplo, curtir uma publicação como no Facebook, ou lhe dar um voto positivo como no Reddit, ou retuitá-la como no Twitter. Se ninguém responder nada, sua postagem desaparece rápido — muito rápido, na verdade — sob as postagens posteriores que vão sendo feitas. Em 2011, um estudo acadêmico descobriu que a maior parte dos threads permanecia na *home page* apenas 5 segundos, e no site, menos de 5 minutos.[12] Quando as postagens desaparecem, é para sempre. Vez ou outra, threads memoráveis são capturados por outro site — a Encyclopedia Dramatica —, mas inexiste qualquer arquivo oficial (decisão tomada na origem com o intuito de poupar espaço no servidor). Sua publicação só volta a subir se alguém responder, transportando-a de novo para o alto da página. As postagens são anônimas — sem pseudônimos; são anônimas de fato. Há um espaço onde quem posta consegue acrescentar um nome, mas poucos o fazem, preferindo que lhe seja atribuída uma ID alfanumérica aleatória a cada thread específico, aliada ao nome *default* conferido a cada usuário — "*Anonymous*". Se a pessoa participar de nova discussão, recebe nova ID. No começo do site havia uma página chamada /b/ para publicações aleatórias. Representava, e continuou sendo assim na maior parte da primeira década do 4chan, "o coração do website".[13]

O biólogo evolucionista Richard Dawkins cunhou o termo "meme" em 1976. Pelo que escreveu o autor, designava a informação que se propaga pela cultura humana feito um vírus, "como genes que se espalham pelo acervo genético". Enquanto se disseminam, evoluem e passam por mutações. De fato, o termo em si se desenvolveu de modo a ser aplicado a imagens — com frequência acompanhadas por texto — que se difundem, ou viralizam, on-line. A estrutura do 4chan era incrivelmente adequada

---

[12] BERNSTEIN, Michael; MONROY-HERNÁNDEZ, Andrés; HARRY, Drew; ANDRÉ, Paul; PANOVICH, Katrina; VARGAS, Greg. 4chan and /b/: An Analysis of Anonymity and Ephemerality in a Large Online Community. **Proceedings of the Fifth International AAAI Conference on Weblogs and Social Media.** Menlo Park, CA: AAAI Press, 2011.

[13] POOLE, Christopher "moot". The case for anonymity online. **TED Talk**, February 2010.

para a produção desses tipos de *meme*. Imagens publicadas no site evoluíam ou morriam. Os memes eram julgados exclusivamente com base em seu conteúdo, não em seu contexto (pois não havia nenhum) ou autor (pois esse dado era desconhecido). Reproduziam-se os bem-sucedidos. "A piada", disse Chris Poole a um entrevistador em 2009, "está em que uma publicação no 4chan é a republicação de uma republicação de uma republicação. [...] É a sobrevivência do mais apto. Ideias transportadas para o dia seguinte são dignas de ser repetidas."[14] Sem o constrangimento da própria *persona* da vida real ou das normas da sociedade, os usuários podiam experimentar em total liberdade. Como ninguém poderia ser dono de um meme, o caráter intrínseco de sua produção e adaptação era colaborativo — a partir de uma verdadeira tempestade de ideias. Essa estrutura, desde que associada a uma comunidade grande o suficiente, estava fadada a criar conteúdo viral. E a comunidade, iniciada com 20 amigos de Poole, chegou a 3,2 milhões de usuários em 2008 e a 9 milhões em 2011. Grande número de usuários significava muitas postagens e a evolução frenética de imagens. Em 2010, o cientista da computação do MIT Michael Bernstein e seus colegas descobriram que os usuários do 4chan adicionavam 400 mil postagens por dia. Quatro em dez não recebiam nenhuma resposta, e a vida útil média de um thread não atingia os 4 minutos. O site se convertera, nas palavras de Poole, em uma "fábrica de memes". De acordo com Whitney Phillips, que estuda a "trolagem" on-line desde 2008, entre 2003 — ano da fundação do 4chan — e 2011, cada meme criado na internet (ou ao menos por ela amplificado) brotou da página /b/ do 4chan ou de endereços a ele relacionados.[15] Fenômenos globais

---

[14] POOLE, Chris. Interview. **Fimoculous,** 18 February 2009. Disponível em: http://fimoculous.com/archive/post-5738.cfm. Acesso em: 29 set. 2021, 14:57:43.

[15] PHILLIPS, Whitney. **This Is Why We Can't Have Nice Things: Mapping the Relationship Between Online Trolling and Mainstream Culture.** Cambridge, MA: MIT Press, 2015.

como imagens engraçadas de gatinhos e o Rickrolling (o ato de publicar o link de um vídeo de Rick Astley cantando "Never Gonna Give You Up", ou "Nunca vou abrir mão de você", em português) surgiram no 4chan, bem como negócios lucrativos como ICanHasCheezburger e 9GAG.[16] Em certos sentidos, a estrutura do 4chan se conformava perfeitamente ao modelo de inovação do Vale do Silício — experimentar, testar, desenvolver. Ou, para roubar o etos condutor original do Facebook, seja rápido e quebre coisas. De semelhante modo, esse método resultou em memes confeccionados sob medida para a economia da atenção das redes sociais — garantindo o envolvimento das pessoas e sua reação. Ainda assim, fosse o 4chan uma simples fábrica de memes, sua influência política teria sido limitada. Foi a cultura do site, aliada à produção de memes, que lhe conferiu poder de destruição.

★

Narrativas de como tudo começou são vitais para o estabelecimento da cultura. Sergey Brin e Larry Page, do Google, são engenheiros meio *nerds,* mas brilhantes, e o Google é conhecido como a empresa de engenheiros meio *nerds* e brilhantes. O Twitter foi montado em São Francisco por um grupo de jovens de 20 e poucos anos, caóticos e insones, incapazes até mesmo de decidir que propósito ele teria. Uma década depois de sua invenção, isso ainda não tinha mudado muito. Com o 4chan não foi diferente. Chris Poole — meio que um cruzamento entre Ferris Bueller e seu amigo grandalhão Cameron Frye — tinha 15 anos em 2003, morava com os pais e passava grande parte do tempo na internet. Poole era fã de *animes* japoneses e publicava com regularidade em um site denominado Something Awful (subfórum do Anime Death Tentacle Rape Whorehouse). Dando vazão à curiosidade, deparou-se com um imageboard japonês

---

[16] ICanHasCheezburger é um *site* muito popular de imagens e vídeos; já o 9GAG é humorístico e faz uso abundante de vídeos, imagens e *memes.* [N. do T.]

Indivíduos: o modelo livre-extremista   33

popular — o 2chan — cujas velocidade e criatividade ultrapassavam tudo o que havia nos Estados Unidos na época. Assim, como ele próprio conta, Poole pegou o código do 2chan e usou para construir o 4chan. Fez algo que sabia ser de seu agrado — e de outros como ele, presumiu. Poole não estava interessado em se tornar líder da comunidade, mas em participar dela. Acontece que havia muitos usuários como ele mundo afora, que não se ofendiam com coisas como o Anime Death Tentacle Rape Whorehouses.

A cultura do 4chan é tóxica, e de propósito. A necessidade de chocar para ser notado, a desinibição criada pelo anonimato e a predominância de rapazes jovens e competitivos no site levaram rapidamente a uma cultura consciente de ser ela própria ofensiva, dada a romper tabus e a transgredir. Como qualquer um podia postar no site e toda postagem era anônima, o único modo de criar uma comunidade distinta era por meio de atitude e comportamento. O caráter ofensivo, voltado em especial contra mulheres, judeus, a comunidade LGBT e os não brancos, transmitia uma mensagem bem clara: se você se ofendia com misoginia, antissemitismo, homofobia ou racismo, não era bem-vindo. Isso também explica o uso que faziam de termos como "bicha" e correlatos para descrever pessoas ("bicha nova", "bicha velha", "veado inglês") e referências frequentes a estupro e assassinato. Usuários argumentam que a linguagem usada tinha como objetivo causar impressão e não devia ser levada a sério. Quem faz isso, alegam eles, desconhece a "lei de Poe" da internet. Esta declara "que é difícil distinguir extremismo de sátira ao extremismo em discussões on-line a menos que o autor indique sua intenção com muita clareza".[17] Ou, em outras palavras, desprovida de contexto, a linguagem poderia ser ou irônica ou séria.

---

[17] Milner, Ryan M. **The World Made Meme: Public Conversations and Participatory Media.** Cambridge, MA: MIT Press, 2016.

Tudo aquilo era apenas "farra", como diriam os usuários, conhecidos como *4channers*.

"Farra" aqui é *lulz* (adaptado de *lol*), o termo usado com mais frequência para descrever a cultura da comunidade 4chan (e seus genitores). Isso também explica por que essa subcultura tóxica não permaneceu em um canto isolado da *web*, mas se espalhou e acabou infectando quase toda a esfera pública on-line. Os falantes de alemão e de inglês britânico entendem melhor o sentido de *lulz* que os norte-americanos. Em alemão, a palavra *Schadenfreude* é a melhor comparação — significa "sentir prazer na aflição alheia". Em inglês, é rir às custas de alguém. No 4chan, significava jogar pedras em alguém de fora da comunidade, depois desfrutar coletivamente da reação angustiada ou raivosa. Quanto mais nocivo o ataque e quanto mais emocional a reação, maior o *lulz*. Por definição, trata-se de uma forma destrutiva e niilista de prazer. De novo, no entanto: a estrutura do site ajuda a explicá-la. Quando se verifica como eram poucos os laços comunitários unindo os usuários do 4chan e quão dissociados eles estavam uns dos outros na vida real, começa-se a entender por que a destruição coletiva se tornou um aglutinador tão essencial. Já lhe aconteceu de conspirar com um grupo de pessoas para fazerem algo que você sabe que vai contra as regras ou rompe convenções sociais? A maioria de nós já fez isso, ao menos uma vez na vida. Se também lhe aconteceu, você sabe que, realizada a façanha, você se torna cúmplice de seus coconspiradores e partilha com eles um laço comum, mesmo que vocês mal se conheçam.

Em busca do *lulz*, a comunidade 4chan desenvolveu uma série de métodos e técnicas que tinham ao mesmo tempo grande efetividade e enorme capacidade de expansão. Coordenavam incursões contra outras comunidades, inundando um vídeo do YouTube com comentários ou imagens, indo para cima de alguém no Twitter ou manipulando votos em uma publicação on-line — o que ficou conhecido como *"brigading"*

Indivíduos: o modelo livre-extremista 35

(ou "formação de brigadas", em português). Apoderavam-se de informações muito pessoais do perfil de alguém com conta no Facebook ou no MySpace e as enviavam para todos os contatos, ou apenas publicavam na *web* — procedimento conhecido como "doxxing" (neologismo surgido a partir de *docs*, em inglês). Em uma investida inicial bastante conhecida, um 4*channer* encontrou no MySpace uma estudante de ensino médio que não tornara privadas as suas fotos — incluindo algumas em que aparecia nua.[18] Ele e seus companheiros então publicaram o dossiê particular da moça — pegaram todas as suas fotos nua, postaram em toda parte da conta que ela mantinha no MySpace e as enviaram para todo o mundo que constava no catálogo de endereços dela, incluindo seus professores e seus pais. Apenas por farra, ou *lulz*. Técnicas como, por exemplo, a DDoS (Distributed Denial of Service), foram publicadas nas páginas do 4chan para que os integrantes do site pudessem se juntar aos ataques coletivos. A DDoS acontece quando quantidades absurdas de solicitações são feitas a um servidor a ponto de provocar o colapso temporário do sistema. Um usuário do 4chan sugeria um site e, se outros usuários concordassem em que ele deveria ser atacado, passavam todos para um canal IRC (basicamente uma janela de mensagens instantâneas em grupo) e planejavam a investida. Também encontravam grande prazer em manipular sistemas on-line. Em 2009, a comunidade 4chan manipulou os 21 primeiros lugares da enquete *Time* 100 Reader Poll, com Chris Poole como vencedor. Em cada caso, descobriram que, trabalhando como coletividade, eles eram capazes de provocar o caos para em seguida recuar e cair na gargalhada. Como mais tarde disse um meme anônimo: "Porque nenhum de nós é tão cruel quanto todos nós juntos".

---

[18] Beyer, Jessica L. **Expect Us: Online Communities and Political Mobilization.** New York: Oxford University Press, 2014.

Até quase 2007, a maior parte dessas ofensivas acontecia em pequena escala: indivíduos atacavam por impulso, adolescentes aprontavam com pessoas ou organizações contra os quais os *4channers* se posicionavam (enviando pizzas ou táxis indesejados, páginas de fax inteiramente pretas ou fazendo trotes). De vez em quando a comunidade unia esforços para praticar uma boa ação (como mandar flores ou doações via *crowdsourcing*). Duas coisas desviaram a comunidade e seus métodos para um estágio muito maior: a mídia tradicional e a Igreja da Cientologia. Em 27 de julho de 2007, a Fox News publicou uma reportagem em que os usuários anônimos do 4chan eram descritos como "hackers sob o efeito de esteroides" e uma "máquina de ódio da internet". Como Whitney Phillips demonstra em sua cuidadosa análise do papel da mídia tradicional na construção da reputação dos Anonymous, essa e outra cobertura posterior semelhante fizeram o deleite do 4chan. Infâmia era justamente o que os usuários do site desejavam. A cobertura televisiva promoveu o trabalho deles, levou novatos para a comunidade e atribuiu aos usuários poderes mágicos para manipular a rede. Quanto mais a mídia tradicional fazia sensacionalismo a respeito do 4chan e o declarava a fonte de todo mal, mais a comunidade ria das afirmações empoladas e melodramáticas acerca deles, ao mesmo tempo em que desfrutavam da crescente reputação.

A investida contra a Igreja da Cientologia começou como diversas outras que a precederam. Em 15 de janeiro de 2008, às 7h37 da noite, um usuário do 4chan publicou a imagem do logo da Igreja e lhe deu o título simples de "Ataque contra a Cientologia?". O catalisador foram as tentativas da Igreja de censurar um vídeo constrangedor exibindo Tom Cruise, divulgado por um membro da igreja e publicado no website Gawker. A despeito do ceticismo entre alguns membros do 4chan, o ataque proposto rapidamente ganhou apoio. Dada a escala da operação, a notícia ultrapassou os limites do site — chegando a outros canais de imageboards. O coletivo adotou o nome antes atribuído de maneira automática pelo 4chan a seus usuários: Anonymous. O objetivo era reunir um pequeno exército de invasores aptos a lançar ataques por DDoS aos websites da Cientologia. O mais impressionante do processo — e isso é sintomático no caso de várias incursões do tipo — foi a acessibilidade do armamento. A maior parte dos participantes, descobriu a jornalista Parmy Olson, usava um serviço on-line disponível com livre acesso para quem quisesse, projetado para ajudar a submeter websites a testes de resistência. "Só alguns apoiadores do Anonymous eram hackers habilidosos", escreve Olson. "Muitos outros não passavam de jovens usuários da internet com vontade de fazer algo mais que perder tempo no 4chan ou no 7chan".[19] Transcorridos quinze dias, havia participantes em mais de 140 canais diferentes de 42 países. O "Project Chanology", como ele foi apelidado, respingou da internet para as ruas, com protestos na frente de centros de Cientologia em mais de 100 cidades espalhadas pelo mundo. Isso continuou de forma esporádica ao longo de 2008 até acabar aos poucos. O Project Chanalogy mostrou que não era difícil instigar a ruptura digital coordenada — sobretudo por meio de ato coletivo sincronizado. "Se podemos destruir a Cientologia", escreveu o autor da postagem original com excesso de entusiasmo, "podemos destruir o que quisermos!"

No ano seguinte ao Project Chanalogy, Bill O'Reilly, da Fox News, chamou o site de "extrema-esquerda". Uma percepção equivocada da cultura e das motivações do 4chan e outros tantos da mesma espécie. A comunidade não se posicionava na extrema-esquerda; na verdade, não era política em nenhum sentido tradicional. A maioria dos que acessavam o site estava à procura de seus méritos como entretenimento obscuro, ou querendo participar de brincadeiras mal-intencionadas. Contudo, a comunidade acabou mesmo se tornando altamente politizada,

---

[19] OLSON, Parmy. **Nós somos Anonymous: Por dentro do mundo dos hackers.** São Paulo: Novo Século, 2014.

primeiro entre 2008 e 2011, depois nos anos subsequentes a 2013. Essa politização aconteceu, em parte, como consequência da estrutura do 4chan. A pesquisadora Jessica Beyer, que analisou quatro comunidades on-line para seu livro *Expect Us*, descobriu que outras comunidades — apesar da similaridade demográfica de seus membros — não chegavam nem perto de se politizarem com a facilidade do 4chan. Beyer atribui esse fato à anonimidade do 4chan, à relativa falta de moderação (os "zeladores" do site via de regra eram ignorados) e à ausência de espaços pequenos ou íntimos. Não há lugar ali para o qual se possa ir a fim de estabelecer uma conversa particular, ou de hospedar o bate-papo de um grupo restrito (sem precisar sair do site e recorrer a um canal de bate-papos). O resultado era que, quando alguém sugeria um ataque ou coisa parecida, se pessoas suficientes gostassem da ideia, elas aderiam — adotando técnicas e funções específicas, dependendo da atividade. "Se alvo e propósito não repercutissem entre pessoas suficientes", escreve Beyer, "nada acontecia." A censura — como no caso do vídeo de Tom Cruise — violou a primeira ética hacker, de que a informação deveria ser livre, e, como consequência, repercutiu no mesmo instante entre a comunidade. Um ato político, mas não no sentido tradicional de "esquerda" contra "direita".

A convicção de que "toda informação deve ser livre" também motivou a Operation Payback [Operação Retaliação], que começou como uma vingança pelos ataques contra o The Pirate Bay, um site de compartilhamento de arquivos, em 2010, e se metamorfoseou em retaliação em benefício do WikiLeaks. Este site, e em especial seu fundador, Julian Assange, captaram o espírito dos hackers da Anonymous, embora Assange não tenha surgido do 4chan. "Julian Assange exalta tudo o que é importante para nós", dizia uma postagem da Operation Payback. "Ele despreza e luta contra a censura o tempo todo [e] provavelmente

Indivíduos: o modelo livre-extremista 39

é o *troll* mais bem-sucedido de todos os tempos."[20] Vingando--se das empresas financiadoras que suspenderam as doações para o WikiLeaks, o coletivo lançou ataques de DDoS contra a MasterCard, a Visa e o PayPal, derrubando os dois primeiros websites e deixando lento o terceiro. Depois disso, o "ativismo hacker" teve um aumento vertiginoso e se fragmentou. Várias publicações declararam 2011 "o ano do ataque digital". Foi o ano em que o Anonymous se tornou um fenômeno não só norte--americano, mas global. Ao grupo amorfo foi atribuído crédito por ajudar tunisianos e egípcios a subverterem os respectivos governos na Primavera Árabe, a se apoderarem do canal do Playstation da Sony e a ajudarem a estabelecer as bases do movimento Occupy. Partes da imprensa tradicional liberal começaram a escrever sobre o assunto em termos afetuosos, como uma espécie de Robin Hood digital. A *The Atlantic* foi capaz até de falar em "fascínio misterioso e inescrutável do hacker do século XXI".[21] A antropóloga Gabriella Coleman, tendo passado anos pesquisando o Anonymous, acabou admirando esses "trapaceiros" e suas palhaçadas: "Essa admiração nasce do fato de que a criminalidade revela os limites do monopólio do Estado sobre a violência e o estado de direito".[22]

Isso passava muito longe da reputação de niilista, apolítico e tóxico que o 4chan tinha em 2008. Em vez de promover incursões em função do *lulz*, as "bichas moralistas de internet" — como os hackers ativistas do Anonymous eram conhecidos no

---

[20] COLEMAN, Gabriella. **Hacker, Hoaxer, Whistleblower, Spy: The Many Faces of Anonymous.** New York: Verso, 2014. O termo *troll* designa a pessoa cujo propósito é atiçar os ânimos dos membros de uma comunidade digital. Faz isso por meio de mensagens controversas ou irrelevantes. Consegue, então, interromper discussões pertinentes e impor o conflito geral. [N. do T.]

[21] ESTES, Adam Clark. "The hacks that mattered in the year of the hack". **The Atlantic,** 28 December 2011.

[22] COLEMAN, Gabriella. **Hacker, Hoaxer, Whistleblower, Spy: The Many Faces of Anonymous.** New York: Verso, 2014.

40 DEMOCRACIA HACKEADA

4chan — agiam em nome de uma causa. Não mais por diversão. Agora estavam comprometidos. No 4chan, os membros mais antigos não andavam nada satisfeitos. Em parte como consequência do sucesso do Anonymous, o site que o gerara se tornava cada vez mais popular e atraia montes de novos usuários, aos quais chamavam de *noobs* (novatos) em tom depreciativo. Em agosto de 2012, ele contava com mais de 22 milhões de visitantes únicos.[23] O pessoal das antigas "vivia esbravejando contra a inundação de 'bichas novas' e 'veados veranistas'", escreve Whitney Phillips. "O câncer", como se referiam aos recém-chegados, estava tomando o controle. O conteúdo do 4chan — em termos de memes — tornara-se ainda mais popular. O 9GAG, que reunia memes engraçados (e menos ofensivos) do 4chan e de todo lado da *web*, afirmou ter 65 milhões de visitantes mensais naquele verão.[24]

O voo do Anonymous partindo do 4chan até chegar ao Occupy e outras causas radicais, combinado com o influxo de novatos e a normalização dos memes, provocou uma guinada reacionária. Quem ficou para trás no 4chan reagiu contra os "veados com causas", os *noobs* e os fofos Advice Animals. Eles se fecharam e passaram a proteger mais seu território, mostrando-se mais agressivos com forasteiros e mais intransigentes. Esses usuários, embora simpatizando com o primeiro princípio dos frequentadores iniciais da internet — *toda informação deve ser livre* — estavam cada vez mais motivados pelo segundo — *somos soberanos*. Como já era de se prever, dado o caráter do 4chan e sua busca pelo prazer à custa dos outros,

---

[23] CONSTANTINE, Josh. The future of memes: 4chan hits 22m monthlies, unveils new API. **TechCrunch**, 6 September 2012. Disponível em: https://techcrunch.com/2012/09/05/4chan-api/. Acesso em: 1 out. 2021, 16:50:29.

[24] CONSTINE, Josh. TechCrunch's picks: the 10 best startups from Y Combinator's S12 Demo Day. **TechCrunch**, 22 August 2012. Disponível em: https://techcrunch.com/2012/08/21/best-of-yc-demo-day/. Acesso em: 1 out. 2021, 16:55:57.

Indivíduos: o modelo livre-extremista 41

a soberania se expressava como intolerância contra os "outros". Os "outros" podiam ser negros, ou *gays*, ou judeus, ou muçulmanos, ou mulheres. A linguagem discriminatória era inerente ao 4chan desde seus dias iniciais, mas se cristalizava em ideologia. Um estilo reacionário se fundiu em política reacionária. Isso podia ser visto na ascensão da página /pol/ (abreviando "politicamente incorreto") do 4chan, ultrapassando a /b/ (das publicações aleatórias).

À medida que o 4chan disparava, afastando-se ainda mais do centro, alguns de seus membros inauguravam outros sites, em que copiavam estrutura e abordagem do 4chan, mas eram ainda mais extremos. "Sempre fui fã do 4chan, já que, no fundo, sou um *troll*", escreveu mais tarde o autoproclamado neonazista Andrew Anglin. "Na época [2011-12] a /new/ estava se tornando inteiramente nazista [a página /new/ precedeu a /pol/], e assim me interessei por Hitler e percebi que, por meio desse tipo de sistema nacionalista, a alienação podia ser substituída pela comunidade em um sentido real, ao passo que o autoritarismo permitiria à tecnologia se desenvolver em uma direção benéfica, em vez de destrutiva, para as pessoas".[25] Em julho de 2013, Anglin lançou o *Daily Stormer*, um site de extrema-direita batizado em homenagem a *Der Stürmer*, jornal de propaganda nazista do período entre guerras. Como o 4chan, ele possibilitava que os usuários se mantivessem anônimos ao postarem. Anglin criou ainda a "Memetic Monday" para incentivar membros a desenvolverem memes de propaganda de direita (aprendendo com o "Caturday" do 4chan, que disseminava imagens engraçadas com gatinhos, as chamadas *lolcats*). Também como o 4chan, Anglin organizou ataques contra outras comunidades ou indivíduos, pedindo aos membros do seu site — os "Stormers",

---

[25] ANGLIN, Andrew. **Southern Poverty Law Center**. Disponível em: https://www.splcenter.org/fighiting-hate/extremist-files/individual/andrew-anglin. Acesso em: 4 out. 2021, 09:15:19.

como os chamava — para empreenderem investidas coordenadas. Em 2014 ele os mobilizou para perturbarem a vida da parlamentar britânica Luciana Berger, depois que um supremacista branco responsável por atacá-la foi sentenciado a quatro semanas de prisão. O site chegou a oferecer um manual do usuário para agressores e um esconderijo de imagens antissemíticas.[26] Naquela semana, Berger recebeu mais de 400 mensagens abusivas pelo Twitter. Em outubro de 2014, Frederick Brennan, outro usuário do 4chan, inaugurou o 8chan como "alternativa ao 4chan simpática à liberdade de expressão".[27]

No entanto, apesar da guinada reacionária, não havia nenhum sinal — até então — de que os usuários participariam da política tradicional; e com certeza não havia nenhum indício de que usariam o próprio peso, como comunidade, para apoiar o candidato de um dos principais partidos na eleição norte-americana de 2016. De fato, embora as atitudes políticas dos membros do canal se tornassem mais pronunciadas na época, isso só serviu para ilustrar quanto elas eram discrepantes. Alguns usuários se declararam neonazistas, outros, etnonacionalistas, paleoconservadores, neorreacionários, tecnolibertários, anarquistas nacionais ou sobrevivencialistas. Todo um novo conjunto de membros — que pode ou não ter se sobreposto ao primeiro — tem sido rotulado de "Manosphere" (algo como Homenosfera, em português) e inclui ativistas dos direitos dos homens, artistas da sedução, antifeministas, os "celibatários involuntários" (ou *incels*, em inglês) e "homens cuidando da própria vida".[28] É bem possível que alguns membros dessas comunidades tenham

---

[26] DYSCH, Marcus. Neo-Nazi gave out internet abuse tips in campaign against MP. **The JC**, 30 October 2014.

[27] CHIEL, Ethan. Meet the mand keeping 8chan, the world's most vile website, alive. **Splinter**, 19 Abril 2016.

[28] The international alternative right. **Hope Not Hate**, 2017. Disponível em: https://alternativeright.hopenothate.com. Redirecionamento para: https://hopenothate.org.uk/blog/right-response/. Acesso em: 4 out. 2021, 10:26:26.

se envolvido voluntariamente na campanha eleitoral norte-americana de 2016, mas é pouco provável que o coletivo do canal promovesse mobilização do tamanho e da extensão que aconteceu sem que ele fosse atraído a participar da campanha.

*

Foi em 2014 que o website Breitbart, de Steve Bannon, começou a cortejar essas comunidades a fim de incentivá-las a participar para valer da campanha eleitoral que se aproximava. Em certo sentido, não surpreende o fato de Bannon e o Breitbart considerarem essas comunidades e as respectivas técnicas úteis para a causa deles. Eles estavam comprometidos — como o fundador Andrew Breitbart definira — a destruir o *establishment* político e midiático. Haveria melhor maneira de derrubar o *establishment* que alistando as pessoas e as técnicas mais destrutivas da net? Os integrantes do 4chan e sua descendência tinham se mostrado de enorme efetividade para produzir imagens poderosas a serem disseminadas pelas redes sociais e para coordenar ataques contra aqueles de quem não gostavam. Os dois poderes podiam ser de extrema eficácia durante uma campanha eleitoral. No entanto, em outro sentido, o recrutamento dessas comunidades e suas técnicas para uma campanha democrática é surpreendente. Tratava-se de grupos que se definiam pelo preconceito e pela agressão — alguns se descreviam explicitamente como neonazistas da extrema-direita. Eles não estavam interessados em diálogo construtivo ou processo democrático; eram motivados por todo o caos, a ruptura e o sofrimento que conseguiam causar. As únicas crenças ideológicas coerentes que uniam essas comunidades niilistas — além do *lulz* — era que a informação deve ser livre e eles, soberanos — on-line. Todavia, Breitbart e Bannon usariam essas mesmas convicções para recrutá-los na campanha eleitoral norte-americana seguinte.

A princípio, nos idos de 2007, Steve Bannon ficara curioso com o poder dessas comunidades. Na época ele contou ao jornalista e escritor Joshua Green que fora contratado para ajudar a administrar um negócio on-line que vendia itens virtuais para jogadores *multi-players* — como os participantes do jogo *World of Warcraft* — por dinheiro de verdade.[29] Os jogadores detestavam empresas como essas e faziam de tudo para expulsá-las. A empresa em si fracassou, mas Green escreve que "Bannon estava fascinado com o que descobrira tentando construir o negócio. [...] Um submundo cuja existência ele desconhecia, povoado por milhões de jovens intensos" cujo poder coletivo era capaz de destruir negócios. Antes de 2012, o Breitbart teria penado para alistar esses usuários em sua causa. Só depois que o Anonymous cresceu a ponto de ultrapassar os limites do 4chan (e depois de alguns dos envolvidos serem processados pelo FBI), é que essa subcultura se tornou mais reacionária, em parte como resposta a normalizações de aspectos da "trolagem", e em defesa da sua soberania (entendendo-se "soberania" como qualquer coisa, desde a supremacia branca, passando pela manipulação dos direitos dos homens). Mesmo assim, estava longe de ser inevitável que se mobilizassem em apoio a qualquer partido ou candidato em particular. Como uma página do 4chan — "invasions" (/i/) — revelara de modo memorável aos usuários no ano de 2008: "Não somos seu exército pessoal, não nos voltaremos contra seu ou sua ex, nem contra qualquer outra pessoa sem a motivação de uma boa farra (*lulz*)".

Antes de 2014, o Breitbart praticamente ignorava o 4chan e sites de comunidades como o Reddit. Entretanto, no outono daquele ano, ele viu uma oportunidade de atrair membros dessas comunidades para sua cruzada política. A oportunidade surgiu com a #Gamergate. Considerando que em seguida a #Gamergate se tornou, nas palavras do Buzzfeed, um "fenômeno de internet difuso, multifacetado e de difícil concatenação", seria necessária

---

[29] GREEN, Joshua. **Devil's Bargain: Steve Bannon, Donald Trump and the Storming of the White House.** London: Scribe UK, 2017.

Indivíduos: o modelo livre-extremista   45

uma tese de doutorado para descrevê-la por completo.[30] Em essência, diferentes usuários on-line do 4chan e da comunidade *gamer* se convenceram de que o jornalismo dedicado aos *videogames* era antiético. Usaram então essa certeza para justificar ataques on-line brutais e persistentes — incluindo múltiplas ameaças de estupro e morte — contra jornalistas mulheres e desenvolvedores de jogos.[31] O episódio, embora sórdido, poderia ter permanecido de certa forma isolado se o Breitbart — e depois Bannon e a campanha de Trump — não procurassem canalizar a raiva e o amargor dos *gamers* visando fins políticos. O Breitbart fez isso apresentando a batalha como um *front* em uma guerra cultural muito maior e enquadrando os usuários dos canais como guerreiros em favor da liberdade, defendendo seu território contra forasteiros indesejados e os ditames sufocantes do *establishment*. Isso potencializou, em outras palavras, as duas únicas crenças políticas que uniam essas subculturas — a liberdade de informação e a soberania. A esquerda, conforme caricaturada pelo Breitbart, era contrária à liberdade (condição expressa pela noção de "politicamente correto") e à soberania (sendo pró-imigração, pró-minorias e pró-igualdade de gênero).

Foi Milo Yiannopoulos, incendiário recém-recrutado pelo Breitbart, que em setembro de 2014 invadiu as guerras on-line #Gamergate e procurou se tornar o campeão do movimento *gamer*. Para isso, ele inverteu a narrativa. Em vez de apontar para o assédio, o *doxxing* e a provocação por parte dos *gamers* ativistas, pintou-os como vítimas de "um exército de programadores e candidatos políticos aos quais classificou como sociopatas e feministas, instigados por blogueiros norte-americanos

---

[30] BERNSTEIN, Joseph. The disturbing misogynist history of Gamergate's goodwill ambassadors. **Buzzfeed**, 30 October 2014.

[31] Para um embasamento cultural da #Gamergate e uma boa explanação sobre o assunto, v. NAGLE, Angela. **Kill All Normies: Online Culture Wars from 4chan and Tumblr to Trmp and the Alt-Right.** Winchester: Zero, 2017.

especializados em tecnologia e dolorosamente adeptos do politicamente correto".[32] Ele afirmou que ameaças de morte enviadas on-line a mulheres "não são tudo isso que andam dizendo", que tuítes repletos de ódio e violentos contra mulheres nada mais eram que "descorteses" e que candidatos estavam incitando "uma histeria de ameaças de morte". Os artigos de autoria de Yiannopoulos, ofensivos e provocativos de propósito, politizavam conscientemente a #Gamergate, retratando-a como sintomática de um fenômeno cultural muito maior, em que um estabelecimento convencional corrupto procurava destruir uma comunidade on-line livre, adepta da autogestão. Ele atiçou o ódio de tal forma que as batalhas on-line se agravaram a ponto de até Chris Poole, fundador do 4chan, resolver banir o debate #Gamergate do site. O furor migrou então para o 8chan, onde as publicações saltaram de 100 para 4 mil por hora.[33]

No entanto, o apoio de Yiannopoulos às #Gamergaters em 2014 foi apenas o prelúdio de um apelo ainda mais flagrante empreendido pelo Breitbart aos sites 4chan, 8chan e Reddit. Em 27 de outubro de 2015, o Breitbart inaugurou uma nova seção, ou coluna, chamada de Breitbart Tech. Seu lançamento equivaleu a um manifesto para os membros dessas comunidades. "Os leitores", disse Yiannopoulos em um vídeo inaugural, "estão cansados de serem chamados de *trolls*, assediadores, misóginos, abusadores, tudo porque discordam das opiniões dos jornalistas. [...] Permaneceremos ao lado dos usuários dos nossos canais que preferem manter o anonimato, dos membros do Reddit contra os moderadores autoritários. Defenderemos os *gamers* contra qualquer um estúpido o suficiente para combatê-los." A isso se seguiu um convite de Yiannopoulos para quem estava no 4chan, no 8chan e no Reddit, bem como aos que jogavam on-line, não

---

[32] Yiannopoulos, Milo. Feminist bullies tearing the video game industry apart. **Breitbart**, 1 September 2014.

[33] Chiel. **Meet the man keeping 8chan, the world's most vile website**, alive.

só para se tornarem leitores do Breitbart, mas para participarem de um movimento: "Juntem-se a mim [...] no enfrentamento às grandes empresas de tecnologia, ao governo, aos especuladores, aos que guerreiam por justiça social e a todos mais que quiserem se interpor entre vocês, a liberdade de expressão e a verdade." Não se tratava de uma proposta para conseguir leitores regulares para o noticiário sobre tecnologia; tratava-se de um convite para se juntarem às guerras culturais do lado do Breitbart. Caso o convite de Yiannopoulos não fosse bem sinalizado, acompanhava o artigo inaugural uma ilustração de Ben Garrison, cartunista *cult* do 4chan. Além disso, em outro lance, com o intuito de mobilizar os usuários contra a esquerda, um texto separado apresentou os progressistas como inimigos do anonimato. "Centros da cultura do anonimato, como o reddit (*sic*), o 8chan e o 4chan, são objeto de narrativas particularmente tenebrosas", escreveram Yiannopoulos e seu colega Allum Bokhari. Autores e críticos progressistas alegavam eles, viam os autores de comentários anônimos como "malfeitores perigosos carentes de punição". Por extraordinário que pareça, comparavam os "dissidentes anônimos de hoje" aos autores dos Artigos Federalistas[34] — incluindo Alexander Hamilton, James Madison e John Jay (que originalmente escrevia sob pseudônimo).[35]

No dia em que a seção Breitbart Tech foi lançada, o artigo mais importante do site principal era uma entrevista exclusiva com Donald Trump. Tendo atraído os usuários dos canais de imageboard, os membros do Reddit e os *gamers* para o site, o Breitbart quis deixar claro que o candidato à presidência estava do lado deles. "Com a exceção da sra. Clinton e do escândalo

---

[34] Compostos por 85 ensaios, o documento ratificou a constituição norte-americana ao registrar o resultado de reuniões que ocorreram na Filadélfia em 1787, tratando de posicionamentos teóricos sobre questões e deveres coletivos, individuais, sociais, econômicos e culturais. [N. do R.]

[35] BOKHARI, Allum; YIANNOPOULOS, Milo. Why online anonymity frightens progressives. **Breitbart**, 27 October 2015.

envolvendo seu e-mail", começava a introdução da entrevista, "poucos candidatos à presidência de ambos os partidos sentiram a necessidade, durante a campanha, de discutir tecnologia em detalhes. Isso muda hoje, com Donald Trump dando uma entrevista exclusiva para o Breitbart Tech sobre *hacking*, guerra cibernética e inteligência artificial." No alto do texto aparecia um desenho de Trump como o Exterminador encarnado por Schwarzenegger, um ciborgue completo, incluindo o boné com os dizeres "Make America Great Again". Desse ponto em diante, o Breitbart se apresentou como amigo e aliado dos usuários dos canais 4 e 8chans, dos membros do Reddit e dos *gamers*. Alegou trabalhar com eles na defesa do fundamentalismo da liberdade de expressão e do anonimato contra quaisquer tentativas, da parte dos progressistas à esquerda, de removê-los.

O modo de apresentar a questão como uma luta pela liberdade contra as forças obscuras do controle não foi acidental. O Breitbart não estava recrutando voluntários para uma campanha eleitoral tradicional, mas convocando soldados de infantaria para uma guerra cultural que alcançaria o ponto crítico em novembro de 2016. Para mobilizar essa coleção dispersa de loucos por *lulz* insatisfeitos, o Breitbart precisava lhes conferir certa coerência. Fez isso criando um inimigo comum. Também necessitava convencê-los de que esse inimigo representava uma ameaça direta ao mundo que chamavam de seu. Vocês correm perigo, advertiu Breitbart: se não declararem guerra, serão atropelados por gente que não entende nada de memes, pelos novatos, pelos guerreiros da justiça social e pelas *feminazis* do politicamente correto que destruirão seu mundo e se apoderarão de suas liberdades. A campanha eleitoral que se aproximava era apresentada não como oportunidade para debater e discutir as políticas e as promessas de partidos e candidatos, mas como uma guerra. O inimigo nessa guerra era "a esquerda" e, como ela se apoderara da corrente de pensamento dominante, significava que precisavam batalhar para subverter essa corrente. "A razão pela qual lutei na guerra dos memes", explicou um autor de postagens frequentes na página /pol/ e no 8chan para Ben Schreckinger, da revista *Politico*, "é que, como disse Andrew Breitbart, estamos em uma guerra literal contra a esquerda. Existe uma Guerra Fria ideológica acontecendo agora mesmo, e a vitória determinará o destino da civilização ocidental."[36]

Apresentar a próxima campanha eleitoral dos Estados Unidos como uma guerra racionalizava a adoção de métodos e táticas que, apesar da efetividade brutal, eram anátemas para o processo democrático. Significava incentivar um exército on-line a desenvolver memes políticos que criavam narrativas hiperpartidaristas, distorcidas ou falsas, que distraíam e obscureciam o debate substancioso, que buscavam desmoralizar o eleitorado e enfraquecer o comparecimento às urnas, e que destroçavam candidatos e críticos. Os usuários dos canais de imageboard, os membros do Reddit e os *gamers* hackearam pesquisas de opinião, fizeram incursões contra comunidades opostas, expuseram dados pessoais sigilosos de jornalistas, assediaram críticos, manipularam mídias sociais e atormentaram a mídia tradicional. Usaram ferramentas e plataformas digitais para fazer com a política o que o Vale do Silício tinha feito com a economia e a sociedade para causar ruptura. Em prol da campanha Breitbart/Trump, converteram a eleição norte-americana em uma guerrilha ininterrupta na qual os participantes presumiam a má-fé alheia e em que o respeito às normas sociais desapareceu. Breitbart, Steve Bannon e Donald Trump atraíram essas comunidades para a causa deles e atribuíram a esses métodos um papel fundamental na campanha. Agindo assim, não apenas vandalizaram o processo democrático como também — dado o sucesso eleitoral que alcançaram — forneceram um modelo a ser imitado por outras campanhas.

---

[36] SCHRECKINGER, Ben. World War Meme. **Politico Magazine**, March/April 2017.

Os envolvidos na insurreição de Trump estavam cientes de que alguns desses métodos eram mais adequados para situações de conflito que para campanhas democráticas. Jeff Giesea não atua como soldado nem como publicitário. Passou a maior parte da vida profissional no Vale do Silício, trabalhando com o bilionário da tecnologia Peter Thiel, da Thiel Capital Management, investindo e vendendo *start-ups* da internet. Em 2014, contudo, ele se convenceu de que a civilização ocidental estava sendo ameaçada e decidiu fazer algo a respeito. Baseado em seu conhecimento das redes sociais, Giesea tinha consciência do poder dos memes, sobretudo como meios de propaganda de conflito. Em um artigo de 2015 para o periódico *Defence Strategic Communications*, intitulado "É hora de nos envolvermos com a guerra dos memes", Giesea escreveu: "Para muitos de nós do mundo das redes sociais, parece óbvio que táticas de comunicação mais agressivas e os combates mais amplos por intermédio de "trolagem" e memes são um modo necessário, de baixo custo e fácil de ajudar a destruir a capacidade de atração e o estado de ânimo dos nossos inimigos comuns". Os obstáculos para a utilização de memes, argumentava Giesea, eram conceituais e práticos. Conceitualmente, as pessoas necessitavam compreender que a guerra de memes podia "ser vista como uma versão 'nativa digital' da guerra psicológica" e costumava vencer a batalha das narrativas e das ideias. Na prática, ela carecia de investimento e software. Embora Giesea estivesse falando sobre o uso de memes contra o Estado Islâmico, mais tarde ajudaria a aplicar essa abordagem em uma versão bem mais doméstica. Em 2016, trabalhando com o ativista Mike Cernovich, da nova direita para os direitos dos homens, e outros apoiadores de Trump, ele constituiu a MAGA3X, uma campanha de mobilização pró-Trump em cima de memes e flash mobs. Entre outras ferramentas disponíveis para os correligionários de Trump, a MAGA3X fornecia um "gerador de memes" que simplificava o processo do 4chan para os menos habilidosos com as técnicas requeridas, um "gerador de postagens desmotivacionais" para desencorajar pessoas a apoiarem outros candidatos e um banco de imagens emblemáticas às quais bastava acrescentar uma legenda.[37]

Possibilitar que os apoiadores de Trump participassem da guerra de memes complementava a produção de memes políticos pela geração mergulhada neles no 4chan e no 8chan. Conquanto seja extremamente difícil medir a geração e disseminação desse produto específico pelos canais citados, considerando o caráter efêmero das postagens e a maneira como elas sofrem mutações e se propagam, há evidências de que a "fábrica" de Chris Poole produziu uma quantidade enorme de memes políticos, e que alguns deles foram os mais virais — e influentes — da campanha. Essas evidências vêm de quatro fontes: das declarações dos canais em si; de um estudo acadêmico que coletou mais de 8 milhões de publicações no 4chan em meados de 2016; do número de pessoas que viram e compartilharam memes comparado com outros conteúdos políticos; e dos relatórios e análises de organizações noticiosas.

A vitória tem mil pais, disse John F. Kennedy, e a vitória de Trump na eleição não foi diferente. "Na verdade, elegemos um meme para presidente", um usuário do 4chan postou na noite da eleição.[38] Outro escreveu: "Não acho que seja possível a uma imagem expressar o nível de presunção que estou sentindo neste momento" (ilustrando as palavras com uma imagem do sapo Pepe). Em pouco tempo, muitos usuários do 4chan se referiam à "Primeira Grande Guerra dos Memes", adaptando imagens da Primeira Guerra Mundial. Membros do 4chan estavam longe de representarem casos isolados na reivindicação dos créditos

---

[37] GIESEA, Jeff. It's Time to Embrace Memetic Warfare. **Defence Strategic Communications**, 1:1, p. 67-75, com a complementação de entrevista via Skype.

[38] OHLHEISER, Abby. We actually elected a meme as president: how 4chan celebrated Trump's victory. **Washington Post**, 9 November 2016.

pela vitória de Trump na eleição. Isso ignora a superabundância de outros fatores que levaram a essa vitória, e esconde o fato de que a influência das subculturas dos chan era mais negativa que positiva. Todavia, é verdade que eles geraram uma quantidade enorme de imagens políticas originais durante a campanha. O estudo acadêmico "Keks, Cucks and God Emperor Trump", tendo coletado postagens no 4chan de junho a agosto de 2016, encontrou mais de 1 milhão de imagens únicas publicadas na página /pol/. A maior parte delas, descobriu o estudo, "ou era conteúdo original, ou obtido de páginas /pol/ exteriores". Alguns dos memes mais abjetos também foram rastreados até o 4chan ou o 8chan, incluindo Pepe, o sapo, You Can't Stump the Trump e uma imagem de Hillary Clinton com a estrela de Davi.[39]

Uma das razões que explica a dificuldade para seguir o rastro desses e de outros memes é a maneira como eles foram disseminados via redes sociais. Se os memes tivessem permanecido nas profundezas de sua subcultura, pouca influência teriam sobre o eleitorado como um todo. De igual modo, era improvável que o eleitorado tuitasse ou compartilhasse memes diretamente do 4chan. Portanto, os memes tinham de passar por um "processo de lavagem" via grandes plataformas de redes sociais e sites de notícias. Isso foi feito por intermédio de uma rede de apoiadores de Trump nas mídias sociais. Era possível confiar que eles compartilhariam os memes com seu vasto universo de apoiadores — pessoas como Mike Cernovich, Anthime Gionet (também conhecido como Baked Alaska), Jack Posobiec e Paul Joseph Watson — bem como por meio de contas *fake*

---

[39] HINE, Gabriel Emile; ONAOLAPO, Jeremiah; CRISTOFARO, Emiliano de; KOURTELLIS, Nicolas; LEONTIADIS, Ilias; SAMARAS, Riginos; STRINGHINI, Gianluca; BLACKBURN, Jeremy. Kek, Cucks, and God Emperor Trump: A Measurement Study of 4chan's Politically Incorrect Forum and Its Effects on the Web. **Proceedings of the Eleventh International AAAI Conference on Weblogs and Social Media**, Menlo Park, CA: AAAI Press, 2016.

Indivíduos: o modelo livre-extremista

do Twitter e do Facebook.[40] Os memes também eram postados em páginas públicas do Facebook como GodEmperorTrump e em alguns sites de notícias como o Breitbart na mesma plataforma. Um meme em que se lia "Lembra daquela vez em que os republicanos brigaram, bateram em eleitores democratas inocentes, destruíram propriedades e incendiaram bandeiras americanas? Nem eu" foi compartilhado mais de 500 mil vezes a partir da página do Breitbart no Facebook. Essas imagens eram tão populares que, no caso do Breitbart, ultrapassaram muito os links para artigos. Um estudo do Tow Center da Universidade Columbia descobriu que, enquanto "as imagens totalizavam apenas 5% do total de postagens do Breitbart em 2016 [...], elas responderam por metade das postagens mais compartilhadas da página".[41] Como acontecia com os gatinhos engraçados e as imagens do Advice Animals antes deles, as imagens de que tratamos agora — todas elas uma discreta peça de propaganda — "sequestravam a atenção das pessoas" com sucesso, na expressão da estudiosa das mídias sociais Danah Boyd, e provocavam uma reação. Só que dessa vez, no lugar de provocarem um sorriso ou uma risadinha, levavam à ridicularização de um candidato político ou à difamação da oposição.

Outro caminho dos chans até as correntes dominantes foi pelo Reddit, a pretensa "página inicial da internet". O Reddit era o oitavo site mais popular dos Estados Unidos em novembro de 2016 e, para 7 a cada 10 de seus usuários, uma fonte regular de notícias.[42] Em 2016 os usuários dos canais deram um

---

[40] HARKINSON, Josh. Meet Silicon Valley's secretive alt-right followers. **Mother Jones**, 10 March 2017.

[41] RENNER, Nausicaa. Memes trump articles on Breitbart's Facebook page. **Columbia Journalism Review**, 30 January 2017.

[42] BARTHEL, Michael; STOCKING, Galen; HOLCOMB, Jesse; MITCHELL, Amy. Seven-in-ten Reddit users get news on the site. **Pew Research Center**, 25 February 2016. Disponível em: http://www.journalism.org/2016/02/25/seven--in-ten-reddit-users-get-news-on-the-site/. Acesso em: 5 out. 2021, 15:04:02.

jeito de manipulá-lo. Fizeram-no por meio de um dos fóruns, ou *subreddits*, do site, chamado the_donald. Esse *subreddit* foi criado pouco depois que Donald Trump anunciou sua candidatura, em junho de 2015. Nos primeiros seis meses, foi um espaço bastante desanimado em que algumas poucas centenas de usuários podiam compartilhar notícias pró-Trump. Então, em dezembro de 2015, foi descoberto pelos usuários da página /pol/ do 4chan. "A página /pol/ nos encontrou e tem dado uma tremenda energia e alguns conteúdos fantásticos", contou o moderador do the_donald ao jornalista Jason Koebler, que passou meses monitorando o *subreddit*.[43] Esses usuários, somados aos que levaram consigo, fizeram crescer o número de assinantes do *subreddit* para 40 mil até o fim de fevereiro de 2016. Era uma comunidade pequena, em se tratando de Reddit. Muitos *subreddits* têm milhões de assinantes. No entanto, por uma combinação de atividade frenética e coordenação de votos para postagem no fórum, os membros do the_donald conseguiram impulsionar suas histórias para a página inicial do Reddit com regularidade (quatro vezes só em fevereiro). Para pôr em perspectiva o que estou dizendo, considerando que os usuários do Reddit tendem a começar da página inicial do site, chegam ao número de cerca de 5 milhões de pessoas por dia. Para efeito de comparação, no mesmo período, o website do *New York Times* recebia menos de 3 milhões de visitantes isolados por dia. O *subreddit* the_donald, e por extensão os canais, tinha tomado de assalto a "página inicial da internet". Em junho, o Reddit alterou o modo como o site funcionava para "impedir que uma comunidade qualquer domine a composição da página".[44] Contudo, a essa altura, o *subreddit* tinha mais de 170 mil assinantes, e, em julho de 2016,

---

[43] KOEBLER, Jason. How r/the_donald became a melting pot of frustration and hate. **Motherboard**, 12 July 2016.

[44] Let's all have a Town Hall about r/all. **Reddit**, 16 June 2016. Disponível em: https://www.reddit.com/r/announcements/comments/4oedco/lets_all_have_a_town_hall_about_rall/. Acesso em: 5 out. 2021, 16:00:03.

Indivíduos: o modelo livre-extremista 55

o próprio Donald Trump se associou ao site para uma sessão de perguntas e respostas.

O *subreddit* the_donald serviu a muitos propósitos úteis. Era um canal para a "lavagem" de memes, onde eles podiam ser pegos e compartilhados por usuários regulares com mais facilidade, sem as conotações sórdidas de compartilhar algo do 4chan ou do 8chan. Podia ser uma fonte de propaganda e refutação para a campanha de Trump. Os membros da equipe de Trump disseram à *Politico* que monitoravam o Reddit diariamente à procura de imagens, vídeos e tendências, repassando os mais poderosos para o diretor de redes sociais ou outros integrantes do time.[45] Como acontecia com os próprios 4chan e 8chan, podia ser um recurso utilizado como espaço para coordenar a ação coletiva, fosse pelo voto a favor de postagens no Reddit, fosse examinando vazamentos de e-mails, fosse manipulando pesquisas de opinião on-line. Foi aqui que os usuários assinantes do Reddit, também chamados de Redditors, caíram em cima das 20 mil páginas de e-mails de John Podesta em outubro de 2016, separando-as com todo cuidado em 22 partes, procurando com desespero algo incriminatório e publicando o que quer que encontrassem.[46] Isso incluiu as declarações falsas de que a campanha de Hillary Clinton coordenava uma rede de pedofilia a partir de uma pizzaria, de que o Comitê Democrático Nacional planejara antecipadamente as revelações de assédio sexual de Trump e de que a eleição seria fraudada.[47] Também foi ali

---

[45] SCHRECKINGER, Ben. World War Meme. **Politico Magazine**, March/April 2017.

[46] V. "Podesta emails MAGAthread". **Reddit**, 17 October 2016. Disponível em: https://www.reddit.com/r/The_Donald/comments/57vefh/podesta_emails_magathread/. Acesso em: 16 maio 2018. Atualmente a página exibe o alerta de que r/the_donald foi banido do Reddit. [N. do T.]

[47] V. "DNC planning to fake Trump 'assault' scandal all the way back in May". **Reddit**, 14 October 2016. Disponível em: https://www.reddit.com/r/The_Donald/comments/57iv9k/dnc_planning_to_fake_trump_assault_scandal_all/. Acesso em: 16 maio 2018. E "New James O'Keefe video: rigging the election". **Reddit**,

que, em conluio com o 4chan, coordenaram a distorção das pesquisas de opinião on-line sobre os primeiros debates presidenciais Clinton—Trump.[48] Links para as pesquisas on-line foram divulgados no Reddit e no 4chan, e os usuários incitavam as pessoas a "votarem". Eles então inundaram as pesquisas com votos manuais e automatizados, de modo que Donald Trump "venceu" o debate de acordo com *Time*, a CNBC, *Fortune, The Hill* e outros. Em contrapartida, a pesquisa por telefone da CNN, envolvendo 521 espectadores, descobriu que Trump perdeu por ampla margem. Uma pesquisa da empresa Public Policy Polling com 1002 espectadores do debate concluiu que ele perdeu por 51% a 40%.[49] Ainda assim, isso não impediu que Trump tuitasse uma imagem de 10 enquetes on-line — todas em que saiu "vencedor" — e escrevesse: "Uma enorme honra. As pesquisas envolvendo o debate final estão conosco, e o MOVIMENTO é vitorioso!".[50]

O movimento on-line lançou mão de outras técnicas que haviam se popularizado desde os primeiros dias do 4chan, como ataques a outras comunidades on-line e assédio e exposição de dados pessoais sigilosos daqueles com os quais se indispunham.

---

17 October 2016. Disponível em: https://www.reddit.com/r/The_Donald/comments/57y384/new_james_okeefe_video_rigging_the_election_video/. Acesso em: 16 maio 2018. Atualmente a página exibe o alerta de que r/the_donald foi banido do Reddit. [N. do T.]

[48] Couts, Andrew; Powell, Austin. 4chan and Reddit bombarded debate polls to declare Trump the winner. **Daily Dot**, 27 September 2016.

[49] **CNN/ORC International poll**, 26 September 2016. Disponível em: http://i2.cdn.turner.com/cnn/2016/images/09/27/poll.pdf. Acesso em: 5 out. 2021, 17:49:43. Voters nationally say Clinton won debate 51/40. **Public Policy Polling**, 26 September 2016. Disponível em: https://www.publicpolicypolling.com/wp-content/uploads/2017/09/PPP_Release_PostDebatePoll_92616.pdf. Acesso em: 5 out. 2021, 17:52:41.

[50] Trump, Donald J. **@realDonaldTrump**, Twitter, 27 September, 2016. Disponível em: https://twitter/com/realDonaldTrump/status/780796008854876160. Acesso em: 16 maio 2018. Página não localizada em 5 out. 2021. [N. do T.]

Na análise da atividade do 4chan durante o verão de 2016, Gabriel Emile Hine e pesquisadores colegas seus encontraram evidências a sugerir que "os usuários da página /pol/ *estão* perpetrando ataques na tentativa de incomodar a comunidade de usuários do YouTube [grifo do autor]". Descobriram isso olhando como os picos de atividade nos comentários do YouTube estavam em sintonia com os threads postados em /pol/. Anteriormente, as investidas tinham sido organizadas via canais de IRC — e ainda podiam ser, mas em 2016 estavam acessíveis também alternativas convencionais, como o Periscope.[51] Na noite de 17 de outubro, os nomes e endereços de 50 jornalistas supostamente anti-Trump foram publicados no 8chan, junto do comentário de que o autor anônimo da postagem não "perdoaria se mandassem *fast-food*, livros sagrados, catálogos de pornô gay, tijolos, encanadores de emergência, chaveiros, acompanhantes transgêneros ou cocô de urso congelado um atrás do outro para a casa de ninguém".[52] Os jornalistas se viram convertidos em alvo dos apoiadores de Trump ao longo de toda a campanha. Uma pesquisa realizada pela Liga Antidifamação descobriu que pelo menos 800 jornalistas receberam tuítes antissemitas entre agosto de 2015 e julho de 2016.[53]

O objetivo dessas atividades era chamar a atenção — positiva ou negativa, não importava. Chamar a atenção, sobretudo quando levava à cobertura da mídia tradicional, significava controlar a agenda da campanha. E a mídia tradicional invariavelmente mordia a isca. As principais empresas de notícias

---

[51] MARANTZ, Andrew. Trolls for Trump. **New Yorker**, 31 October 2016.

[52] KAVANAUGH, Shane Dixon. Trump fans dox «anti-Trump» journalists. **vocativ**, 18 October 2016.

[53] Anti-Semitic Targeting of Journalists during the 2016 Presidential Campaign. **Anti-Defamation League**, 19 October, 2016. Disponível em: https://www.adl. org/sites/default/files/documents/assets/pdf/press-center/CR_4862_Journalism-Task-Force_v2.pdf. Acesso em: 6 out. 2021, 11:45:55.

publicavam com regularidade relatos indignados sobre memes ofensivos, o assédio a jornalistas ou as tentativas de manipulação das redes sociais. Em certo sentido, era inevitável, considerando que o comportamento se adequava ao critério de que, desde a lista de 12 pontos de Galton e Ruge publicada em 1965, isso tem sido considerado de interesse jornalístico (por fatores como imprevisibilidade, raridade e caráter inusitado).[54] O interesse jornalístico ganhava reforço significativo quando a campanha de Trump, ou o próprio Donald Trump, amplificava essa condição. Trump tuitou e distorceu pesquisas relacionadas a debates, a imagem da estrela de Davi de Hillary, Pepe, o sapo e o vídeo You Can't Stump the Trump. Todavia, como no caso da cobertura do 4chan feita pela Fox News em 2007, a indignação da mídia, mesmo sem querer, atendeu com exatidão os planos do coletivo de canais, que soltava gritos de alegria toda vez que as empresas noticiosas tradicionais promoviam suas proezas. O *coup de grâce*, do ponto de vista deles, foi quando a própria Hillary Clinton apresentou um discurso em Nevada, em agosto de 2016, dizendo que Trump "transita em teorias de conspiração obscuras, extraídas de páginas de tabloides de supermercados e dos confins da internet" e quando a campanha dela publicou "uma explicação" para Pepe, o sapo.[55]

Não existem e jamais existirão evidências conclusivas de que o coletivo de canais influenciou o resultado da eleição norte-americana de 8 de novembro de 2016. Podemos, no entanto, indicar alguns de seus efeitos sobre a campanha e a maneira como ela foi divulgada. O coletivo produziu parte da propaganda política mais memorável e viral de 2015-16, sobretudo

---

[54] GALTUNG, Johan; RUGE, Mari Holmboe. The Structure of Foreign News: The Presentation of the Congo, Cuba and Cyprus Crises in four Norwegian Newspapers. **Journal of Peace Research**, 2:1, p. 64-90, 1965.

[55] Transcript: Hillary Clinton's full remarks in Reno, Nevada. **Politico**, 26 August 2016; KOZLOWSKA, Hannah. Hillary Clinton's website now has an explainer about a frog that recently became a Nazi. **Quartz**, 13 September 2016.

na forma de memes que se disseminaram muito além das fronteiras do 4chan e do Reddit. Muitos desses memes pretendiam demonizar e ridicularizar pessoas, provocar indignação ou raiva visceral, ou apenas chamar a atenção da mídia. Alguns eram manifestamente falsos, calculadamente perversos ou explicitamente preconceituosos. Outros eram mais ambíguos — projetados de propósito para provocar uma reação explosiva naqueles que os interpretavam como racistas, antissemíticos ou misóginos. Outros ainda propagandeavam teorias da conspiração alucinantes, invariáveis na atribuição de culpa ao *establishment*.

Ao longo da campanha, esse coletivo discrepante e anônimo usou métodos e técnicas aperfeiçoados ao longo da década anterior. Poucos exigiam grande inteligência ou habilidade. Dependiam de reações coordenadas de usuários múltiplos, ocorridas muito depressa e disseminadas via múltiplos canais de mídia sociais tradicionais — do Reddit ao Twitter, passando pelo Facebook e pelo YouTube. No estudo que empreenderam sobre manipulação da mídia e desinformação on-line, Alice Marwick e Rebecca Lewis se referem a eles como "brigadas organizadas" e "grupos ágeis e interligados".[56] Como vimos acontecer com o Reddit, um número de certa forma pequeno de usuários consegue causar um efeito distorcido significativo.

A comunidade dos canais *chan*, embora dispersa, conseguiu dar uma falsa impressão de sentimento e apoio populares em favor dos candidatos, em especial quando se tratava de Trump — tanto nos debates quanto por meio da manipulação de *hashtags* (como a #HillarysHealth), *likes* e pesquisas (veja, por exemplo, como um chamado às armas durante o debate do partido republicano de fevereiro de 2016 colocou a frase

---

[56] MARWICK, Alice; LEWIS, Rebecca. Media Manipulation and Disinformation On-line. **Data & Society Research Institute**, 15 May 2017. Disponível em: https://datasociety.net/pubs/oh/DataAndSociety_MediaManipulationAndDisinformationOnline.pdf. Acesso em: 6 out. 2021, 15:58:56.

"Is Ted Cruz the Zodiac killer" [Ted Cruz é o assassino conhecido como Zodíaco"] entre as mais consultadas no Google.[57] Talvez mais importante ainda, esses usuários geraram caos, confusão e medo e derrubaram os muros do discurso político aceitável. No entanto, apenas poucos anos antes da eleição, não havia nenhum indício de que esses usuários causariam tamanho impacto. Claro, os canais se tornaram mais reacionários depois de 2011, mas ainda não havia então nenhum sinal de que se envolveriam tanto com a política tradicional. Na verdade, muitos membros ficaram com raiva pelo fato de o Anonymous passar a ser tão *mainstream* e apegado a suas "causas". Foram ficando cada vez mais politizados ao longo dos anos 2013 e 2014, em especial durante a #Gamergate, mas essa politização na época foi canalizada para o Breitbart contra os progressistas e "a esquerda". Sem as ferramentas digitais disponibilizadas para eles e sem as técnicas de coordenação coletiva que tinham desenvolvido, permaneceriam como uma subcultura minoritária dispersa. Com as ferramentas e as técnicas, combinadas ao mecanismo de distribuição das redes sociais, foram capazes de criar o caos no processo democrático. E em seguida exportaram os métodos além-mar.

Naufragaram as tentativas iniciais de empregar técnicas similares fora do país. Alguns dos que ajudaram a semear o caos e a discórdia — em especial na extrema-direita — durante a campanha de Trump quiseram fazer a mesma coisa na França na primavera seguinte. Eles fracassaram, sobretudo pela ausência de conscientização cultural. Usuários do 4chan não franceses, por exemplo, inventaram o falso boato de que o candidato Emmanuel Macron, do partido En Marche!, estava tendo um caso com a filha da esposa, sem levar em conta que os franceses sempre adotaram uma postura *blasé* em relação à vida pessoal

---

[57] SANDERS, Sam; FIROZI, Paulina. #MemeOfTheWeek: Ted Cruz and the Zodiac Killer. **NPR**, 26 February 2016.

Indivíduos: o modelo livre-extremista 61

de seus políticos. Criaram uma versão de Marine Le Pen, da Frente Nacional, como Pepe, o sapo, sem se darem conta de que chamar alguém de nacionalidade francesa de sapo é há tempos um insulto antifrancês. Depois, nos dias que antecederam a votação em si, quando os usuários da extrema-direta dos Estados Unidos e de todo o mundo tentaram promover o vazamento de e-mails de Macron, não computaram no cálculo o hábito de evitar notícias políticas nas 48 horas anteriores a uma eleição. Acima de tudo, americanos procurando promover o sentimento nacionalista francês (com muita coisa escrita em inglês) nunca tiveram a probabilidade de alcançar sucesso.

A extrema-direta teve mais sucesso na Alemanha, onde suas atividades davam a impressão de serem conduzidas pelos próprios alemães — por meio do Reconquista Germania, por exemplo. Como descrito no início deste capítulo, esse grupo usou canais Discord, vídeos do YouTube e contas falsas em mídias sociais para planejar e executar uma ação coordenada com o intuito de promover o AfD. No entanto, cave abaixo da superfície, e a semelhança de técnicas, linguagem e imagens disponíveis para os usuários de canais não germânicos se torna rapidamente evidente. Isso inclui a utilização de memes e sua disseminação (considerando também números e estilos específicos), as incursões coordenadas e a criação e sincronização de contas do Twitter. Um vídeo postado na página Kraut /pol/ do 4chan e descrito como de visualização obrigatória exibia trechos de *Rules for Radicals* [Regras para radicais] de Saul Alinsky — as mesmas regras que Andrew Breitbart exortava os insurgentes nos Estados Unidos a adotarem. Quando o Buzzfeed enviou uma mensagem para o controlador de uma conta no Twitter de um canal AfD, o ativista anônimo respondeu com uma linha de argumentação que poderia ter saído diretamente do plantel de Bannon/Breitbart: "Você precisa ter em mente que a Alemanha não é livre", escreveu o controlador. "A mídia mentirosa está tentando perpetuar suas ideias de marxismo cultural e promover o genocídio dos brancos".[58] Um extenso trabalho da organização de campanha Hope not Hate [Esperança, não ódio], que contou inclusive com a infiltração durante um ano da direita alternativa, encontrou vasta coordenação e aprendizado compartilhado entre países europeus e os Estados Unidos. No mês posterior ao das eleições na Alemanha, em outubro de 2017, os austríacos ficaram chocados ao descobrirem uma campanha difamatória induzida por memes no Facebook contra o líder do Partido Popular Austríaco, Sebastian Kurz. As imagens, que se supunha terem sido postadas por membros da equipe de campanha da oposição social-democrata, visavam ridicularizar Kurz e associá-lo a teorias conspiratórias. As calúnias fracassaram, e Kurz passou a ocupar em seguida o posto de chanceler.

Também as atividades on-line respingavam no mundo real. Martin Sellner, líder do Movimento Identitário na Áustria, posicionado como "nova direita", criou um aplicativo para "visualizar, organizar e unir a maioria silenciosa" insatisfeita com a questão da imigração. O Patriot Peer deixava seus membros verem quem estava por perto e também usava o aplicativo, permitindo que participassem de eventos e manifestações para competir com outros usuários, ganhar pontos e se tornarem um "top Patriot". O objetivo do aplicativo, disse Sellner em um vídeo de apresentação no YouTube, era "romper a barreira de proteção do politicamente correto e pôr fim ao isolamento da maioria silenciosa". Seu sonho era "um oceano de pontos verdes [representando os Patriots] a cobrir o ocidente". "Nunca mais haverá uma eleição", o infame hacker neonazista Andrew "weev" Auernheimer escreveu depois da eleição norte-americana, "em que a 'trolagem', a ação de hackers e a política da extrema-direita não desempenhem papel algum".

---

[58] SCHMEHL, Karsten; MBOUNDZA, Saba; LYTVYNENKO, Jane; BRODERICK, Ryan. Trolls are trying to hijack the German election by copying Trump supporters. **Buzzfeed**, 4 September 2017.

A direita alternativa adotou e disseminou com entusiasmo esses métodos, mas seus integrantes não foram os únicos a empregá-los. Os ultradireitistas tomaram emprestado e adaptaram técnicas antes utilizadas pelo coletivo hacker Anonymous e associadas ao radicalismo de esquerda em 2010-11. Extremistas religiosos também usaram essas técnicas e outras semelhantes. De igual modo, no final de 2016, o conflito político on-line tinha se propagado muito além da extrema-direita, permeando as plataformas de mídia social. Membros do parlamento britânico disseram que a eleição de 2017 no Reino Unido foi a pior que tinham vivenciado em termos de maldade. "Tivemos abusos como ninguém nunca vira antes", declarou o parlamentar Ian Lavery ao Committee on Standards in Public Life. "O assunto é tórrido; o abuso acontece 24 horas por dia, sete dias da semana. Não é coisa da qual você consiga simplesmente se afastar. Quando vai para casa, está lá com você e seus filhos. Um abuso constante."[59] Isso incluía "questões tangíveis de ameaças de morte, obscenidade, difamação e calúnia, crime contra o patrimônio, homofobia, sexismo, antissemitismo e ameaça de abuso sexual".[60] Eleições democráticas e eventos políticos mundo afora estavam se tornando sinônimos de batalhas campais entre grupos partidários, ataques cibernéticos e guerras de mensagens. A campanha política on-line, em outras palavras, estava parecendo menos uma deliberação democrática e mais uma guerra de informações.

Essa transgressão e essa destruição deliberada das normas democráticas na esfera digital têm sido impulsionadas por aqueles que prezam a liberdade e a soberania on-line mais que tudo. Por essa razão, seria possível chamá-los de livre-extremistas.

---

[59] LAVERY, Ian. MP, audiência pública. **Review of Intimidation in Public Life**, 14 September 2017.

[60] McLOUGHLIN, sir Patrick, MP, presidente do Partido Conservador, apresentação da Review of Intimidation in Public Life, 8 September 2017.

A liberdade, no entanto, mesmo nas sociedades mais libertárias, nunca é absoluta. Por exemplo, em parte alguma é considerado legítimo prejudicar outras pessoas na busca da liberdade — exceto no contexto da guerra. Presume-se que, por isso, muitos livre-extremistas justificam o próprio comportamento alegando estarem envolvidos em uma guerra virtual contra quem tem valores diferentes e procura lhes tolher a liberdade. Todavia, a consequência é um espaço on-line irrestrito, agressivo, violento e hiperpartidarista, no qual os processos democráticos de debate, respeito, civilidade e conciliação são vítimas dos danos colaterais.

Quando os hackers e os prospectores originais partiram para explorar o ciberespaço e estabelecer comunidades, não lhes ocorreu reproduzir as estruturas e proteções da democracia do mundo real. O ciberespaço não tinha fronteiras como os países, então por que recriar sistemas políticos nacionais? Ele era infinito, razão pela qual deveria haver espaço mais que suficiente para todo o mundo. De igual modo, por que fixar quaisquer parâmetros de discurso? Por que não deixar a verdade e a falsidade lutarem em um espaço livre e aberto, como o poeta John Milton escreveu de modo tão memorável em *Areopagitica*, em 1644? Desde que a informação fosse partilhada livremente e os "gigantes enfadonhos de carne e aço" deixassem em paz os povos das fronteiras do ciberespaço, esse novo mundo, pensavam eles, cuidaria de si próprio.

CAPÍTULO 2
Plutocratas: o modelo Mercer

A luta pela sobrevivência do homem como ser responsável na
Era das Comunicações não há de ser vencida na origem da
comunicação, mas aonde ela chega.
Umberto Eco, *Travels in Hyperreality* [Viagens pela hiper-realidade]

Nos últimos dias de agosto de 2017, um superiate de 203 pés singrou o lago Union, em Seattle, onde permaneceu atracado por mais de uma semana. Sua presença desencadeou protestos esporádicos, inclusive de um barco utilizado em protestos — o *Endeavour* — que ostentava um "frango Donald Trump" inflável. Nada indicava quem seria o proprietário do superiate. A embarcação batizada de *Sea Owl* só fora concluída em 2013, fabricada nos Países Baixos de acordo com especificações detalhadas e precisas. Apesar do tamanho considerável, fora preparada para atender sobretudo o proprietário e sua família, abrigando ainda uma tripulação composta por 18 integrantes. Contava com diversas amenidades comuns em superiates: banheira de hidromassagem, elevador, cinema, piano Steinway de meia cauda. Mas havia também vários toques pessoais: afrescos nas paredes, um quarto de dormir com tema de pirata, um lustre do artista Dale Chihuly e, pintado no teto da biblioteca, o *Philosophiae Naturalis Principia Mathematica*, de Newton.[1] O sistema de segurança a bordo "talvez seja o mais

---

[1] GAUERT, Cecil. *Sea Owl* — the personal and enchanting 62m feadship. **Boat International**, 18 February 2017. A obra citada, em latim no original, é

elaborado já instalado em um iate", atestou o construtor da embarcação à revista *Yachting*.[2] Compreendia dispositivos para reconhecimento de impressões digitais e pelo menos dois cômodos seguros, fechados por portas de aço reforçado. O proprietário, Robert Mercer, deixou claro para o estaleiro que a privacidade e a segurança do iate eram cruciais.

Descrever o superiate de Mercer não se resume a um exercício de assombro diante de alguém rico e famoso. A empreitada nos revela que Robert Mercer se qualifica como um plutocrata; mostra como a privacidade e a segurança são importantes para ele; e coloca em mais absoluta evidência como sabemos pouco sobre o dono desse barco. Descobre-se mais acerca do *Sea Owl* com algumas pesquisas na internet do que sobre Robert Mercer em meses de investigação. Ele não dá entrevistas; não faz declarações públicas; não faz discursos (a exceção ocorreu em 2014, quando aceitou um prêmio por serviços prestados à computação — citado em quase todos os artigos a seu respeito). Nunca exerceu um cargo público nem concorreu a eleição alguma. Não escreveu sobre sua visão política, e inexiste registro de como vota. Em outras palavras, há pouquíssimos dados a seu respeito (e a ironia desse fato se tornará bem visível mais adiante).[3] Todavia, por intermédio de seu patrocínio, Mercer consegue distorcer a esfera pública, subverter a responsabilidade e desestabilizar a legitimidade democrática. Além disso tudo, concebeu um modelo que outros plutocratas podem copiar.

A trajetória profissional de Mercer tem sido dominada por dois ramos de atividade: da programação de computadores e do investimento financeiro. Nascido em San José, Califórnia, no verão de 1946, Robert Mercer ficou fascinado pelos computadores desde o instante em que soube da existência deles.

Princípios matemáticos da filosofia natural. [N. do T.]

2   Hmmm. We can't see missile lanchers... **Yachting**, 6 June 2013.

3   O autor escreveu para Robert Mercer, mas não obteve resposta.

Plutocratas: o modelo Mercer 67

Adolescente, antes mesmo de ter acesso a uma máquina, escrevia programas de computador com papel e caneta. Depois de se diplomar em física e matemática, prosseguiu e fez doutorado em ciência da computação, disciplina relativamente nova em 1972. Junto a outros pioneiros na ciência da computação, ingressou na IBM, onde permaneceu durante os vinte e um anos seguintes. Seu trabalho na empresa, sobretudo no que diz respeito à linguística computacional, tem sido descrito como "revolucionário". Em 1993, Mercer foi recrutado pela Renaissance Technologies, um fundo de *hedge* que evita as abordagens habituais ao investimento financeiro. Em vez de se servir da inteligência e da experiência humana para decidir onde investir, a RenTech (como é conhecido no setor) utiliza a inteligência de máquina e grandes volumes de dados. Coleta quantidades enormes de informação do mundo inteiro e desenvolve programas de computador capazes de garimpar padrões inesperados e potenciais oportunidades de investimento. Raros são os seus empregados com formação no sistema bancário ou financeiro; eles costumam ser físicos, biólogos e engenheiros. A abordagem não conformista tem funcionado surpreendentemente bem. A RenTech ganhou fortunas identificando e potencializando oportunidades com base na análise de dados que outras empresas deixaram passar. Mercer se tornou executivo-chefe da RenTech em 2010, renunciando em 2017.

O pouco que sabemos sobre as políticas dele vem do que amigos e colegas dizem, da empresa política que ele mantém e de seus investimentos na área.[4] Pelo que amigos e colegas têm

---

[4] Informações baseadas em registros públicos e relatos de pontos de vista dos envolvidos, entre os quais se incluem, sem se restringir a (em ordem alfabética por autor): ACL. Robert L. Mercer receives the 2014 Lifetime Achievement Award. **Association for Computational Linguistics**, 15 October 2014; Confessore, Nicholas. How one family's deep pockets helped reshape Donald Trump's campaign. **New York Times**, 18 August 2016; Delevingne, Lawrence. Have Mercer! The money man who helped the GOP win. **CNBC**, 4 November

68 DEMOCRACIA HACKEADA

dito, Mercer é visto como uma espécie de anarquista libertário raivoso. Patrick Caddell, que trabalhou para Mercer, relatou à escritora Jane Mayer, da *New Yorker*, que ele "é um libertário — despreza o *establishment* republicano. [...] Acha que os líderes são patifes corruptos e arruinaram o país". "Bob e Rebekah Mercer [a filha do meio] nutrem profunda e duradoura inimizade contra o *establishment* político", escreveram Kenneth Vogel e Ben Schreckinger em artigo de 2016 para o *Politico*. "Querem explodir tudo e começar do zero", contou-lhes um colaborador anônimo de Mercer. A maioria parece concordar que eles são, como revela o título da investigação convincente e fascinante empreendida por Vicky Ward em 2017, "bilionários de arrasar". As conferências ou cerimônias políticas em que Mercer tem sido avistado (mas sem dizer nada em caráter oficial) abrangem desde as organizadas pelos irmãos Koch e sua rede de patrocinadores de direita até aqueles que negam as mudanças climáticas e os que defendem a volta ao padrão ouro (uma propensão particular de Mercer, que parece não ver justificativa para um banco central).

Em suma, Robert Mercer e a filha politicamente ativa Rebekah aparentam ser antigoverno, *antiestablishment*, antimídia tradicional,

---

2014; GOLD, Matea. The Mercers and Stephen Bannon: how a populist power base was funded and built. **Washington Post**, 17 March 2017; GRAY, Rosie. What does the billionaire family backing Donald Trump really want? **The Atlantic**, 27 January 2017; KUTNER, Max. Meet Robert Mercer, the mysterious billionaire benefactor of Breitbart. **Newsweek**, 21 November, 2016; MALLABY, Sebastian. **More Money than God: Hedge Funds and the Making of a New Elite.** London: Bloomsbury, 2011; Jane Mayer on Robert Mercer & the dark money behind Trump and Bannon. **Democracy Now!**, 23 March 2017; MAYER, Jane. The reclusive hedge-fund tycoon behind the Trump presidency. **New Yorker**, 27 March 2017; MIDER, Zachary. What Kind of Man Spends Millions to Elect Ted Cruz? **Bloomberg**, 20 January 2016; VOGEL, Henneth P.; SCHRECKINGER, Ben. The most poswerful woman in GOP politics. **Politico**, 7 September 2016; WARD, Vicky. The blow-it-all-up billionaires. **Highline**, 17 March 2017; ZARROLI, Jim. Robert Mercer is a force to be reckoned with in finance and conservative politics. **NPR**, 26 May 2017.

anti-impostos e negacionistas das mudanças climáticas. Se esses pontos de vista fossem apenas pessoais e a influência dos Mercers no sistema político se igualasse à de todo o mundo, boa sorte para eles. Ou se eles tivessem corrido atrás de seus objetivos pelas vias democráticas — como se candidatando, ou participando do ativismo de eleitores comuns, não representariam perigo algum para o processo democrático. Contudo, Robert Mercer não escolheu agir como cidadão comum, não se candidatou nem agitou as eleições a partir da base. Em vez disso, optou por usar seu conhecimento fenomenal de dados em enormes volumes e sua riqueza considerável para fazer tudo o que podia e dinamitar o sistema político.

Mercer está longe de ser o primeiro bilionário a tentar desvirtuar a política democrática para fins próprios. Charles e David Koch, libertários e conservadores, donos da maior fatia da segunda maior empresa privada dos Estados Unidos, a Koch Industries, passaram décadas usando sua tremenda fortuna para conduzir políticos para a direita.[5] Assim, o que Mercer tem de diferente? E por que as democracias — não os Estados Unidos apenas — deveriam se preocupar com o que ele conseguiu realizar em 2016? A diferença está na maneira pela qual Mercer procurou alcançar seus objetivos. Em vez de apoiar um partido ou candidato, ou mesmo bancar a própria candidatura, ele surgiu para usar sua fortuna sobretudo com o intuito de sabotar o sistema político existente. De novo, por si só isso não constitui uma novidade completa. No entanto, Mercer fez seus investimentos políticos no momento exato em que as plataformas digitais e de dados inauguravam novas oportunidades na política. Essas oportunidades lhe possibilitaram navegar dentro dos limites da lei em torno das proteções legais, regulatórias e embasadas em

---

[5] Conforme documentado em: MAYER, Jane. **Dark Money: How a Secretive Group of Billionaires Is Trying to Buy Political Control in the US.** London: Scribe UK, 2016.

princípios que as democracias construíram para se defenderem contra a influência indevida de indivíduos poderosos não eleitos. Inexiste qualquer motivo que impeça outros plutocratas, adotando abordagem similar, de agir de igual modo.

Mercer não é nenhum gênio da política — já atingiu sua cota de investimento em candidatos excêntricos e projetos bizarros (custeando a coleta de grandes quantidades de urina com o intuito de prolongar a vida, por exemplo). Mas suas habilidades particulares e seu *timing* são tamanhos que ele foi capaz de transformar o ambiente político norte-americano. Ao fazê-lo, expôs debilidades fundamentais da democracia digital. A maneira como ele abordou seus objetivos políticos tinha grande paralelo com a maneira como abordava seus investimentos financeiros. Em vez de investir em um indivíduo ou problema único, Mercer aplicava seus recursos em uma série de projetos diferentes, os quais, apesar de separados, eram complementares. Como qualquer bom administrador de fundos de *hedge*, em outras palavras, ele elaborou um portfólio de investimentos. Contudo, diferentemente do portfólio financeiro, Mercer visava um retorno político.

Duas linhas de investimentos feitos por Mercer tiveram grande influência no processo político de 2016; a primeira foi em mídia digital, e a segunda, na campanha eleitoral profissional orientada por dados. Na mídia, ele fez o investimento mais importante em 2011. Foi na visão de um indivíduo cuja personalidade — em termos de extravagância e extroversão — não poderia ser mais distinta da de Mercer. Eles partilhavam apenas do ódio contra a política existente e as instituições de mídia e a ânsia por destruí-las.

★

Andrew Breitbart não nasceu um animal político. Após a confortável infância de classe média alta em Brentwood, Califórnia, um lar não político, ele era, como escreveu mais tarde, "um liberal por *default*". Só depois dos 20 anos se converteu, por força de um programa de rádio, em um conservador reacionário e libertário. Desse momento em diante, como muitos convertidos tardios, Breitbart foi evangélico. Para ele, tudo era uma questão política. Gênero era uma questão política, geração era uma questão política, etnia era uma questão política. Acima de tudo, no entanto, ele via a cultura como questão política. E não apenas isso, mas ela fora dominada pelo que ele chamava de "Complexo Midiático Democrata". Para Breitbart, "a arte, o humor, a música, o teatro, a televisão, os filmes, a dança" tinham se tornado, no fim do século XX, instrumentos de propaganda esquerdista. Ele explica como aconteceu essa tomada de poder em sua autobiografia muito agradável de ler, mas um pouco indigesta, lançada em 2010 com o título *Righteous Indignation* [Justa indignação]. Nela, Breitbart consegue de algum modo traçar uma linha de Rousseau a Marx, de Gramsci a Lukács e até a escola de Frankfurt, uma coleção de intelectuais e acadêmicos formados na Alemanha entre as duas guerras mundiais. Ele parecia acreditar que a escola de Frankfurt era a ruína dos Estados Unidos. Tendo fugido da Alemanha de Hitler, esses acadêmicos — Max Horkheimer, Theodor Adorno e Herbert Marcuse entre eles — se mudaram para a costa oeste e, argumenta Breitbart, imediatamente puseram em prática um plano insidioso para pouco a pouco destruir os Estados Unidos e o *american way of life*, preparando o terreno para o comunismo. Travestiram seu plano de "Teoria Crítica" e excursionaram pelo país nas décadas de 1950 e 1960, convertendo as massas de jovens estudantes impressionáveis que então impulsionaram a revolução contracultural dos anos 1960 e na sequência povoaram os níveis superiores da mídia, da academia e do governo. Uma teoria e tanto, baseada em muitos saltos históricos e cognitivos. Uma vez construída, no entanto, conferiu a Andrew Breitbart — e àqueles que lhe seguiram as pegadas — um contexto no qual justificar os próprios atos subsequentes e cosmovisão. As dimensões histórica e teórica dessa hipótese — por tênue e egocentrada que ela seja — permitiram a Breitbart e sua turma descartarem o sistema inteiro de mídia contemporânea como corrupto.

Do mesmo modo que enxergava a política em tudo, Breitbart também a via como uma batalha campal. Para ele, política e guerra eram quase sinônimos. E era uma guerra que a direita estava perdendo, na sua opinião – mas não porque ela professasse convicções incorretas. Nada disso. A direita estava perdendo porque não adotara as táticas maquiavélicas da esquerda e por limitar suas atividades à esfera política. Para vencer, precisava levar a luta para além da política e da cultura, e aprender a usar as técnicas da esquerda para se defender. Ganhar essa guerra no campo de batalha da mídia tradicional seria impossível, uma vez que essa mídia, na cosmovisão de Breitbart, fora confiscada por marxistas culturais esquerdistas (mesmo que isso pareça muito estranho aos leitores, digamos, do *Wall Street Journal*). Portanto, a direita precisava achar um novo território no qual travar sua guerra. Por isso Breitbart considerava que a internet — e as plataformas tecnológicas predominantes — apresentava uma oportunidade tão grande. Essa nova terra ainda necessitava ser conquistada. O objetivo da direita, acreditava ele, deveria ser ocupar o novo território e, no processo, produzir a destruição da mídia que nos fora legada. "Temos o poder de desenredar o Complexo", escreveu Breitbart, "e destruir a esquerda institucional. Não será fácil. Exigirá tempo e esforço, e haverá falsas arrancadas e obstáculos na estrada, mas o faremos porque temos de fazê-lo." As ideias de Breitbart podem parecer excêntricas e marginais, mas, graças a sua audácia e ao dinheiro de Robert Mercer, logo ocuparam o *mainstream*.

No verão de 2009, a estudante de jornalismo de 22 anos Hannah Giles e o ativista conservador de 25 anos James O'Keefe visitaram diversos escritórios norte-americanos da ACORN, organização sem fins lucrativos que defendia pessoas de baixa renda em causas como moradia de baixo custo e registro de eleitores.

Giles se passou por prostituta e O'Keefe, por seu gigolô.[6] Juntos, perguntaram à equipe da ACORN como podiam manipular o sistema em benefício próprio — usando a casa deles como prostíbulo, inclusive. Sem que os atendentes soubessem, o casal portava câmaras escondidas. A farsa toda era uma cilada, concebida para gravar os empregados da ACORN oferecendo conselhos ilegais ou antiéticos. Embora não conseguissem registrar nada ilegal, os dois filmaram a equipe dando orientações evidentemente comprometedoras. Como parte de uma estratégia de mídia planejada com detalhes, Andrew Breitbart passou os vídeos editados para a Fox News depois de uma semana organizando essa entrega. Ao mesmo tempo, publicou transcrições e áudios em um dos websites que levavam seu nome, todos objeto de intensa promoção nas mídias sociais.[7] Para impulsionar a narrativa para além do ecossistema de mídia direitista e mantê-la nos novos círculos, Breitbart e a Fox declararam que a mídia tradicional estava ignorando o assunto e atacando os jovens que tinham arquitetado a cilada (ambos os argumentos se baseavam em interpretações muito subjetivas das evidências).

Dias depois de os vídeos serem publicados, a Câmara dos Deputados aprovou o decreto de suspensão da concessão de fundos para a ACORN. "A ACORN violou sérias leis federais", afirmou o deputado republicano Eric Cantor, "e a Câmara votou hoje para assegurar que os dólares do contribuinte não mais sejam utilizados no custeio dessa organização corrupta".[8] A ACORN perdeu os contratos de financiamento federais bem como muitos contratos particulares e, em novembro de 2010, abriu falência. Estabelecida em 1970, com escritórios em 75

---

[6] O'KEEFE, James; GILES, Hannah. ACORN Prostitution Investigation — Part 1. **Push Back Now/YouTube**, 10 September 2009. Disponível em: https://www.youtube.com/watch?v=9UOL9Jh61S8. Acesso em: 21 out. 2021, 15:21:22.

[7] LAMBRO, Donald. BREITBART: The politicized art behind the ACORN plan. **Washington Times**, 21 September 2009.

[8] House votes to strip funding for ACORN. **Fox News**, 17 September 2009.

cidades e 400 mil famílias associadas, ela foi destruída de fato em setembro de 2009, ao longo de quinze dias. Na sequência, a investigação independente de um escritório de advogados, embora criticasse a governança e a prestação de contas da instituição, concluiu que "não existe nenhuma prova de ato ilegal ou de outra natureza praticado por empregado da ACORN".[9]

Não apenas o "furo de reportagem" envolvendo a ACORN trouxe exposição nacional aos sites de Breitbart como ratificou as convicções e o *modus operandi* de seu fundador. A "esquerda institucional" podia ser derrubada pelo uso de uma mistura vigorosa de revelações de fatos vexaminosos, entretenimento e indignação. A receita: encontrar o ponto fraco de uma instituição à qual você se opõe — no caso, os jovens empregados da ACORN. Reúna provas que sustentem uma perspectiva facciosa particular — como o mau uso dos dólares dos contribuintes. Disponha tudo isso de modo a provocar indignação no público — por exemplo, o fato de os nossos protagonistas (Giles e O'Keefe) serem brancos e a maior parte dos vilões (a equipe da ACORN) ser composta por mulheres negras, estimulando uma reação furiosa da esquerda e a contrarreação da direita. Embrulhe a história de modo que ela se conforme com a gramática das investigações jornalísticas — câmaras escondidas, gravação granulada e tremida, e narração do protagonista. Publique a gravação editada como uma grande revelação em meio a enorme alarde, em seguida promova seu trabalho o máximo que puder. Enfim, para que a história prejudique tanto a instituição em si quanto a velha mídia, declare que qualquer grande veículo de imprensa que deixar de cobrir a história — ou não lhe dar destaque — de propósito a ignora por razões facciosas. O método era não apenas eficaz como também barato. James O'Keefe disse que a operação ACORN inteira custou menos de 2 mil dólares,

---

[9]   HARSHBARGER, Scott. **Proskauer**, 2009 (artigo removido da *web*).

Plutocratas: o modelo Mercer 75

"o preço do aluguel de um carro mais a gasolina e comida".[10] Andrew Breitbart concebera de que maneira, no novo ambiente das mídias sociais, notícias podiam ser transformadas em arma política com poder para destruir instituições da sociedade civil e corroer a confiança na mídia tradicional ao mesmo tempo.

Claro, Breitbart estava longe de ser o primeiro a usar ciladas como forma de produzir notícias. A imprensa sensacionalista britânica as fabricava havia anos. Em 1991, o *News of the World* de Rupert Murdoch contratou Mazher Mahmood, que se vestiu de falso xeique para enredar celebridades, treinadores de futebol americano e políticos inadvertidos em suas armadilhas, dizendo coisas incriminatórias diante das câmaras. Ele trabalhou para o News International e seu sucessor durante mais de duas décadas antes de ser preso por conspirar com o intuito de perverter o curso regular da justiça. Nem o método Murdoch nem o método Breitbart são jornalismo conforme se ensina nas faculdades. Esse tipo de jornalismo não tem a ver com a abordagem das histórias de mente aberta, ou com se almejar o princípio da objetividade. Tem a ver com algo que se parece mais com um promotor preparando uma tese de acusação — à caça de evidências que deem sustentação a seu discurso e, não menos importante, que destrua seu adversário. É um jornalismo que começa e termina com um objetivo político.

A diferença de Breitbart e seu furo jornalístico envolvendo a ACORN foi saber escolher o momento oportuno. No fim de 2009, as mídias sociais haviam se tornado tendência dominante. O Twitter, lançado em 2006, tinha quase 8 milhões de usuários no final de 2009 — incluindo a maior parte dos jornalistas das mídias tradicionais. O Facebook contava com mais de 300 milhões de perfis ativos, tendo partido de 50 milhões dois anos antes. O YouTube, adquirido pelo Google menos de

---

[10] V. "Acorn Investigation" in **Project Veritas**. Disponível em: https://www.projectveritas.com/acorn/. Acesso em: 6 maio 2022. 17:54:19.

76   **DEMOCRACIA HACKEADA**

três anos antes, fornecia mais de 12 bilhões de vídeos todo mês nos Estados Unidos.[11] Ou seja, quando Andrew Breitbart publicou as transcrições, os áudios, os vídeos e as matérias na mídia, em setembro de 2009, dispunha das plataformas pelas quais impulsioná-los.

Ajudou o fato de Breitbart saber o que fazer. Não era um ingênuo no que dizia respeito à internet. Ele aprimorara suas técnicas ao longo de mais de uma década com dois dos inovadores mais talentosos da área de notícias de internet. Trabalhara desde 1995 com Matt Drudge, fundador e editor do *Drudge Report*, com quem aprendeu a explorar a rede em busca de pepitas de ouro na forma de caça-cliques. Em 2005, colaborou com Arianna Huffington para lançar o *Huffington Post*, onde aprendeu a usar a análise crítica de comentários e de mídia para alimentar a indignação e influenciar o ciclo de notícias. Talvez mais ainda que Drudge ou Huffington, Breitbart acreditava ser uma criatura da matriz das comunicações modernas, nunca mais à vontade do que ao manter múltiplas conversas em múltiplas e diferentes telas. "Sinto-me completo neste ambiente", disse ele à jornalista Rebecca Mead, da *New Yorker*, em uma entrevista reveladora de 2010. "Necessito disso para me tornar aquilo em que precisava me tornar. Com a internet, tenho comunicação sem fim com um elevado número de pessoas. Sempre travando uma nova guerra, uma nova batalha."[12]

Breitbart foi perspicaz o suficiente para ver que muitos dos métodos eficazes na velha mídia não funcionavam tão bem no magnífico mundo novo das plataformas tecnológicas. Os jornais da época das notícias impressas conseguiam um furo e faziam tudo o que tinham ao alcance para mantê-lo sob controle: em

---

[11]   Internet 2009 in Numbers. **Pingdom.** Disponível em: https://royal.pingdom.com/2010/01/22/internet-2009-in-numbers/. Acesso em: 17 maio 2018. [Esta fonte não está disponível no período da publicação desta obra em língua portuguesa. Contudo, foi decidido por mantê-la para compreensão do leitor. (N. do E.)]

[12]   MEAD, Rebecca. Rage machine: Andrew Breitbart's empire of bluster. **New Yorker**, 24 May 2010.

alguns casos, chegavam a esconder pessoas em quartos de hotel durante dias até o momento da publicação. Então, de uma hora para outra, um único veículo divulgava o artigo como "Exclusivo!". Até a linguagem utilizada pela mídia impressa — *exclusivo* — era sintomática do desejo que tinham de manter uma narrativa vinculada a determinado veículo. Breitbart percebeu que, na era digital, para dar impacto a uma história, ele precisava fazer o contrário. Em vez de guardá-la para si, era preciso disseminá-la o máximo que pudesse. Era necessário achar pessoas que pudessem publicar perspectivas diversas em seus blogues. E era fundamental impulsionar os vídeos por meio de influenciadores das redes sociais. "A chave é a ubiquidade", escreveu ele. "Ubiquidade tem a ver com aumentar o pedaço de pizza para todo o mundo, difundir as histórias, os canais de distribuição, os recursos ao redor de modo que o movimento [conservador] inteiro possa se beneficiar, porque a parte que nos cabe da praça pública só faz crescer toda vez que divulgamos algo de enorme impacto."

Breitbart escreveu seu manual sobre como destruir o "Complexo Midiático Democrata" durante um voo de costa a costa em 2010. Pouco depois o livro foi disponibilizado on-line. Menos de um mês antes de seu lançamento oficial, em abril de 2011, o autor falou em uma conferência conservadora no Ritz-Carlton em Palm Beach, Flórida. Foi onde conheceu o bilionário que transformaria seu manifesto e seus métodos de animosidade pessoal em cruzada nacional.

*

As doações de caráter político de Robert Mercer, até então, tinham sido esporádicas e ecléticas. Os favorecidos partilhavam convicções políticas, embora carecessem de qualquer abordagem consistente à mudança. Quando Mercer se encontrou com Andrew Breitbart na Flórida, em 2011, conheceu alguém que não só compartilhava seu rancor contra a "esquerda institucional"

78 DEMOCRACIA HACKEADA

como tinha um método pelo qual sabotá-la. Ele vira o barulho causado por Breitbart com a utilização inteligente das plataformas digitais e pouquíssima subvenção (criou seu site Big Government com 25 mil dólares emprestados do pai). O bilionário deu-lhe então a oportunidade de levar sua empreitada bem mais longe, investindo 400 vezes o montante inicial — 10 milhões de dólares. Na mesma hora, Breitbart se pôs a trabalhar, preparando-se para relançar sua família de websites. Contudo, foi incapaz de ver os frutos de sua obra, pois faleceu em março de 2012, dias antes da data marcada para o lançamento do mais novo site. O novo Breitbart.com seguiu em frente mesmo assim, com o amigo e colega do fundador, Steve Bannon — determinante para assegurar o investimento de Mercer — no leme. Bannon conhecera Breitbart em 2005, após exibir sua cinebiografia de Ronald Reagan. Breitbart teria se aproximado de Bannon depois do filme, abraçando-o e dizendo: "Irmão! Precisamos transformar a cultura".[13] Os dois ficaram amigos e, em fevereiro de 2010, Breitbart mudou-se para o escritório de Bannon em Westwood, Los Angeles.

Com os 10 milhões recebidos de Mercer, Bannon e um grupo seleto de partidários de Breitbart se esforçaram furiosamente para transformar o Breitbart.com de um blogue de fundo de quintal no "*Huffington Post* da direita".[14] No verão de 2012, eles já estavam publicando centenas de histórias em diferentes seções — ou "colunas": Big Government, Big Hollywood, Big Journalism e Big Peace.[15] E tinham elevado a audiência a

---

[13] GREEN, Joshua. **Devil's Bargain: Steve Bannon, Donald Trump and the Storming of the White House.** London: Scribe UK, 2017.

[14] RAINEY, James. Breitbart.com sets sights on ruling the conservative conversation. **Los Angeles Times**, 1 August 2012.

[15] Big Government ("governo grande", em inglês) é expressão pejorativa para se referir a um governo grande demais e ineficiente. Breitbart parece ter adotado o "Big" para dar títulos aos demais *sites* que criou, dedicados à crítica conservadora aos artistas que apoiavam o Partido Democrata (Big Hollywood), aos

Plutocratas: o modelo Mercer 79

quase 3 milhões de usuários mensais por volta do fim de setembro. Mesmo assim, poucos viram o site atingir os objetivos de Andrew Breitbart, ou durar muito tempo após a morte dele. "Comentei na época em que Andrew morreu", relatou um integrante da equipe de Breitbart ao *Buzzfeed* em outubro de 2012, "que terão de fechar isso aqui, ou será nossa ruína. Acho que eu tinha razão." Um ano depois e apesar do grande número de novas contratações — muitas provenientes do rival de direita *Daily Caller* —, o Breitbart.com ainda precisava se destacar entre os competidores on-line e estava fracassando no propósito de seduzir a agenda dos veículos de mídia. De acordo com uma pesquisa de 2014 feita pela empresa especializada Pew, o Breitbart.com não figurava entre as dez principais novas fontes de informação de eleitores conservadores.[16]

Entretanto, ele continuou a crescer e até se expandiu internacionalmente, graças a mais investimentos. No começo de 2014 abriu agências no Texas e em Londres, com planos de se estender para a Califórnia, a Flórida, o Cairo e Jerusalém.[17] Fundamental para o crescimento de sua plateia foi o uso das técnicas criadas pelo visionário que o fundou: desenvolver artimanhas para chamar a atenção — como vídeos gravados com câmaras escondidas e submetidos a pesada edição; enxergar tudo como uma questão política — em especial a cultura; encontrar notícias controversas, com potencial para causar divisões, em uma das principais colunas do site — como a denominada Big Journalism — e então apresentá-las em um arcabouço faccioso e emocional

---

veículos da imprensa que ele pretendia suplantar (Big Journalism) e à cobertura de questões de segurança nacional (Big Peace). [N. do T.]

16 MITCHELL, Amy; GOTTFRIED, Jeffrey; KILEY, Jocelyn; MATSA, Katerina Eva. Political Polarization and Media Habits, Section 1: Media Sources — Distinct Favorites Emerge on the Left and Right. **Pew Research Center**, 21 October 2014.

17 KAUFMAN, Leslie. Breitbart News Network plans global expansion. **New York Times**, 16 February 2014.

ao extremo com o intuito de provocar reações; publicar apenas notícias que rendessem várias "pernas" — threads e narrativas múltiplas capazes de se estender por ciclos consecutivos de notícias; e então empregar a máquina de propagação do sentimento de revolta das mídias sociais para dar um caráter ubíquo às notícias.

Na segunda metade de 2014, o Breitbart começou a ficar mais à vontade com suas provocações. De repente se prontificou a defender a polícia depois que integrantes da corporação dispararam contra Michael Brown; apoiou *gamers* do sexo masculino durante a #Gamergate, em detrimento das mulheres que eles tinham atacado on-line; e publicou uma torrente contínua de histórias anti-imigrantes. Estes relatos apresentavam os imigrantes como criminosos e alegavam que eles vinham tomando para si os empregos e a assistência social dos Estados Unidos, além de custarem uma fortuna para serem educados e ainda disseminarem enfermidades como o Ebola.[18] A abordagem do site condizia com o que o sociólogo Stan Cohen identificou nos anos 1970 como a mídia "dos maus elementos e do pânico moral".[19] Os veículos midiáticos — no caso, o Breitbart — pegam um incidente particular, como os tumultos de Ferguson, e o apresentam como prova da corrupção material e moral da sociedade.

---

[18] Veja, por exemplo: TATE, Kristin. Report: lice, scabies, disease at children's immigration shelter on Texas airbase, 2 June, 2014; TATE, Kristin. Illegal immigrants treated better than homeless in US, 17 June 2014; MAY, Caroline. Report: more than half of Central American immigrants on welfare, 8 July 2014; SHAPIRO, Ben. 8 reasons to close the border now, 8 July 2014; DARBY, Brandon. Leaked CBP report shows entire world exploiting open US border, 3 August 2014; BOYLE, Matthew. Experts: Ebola could cross unsecured US border, 8 August 2014; **Breitbart News**. Border States of America: New documentary to highlight insecure border, rampant lawlessness in America, 13 October 2014; LEE, Tony. Professor: Illegal immigrants make «American Dream" more difficult for all, 1 December 2014.

[19] COHEN, Stanley. **Folk Devils and Moral Panics: The Creation of the Mods and Rockers.** London: MacGibbon & Kee, 1972.

Determinados grupos — os maus elementos — são então sistematicamente culpados por essa corrupção. A narrativa é repetida com frequência suficiente para que assuma o padrão de uma lenda popular, uma verdade fundamental acerca da sociedade.

O foco sobre os imigrantes como a raiz dos problemas norte-americanos se torna mais pronunciado no Breitbart no começo de 2015, a partir do momento em que o site buscou convertê-lo em uma das questões decisivas para a eleição nos Estados Unidos. Em julho, o Breitbart fora tão bem-sucedido no cultivo do tema que, de acordo com um estudo do Southern Poverty Law Center, superou o *Daily Mail* como veículo mais citado pelo site neonazista *Daily Stormer*. No mesmo mês, links para o Breitbart a partir do site nacionalista branco *Stormfront* dispararam, subindo para mais de 300 em um mês na segunda metade de 2015. O Breitbart "se converteu de verdade de website conservador básico para isso que vemos aí", disse o proprietário do *Daily Stormer* para uma rádio sueca, "ou seja, os artigos que ele publica sobre os negros nos Estados Unidos e sobre os muçulmanos na Europa constituem basicamente material que se leria no *Daily Stormer*".[20]

Ao longo de 2015, o Breitbart viu seu volume de tráfego crescer. A indignação deliberada que provocava e sua abordagem politicamente divisionista geraram enorme reação on-line. Em plataformas de mídia social como o Facebook, em que reação significava envolvimento e envolvimento queria dizer atenção, sua plateia atingia grandes alturas. Em julho, a audiência do Breitbart no Facebook compartilhou, curtiu ou comentou mais que no perfil do *New York Times*. No curso daquele ano, o Breitbart

---

[20] HANKES, Keegan. Breitbart under Bannon: how Breitbart became a favorite news source for neo-Nazis and white nationalists. **Southern Poverty Law Center**, 1 March 2017. Para qualificar o tipo de *website* que o Breitbart deixara de ser, o proprietário do *Daily Stormer* usa a gíria bastante ofensiva *cuckservative* (aqui traduzida para "conservador"), junção de *cuckold*, "corno", com *conservative*, "conservador". [N. do T.]

avançou de 100 mil curtidas na página do Facebook para pouco menos de 1,5 milhão. No fim do mesmo ano, como escreveu Alexis Madrigal na *The Atlantic*, a página do Breitbart atingira 10 milhões de interações por mês.[21] A presença do site nas redes sociais também o ajudou a crescer como fonte de notícias. No outono de 2014, algo em torno de apenas 3% da audiência geral de notícias provinham do site.[22] Por volta de julho de 2015 o número dobrara para 6%, e o site recebia quase 19 milhões de visitantes ao mês.[23] Até o fim de novembro subiu para quase 8%. No comando do site, Steve Bannon compreendeu quão importantes tinham sido as redes sociais para esse crescimento. "O Facebook foi o que impulsionou o Breitbart para uma audiência maciça", declarou ele ao *Bloomberg* em 2016. "Conhecemos o poder que ele tem."[24]

A ascensão cada vez maior do Breitbart não foi devida apenas ao namoro do site com a extrema-direita. Ele também conseguiu subverter a mídia tradicional. Fez isso graças a uma narrativa em cuja elaboração Steve Bannon desempenhara papel decisivo. Vemos de novo aqui o sucesso notável dos investimentos de Robert Mercer na conformação do ecossistema da mídia digital de acordo com seus objetivos. Em 2013, seguindo conselho de Bannon, a Mercer Family Foundation começou a apoiar o instituto Government Accountability Institute (GAI), com Peter Schweizer ocupando a presidência.[25] Nesse ano, a família doou um milhão de dólares ao GAI, seguido de outro milhão em 2014

---

[21] MADRIGAL, Alexis C. What Facebook did to American democracy. **The Atlantic**, 12 October 2017.

[22] MALONE, Clare. Trump made Breitbart great again. **FiveThirtyEight**, 18 August 2016.

[23] Breitbart News. Politico: Breitbart audience 18,7 million "conservative firebrands". **Breitbart**, 10 July 2015.

[24] GREEN, Joshua; ISSENBERG, Sasha. Inside the Trump Bunker, with days to go. **Bloomberg**, 27 October 2016.

[25] GREEN, loc. cit., 2017.

e mais quase 2 milhões em 2015. Acompanhando a doação da família, Rebekah, filha de Robert Mercer, passou a integrar o conselho do instituto. A meta ostensiva do GAI era "expor o favoritismo e a corrupção" na política. Na prática, isso significou uma investigação de dois anos e a exposição de fatos comprometedores relacionados aos Clintons.

Quando os Mercers investiram no GAI de Schweizer, pouca dúvida restou de quais seriam a abordagem e as conclusões do presidente do instituto. Schweizer escrevera meia dúzia de livros entre 2005 e 2013, cinco dos quais atacavam as elites liberais constituídas e o *establishment* político. Os títulos dos livros já dão uma ideia do tom das obras, bem como do ponto de vista do autor: *Extortion: How Politicians Extract Your Money, Buy Votes, and Line Their Own Pockets* [Extorção: como os políticos tiram seu dinheiro, compram votos e enchem os próprios bolsos] (2013); *Throw Them All Out: How Politicians and Their Friends Get Rich off Insider Stock Tips, Land Deals, and Cronyism That Would Send the Rest of Us to Prison* [Fora com todos eles: como os políticos e seus amigos enriquecem com informações privilegiadas sobre o mercado de ações, a comercialização de terras e um favoritismo que significaria cadeia para o resto de nós] (2011); *Architects of Ruin: How Big Government Liberals Wrecked the Global Economy — and How They Will do It Again if No One Stops Them* [Arquitetos da ruína: como governos liberais grandes e ineficientes demais destruíram a economia global — e como farão tudo de novo se ninguém os impedir] (2009); *Makers and Takers: Why Conservatives Work Harder, Feel Happier, Have Closer Families, Take Fewer Drugs, Give More Generously, Value Honesty More, Are Less Materialistic and Envious, Whine Less... and Even Hug Their Children More than Liberals* [Produtores e compradores: por que os conservadores trabalham mais, são mais felizes, mais próximos da família, se drogam menos, são mais generosos, valorizam mais a honestidade, são menos materialistas e invejosos, choram menos...

84 **DEMOCRACIA HACKEADA**

e até abraçam mais os filhos que os liberais] (2008); e *Do as I Say (Not as I Do): Profiles in Liberal Hypocrisy* [Faça o que eu digo (não o que faço): perfis da hipocrisia liberal] (2005). Era evidente, portanto, que Schweizer jamais escreveria um livro que considerasse os políticos liberais como um todo honestos e dignos de confiança. Claro, em 2015, a HarperCollins publicou outro livro de Schweizer: *Clinton Cash: The Untold Story of How and Why Foreign Governments and Businesses Helped Make Bill and Hillary Rich* [O dinheiro dos Clintons: a história não contada de como e por que governos e negócios estrangeiros ajudaram a deixar Bill e Hillary ricos]. Baseava-se em material desenterrado por uma equipe de pessoas que trabalhavam com Schweizer no GAI levantando inúmeras dúvidas sobre doações para a Fundação Clinton e as conexões dessa instituição.

O investimento de Mercer no GAI tirou proveito de outra importante fragilidade da mídia comercial tradicional: sua crescente incapacidade de sustentar investigações longas e caras. O *Clinton Cash* foi o produto de mais de dois anos de pesquisa, grande parte das quais na *dark web*, contendo uma legião de fios narrativos e conexões de rede a se espalharem mundo afora. A história combinava perfeitamente com a máxima de Andrew Breitbart sobre tramas e narrativas múltiplas. Não lhe faltavam pernas para correr, e muito. Schweizer e Bannon também se certificaram de que o relato surgisse primeiro na mídia liberal. Sabiam que sua credibilidade entre o pessoal de centro e da esquerda aumentaria demais se a origem fosse de grandes veículos da velha mídia. Por essa razão o GAI concedeu acesso avançado exclusivo aos três pilares da mídia tradicional dos Estados Unidos — o *New York Times*, o *Washington Post* e a Fox News. Funcionou. Quando o livro *Clinton Cash* foi publicado, em maio de 2015, todos os três se atiraram de cabeça na história.

Com isso, no verão de 2015, o Breitbart não apenas legitimava a virulenta retórica anti-imigração da extrema-direita como elaborava e conectava por links narrativas publicadas na mídia tradicional do centro e de centro-esquerda. Ou seja, agia

Plutocratas: o modelo Mercer 85

como uma ponte digital. Muitos sites da extrema-direita agora apontavam seus links na mesma direção, incluindo o *Daily Stormer*, o *Stormfront* e o 4chan. Ao mesmo tempo, conectavam-se por links com os pilares do *establishment* midiático dos Estados Unidos: o *New York Times* e o *Washington Post*. Tudo isso combinado com a copiosa publicação de narrativas e a estratégia de mídia social deliberadamente provocativa era o mesmo que alimentar o Breitbart on-line com combustível de foguete. O estratagema atingiu todas as principais mensurações de algoritmos das plataformas tecnológicas: relatos recentes, relevantes e regulares com links tanto a partir da *web* aberta quanto nas redes sociais a gerar altos níveis de envolvimento em todo o espectro político.

Um investimento maior da parte de Mercer fortaleceu o Breitbart e consolidou a distorção do ecossistema noticioso digital antes da eleição de 2016. Tratava-se de um pretenso "fiscal de mídia" chamado Media Research Center (MRC). Ora, há duas maneiras muito diferentes de gerir um organismo de fiscalização de mídia. A primeira é dar às pessoas as ferramentas e a informação de modo que elas possam tirar conclusões próprias acerca de diferentes artigos ou veículos de notícias. A segunda parte da premissa de que toda mídia que existe é parcial e corrupta, e passa-se o tempo todo colecionando evidências para prová-lo. O MRC adotou a segunda abordagem. Desde sua fundação em 1987 ele apresentou a mídia tradicional como uma única entidade coerente — a MSM (de *Main Stream Media*, em inglês) — uma entidade preconceituosa e inverídica em essência. Como Brian Montopoli escreveu para a *Columbia Journalism Review* em 2005, o "MRC insiste em fingir que existe uma ampla conspiração por perto, retratando-se diligentemente como voz no deserto a lutar contra um sistema corrupto".[26]

Mesmo antes de descobrirem o Breitbart, os Mercers apoiavam o MRC. Rebekah Mercer juntou-se ao conselho da

---

[26] MONTOPOLI, Brian. Propaganda clothed as critique. **Columbia Journalism Review**, 23 March 2005.

instituição em 2010, e a *Politico* relata que a fundação da família doou ao centro mais de 10 milhões de dólares.[27] O apoio dos Mercers suplementou o orçamento já considerável do MRC (cuja receita anual entre 2010 e 2014 ficou acima de 14 milhões de dólares em média), o que permitiu que ele fizesse todo o possível para arruinar a confiança na mídia tradicional e convencer o público de que toda mídia herdada por nós só dizia mentiras. "Todo o mundo hoje sabe que as mídias noticiosas têm uma agenda liberal por causa do MRC", disse o locutor de uma rádio ao fundador e presidente do MRC, Brent Bozell, em 2015. "O senhor se sente bem-sucedido?" Sim e não, respondeu Bozell: "Sim, a maior parte dos norte-americanos hoje entende essa realidade, e o Media Research Center merece o crédito, mas ainda nem todos compreendem isso".[28] Se o MRC foi ou não responsável, o fato é que trabalhara incansavelmente durante quase três décadas para desacreditar a imprensa e as emissoras dos Estados Unidos. A consequência foi que muita gente, em especial à direita, tratava com desconfiança, se não descrença, os relatos da vasta maioria da mídia ao centro e à esquerda, deixando-a aberta para um site como o Breitbart, que estava em íntimo alinhamento com suas crenças políticas sectaristas.

No início de 2016 o Breitbart sustentou uma posição no ecossistema das mídias noticiosas que era impensável apenas três anos antes. Como revela uma pesquisa seminal do Berkman Klein Center, de Harvard, o Breitbart se tornara "o nexo da mídia conservadora".[29] Ancorado em um mapa de rede representando 2 milhões de notícias publicadas durante a campanha eleitoral norte-americana, o Breitbart era de longe a maior estrela no

---

[27] Vogel, Henneth P.; Schreckinger, Ben. The most powerful woman in GOP politics. **Politico**, 7 September 2016.

[28] Media Research Center. Battle Tested, Battle Ready. **Annual Report**, 2015.

[29] Faris, Rob; Roberts, Hal; Etling, Bruce; Bourassa, Nikki; Zuckerman, Ethan; Benkler, Yochai. Partisanship, Propaganda, and Disinformation: Online Media and the 2016 US Presidential Election. **Berkman Klein Center**, 16 August 2017.

universo direitista. Nos 18 meses até a eleição, ele foi mais compartilhado no Facebook, objeto de mais tuítes no Twitter e de mais publicação de links na Web aberta do que qualquer outro site de direita. Era ainda mais influente uma vez que, como o estudo demonstra, o ecossistema noticioso da direita estava muito mais contido e voltado para dentro que o da esquerda. Relatos críticos sobre candidatos de direita passavam pelo filtro dessas lentes, se noticiados.

Em um espaço de tempo extremamente curto, a família Mercer transformara a paisagem da mídia política por intermédio de seus investimentos em mídia digital. Incubara uma rede de mídia hiperfacciosa de direita, cujo público em grande parte estava isolado das fontes de notícias tradicionais. Seu novo site — o Breitbart — dominara essa rede apenas quatro anos depois de lançado e estabelecera a própria agenda política. Além de tudo isso, subvertera a mídia tradicional e inflamara a parcialidade e a desconfiança. Seria difícil argumentar que os Mercers não tinham percorrido um longo caminho no sentido de atingir um de seus objetivos evidentes — apoderar-se da narrativa política e pouco a pouco destruir a mídia tradicional.

No entanto, tivessem os investimentos da família ficado restritos à mídia digital, sobretudo ao Breitbart, ao MRC e ao GAI, é provável que você pudesse afirmar que a influência dos Mercers equivalia ao de um magnata da imprensa do início do século XX, como William Randolph Hearst, lorde Beaverbrook ou lorde Northcliffe. Cada um deles exercera influência considerável sobre políticos contemporâneos. Após a Primeira Guerra Mundial, por exemplo, o primeiro-ministro britânico David Lloyd George buscou o apoio de Northcliffe, que respondeu: "Não tenho a intenção de usar os meus jornais e a minha influência pessoal [...] a menos que conheça de maneira definitiva e por escrito, e possa aprovar conscientemente, a constituição pessoal do governo". Mas a busca de ruptura política pelos Mercers foi além da mídia digital e incluiu outro investimento em 2013. Embora complementar, transportou-os para um novo e inexplorado território. Trata-se dos 5 milhões de dólares que Robert Mercer investiu no que mais tarde se tornaria uma empresa de notoriedade global, a Cambridge Analytica.

★

Quando subiu ao palco em Hamburgo, em março de 2017, Alexander Nix parecia ter usado Don Draper, o publicitário interpretado por Jon Hamm na série de TV *Mad Men*, como modelo.[30] O executivo-chefe da Cambridge Analytica (CA) vestia terno preto, gravata preta e camisa cinza. Até seu cabelo penteado para trás brilhava com o produto que o mantinha no lugar, ao estilo de Draper. O *look* condizia com o tema de sua fala, "De loucos a matemáticos",[31] em que ele discursava para a plateia sobre a revolução na política e na comunicação comercial. Dizia que passamos da época das mensagens de cima para baixo e entramos na era em que elas acontecem de baixo para cima, da época em que adivinhávamos a mente do público para a era em que — graças aos "dados em grandes volumes" — sabemos como é a mente desse público. Nix expôs então, de modo muito proveitoso, o que considera serem dados em grandes volumes (*big data*). Entre eles se incluem todos os fatos básicos — quantos anos temos, onde moramos, quanto ganhamos — mais os dados sobre como nos comportamos: aonde vamos, o que compramos, que mídia consumimos. Somam-se também as nossas atitudes e o que nos move — paixões, preconceitos e preferências políticas. Criar uma comunicação persuasiva hoje, de acordo com Nix, significa juntar "a maior quantidade de dados em que for possível pôr as mãos". Foi isso exatamente o que fez

---

[30] Nix, Alexander. CEO, Cambridge Analytica — Online Marketing Rockstars Keynote OMR 17. OMR/YouTube, 10 March 2017. Disponível em: https://youtube.com/watch?v=6bG5ps5KdDo. Acesso em: 25 out. 2021, 11:28:47.

[31] Em inglês, "From Mad Men to Math Men". O título da palestra contém referências explícitas à série citada. [N. do T.]

a CA, que Nix conduziu até ser suspenso em 2018. A empresa afirmava ter mais de 5 mil pontos de dados sobre mais de 230 milhões de eleitores norte-americanos, os quais podia usar para traçar perfis, construir modelos e definir alvos durante as campanhas eleitorais. "Os dados orientam tudo o que fazemos", dizia seu *slogan*.

Por volta de 2018, só quem evitava as notícias como quem foge da praga não ouvira falar em Cambridge Analytica. Uma longa investigação conduzida por Carole Cadwalladr, do *Observer*, expôs os métodos utilizados pela empresa para a coleta de dados em massa a partir do Facebook, sua disposição para cogitar a utilização das artes ocultas da manipulação eleitoral e sua propensão — em comum com outras consultorias políticas — a superestimar a própria capacidade. Importunada por alegações de comportamento ilegal e antiético, a empresa fechou em 2018. Quanto aos efeitos que causou na eleição de 2016 nos Estados Unidos, após a breve lua de mel inicial em que ganhou grinaldas pela vitória de Trump, os críticos passaram vários meses derramando água fria em suas afirmações e na utilização que a CA teria feito — ou não — dos chamados métodos "psicográficos de desenho de perfil". Até a própria empresa atenuou a relevância de seu papel dizendo não ter tido tempo para implementar algumas de suas abordagens mais sofisticadas quando trabalhara na campanha de Trump e que não pudera fazer o desenho psicográfico de perfil da maneira adequada. Parte da água fria era bem-vinda e absolutamente válida. Nenhuma organização ou método virou a eleição. E sempre se deve ficar com o pé atrás ao ouvir histórias sobre inovações tecnológicas que seriam responsáveis por ganhar eleições (quem ainda se lembra do superalgoritmo Ada de Hillary Clinton?).

Todavia, quem faz pouco caso do papel desempenhado pela CA na eleição norte-americana de 2016 deixou de considerar seus aspectos mais interessantes e significativos. Ao focar em descobrir se a CA venceu ou não a eleição para Trump (não venceu) e na aplicação do desenho psicográfico de perfil (que a empresa pode ou não ter aplicado de maneira parcial), as pessoas deixaram de notar os dois papéis mais importantes que ela desempenhou. O primeiro foi como veículo de coleta de enormes quantidades de dados pessoais do eleitorado. Esses dados colocaram os Mercers na posição privilegiada de conceder patrocínio e poder — desafiando até a máquina já estabelecida do Partido Republicano. O segundo foi o papel da CA como laboratório para a condução de experimentos com os dados dos eleitores a fim de descobrir o que funcionava. Esses experimentos, bem como os dados e o conhecimento adquiridos, não só forneceram informações para a abordagem da empresa, mas também podem propiciar informações para a abordagem de qualquer um que tente usar dados e plataformas digitais com objetivos políticos.

A Cambridge Analytica parecia uma empresa estranha na qual investir. Era britânica, não norte-americana — derivada dos Strategic Communication Laboratories (SCL). Não tinha nenhuma experiência em campanhas eleitorais dos Estados Unidos. Não contava com nenhuma conexão com os principais partidos políticos norte-americanos. Não dispunha nem mesmo de uma compreensão detalhada das nuanças do sistema político dos Estados Unidos. Todavia, dizem que Robert Mercer submeteu muitas empresas a uma triagem antes investir. Então por que a Cambridge Analytica?

Em 2012-13, quando Mercer analisava em que empresa dedicada à política deveria aplicar seus investimentos, dois pontos principais distinguiam a CA das concorrentes. O primeiro era o compromisso com os dados. Ela adotava na política uma abordagem semelhante à da RenTech em relação às finanças. Coletava o máximo de dados que podia, confiando-os então a cientistas da computação, cientistas do comportamento e engenheiros de software para analisá-los e encontrar padrões. Mercer sempre adotara uma abordagem purista aos dados. Na IBM, ele e seu colega Peter Brown tinham empregado abordagem idêntica quando criaram um software de tradução de línguas. Em vez de tentarem ensinar para um computador as regras de determinada língua, como se faria com uma criança, eles transferiram para a máquina livros pesados de textos equivalentes — um em francês e o outro em inglês — e deixaram o computador decifrar por si mesmo as regras. Contrariando as expectativas de seus pares, deu certo, e a abordagem se converteu em base para o Google Tradutor e para as abordagens subsequentes à tradução via computador.

O segundo traço distintivo da CA era a experiência de seu fundador em comunicações estratégicas para influenciar a mudança comportamental. Em termos práticos, isso significa que os SCL, dos quais a CA surgiu, aconselharam governos e militares acerca de como convencer as respectivas populações a fazerem alguma coisa. O fundador dos SCL, Nigel Oakes, descreveu para uma revista especializada em 1992 a abordagem, às vezes chamada de operações psicológicas ou "*psy-ops*", dizendo que "usamos as mesmas técnicas que Aristóteles e Hitler. [...] Cativamos as pessoas em nível emocional de modo a levá-las a concordarem em nível funcional".[32] A empresa SCL Elections declarou em janeiro de 2013 ter mais de quinze anos de experiência amealhada em 35 eleições no mundo todo. "Até o momento", dizia seu website em 2013, "dispomos de um recorde sem igual de 100% em gestão de eleições".[33]

Para alguém tão desencantado com a política de Washington, D.C. como Mercer, a distância da CA do circuito que girava em torno da capital federal também teria sido uma vantagem,

---

[32] MEYER, Josh. Cambridge Analytica boss went from "aromatics" to psyops to Trump's campaign. **Politico**, 22 March 2018.

[33] **SCL Elections**, 26 January 2013. Disponível em: https://web.archive.org/web/20130126021428/http:/sclelections.com/. Acesso em: 25 out. 2021, 16:40:31.

em vez de desvantagem. Pelo fato de ela ser britânica, não levaria consigo a bagagem ou os preconceitos das empresas políticas norte-americanas. Sem vínculos com os partidos políticos estabelecidos, conseguiria manter seus dados e metodologias distintos e separados.

Ainda assim, a ênfase da CA em dados pessoais estava longe de ser singular em 2013. Após a vitória eleitoral tecnologicamente sofisticada de Barack Obama no ano anterior, fazer campanha valendo-se de dados era a grande novidade. Em 2012, "medíamos e testávamos tudo", disse tempos depois Jim Messina, diretor da campanha de Obama. Com mais de 100 pessoas compondo seu time digital, Obama experimentara usar mensagens sob medida e direcionadas para grupos específicos, levando seu estrategista chefe, David Axelrod, a chamar de "pré--históricos" os esforços tecnológicos anteriores, levados a cabo em 2008.[34]

Há não muito tempo as campanhas democratas funcionavam quase sem nenhum dado dos eleitores. A coleta e a utilização de dados pessoais do eleitorado em campanhas políticas constituem prática surgida nos anos 1970, que cresceram na virada do século e se transformaram em bola de neve desde então. Na década de 1970, quando as consultorias políticas profissionais explodiam para todo lado nos Estados Unidos, o mesmo aconteceu com o interesse pelo potencial dos dados do eleitorado. No fim da década de 1990, Sasha Issenberg escreveu no influente estudo *The Victory Lab* [O laboratório da vitória] que os cientistas políticos vinham realizando testes de controle randomizados dos eleitores. E na época em que George W. Bush competiu com Al Gore, em 2000, os republicanos tinham criado um banco de dados denominado "Voter Vault", que segmentava os eleitores e ajudava o partido a decidir em quem mirar.

---

[34] PAULSON, Steve. Former presidential advisor reveals how Obama changed the campaign. **Wisconsin Public Radio**, 16 September 2015.

Depois da derrota eleitoral de 2004, os republicanos decaíram tecnologicamente. Mesmo em 2012, apesar do investimento de Mitt Romney, a sofisticação da operação deles com dados ficou bem atrás da de Obama. O sistema usado em 2012, denominado ORCA e que se supunha ser de última geração para levar as pessoas a se registrarem como eleitores, sofreu um fracasso lúgubre no dia da eleição.

Em vários sentidos, quando se trata do uso de dados pessoais, as empresas privadas têm vantagens distintas em relação aos partidos políticos. Podem fazer trabalhos tanto comerciais como políticos — significando que não há tempo ocioso entre eleições. De igual modo, o conhecimento e a experiência adquiridos com o trabalho comercial podem ser empregados em campanhas. Como Alexander Nix disse a sua plateia em Hamburgo, pode-se vender um candidato da mesma forma que se vende um dentifrício. As empresas privadas também são menos limitadas por processos políticos e membros de partido. Tendem ainda a atrair menos fiscalização do público (a Cambridge Analytica foi uma notável exceção).

Tornara-se também muito mais fácil e barato para grupos, candidatos e consultorias políticas reunir e armazenar dados pessoais em períodos de campanha eleitoral. Existe uma indústria multibilionária nos Estados Unidos que coleta e vende enormes quantidades de informação *on* e *off-line* sobre o que as pessoas fazem, compram e pensam. Empresas como Acxiom, Experian e Datalogix acumulam oceanos de dados de consumidores, na maior parte dos casos sem o conhecimento dos próprios.[35] Um relatório da Federal Trade Commission de 2014 descobriu que o banco de dados de uma empresa especializada em coleta e venda desse tipo de conteúdo "contém informação acerca de 1,4 bilhão de transações de consumidores e mais de

---

[35] Data Brokers: A Call for Transparency and Accountability. **Federal Trade Commission**, May 2014. Os consumidores "em grande parte não têm consciência de que há empresas coletando e usando essa informação", p. iv.

700 bilhões de elementos agregados"; contudo, os indivíduos não têm quase nenhum conhecimento do que é coletado ou de como isso é comercializado (existem poucas restrições para a utilização de dados pessoais nos Estados Unidos, em contraste com a Europa). Em uma era digital, a partir do momento em que você reúne quantidades massivas de dados pessoais com propósitos políticos, pode empregá-los para fazer duas coisas. Pode analisá-los a fim de decidir quem é seu alvo e como o atingir. Também pode, desde que possua detalhes de contato das pessoas, ter acesso direto a cada eleitor. Antes, o único modo de entrar em contato com alguém era na casa das pessoas — batendo na porta, deixando um panfleto na caixa de correio, enviando-lhes uma carta ou, se estivesse com sorte, dando-lhes um telefonema (na expectativa de conseguir falar com a pessoa certa). Com o endereço de e-mail dessas pessoas, acesso ao perfil delas nas redes sociais ou ao seu número de celular, as campanhas de repente contam com meios alternativos — e mais diretos — de estabelecer contato com o eleitorado.

Mercer não foi o primeiro a reconhecer o poder dos dados pessoais para alguém agindo fora de um partido político, ou a investir em uma empresa que os armazene. Os irmãos Koch tinham chegado lá antes dele. Investiram em uma empresa aberta pelo principal responsável pela área de tecnologia da John McCain em 2011, Michael Palmer. Nos quatro anos seguintes, segundo a *Politico*, os Kochs investiram mais de 50 milhões na organização.[36] Em 2015 dispunham de dados mais valiosos e tinham um perfil melhor de eleitores que o Partido Republicano – o GOP. O GOP ficou tão preocupado com os dados acumulados pelos Kochs que, de acordo com um republicano, declarou guerra contra eles. Em atitude bastante incomum, a chefe da equipe do Republican National Committee, Katie Walsh, fez uma declaração pública atacando a tomada de poder. "Penso que é perigoso

---

[36] ALLEN, Mike; VOGEL, Kenneth P. Inside the Koch data mine. **Politico**, 8 December 2014.

e errado", disse ela, "permitir que um grupo de indivíduos muito forte e contando com farto financiamento, sem necessitar prestar contas a ninguém, tenha o controle sobre quem pode acessar os dados quando, por que e como".[37]

Apesar de os irmãos Kochs e os Mercers terem feito os primeiros investimentos estratégicos em dados de eleitores, a abordagem adotada por eles não é difícil de copiar. Qualquer plutocrata com recursos e propensão para isso pode desenvolver sistemas adequados, considerando a disponibilidade de dados pessoais. Claro, uma coisa é dispor de dados; como utilizá-los é o que faz toda a diferença. Tendo reunido sua montanha de dados, a Cambridge Analytica empregou equipes de cientistas de dados, físicos, cientistas do comportamento e engenheiros de software para juntá-los, dissecá-los e buscar padrões. Foi aí que ela desempenhou seu segundo papel crítico nas campanhas políticas dos Estados Unidos — como um laboratório experimental para análise e teste de enormes quantidades de dados pessoais a fim de descobrir como influenciar o comportamento do eleitor.

Descobrir como influenciar o comportamento do eleitor, ou fazer uma "análise comportamental", conforme denomina a CA, era fundamental para a abordagem diferenciada da empresa. Basicamente, significa analisar montes de dados pessoais e então calcular, com base nos resultados, como levar alguém a fazer algo — como votar ou não votar. Isso é muito diferente de tentar mudar a cabeça de alguém. Em seu livro esclarecedor *A mente moralista*,[38] Jonathan Haidt descreve de que maneira os nossos cérebros não racional e racional são como um elefante e seu passageiro. Gostamos de pensar que o passageiro toma as decisões e avisa aonde o elefante deve ir, mas, na realidade, ele passa a maior parte do tempo tentando decifrar em que direção o elefante está seguindo. Quando candidatos procuram nos

---

[37] WARD, John. The Koch brothers and the Republican Party go to war - with each other. **Yahoo!**, 11 June 2015. Inclui a citação à "guerra total".

[38] HAIDT, Jonathan. **A mente moralista.** Rio de Janeiro: Alta Cult, 2020.

convencer de que sua política é a certa, apelam para o passageiro. Quando fazem apelos viscerais ou emotivos, dirigem-se ao elefante. Há séculos, os pensadores políticos se preocupam com a influência danosa do nosso cérebro irracional e associam racionalidade com livre-arbítrio. Ao mesmo tempo, propagandistas políticos bem-sucedidos há muito sabem que a propaganda é bem mais eficaz para provocar uma reação do que para mudar a cabeça das pessoas. Mao Zedong enxergava a propaganda como um modo de mobilizar, e não de converter, grandes quantidades de pessoas.

A "Cambridge Analytica", asseverava a organização em sua página inicial, "usa dados para mudar o comportamento do público", não para transformar a cabeça das pessoas. Em outras palavras, visava o elefante, não seu passageiro. A maneira como tentava fazer isso era acumulando perfis detalhados de cada indivíduo, combinando dados de tudo o que encontrava, desde informação demográfica básica até hábitos de navegação em rede, de vida social e de consumo. Tecia tudo isso com dados primários que coletava por meio de pesquisas e votos, e usava o resultado obtido para agrupar pessoas por personalidade e pelas questões às quais elas mais davam importância. Fabricar comunicação política sob medida para os indivíduos com base em sua personalidade, defendia a CA, tinha probabilidade muito maior de provocar uma reação comportamental que a comunicação baseada em fatores menos íntimos. As análises posteriores à campanha eleitoral revelaram uma obsessão por saber se os "psicográficos" tinham vencido a favor de Trump, e se a CA era ou não cheia de charlatães, esquecendo de formular uma pergunta mais fundamental: É factível hoje, tanto em sentido teórico quanto prático, influenciar o voto por meio da personalidade das pessoas? Em caso positivo, a estratégia destrói o ideal democrático do eleitor racional?

*

Tentativas de definir e medir personalidade remontam a mais de um século. O psicanalista Carl Jung desenvolveu uma série de "arquétipos" psicológicos que acreditava serem universais.

A partir do trabalho de Jung, mãe e filha desenvolveram um teste, o Myers-Briggs, para oferecer às pessoas um modo prático de avaliar a personalidade. O teste, embora usado por muitos anos, constituía essencialmente um produto de tentativa e erro, não baseado em estudos científicos. Só na última década do século XX, depois de muita briga distante da realidade, os pesquisadores chegaram a um consenso em torno do modelo de cinco grandes fatores — os chamados "Big Five" — considerado a medida mais coerente e precisa da personalidade humana. Os cinco fatores são: abertura para o novo (até que ponto você está aberto a ideias, pessoas, experiências), responsabilidade consciente (quão responsável, organizado e controlado você é), extroversão (quão sociável e comunicativo você é), amabilidade (quão descontraído e confiante você é) e neuroticismo (quão ansioso ou apreensivo você é). A pontuação da pessoa em cada um desses cinco fatores dá um bom indício de quem ela é de verdade. Nascemos com a maior parte desses traços de personalidade e eles permanecem basicamente iguais ao longo da nossa vida adulta. Eles são, se você preferir, o que o torna quem você é.

A partir do momento em que os estudiosos chegaram a um consenso acerca da personalidade, contavam com uma base sobre a qual edificar pesquisas. Os estudos então decolaram em muitas e variadas direções. Pesquisadores examinaram como a personalidade afeta a duração da vida das pessoas, suas perspectivas profissionais, conquistas educacionais e seu potencial de rendimentos. Alguns estudiosos também começaram a observar como a personalidade influencia as nossas atitudes e os nossos comportamentos políticos. Claro, essa ideia — de que a personalidade afeta a política — não era nova. Lá atrás, em 1950, Theodor Adorno e colegas tentaram determinar que características individuais formavam a "personalidade autoritária". Em 1960, no clássico estudo *American Voter* [O eleitor norte-americano], Angus Campbell e coautores descobriram que a personalidade era crucial para ajudar as

98 DEMOCRACIA HACKEADA

pessoas a desenvolverem fidelidade política. Todavia, faltou a Campbell e outros o arcabouço teórico para explorar como a personalidade afeta a política. O teste de personalidade Big Five o forneceu.

A princípio, havia muitos resultados conflitantes. Contudo, logo algumas descobertas claras começaram a aparecer. A primeira e mais fundamental é que existe de fato uma conexão entre personalidade, atitudes e comportamento político. Determinados traços de personalidade têm íntima relação com as convicções políticas das pessoas, seus pontos de vista em certas questões e como elas se envolvem com a política. Por exemplo, é possível prever, com base na personalidade de alguém, se essa pessoa terá uma identificação explícita com um partido e quão intensamente partidária ela será. Em outras palavras, pode-se dizer se existe alguma probabilidade de uma pessoa se juntar ao Partido Democrata como também se ela apoiará o movimento Occupy. Ou, de semelhante modo, se ela se associará aos republicanos e se irá mais longe ainda apoiando o Tea Party. Outros aspectos de personalidade são igualmente indicativos de perspectivas e persuasão políticas. Se alguém é consciencioso ao extremo, é maior a probabilidade de que seja mais conservador.[39]

---

[39] V., em especial, BAKKER, Bert N.; ROODUIJN, Matthijs; SCHUMACHER, Gijs. The Psychological Roots of Populist Voting: Evidence from the United States, the Netherlands and Germany. **European Journal of Political Research**, 55:2, p. 302-20, 2016; BARBARANELLI, Claudio; CAPRARA, Gian Vittorio; VECCHIONE, Michele; FRALEY, Chris R. Voters' Personality Traits in Presidential Elections. **Personality and Individual Differences**, 42:7, p. 1199-1209, 2007; COOPER, Christopher A.; GOLDEN, Lauren; SOCHA, Alan. The Big Five Personality Factors and Mass Politics. **Journal of Applied Social Psychology**, 43:1, p. 68-82, 2013; GERBER, Alan S.; HUBER, A. Gregory; DOHERTY, David; DOWLING, Conor M.; HA, Shang E. Personality and Political Attitudes: Relationships across Issue Domains and Political Contexts. **American Political Science Review**, 104:1, p. 111-33, 2010; GERBER, Alan S.; HUBER, Gregory A.; DOHERTY, David; DOWLING, Conor M. Personality and the Strength and Direction of Partisan Identification. **Political Behavior**, 34:4, p. 653-88, 2012; McCRAE, Robert R.; JOHN, Oliver P. An Introduction to the Five-Factor Model and Its Applications. **Journal of Personality**, 60:2, p. 175-215, 1992; MONDAK, Jeffery J. **Personality**

Outros estudos se voltaram para a conexão entre características de personalidade e questões políticas específicas. Em 2014, Aina Gallego e Sergi Pardos-Prado publicaram uma pesquisa investigando se havia alguma relação entre atitudes para com a imigração e tipo de personalidade.[40] Descobriram que havia uma conexão, mesmo quando uma delas está associada a outros fatores. Se você atinge pontuação elevada em amabilidade, é provável que tenha uma atitude positiva em relação aos imigrantes e à imigração. Se pontua baixo nesse quesito e alto em neuroticismo, é provável que tenha uma opinião negativa acerca da imigração.

Dessa vez os pesquisadores dispunham do arcabouço — o modelo Big Five — e começavam a achar correlações, mas ainda lutavam para conseguir a quantidade de dados pessoais necessária para documentar as conexões entre personalidade e política. O estudo de Gallego e Pardos-Prado se concentrou nos Países Baixos, em parte porque a imigração é um assunto político controverso por lá, mas também porque foi ali que conseguiram obter os dados. Desde 2007 o projeto MESS nos Países Baixos pesquisou em torno de 5 mil domicílios e disponibilizou para análise os dados coletados. Outros estudos não tiveram tanta sorte. O levantamento de dados pessoais suficientes para possibilitar a análise da personalidade de alguém e sua correlação com convicções políticas pode ser um processo exaustivo e caro. Um dos testes mais conhecidos — o Revised NEO Personality Inventory [Inventário de Personalidade NEO Revisado] — contempla 240 questões. Ele foi simplificado — por exemplo, há uma versão de 50 questões —, embora a simplificação signifique necessariamente o sacrifício de alguns detalhes e nuances pessoais. Na prática, isso quer dizer que a pesquisa de personalidade tem sido feita com frequência em amostras relativamente

---

and the Foundations of Political Behavior. New York: Cambridge University Press, 2010.

[40] GALLEGO, Aina; PARDOS-PRADO, Sergi. The Big Five Personality Traits and Attitudes towards Immigrants. **Journal of Ethnic and Migration Studies**, 40:1, p. 79-99, 2014.

100 DEMOCRACIA HACKEADA

pequenas envolvendo pessoas com tempo para preencher longos questionários (essa é a razão pela qual muitas pesquisas se baseiam em estudantes universitários). Jeffery Mondak e Karen Halperin, bastante criativos, usaram dados coletados de integrantes de júri em 19 comarcas selecionadas de maneira aleatória, combinados com os resultados de outras pesquisas via telefone e via questionários apresentados e respondidos com papel e caneta.[41] Mesmo os melhores dados coletados em pesquisa ficam longe do ideal. Dependem da percepção que as pessoas têm do próprio comportamento, e não de seu comportamento real. Existe ainda a tendência de enfeitar alguns aspectos do próprio caráter e esquecer ou camuflar outros. Além disso tudo, é difícil — se não impossível —, com base apenas em um questionário, pôr a personalidade de alguém no contexto de sua rede social, de modo a compreender a dinâmica entre as duas coisas. Do que os pesquisadores necessitavam de fato não era mais dados pessoais aos montes, mas desses dados combinados com conexões pessoais e dados comportamentais. Felizmente, uma plataforma digital estava prestes a lhes prestar esse favor.

Em junho de 2007, David Stillwell acabava de se formar entre os primeiros da turma de psicologia da Universidade de Nottingham. Permaneceu em Nottingham para concluir seu mestrado, seguido de um doutorado, razão pela qual lhe sobrou algum tempo livre durante o verão. O Facebook lançara fazia pouco tempo seu aplicativo, e Stillwell, conhecedor do básico sobre codificação por conta de uma especialização ainda no ensino médio, considerou a possibilidade de criar um aplicativo. Tinha curiosidade em saber se, combinando as respostas dadas em um aplicativo de perguntas sobre personalidade com dados de perfil do Facebook, conseguiria relacionar a personalidade da pessoa a atitudes e comportamentos particulares. Produziu o aplicativo e compartilhou-o com alguns amigos. Estes ficaram

---

[41] MONDAK, Jeffery; HALPERIN, Karen D. A Framework for the Study of Personality and Political Behaviour. **British Journal of Political Science**, 38:2, p. 335-62, 2008.

tão encantados que o compartilharam com amigos deles, responsáveis por repetir a prática. Em questão de meses o teste viralizara e centenas de milhares de pessoas o haviam completado. A princípio, considerando que seu trabalho pretendia ser apenas um projeto pessoal, Stillwell não coletou nenhum dado; contudo, depois que outros pesquisadores lhe disseram como o teste poderia ser um recurso valioso, decidiu mudar as condições de uso do aplicativo e — com o consentimento dos usuários — pôs-se a capturar os resultados do teste. Quando parou, em 2012, dispunha de dados de personalidade de mais de 4 milhões de pessoas e também os dados do perfil no Facebook de cerca de um terço delas.[42]

No início, Stillwell e colegas usaram os dados para ver que tipos de personalidade curtiam diferentes produtos de consumo. Qual a personalidade de alguém que gosta de Coca comparada com a de alguém que gosta de Pepsi? Mas então resolveram examinar a questão no sentido inverso. O que você curtia no Facebook poderia revelar aos pesquisadores como você era como pessoa? Acabou-se descobrindo que sim. Baseados no que as pessoas curtiam no Facebook, os pesquisadores puderem dizer, com alto grau de precisão, seus traços de personalidade, opiniões políticas, religião, sexualidade e etnia. Usaram as curtidas do Facebook uma vez que foi isso que coletaram, embora — como escrevem no artigo que prepararam em 2013 e muito citado — existam vários outros rastros on-line que podem ser utilizados. "A migração humana para [o] ambiente digital possibilita basear essas previsões em registros digitais de comportamento humano", escrevem os autores, chegando a dizer: "É improvável que prognósticos similares estejam limitados ao

---

[42] V. KOSINSKI, Michal; MATZ, Sandra C.; GOSLING, Samuel D; POPOV, Vesselin; STILLWELL, David. Facebook as a Research Tool for the Social Sciences: Opportunities, Challenges, Ethical Considerations, and Practical Guidelines. **American Psychologist**, 70:3, p. 543-56, 2015. Com a suplementação de entrevista telefônica com David Stillwell, 11 October 2017.

102 DEMOCRACIA HACKEADA

ambiente do Facebook".[43] Stillwell e colegas tinham demonstrado que, graças às desajeitadas pegadas digitais que todos deixamos hoje em dia, reunir dados pessoais para predizer a personalidade e perspectivas políticas de alguém deixou de ser tarefa dispendiosa e exaustiva. Na verdade, tornou-se algo de uma facilidade assustadora.

O artigo de Stillwell e seus colegas foi publicado em abril de 2013. A Cambridge Analytica foi criada no fim daquele ano em Delaware. Desde o início, a empresa correu para coletar dados pessoais, *on* e *off-line*, e analisá-los utilizando o modelo dos cinco fatores, entre outros critérios. Como revelado posteriormente, ela recolheu parte desses dados graças a um aplicativo do Facebook desenvolvido por Aleksandr Kogan, colega de David Stillwell em Cambridge. No entanto, também reunia dados e comportamentos do eleitor em cada campanha em que trabalhava. Em 2014, a CA esteve envolvida em 44 campanhas em todos os Estados Unidos.[44] A empresa disse ter administrado campanhas de mensagens psicográficas que eram sua marca registrada em favor de candidatos republicanos em três disputas pelo Senado, trabalhando para um comitê político de John Bolton. Em seguida, atuou nas campanhas presidenciais de Ben Carson e de Ted Cruz. Como Alexander Nix declarou ao escritor e jornalista político Sasha Issenberg em 2015: "Seu comportamento é dirigido por sua personalidade; na verdade, quanto mais você puder compreender a personalidade das pessoas como um condutor psicológico, mais poderá começar a realmente estabelecer uma conexão com o porquê e o como

---

[43] KOSINSKI, Michal; STILLWELL, David; GRAEPEL, Thore. Private Traits and Attributes are Predictable from Digital Records of Human Behavior. **Proceedings of the National Academy of Sciences**, 110:15; p. 5802-5, 2013; V. também YOUYOU, Wu; KOSINSKI, Michal; STILLWELL, David. Computer-Based Personality Judgments Are More Accurate than Those Made by Humans. **Proceedings of the National Academy of Sciences**, 112:4, p. 1036-40, 2015.

[44] SELLERS, Frances Stead. Cruz campaign paid $750,000 to «psychographic profiling» company. **Washington Post**, 19 October 2015.

Plutocratas: o modelo Mercer 103

elas tomam suas decisões. Chamamos isso de microssegmentação comportamental, a nossa verdadeira 'receita secreta', se você preferir. É o que estamos trazendo para os Estados Unidos".[45]

Utilizar a personalidade das pessoas como forma de lhes enviar mensagens políticas sob medida era impossível, em sentido conceito e prático, antes de 2013. Até a década de 1990 não havia consenso em relação a como definir e avaliar a nossa personalidade. A partir de então, os pesquisadores começaram a demonstrar as conexões entre personalidade e convicções políticas. Só nos anos mais recentes temos sido capazes de coletar dados pessoais suficientes para associar atitudes e comportamentos específicos a tipos de personalidade. E só a partir de 2013 tem sido possível usar esses dados pessoais para predizer personalidades e segmentar mensagens políticas baseadas em tipos de personalidade. Assim, parece um pouco tacanho fixar-se em saber se essa abordagem estava ou não em vigor na época da eleição norte-americana, em vez de tentar entender sua eficácia e seu emprego potencial na política do futuro.

★

Em 2016, não foi apenas nos Estados Unidos que um plutocrata investiu em tecnologia inovadora para se apoderar de dados pessoais e influenciar o comportamento dos eleitores. Do outro lado do Atlântico, outro homem de negócios muito rico, Arron Banks, financiava a companha não oficial para convencer o público a votar pela saída da União Europeia. De modo geral, Banks era o oposto extremo de Mercer: loquaz enquanto Mercer era quase mudo; falastrão e cheio de contar vantagens enquanto Mercer era discreto; e acessível enquanto Mercer era valentão e reservado. Contudo, eles tinham dois pontos comuns. Ambos reconheciam o poder impressionante dos dados e das plataformas digitais dos quais procuravam tirar partido, e ambos

---

[45] ISSENBERG, Sasha. Cruz-connected data miner aims to get inside US voters' heads. **Bloomberg**, 12 November 2015.

abominavam o *establishment* político. Em seu diário triunfalista de campanha, Banks escreve como ficou satisfeito por estar tentando algo que nunca fora experimentado na Grã-Bretanha e que vinha conferindo a sua campanha um entendimento sem precedentes do eleitorado. "Ao usar a tecnologia da pesquisa de opinião via redes sociais — uma novidade no Reino Unido — desenvolvida nos Estados Unidos", disse ele, o grupo Leave.EU compreendia "com exatidão o que passava pela cabeça das pessoas, onde elas moravam e como votariam".[46] Eles eram capazes, afirmou Banks, com base no uso de inteligência de máquina, de mudar as manchetes nas redes sociais "de modo a refletirem a disposição mental da audiência até 20 vezes por dia". Na data marcada para a votação em si, o grupo Leave.EU conseguira juntar "um milhão de seguidores on-line e um banco de dados enorme". Após a vitória da campanha do Leave, Banks se convenceu de que os responsáveis por esse resultado tinham sido os dados e a tecnologia empregados. Quando "implementamos essa tecnologia no leave.eu, alcançamos níveis sem precedentes de engajamento. 1 vídeo 13m visualizações. A IA [inteligência artificial] venceu a disputa pela saída".[47]

Depois de estabelecida em 2013, a Cambridge Analytica se tornou ferramenta vital na campanha de Mercer para atingir o *establishment* político com uma bola de demolição. De início a CA foi usada nas primárias presidenciais. A família Mercer doou 11 milhões de dólares para um fundo eleitoral em apoio a Ted Cruz, o candidato republicano mais odiado pelo respectivo partido. Cumprindo seu papel no acordo, a campanha de Cruz contratou a CA. A empresa então, como fizera em campanhas anteriores, orquestrou um exercício maciço de coleta de dados — incluindo "uma superamostragem em nível nacional de até 50 mil" pessoas submetidas a questionários todo mês.

---

[46] BANKS, Arron. **The Bad Boys of Brexit.** London: Biteback, 2016.

[47] BANKS, Arron in @Arron_banks, **Twitter**, 30 January 2017. Disponível em: https://twitter.com/arron_banks/status/826092291467132928?lang=en. Acesso em: 21 maio 2018.

Combinando-a com dados disponíveis para consulta livre, bem como dados que eles tinham reunido por meio de aplicativos, determinaram quais eleitores estavam mais receptivos e, com base na personalidade deles, elaboraram mensagens capazes de atraí-los diretamente. Alguém com pontuação elevada em neuroticismo, por exemplo, podia receber a fotografia de um ladrão invadindo uma casa qualquer acompanhada por uma citação de Cruz dando apoio à propriedade de armas para proteção pessoal.[48]

De um total de 17 candidatos, incluindo figuras bastante conhecidas e altamente respaldadas como Jeb Bush e Marco Rubio, Ted Cruz venceu a convenção do partido em Iowa. E isso a despeito de sua plataforma radical que propunha a volta ao padrão ouro e negava a mudança climática. Cruz seguiu em frente até se tornar o maior rival de Donald Trump. À medida que a popularidade de Cruz minguava e a de Trump crescia, também os Mercers mudaram o foco para o candidato *anti-establishment* em ascensão. Em agosto de 2016, Trump se livrou de Paul Manafort como gerente de sua campanha e levou Steve Bannon e a Cambridge Analytica para a disputa. Até o dia da eleição, a CA coletara dados para campanhas presidenciais consecutivas durante quase dezoito meses.

Por volta de 9 de novembro de 2016, já se justificava a satisfação dos Mercers com o retorno do investimento. Por meio de indivíduos e organizações que os apoiavam, tinham conseguido reconfigurar a esfera pública digital, subverter a confiança na mídia tradicional, criar um novo centro de gravidade hiperpartidário nos noticiários de direita e montar um enorme banco de dados de eleitores norte-americanos, com o qual podiam desafiar o poder do Partido Republicano e testar métodos experimentais para modificar o comportamento do eleitorado. Deveríamos nos preocupar? Talvez aceitar, isso sim, ou mesmo aplaudir os investimentos de Robert Mercer. Afinal, eles

---

[48] HAMBURGER, Tom. Cruz campaign credits psychological data and analytics for its rising success. **Washington Post**, 13 December 2015.

tinham sido de uma eficácia assombrosa para auxiliá-lo a atingir seus objetivos. Outros plutocratas gastam tanto dinheiro quanto ele — ou mais — e conseguem exercer bem menos influência. No entanto, as democracias passaram décadas, séculos até, em alguns casos, edificando proteções contra indivíduos e interesses superpoderosos.

Plataformas digitais e de dados oferecem a indivíduos e organizações meios para contornar princípios democráticos e a legislação, além de levantarem a possibilidade de as eleições serem "compradas". Dinheiro gasto no apoio de campanhas orientadas por dados consegue ser escondido com facilidade muito maior. Dados pessoais podem ser coletados, comprados, combinados, analisados, modelados, usados e vendidos como um bem de consumo. As empresas são capazes, se assim optarem, de tirar vantagem de leis e regulamentações distintas mundo afora e tratar dados em *offshore* como fazem com o dinheiro. De fato, a melhor maneira de pensar em dados pessoais, em especial na política, é como moeda virtual — e paralela. Os dados podem outorgar poder a um candidato ou partido, como o dinheiro. São capazes de fornecer conhecimento detalhado dos eleitores, das questões que consideram importantes e de como alcançá-los. Graças às redes sociais, permitem que as campanhas mapeiem a personalidade das pessoas, seu caráter, esperanças e temores, e então preparar mensagens sob medida sabendo que seu público se identificará com elas. Um plutocrata com uma quantidade prodigiosa de dados de eleitores, combinados com inteligência analítica, consegue distribuí-los como faz com o dinheiro, escolhendo franquear o acesso a um candidato e a outro não. Trata-se de mais uma fonte de poder e clientelismo. Contudo, é muito difícil acompanhar a distribuição desse clientelismo devido, em parte, à disposição das plataformas tecnológicas de conspirarem com a falta de transparência.

A utilização de dados pessoais e plataformas digitais não tem como evitar a ameaça a princípios e práticas democráticas existentes, sobretudo nos Estados Unidos, onde a decisão jurídica na ação Cidadãos vs. Comissão Eleitoral Federal afastou a maior parte das restrições remanescentes envolvendo gastos com eleição. Existe agora uma gigantesca assimetria de informação entre campanhas e eleitores individuais. A Cambridge Analytica alardeava ter mais de 5 mil dados de cada eleitor; a i360, dos irmãos Koch, declarava 1.800. O envio de mensagens políticas é mais eficaz, conta-nos a teoria das comunicações, quando o receptor não percebe que ele é seu alvo. Erguemos barreiras cognitivas ao sabermos que uma mensagem política faz publicidade em vez de divulgar notícias, por exemplo, ou ao vermos um anúncio não direcionado para nós. No entanto, hoje a assimetria vai muito além disso. Graças aos rastros que deixamos no nosso passado digital, as campanhas conseguem analisar a nossa personalidade e descobrir o que nos faz vibrar. Com essa informação podem tentar evitar, se assim estiverem propensas, o passageiro racional no nosso cérebro e ir direto para o elefante emocional.

As democracias dependem de uma imprensa livre e heterogênea. Nela, conforme rege a teoria, os cidadãos encontram notícias e informações aptos a auxiliá-los na escolha de quem apoiarão. Contudo, pelo que consta, Mercer e outros fizeram um esforço consciente e persistente no sentido de destruir a confiança das pessoas na mídia tradicional — não em um veículo de imprensa específico, ou em um jornalista, ou em um artigo, mas na mídia inteira que não compartilhava do ponto de vista deles. Para isso, esses plutocratas se dispuseram a apoiar uma abordagem às notícias que não as considerava como uma tentativa de relatar os acontecimentos do dia da forma mais íntegra possível dentro do tempo disponível, mas como uma ferramenta para correr atrás de objetivos políticos. É o jornalismo como busca de poder em vez de em busca da verdade.

Por esse ponto Mercer e outros que adotaram táticas semelhantes, como os livre-extremistas descritos no capítulo anterior e os russos no capítulo seguinte, representam o maior perigo aparente para a democracia. No anseio nietzschiano de destruir o sistema atual, parecem dispostos a transformar princípios e normas democráticos em danos colaterais. A melhor ilustração disso aconteceu em novembro de 2013, quando o autor e historiador Ronald Radosh perguntou a Steve Bannon o que ele queria dizer quando se descrevia como "leninista". "Lenin queria destruir o Estado e essa também é a minha meta", respondeu-lhe Bannon. "Quero causar a ruína disso tudo e destruir todo o *establishment* de hoje."[49]

Os plutocratas poderiam contrapor que eles, como as plataformas do Vale do Silício, estão provocando a ruptura de um sistema que precisava ser rompido; estão destruindo um "sistema corrupto" para criar outro novo e melhor. Essa racionalização poderia ser justificada se eles estivessem fazendo tudo às claras e prestando contas de seus atos. Todavia, agem por fora do sistema, sem jamais serem eleitos ou buscarem a aprovação democrática. Fazem o que fazem porque querem e por terem os recursos financeiros necessários. E o fazem de tal modo que torna a responsabilização quase impossível. Em muitos períodos da história recente, eles não seriam capazes de usar o dinheiro que têm para sustentarem divisões, conflitos e anarquias. No entanto, a revolução no sistema de informação global lhes tem conferido uma oportunidade única proporcionada pelas plataformas digitais. "A internet é a primeira coisa que a humanidade construiu e não compreende", disse Eric Schmidt, ex-presidente executivo do Google, "o maior experimento em anarquia que já tivemos."[50] Onde Mercer liderou, outros se seguirão.

---

[49] Radosh, Ronald. Steve Bannon, Trump's top guy, told me he was «a leninist». **Daily Beast**, 22 August 2016.

[50] Taylor, Jerome. Google chief: my fears for Generation Facebook. **Independent**, 17 August 2010.

CAPÍTULO 3
Estados: o modelo russo

Serão empreendidos esforços nesses países para tumultuar a autoconfiança
nacional, tolher as medidas de defesa nacional, aumentar a inquietação
social e industrial, estimular todas as formas de desunião.

George Kennan, telegrama ao Departamento de Estado, 1946

Vladimir Putin exibiu um sorriso sarcástico ao ouvir a jornalista
Megyn Kelly, da NBC, relacionar múltiplas alegações de interferência russa em democracias estrangeiras no Fórum Econômico Internacional de São Petersburgo em junho de 2017. Os especialistas dizem que "não se trata de um fator apenas, mas de uma centena deles apontando para a Rússia", relatou Kelly para o presidente russo. "É a retórica, são as marcas digitais exclusivas, são os endereços de IP, o *malware*, as chaves de criptografia, os trechos específicos dos códigos...". Putin esperou a tradução pelos fones de ouvido antes de retrucar: "Que marcas digitais exclusivas?", perguntou, provocando risos na plateia. "Do que você está falando? Endereços de IP podem ser inventados, você sabe que existem muitos especialistas capazes de inventá-los ou reformulá-los, sabe que uma das nossas crianças consegue fazer isso". Então, em um aparte desnecessário e levemente sinistro, Putin referiu-se à filhinha de Kelly. "Sua menina", disse ele, "com 3 anos de idade, consegue perpetrar um ataque desses."[1]

A refutação de Putin pareceu extraordinária tendo em vista o tamanho e os detalhes dos registros de ocorrência contra a Rússia.

---

[1] V. SMITH, Alexander. Vladimir Putin to Megyn Kelly: even children could hack an election. **NBC News**, 2 Jun. 2017.

110 DEMOCRACIA HACKEADA

Além de hackear quase 20 mil e-mails do Partido Democrata nos Estados Unidos, sem falar na conta *Gmail* de John Podesta, diretor da campanha de Hillary Clinton, a inteligência russa fora acusada de hackear partidos, políticos e ministros de governo em toda a Europa. Presumia-se que grupos russos, descritos como Advanced Persistent Threat [Ameaça Persistente Avançada], APT 28 e APT 29, tinham hackeado o Comitê Democrático Nacional. Ambos foram culpados por invasões cibernéticas na Alemanha, Noruega, França e Dinamarca. Supôs-se que em 2015, na Alemanha, o APT 28 hackeou a chanceler Angela Merkel e 15 colegas dela do Bundestag. No mesmo ano e ao longo de 2016, o APT 28 foi acusado de hackear e-mails e servidores dos ministérios da defesa e do exterior dinamarqueses. No início de 2017, a inteligência norueguesa acusou o APT 29 de hackear o ministério do exterior e o serviço de inteligência (o PST), bem como o Partido Trabalhista Norueguês. Em maio de 2017, pouco antes de se abrirem as urnas para a eleição francesa, a equipe de campanha de Emmanuel Macron declarou-se vítima de uma invasão "maciça e coordenada". O APT 28 mais uma vez foi culpado, agora pela empresa de ciberinteligência Flashpoint.[2]

Além disso tudo, supunha-se que as invasões fossem apenas a ponta do *iceberg*. Eram vistas simplesmente como um elemento da guerra de informação muito mais ampla que a Rússia travava para destruir as democracias mundo afora. Isso incluía o emprego de pessoas para publicar artigos, postar em blogues e tuítes direcionamentos para a promoção de divisão, desarmonia e discórdia políticas em outros países. Fábricas de

---

[2] Para acesso a artigos sobre várias supostas invasões russas na Europa, v. SAUERBREY, Anna. Will the Russians hack Germany, too? **New York Times**, 21 July 2017; Russia hacked Danish defense for two years, minister tells newspaper. **Reuters**, 23 April 2017; Norway instituions «targeted by Russia-linked hackers". **BBC News**, 3 February 2017; WILLSHER, Kim; HENLEY, Jon. Emmanuel Macron's campaign hacked on eve of French election. **Guardian**, 6 May 2017.

Estados: o modelo russo

desinformação como a Internet Research Agency [Agência de Pesquisa da Internet], localizada na Rua Savushkina, 55, em São Petersburgo, foram acusadas de buscar deliberadamente destruir a confiança nos sistemas democráticos, de disseminar inverdades maldosas por plataformas como Facebook, YouTube, Instagram e Twitter, e de promover conflitos entre grupos sectários. Ademais de suas extensas atividades durante a eleição norte-americana, esses *trolls* e robôs russos foram acusados de interferir durante a campanha para o referendo do Reino Unido em relação à União Europeia, nas eleições nacionais subsequentes da Holanda e da França, e no referendo sobre a independência da Catalunha. Um estudo encomendado pelo Partido Democrata e publicado em janeiro de 2018 examinou afirmações de que 19 países — dos Estados Unidos aos países bálticos — tinham sido submetidos à interferência russa ativa.[3]

Essas campanhas desiguais de guerra da informação recebiam então oxigênio e credibilidade dos veículos noticiosos internacionais da Rússia, o RT (Rússia Today) e o *Sputnik*. Na Itália, antes de um voto de referendo fundamental no fim de 2016, o *La Stampa* noticiou que o RT transmitira uma gravação ao vivo dos "manifestantes anti-Renzi [Matteo Renzi, então primeiro-ministro italiano] concentrados em Roma" para 1,5 milhão de espectadores via Facebook. Na verdade, eles tinham ido às ruas a favor de Renzi. Na Alemanha, antes da eleição de setembro de 2017, o RT deu plena voz ao AfD. No Reino Unido,

---

[3] Para detalhes sobre a Internet Research Agency, v. a acusação formal de fevereiro de 2018 (caso 1:18-cr-00032-DLF) feita por Robert Mueller em relação à suposta interferência russa na eleição norte-americana de 2016. O relatório expressa opinião diversa de parte do pessoal, preparado para o Comitê de Relações Internacionais do Senado e Intitulado "Putin's Asymmetric Assault on Democracy in Rússia and Europe: Implications for US National Security" ["Ataque assimétrico de Putin à democracia na Rússia e na Europa: implicações para a segurança nacional dos Estados Unidos"] contém mais informações sobre a suposta interferência em todo o mundo.

112 DEMOCRACIA HACKEADA

depois do envenenamento de Sergei Skripal, em março de 2018, com uma substância que ataca os nervos chamada Novichok, um colunista trabalhando para o *Sputnik* alegou que talvez os responsáveis fossem os britânicos. "Considerando seu inveterado propósito antirrusso", escreveu Finian Cunningham, "as autoridades britânicas têm muito mais interesse em ver Skripal envenenado que o Kremlin jamais teve".[4]

Putin, no entanto, negou repetidas vezes qualquer envolvimento ou interferência nociva da parte do Estado russo nos negócios de outros países. Via de regra, fez isso com uma indiferença despreocupada e confiante. Antes de rejeitar as afirmações de Megyn Kelly, ele — ou quem falasse em seu lugar — negara qualquer envolvimento da Rússia com o Brexit. "Não era assunto nosso", disse ele em São Petersburgo em junho de 2016. Afirmações de que a Rússia hackeara partidos políticos franceses não se baseavam em fatos, disse Putin em Versailles, ao lado de Emmanuel Macron. Reagindo à acusação da Dinamarca, Dmitri Peskov, seu porta-voz, respondeu: "A Rússia não faz ataques hackers". Depois que o conselheiro especial norte-americano Robert Mueller denunciou a Internet Research Agency diretamente, Peskov declarou: "Não há nenhum indício de que o Estado russo esteja envolvido; não há nem pode haver". Toda vez que uma nova alegação pipocava, Putin ou seu porta-voz a rejeitava, dizendo não haver nenhuma prova relacionada à interferência ao Kremlin e indagando que motivo o Estado russo poderia ter para fazer esse tipo de coisa.[5]

---

[4] Para informações sobre o RT e o *Sputnik*, v. MEYER, Henry; MATLACK, Carol; NICOLA, Stefan. How the Kremlin's disinformation machine is targeting Europe. **Bloomberg**, 16 February 2017; SHUSTER, Simon. How Russian voters fueled the rise of Germany's far-right. **Time**, 25 September 2017; CUNNINGHAM, Finian. Who gains from poisoning a Russian exile in Britain? **Sputnik**, 8 March 2018.

[5] Para uma seleção de (muitas) negativas russas, v. WORLEY, Will. EU referendum: Vladimir Putin says David Cameron called vote "to blackmail Europe". **Independent**, 17 June 2016; ROSE, Michel; DYOMKIN, Denis. After talks, France's

As negações de Putin se pareciam com recusas descaradas e flagrantes de reconhecer a montanha crescente de evidências. Todavia, em pelo menos um sentido, ele tinha razão: havia pouquíssimas conexões diretas entre o Kremlin e os muitos e variados esforços de hackear ou manipular as democracias ocidentais. Antes de 2018, as agências de inteligência norte-americanas tinham feito inúmeras afirmações, mas apresentado poucas provas técnicas. Quando a Associated Press quis saber do chefe de segurança cibernética francesa, Guillaume Paupard, quem hackeara a campanha presidencial de Emmanuel Macron em maio, a resposta que ouviu fazia eco à declaração de Putin a Megyn Kelly: a invasão pré-eleição francesa, disse ele, "fora tão genérica e simples que poderia ter sido empreendida por praticamente qualquer pessoa".[6] As operações na rua Savushkina, 55, eram custeadas por Yevgeni Prigozhin, empresário da área de restaurantes e serviços de bufê. Apesar de conhecido como "*chef* de Putin", ele não mantinha relações formais com o governo russo.

Por que é tão difícil vincular o Kremlin a uma campanha de guerra de informação agressiva, multifacetada e global? Presumindo a responsabilidade da Rússia no caso, qual a motivação de Putin para tentar prejudicar as democracias mundo afora? E por que a Rússia adotou essa abordagem — empregando pirataria cibernética, desinformação e propaganda propositalmente desagregadora para destruir a confiança nos sistemas políticos de outros países? A maioria das pessoas foi convencida pelas evidências de que o Estado russo estava no comando de

---

Macron hits out at Russian media, Putin denies hacking. **Reuters**, 29 May 2017; MacFarquhar, Neil. Denmark says «key elements» of Russian government hacked defense ministry. **New York Times**, 24 April 2017; Ilyushina, Mary; Burrows, Emma; Clarke, Hilary. Kremlin dismisses Mueller's indictment of 13 Russians. **CNN Politics**, 19 February 2018.

[6] The latest: France says no trace of Russian hacking Macron. **Associated Press**, 1 Jun. 2017.

uma ampla interferência em Estados estrangeiros, mas coçou a cabeça tentando compreender sua motivação e a base lógica que explicasse o *modus operandi*. Entender por que Putin agiu como agiu, por que adotou os métodos que adotou e para onde a guerra de informação russa poderia estar levando implica investigar o passado da Rússia soviética, explorar as forças que moldaram a experiência e a cosmovisão de Putin e mapear a ascensão da nova Rússia nacionalista que emergiu após a virada do século XXI.

Acabamos descobrindo que Putin e seus serviços de inteligência não perceberam, como faria um vilão onisciente a acariciar seu gato nas histórias de James Bond, de que modo utilizar a tecnologia moderna para manipular eleições democráticas. Em vez disso, ele e seu regime retrocederam para uma perspectiva global mais característica do século XX que do XXI — uma perspectiva soviética obscura e paranoica que enxerga conspirações contra a Rússia provenientes de todas as direções. Como reação a essas "conspirações", Putin e sua corte adotaram abordagens e métodos que lhes eram familiares por causa do passado. A diferença é que as abordagens e os métodos deles — muitos de notória semelhança com os da época da Guerra Fria — funcionavam bem melhor no mundo do Facebook, do Instagram, do YouTube e do Twitter. Se antes as operações levavam meses ou anos para serem preparadas e desenvolvidas, na era digital demoram horas, minutos até. Se antes a propaganda e a desinformação exigiam premeditação detalhada e planejamento completo, eles agora podem ser programados para funcionar em contas de redes sociais. Se antes o serviço de inteligência soviético costumava ter um enorme trabalho para cobrir o próprio rastro e evitar que fosse descoberta a fonte das ações, o anonimato e a impossibilidade de imputação constituem características intrínsecas das plataformas tecnológicas modernas. Não que os russos tenham descoberto a fórmula para fazer política na rede;

Estados: o modelo russo 115

o fato é que seus métodos testados e provados são muito mais eficazes agora do que costumavam ser.

Explicar motivações e métodos russos tranquiliza e perturba ao mesmo tempo. Tranquiliza saber que a Rússia não descobriu como manipular as democracias. Mas é perturbador saber quanto a tecnologia moderna é eficaz para abalar a política — em especial a política democrática. Ainda mais nefasto é constatar que outros Estados têm visto o impacto político causado pela Rússia ao empregar essas plataformas e chegado à conclusão de que a guerra da informação será uma característica do mundo do século XXI. Para alguns Estados, como na Escandinávia, isso significa edificar defesas próprias contra a ação de hackers e a desinformação. Para outros, significa desenvolver capacidades ofensivas, desde exércitos nacionais de robôs até hackers patrocinados pelo Estado. Talvez venhamos a considerar 2016 como o ano em que a Rússia deu o primeiro tiro em uma corrida armamentista de informação global, em que o nosso espaço digital está em permanente estado de conflito, em que Estados travam batalhas em plataformas virtuais e em que a política democrática se torna vítima de danos colaterais.

Antes de nos martirizarmos pelo futuro, precisamos entender como chegamos aonde estamos hoje. Precisamos investigar por que a Rússia agiu como agiu, e o que a levou a considerar justificável sua ofensiva de informação contra o Ocidente. Para responder a essas perguntas, temos de retroceder cinquenta anos, até o auge da Guerra Fria, um tempo em que a informação fora de fato convertida em arma.

*

O lago Negro é um lindo acúmulo de águas glaciais aninhado na floresta da Boêmia, próximo à fronteira tcheca com a Alemanha. Em "Ballad of the Black Lake" ["Balada do lago Negro"], o poeta Jan Neruda chamou-o de "local de repouso dos nossos heróis tchecos" e "assembleia de antigos deuses". Pouco depois das 2 horas da manhã de uma noite límpida, quase no fim de maio de 1964, Ladislav Bittman e sua pequena equipe de mergulhadores vestiram o equipamento de mergulho e nadaram até o fundo do lago. Ali, entre 4 e 9 metros de profundidade, depositaram quatro caixas de metal. Em seguida, cobriram-nas parcialmente de lama para dar a impressão de estarem ali havia anos. Cada caixa estava repleta de papéis — todos em branco. Seis semanas mais tarde, Bittman retornou ao local, dessa vez acompanhado de integrantes do núcleo jornalístico da TV Czechoslovak a fim de gravarem um filme sobre lendas do lago tcheco. A equipe de TV não sabia do mergulho noturno anterior, nem quem era o verdadeiro empregador de Bittman. Pouco depois de iniciarem a filmagem, Bittman e outros quatro mergulhadores "descobriram" as caixas. A partir desse instante, ele escreveu mais tarde, "o carrossel de propaganda partiu a toda velocidade".[7]

Aos 32 anos de idade na época, Bittman integrava o serviço de inteligência tcheco, trabalhando no "Departamento D", seu departamento de desinformação ou "propaganda enganosa". O departamento funcionava como satélite do Departamento para Medidas Atividades da KGB e fora criado — como outros na Europa Oriental — com o intuito de ajudar a União Soviética a perturbar e dividir os Estados Unidos e outros países da OTAN. A "fábrica de desinformação" tcheca, como a chamava Bittman, organizou centenas de campanhas na década de 1960, como fizeram os escritórios correlatos na Europa Oriental e aquele do qual ela se originou, em Moscou. Cada departamento desses, embora detentor de certo grau de autonomia, trabalhava em favor de um conjunto de narrativas desenhadas pelo Kremlin. O alvo da propaganda era voltar a opinião pública

---

[7] Para conhecer a descrição completa desse episódio da história da Guerra Fria, v. os dois relatos autobiográficos de Ladislav Bittman in: **The Deception Game: Czechoslovak Intelligence in Soviet Political Warfare.** Syracuse, NY: Syracuse University Research Corporation, 1972; e **The KGB and Soviet Disinformation: An Insider's View.** Washington, DC: Pergamon-Brassey, 1985.

Estados: o modelo russo 117

contra os líderes e as políticas dos principais inimigos do bloco oriental — os Estados Unidos e seus aliados —, desacreditá-los, intensificar a discórdia e a desconfiança e criar divisões entre eles e a comunidade internacional. As operações poderiam utilizar quaisquer métodos que funcionassem — falsificações, boatos, grupos de fachada, narrativas inventadas — com uma única condição: não se poderia chegar a sua fonte seguindo-lhes os rastros.

As caixas do lago Negro foram içadas — devido às preocupações de que talvez contivessem explosivos — e não foram abertas, mas transportadas direto para Praga. A descoberta em si provocou grande interesse público, graças em parte à filmagem dos mergulhadores emergindo do lago e levando consigo misteriosas caixas lacradas — registro gravado de maneira muito prestativa pela equipe de filmagem independente. A história causou sensação internacional quando o ministério do interior anunciou que as caixas continham documentos nazistas da Segunda Guerra Mundial. Não era verdade; as páginas estavam em branco. Sem revelar nenhuma das páginas em público, o ministério então providenciou na surdina que documentos nazistas reais fossem transferidos de Moscou e substituíssem aqueles em branco dentro de cada caixa. O processo levou meses, já que muitos apresentavam notas em cirílico rabiscadas nas margens. Cada página precisou ser laboriosamente removida ou examinada antes que se tornasse pública. Até que em setembro, com grande ostentação, o ministério abriu as portas a uma grande entrevista coletiva para órgãos de imprensa, aos quais concedeu acesso aos documentos.

Era a "Operação Netuno" em andamento. Foi a campanha de desinformação mais bem-sucedida da Tchecoslováquia na Guerra Fria. Fora projetada para desacreditar o governo da Alemanha Ocidental, abrir feridas dolorosas envolvendo o recente passado nazista da Alemanha e prolongar o julgamento de crimes de guerra nazistas. A maior parte desses objetivos foi atingida. Esta foi também uma das raras ocasiões em que uma operação de desinformação teve transmissão internacional pela TV. Uma farsa inteligente, bem planejada e bem executada, digna de um romance de John Le Carré. Essa foi uma entre centenas de operações, a vasta maioria alcançando sucesso bem menor.

Inteligência, propaganda e desinformação eram inerentes ao sistema soviético, e sempre foi assim desde sua criação. A Cheka, ou "Comissão Extraordinária", foi criada por Lenin imediatamente após a revolução de 1917 com o objetivo de proteger o novo regime da contrarrevolução. Vigilância e coleta de informação eram essenciais para o atendimento de suas funções originais. Ainda em 1923, Felix Dzerzhinsky, um terrível ideólogo bielorrusso de nascimento, indicado por Lenin como o primeiro dirigente do serviço, inaugurou um escritório dedicado à desinformação. Sucessor da Cheka, o NKVD usava falsidades, invencionices e difamações para ajudar Stalin a arquitetar e executar o expurgo soviético e julgamentos públicos na década de 1930. Mas foi a KGB, "neta" da Cheka de Dzerzhinsky, que investiu enormes quantidades de tempo, energia e esforços na coleta, produção e disseminação de propaganda e desinformação. Como descreveu um ex-general de divisão soviético, a desinformação era "o coração e a alma" do serviço secreto, seu modo de continuar a travar a Guerra Fria quando a destruição mutuamente assegurada impedia o confronto militar direto com os Estados Unidos ou seus aliados.[8] Tão importante era a desinformação — em todas as suas formas — que em 1958, quando a KGB estabeleceu um Departamento para Medidas Ativas em Moscou, esta era uma de suas principais responsabilidades. Uma vez instaurado o departamento em Moscou, unidades satélites foram montadas em toda a Europa Oriental no início dos anos 1960, entre elas a de Bittman.

---

[8] Major General Oleg Kalugin, apud: HOLLAND, Max. The Propagation and Power of Communist Security Services *Dezinformatsiya*. **International Journal of Intelligence and CounterIntelligence**, 19:1, p. 1-31, 2006.

Estados: o modelo russo

Em consequência dos recursos e da atenção a eles dedicados, os serviços de inteligência soviéticos se tornaram muito habilidosos. A fim de terem sucesso, trabalharam muito. A desinformação precisava ter alguma base em fatos ou corresponder a uma crença de ampla aceitação. Deveria combinar com narrativas predominantes na população-alvo, tirar partido dos preconceitos do povo e alimentar desconfianças inatas. Para ser crível, tinha de parecer oriunda de fontes confiáveis — de preferência, a certa distância do local em que de fato se originou. Para causar impacto, devia ser disseminada o mais longe possível e ser repetida com regularidade. A reiteração da mesma notícia — ainda que inteiramente fabricada — acabaria penetrando na mente das pessoas e adquirindo um senso de veracidade. O sinal definitivo de sucesso era quando alguém passava a crer no que se desejava que essa pessoa acreditasse, mas achando que tudo não passava de conclusão própria. Os russos tinham inclusive um termo para isso: "controle reflexivo". Distância e inadmissibilidade eram cruciais para o sucesso do controle reflexivo. Como disse Felix Dzerzhinsky a todos os integrantes do serviço secreto: "Todo membro da Cheka precisa de coração apaixonado, cabeça fria e mãos limpas".

O propósito da propaganda e da desinformação da Guerra Fria soviética era debilitar e desmoralizar o inimigo, limitar seu poder de causar danos à URSS e semear divisão entre a população. Para os soviéticos, qualquer coisa que abatesse o vigor de seus oponentes, em especial os Estados Unidos, aumentava a força e a sustentabilidade da União Soviética e fomentava o sentimento pró-soviético no exterior. Debilitar o inimigo significava identificar e explorar vulnerabilidades em seu sistema, abrindo e ampliando as feridas políticas e as fissuras sociais, destacando hipocrisias e acentuando o sectarismo. Isso significava ser oportunista, tirar vantagem de crises políticas e acontecimentos programados como eleições e referendos, e promover personalidades desagregadoras e grupos extremistas.

Toda propaganda deveria operar no sentido do objetivo de longo prazo de destruir a legitimidade do governo adversário e a integridade de seu sistema político. Essa era, e tinha a intenção de ser, a busca da guerra via outros meios. Era a guerra psicológica, segundo a definição de Jacques Ellul em seu eminente estudo de propaganda de 1962: "Nela [na guerra psicológica] o propagandista lida com um adversário estrangeiro cuja moral ele procura destruir por meios psicológicos, de modo que o oponente comece a duvidar da validade de suas convicções e atos".[9]

A KGB, por exemplo, tinha plena consciência das divisões raciais nos Estados Unidos. Da década de 1960 até meados da década de 1980, lançou mãos de fossem quais fossem os meios possíveis para provocar e inflamar essas divisões. Sabemos disso graças a cópias de arquivos da inteligência secreta surrupiados da Rússia pelo arquivista Vasili Mitrokhin, da KGB, pouco depois do fim da Guerra Fria. Após o assassinato de Martin Luther King, em 1968, a KGB espalhou boatos de que ele fora executado por racistas brancos com o apoio de autoridades norte-americanas. Em setembro de 1980, um memorando forjado pelo Conselho de Segurança Nacional e endereçado ao presidente vazou para diversas estações de rádios afro-americanas e um grupo seleto de jornalistas norte-americanos. O memorando falso propunha o apoio norte-americano ao *apartheid* da África do Sul, a vigilância de líderes negros norte-americanos, mais "um programa especial pensado para perpetuar divisões no movimento negro" dos Estados Unidos. O objetivo da desinformação era duplo — incitar o ódio contra o governo entre norte-americanos negros e desacreditar o conselheiro linha-dura de segurança nacional antissoviético, Zbigniew Brzezinski. Antes das Olimpíadas de 1984 em Los Angeles, agentes soviéticos posicionados em Washington enviaram cartas, propositalmente

---

9 ELLUL, Jacques. **Propaganda: The Formation of Men's Attitudes.** New York: Knopf, (1962) 1965.

Estados: o modelo russo 121

da Ku Klux Klan, para os comitês olímpicos dos países africanos e asiáticos. "As Olimpíadas — só para brancos", diziam as cartas. "O prêmio mais cobiçado para um verdadeiro patriota norte-americano", continuavam, "seria o linchamento de um macaco africano." Essas falsificações tinham o intuito de constranger os Estados Unidos e fomentar o ódio racial na véspera das Olimpíadas (que a Rússia decidira boicotar).[10]

Muitas dessas campanhas fizeram sucesso apenas limitado, ou passageiro. De vez em quando, uma ou outra "colava" e se mostrava bem mais duradoura. Na Índia, em 1962, o oficial da inteligência soviética Ilya Dzhirkvelov fora instruído pelos empregadores — a KGB — a ajudar no lançamento de um jornal. Chamado *The Patriot*, o jornal tinha a intenção de ser um veículo para propaganda ou desinformação soviética, dada a dificuldade habitual de se inserir determinadas "notícias" na imprensa não soviética. Nos anos 1960 e 1970, ele publicou ocasionalmente artigos críticos aos Estados Unidos e a favor do não alinhamento. Mas só depois de duas décadas de sua criação o jornal desempenhou seu papel mais efetivo — e destrutivo — para a KGB. Em julho de 1983, o *Patriot* publicou uma carta — ostensivamente de autoria de um cientista e antropólogo norte-americano — contendo a falsa afirmação de que o vírus da AIDS se originara em experimentos do Pentágono para desenvolver novas armas biológicas. A KGB plantou a carta como parte de uma operação concebida com todo cuidado, chamada

---

[10] Exemplos dessas e de outras atividades da KGB podem ser encontrados em: ANDREW, Christopher; MITROKHIN, Vasili. **The Mitrokhin Archive, vol. 1: The KGB in Europe and the West.** London: Penguin, 2000 (em especial o capítulo 14: Information Warfare); ROMERSTEIN, Herbert. Disinformation as a KGB Weapon in the Cold War. **Journal of Intelligence History**, 1:1, p. 54-67, 2001; HOLLAND, Max. The Propagation and Power of Communist Security Services *Dezinformatsiya*. **International Journal of Intelligence and CounterIntelligence**, 19:1, p. 1-31, 2006; BITTMAN, Ladislav, livros e diversos relatórios parlamentares do período.

122 DEMOCRACIA HACKEADA

"Operação Infekção". A princípio a carta foi bastante ignorada, porém dois anos mais tarde um semanário soviético, o *Literaturnaya Gazeta*, publicou um artigo mais longo sobre a história da AIDS em que se referia às afirmações veiculadas pelo *Patriot*.

Avance rápido para seis meses depois, abril de 1986. Uma multidão de representantes da mídia soviética e uma quantidade cada vez maior de veículos de imprensa internacionais começaram a retomar a história e a reportá-la como notícia — sendo os mais notáveis a TASS (agência noticiosa oficial do governo soviético), o *Pravda* (jornal oficial do Partido Comunista) e a agência de notícias Novosti (o segundo serviço noticioso oficial). Ao embuste foi então concedido um novo — e internacional — estímulo, graças a uma reportagem publicada em setembro por Jacob Segal em Harare, Zimbabwe, intitulada "AIDS — sua natureza e origem". Segal era um biofísico alemão oriental de 76 anos estabelecido em Berlim (apesar de a mídia soviética se referir repetidas vezes a ele como pesquisador francês, supõe-se que para lhe conferir maior credibilidade). O artigo de Segal bastou para fazer viralizar a notícia, então publicada por jornais do Cairo a Buenos Aires.

Como acontece em toda desinformação bem-sucedida, alguns elementos da história tinham fundamento. Na década de 1980, duas organizações governamentais norte-americanas empreendiam pesquisas para encontrar a cura para a AIDS em Fort Detrick, endereço do centro de pesquisa e desenvolvimento de guerra biológica do Exército de 1943 a 1969. O resto fora inventado. Contudo, isso bastou para a KGB fabricar uma narrativa desagregadora e corrosiva que subsistiu por décadas. Um estudo de 2005 descobriu que mais de um quarto dos afro-americanos acreditava que a AIDS fora produzida em um laboratório do governo norte-americano.[11]

---

[11] In BOGHARDT, Thomas. Soviet Bloc Intelligence and Its AIDS Disinformation Campaign. **Studies in Intelligence**, 53:4, 2009.

Estados: o modelo russo 123

Muitas outras tentativas soviéticas de distorcer, dividir e tumultuar a política dos adversários tiveram impacto bem menor. Sobretudo no caso das diversas tentativas de interferir nas eleições norte-americanas. Desde ofertas para ajudar, por parte do embaixador soviético, nas campanhas presidenciais de John F. Kennedy e Adlai Stevenson em 1960 (recusadas), passando pelos oferecimentos russos fracassados de subsidiar a campanha presidencial de Hubert Humphrey em 1968, até os esforços empreendidos para inviabilizar Ronald Reagan durante as primárias em 1976, as tentativas soviéticas de influenciar as eleições norte-americanas tiveram efeito bastante escasso. Inclusive em 1982, quando Yuri Andropov, o extrovertido presidente da KGB, disse a seus agentes que "era dever de todo oficial de inteligência estrangeira, quaisquer que fossem os limites de sua alçada ou departamento, participar de medidas ativas" para desacreditar as políticas da administração Reagan, seus esforços conseguiram bem pouco efeito.

O mais difícil de tudo era disseminar e amplificar a propaganda em larga escala. O acesso ao público estrangeiro era controlado pela mídia doméstica — TV, rádio e jornais. Se os soviéticos queriam exercer alguma influência, tinham de publicar no exterior. Por isso fundaram e subsidiaram jornais como o *Patriot* na Índia, e passaram a cultivar relações com jornalistas, editores e acadêmicos. Mas esse foi um processo longo e trabalhoso, com muitas oportunidades de fracasso. Mesmo quando a inteligência soviética conseguia fazer publicar alguma coisa em um veículo de imprensa estrangeiro, difundir a mensagem causava tensão idêntica. Podia-se contar com fontes de notícias russas oficiais, como a TASS e a Novosti para republicarem os relatos, mas elas eram vistas com desconfiança por quem estava fora do bloco soviético. Agentes da KGB sofriam pressão para participar de extensas campanhas de envio de correspondência para os jornais, passando-se por trabalhadores contrariados. Mas, outra vez, isso exigia um trabalho exaustivo e tinha sucesso apenas esporádico. Plantar uma narrativa que saltasse da mídia impressa para o *broadcasting* era coisa rara a ponto de se poder considerá-la em extinção. Portanto, os soviéticos anteriores à internet reconheciam que a desinformação, se tivesse de funcionar, precisava fazer parte de uma estratégia de longo prazo. Como escreveu Ladislav Bittman: "Uma única ação secreta [...] não consegue oscilar o equilíbrio de poder, [mas] a produção em massa de medidas ativas terá efeito cumulativo importante ao longo de um período de várias décadas".

*

Na época da eleição norte-americana de 1984, Vladimir Putin estava na KGB havia quase uma década, tendo sido recrutado durante seu quarto ano na Universidade de Leningrado. Ali permaneceria até 1990, quando saiu para trabalhar com o prefeito da cidade (mais tarde rebatizada de São Petersburgo). Voltou a chefiar o serviço de inteligência russo (mais tarde chamado de FSB) em 1998 e sucedeu Boris Yeltsin na presidência em 2000. Antes de se tornar líder, portanto, Putin passou grande parte da carreira dentro dos serviços de inteligência, ou pelo menos intimamente conectado a eles. Poucos chefes de Estado contemporâneos se comparam ao presidente russo em termos de experiência ou conhecimento em operações secretas.

Adolescente, Putin não tinha a menor dúvida do que fazer da própria vida. O serviço secreto soviético o fascinava de tal forma que sua primeira tentativa de trabalhar para ele aconteceu em 1968, ainda com 16 anos. Como escreve Masha Gessen em sua fascinante biografia do presidente russo, era uma época em que os programas de televisão e os livros populares apresentavam a KGB como algo emocionante e glamouroso. O encarregado de recrutamento que atendeu o adolescente aconselhou-o a ir para a universidade ou se alistar no Exército; o serviço secreto entraria em contato caso precisasse dele. Putin acatou o conselho e foi aceito na Universidade Estadual de Leningrado, onde estudou direito. No quarto ano, o serviço secreto foi até a universidade e o recrutou.

Em seus anos de formação — desde que Putin se candidatou pela primeira vez a um posto na KGB até completar 30 e poucos anos —, a inteligência soviética viveu seu apogeu em atividade internacional. Sob a liderança de Yuri Andropov, o serviço aumentou significativamente o planejamento e a execução de medidas ultramarinas ativas. Andropov tinha especial inclinação por teorias da conspiração, vendo os Estados Unidos por trás de quase toda atividade antissoviética. Acreditava que os desertores da União Soviética não a haviam abandonado de verdade, mas tinham sido vítimas de sequestro por parte da CIA. Achava que a Primavera de Praga de 1968 fora orquestrada por Washington. Os grupos de direitos humanos não passavam de organizações de fachada tentando destruir a URSS. Em resposta a essas aparentes ameaças, o presidente da KGB preparou uma série de intervenções estrangeiras ambiciosas, até mesmo inconsequentes. Entre elas, um golpe de Estado na Grécia, a interferência na investidura do príncipe Charles em Gales e a sabotagem de um grande oleoduto na Áustria. Cada uma dessas intervenções acabou sendo abandonada por medo de que fosse possível seguir-lhes o rastro até a Rússia. Todavia, várias outras medidas foram efetivadas, como o envio de armas para o IRA, o grupo separatista basco ETA e a Facção Alemã do Exército Vermelho, além de tentativas de difamar políticos norte--americanos. Para Andropov, qualquer coisa que causasse desacordo e inquietação de políticos fora da Rússia favorecia o país, desde que nenhum rastro apontasse para ele. Ou seja, Andropov adotava táticas de guerrilheiros, reconhecendo a crescente assimetria de poder entre a União Soviética e o Ocidente, mas a usando em benefício próprio.

Putin era um produto da KGB de Andropov. Na época de seu ingresso no serviço secreto, em meados da década de 1970, a perspectiva e os métodos de resposta de Andropov estavam firmemente estabelecidos. Na juventude e no início de carreira, Putin também enxergava tudo como uma tramoia contra a Rússia.

Fora treinado para acreditar que interferir nos sistemas políticos de outro povo era uma reação natural e justificada, desde que ninguém o pegasse. Depois que deixou o serviço secreto em 1990, essa perspectiva majoritariamente conspiratória das relações internacionais foi ainda mais incentivada por interferência política concreta dos Estados Unidos na Rússia. Nos anos 1990, os Estados Unidos e outros países interferiram à vontade nas políticas domésticas russas. Após a reeleição de Boris Yeltsin como presidente, em 1996, a revista *Time* chegou a publicar uma matéria de capa — "Yanks to the Rescue" — com o subtítulo "The secret story of how American advisers helped Yeltsin win" ["Ianques em resgate: a história secreta de como conselheiros norte-americanos ajudaram Yeltsin a vencer"]. O papel dos conselheiros foi sem dúvida exagerado, mas o artigo reafirmava a impressão de Putin de que, na política internacional, todo país faz de tudo, desde que não o comprometa — inclusive interferir em eleições. Eram esse pano de fundo e essa visão paranoica das relações internacionais que estruturavam o pensamento de Putin em 2011, época em que sua liderança e o regime russo por ele estabelecido sofreram uma ameaça mortal.

*

A avenida Sakharov, batizada em homenagem ao dissidente soviético e vencedor do Prêmio Nobel da paz Andrei Sakharov, corta Moscou de norte a leste em direção à Praça Vermelha. Em 24 de dezembro de 2011, com 5 graus negativos de temperatura, ela foi palco do maior protesto ocorrido na Rússia desde o fim da Guerra Fria. Cem mil pessoas se reuniram para protestar contra as recentes eleições parlamentares e o retorno iminente de Vladimir Putin à presidência. Cartazes pediam uma "Rússia sem Putin" e o comparavam a Muammar Gaddafi, ditador líbio morto dois meses antes. A manifestação na avenida Sakharov daquele dia não foi a primeira, mas foi a maior e causou um efeito profundo.

Para Putin, o protesto mostrou quão perto ele e seu governo estavam de sofrer o mesmo destino de Mubarak no Egito, Bem Ali na Tunísia e Gaddafi na Líbia. Como aconteceu com a dita "Primavera Árabe", o foco da incipiente "Primavera Eslava" era Putin na condição de líder: ela condenava sua "democracia administrada" e pedia que ele caísse. Como no Egito e em toda parte, ela estava sendo organizada e coordenada por meio das plataformas de rede social norte-americanas. Mais de 50 mil pessoas subscreveram ao comparecimento à avenida Sakharov pelo Facebook, de modo que, ao longo de todo o dia, *hashtags* em cirílico se tornaram tendência no Twitter — incluindo o apelido dado pelos manifestantes a Putin, #ботокс (#botox). As mídias sociais foram fundamentais para o incremento e a coordenação das revoluções em toda a África do norte e no Oriente Médio. Esses protestos começaram pequenos, mas logo se transformaram em uma bola de neve até arrastarem consigo o líder e o respectivo governo.

Putin poderia ter interpretado as manifestações de dezembro conforme elas se apresentavam. Poderia tê-las visto como expressão espontânea da raiva do povo contra o que parecia ser um sistema eleitoral manipulado. Não foi assim que ele, ou seu governo, as encarou. Putin afirmou estar convencido de que tinham sido orquestradas pelos Estados Unidos. Especificamente, disse acreditar que tudo começa com a secretária de Estado norte-americana, Hillary Clinton, que "lhes [aos manifestantes] deu um sinal", Putin relatou à TV estatal russa dias após os primeiros protestos. "Eles ouviram esse sinal e começaram o trabalho ativo." O sinal, asseverou Putin, fora coordenado via ONGs financiadas pelos Estados Unidos na Rússia. "É inaceitável", ele reclamou, "quando dinheiro estrangeiro custeia processos eleitorais".[12] Putin vê os protestos — na verdade, a

---

[12] V. reportagem para a BBC de ROSENBERG, Steve. Russia PM Vladimir Putin accuses US over poll protests. **BBC News**, 8 December 2011.

onda de tumultos globais de 2011 — como parte de um plano articulado pelos Estados Unidos para ampliar sua hegemonia. E as principais plataformas tecnológicas norte-americanas, acreditava ele, eram parte desse plano. Isso ficou evidente com o uso pelos manifestantes de mídias sociais norte-americanas para se organizarem em vez de utilizarem a plataforma de mídia social produzida na própria Rússia, a VKontakte.

Antes de 2011, Putin não se concentrara na internet. Apesar de ter extrema consciência do poder político da mídia, preocupara-se em controlar a mídia tradicional dentro da Rússia em seus dois primeiros mandatos. Para os russos, isso significava a televisão, razão pela qual Putin obtivera o controle de canais de televisão independentes, como a NTV, e estabelecera uma nova transmissora de notícias internacionais sob as rédeas governamentais, a Russia Today (mais tarde rebatizada de RT para ocultar as origens). Em termos táticos, ignorar a internet fazia sentido; ela contava com apenas 2% de penetração na Rússia em 2000, quando Putin subiu ao poder, e 16% em 2008, quando ele alterou o próprio papel para primeiro-ministro. Todavia, na ausência de controle estatal, a internet russa vicejava. Um mecanismo de busca local chamado Yandex cresceu mais rápido que o equivalente norte-americano, o Google. A plataforma VKontakte, que Pavel Durov fundou em 2006 aos 22 anos, logo se converteu no website mais popular da Rússia.[13]

---

[13] Para saber mais sobre o desenvolvimento das atitudes russas em relação à internet, v. SANOVICH, Sergey. Computational Propaganda in Russia: The Origins of Digital Disinformation. Working Paper 2017.3. **Computational Propaganda Research Project**, University of Oxford, 2017; ETLING, Bruce; ALEXANYAN, Karina; KELLY, John; FARIS, Robert; PALFREY, John; GASSER, Urs. Public Discourse in the Russian Blogosphere: Mapping RuNet Politics and Mobilization. **Research Publication 2010-11**, Berkman Center, Harvard University, 2010; ALEXANYAN, Karina; BARASH, Vladimir; ETLING, Bruce; FARIS, Robert; GASSER, Urs; KELLY, John; PALFREY, John; ROBERTS, Hal. Exploring Russian Cyberspace: Digitally-Mediated Collective Action and the Networked Public Sphere. **Research Publication 2012-2**, Berkman Center, Harvard University, 2012.

Estados: o modelo russo 129

O sucessor de Putin na presidência, Dmitri Medvedev, foi o primeiro a se envolver de verdade com a internet, embora a visse como um simples mecanismo para o crescimento econômico e como um modo de atrair a geração *web* da Rússia. Em junho de 2010, o presidente Medvedev, em uma camisa azul de colarinho aberto, *blazer* azul e calças *jeans*, assistia de olhos arregalados a Steve Jobs demonstrando o mais recente iPhone. Faltavam poucos dias para o lançamento do iPhone 4 e Medvedev estava no Vale do Silício em uma visita rápida de três dias. Da Apple o presidente russo seguiu para se encontrar com Eric Schmidt no Google, e depois para o Twitter a fim de se reunir com Evan Williams e Biz Stone, quando postou seu primeiro tuíte a partir do endereço @KremlinRussia. O líder interino russo já tentara encampar as ferramentas das plataformas tecnológicas, começando um videoblogue em 2009 — o que lhe valeu o apelido de "Blogger-in-Chief" — e, na sequência, criando em 2011 a própria página no Facebook. Foi nessa página, em 11 de dezembro de 2011, que Medvedev condenou os protestos em Moscou do dia anterior. Duas horas depois, mais de 3 mil pessoas tinham publicado comentários em sua página, a maior parte negativos ou desrespeitosos. "Maluco, você está de brincadeira?", dizia um comentário. "Cai fora, vergonha para o país", disse outro, e "Seu tempo já ficou para trás".[14]

Dezembro de 2011 provou para Putin que a abordagem de Medvedev fora um fracasso espetacular, e que a internet, em especial as plataformas tecnológicas norte-americanas, agora representavam um grave perigo para o Estado russo.

---

[14] Para conhecer relatos sobre a visita de Medvedev ao Vale do Silício e suas tentativas de cultivar algo semelhante na Rússia, v. HENDERSON, Peter. Russian president tweets, tours Silicon Valley. **Reuters**, 23 June 2010 e similares; APPELL, James. The short life and speedy death of Russia's Silicon Valley. **Foreign Policy**, 6 May 2015. Reações à postagem de Medvedev no Facebook citadas em: O'FLYNN, Kevin. Dmitry Medvedev Facebook message against Russian protesters backfires. **Telegraph**, 11 December 2011.

Medvedev adotara essas plataformas e procurara utilizá-las de modo convencional. Suas tentativas foram um tiro pela culatra, e ele acabou vendo as ferramentas sendo usadas contra si e contra o sistema político que comandava. Era o tipo exato de ameaça temida por Putin ao subir ao poder, mais de uma década antes. Em setembro de 2000, ele aprovou uma nova "doutrina de informação de segurança" contemplando a advertência explícita contra "uma deformação do sistema de informação de massa [na Rússia] devido à monopolização da mídia bem como à expansão descontrolada do setor de mídia estrangeiro no espaço de informação nacional". Se esse "espaço de informação" se desenvolvia desse modo, alertava a doutrina, havia o perigo de que "serviços especiais estrangeiros" usassem o sistema de mídia dentro da Rússia "para impor danos à segurança nacional e à capacidade de defesa, e para disseminar desinformação". Putin acreditava ser exatamente o que os Estados Unidos estavam fazendo naquele momento: derrubando o regime russo em parceria com as principais plataformas tecnológicas norte-americanas ao espalhar falsas informações e provocar dissensão.[15]

Como acontece com a maior parte das teorias de conspiração, havia um fundo de verdade em torno do qual Putin pôde construir sua tese. Em maio de 2009, por exemplo, Hillary Clinton lançou uma iniciativa relacionada à "diplomacia do século 21", a partir da qual o Departamento de Estado norte-americano se dispunha a auxiliar grupos da sociedade civil ao redor do mundo a transformarem a política usando a internet e as mídias sociais. "Precisamos construir novas parcerias de baixo para cima", disse Clinton para uma plateia em Nova York, "e utilizar toda ferramenta à nossa disposição" para dar o pontapé inicial

---

[15] **Information Security Doctrine of the Russian Federation**, Approved by President of the Russian Federation Vladimir Putin on September 9, 2000. Disponível em: https://info.publicintelligence.net/RU-InformationSecurity-2000.pdf. Acesso em: 3 nov. 2021, 15:17:52.

em "Sociedade Civil 2.0".[16] No mês seguinte, o Departamento de Estado norte-americano pediu ao Twitter que retardasse os trabalhos de manutenção em sua rede a fim de que o serviço permanecesse aberto a manifestantes contrários ao governo no Irã, durante a campanha eleitoral do país. Tempos depois, falando no Marrocos ainda no mesmo ano, Clinton apoiou financeiramente o plano do Departamento de Estado referente à "Sociedade Civil 2.0", incluindo subvenções para o Oriente Médio e o norte da África.[17]

Dezenove meses depois, alguns membros do Departamento de Estado pareciam estar apreciando bastante a primeira onda de revoluções no Oriente Médio. Alec Ross, conselheiro-chefe de Clinton para a inovação junto ao Departamento de Estado, disse em uma conferência do *Guardian* em Londres, no mês de junho, que a internet se tornara o "Che Guevara do século XXI". Facebook e Twitter estavam conferindo às pessoas o poder de desafiar regimes autocráticos. "Acho isso divertido", disse Ross, "e será uma revolução muito louca nos próximos anos, o que definitivamente acredito ser uma coisa boa."[18] A atitude de Ross pode não ter sido típica de um funcionário do governo norte-americano, e seu deleite escondeu o medo com que a administração norte--americana reagiu à onda inicial de manifestações antigoverno. No entanto, era condizente com a interpretação de Putin. Ademais, não há dúvida de que a ameaça a Putin e seu regime no fim de 2011 acabou se revelando genuína. Além dos protestos de massa, existia uma rivalidade crescente entre as elites políticas russas. Este "é o momento exato em que o velho regime mais corre perigo", escreveu Richard Sakwa, um observador arguto

---

[16] Conforme relato de Sifry, Micah L. Hillary Clinton launches "21st century statecraft" initiative by State Department. **TechPresident blog**, 13 May 2009.

[17] Dupont, Sam. Secretary Clinton announces "Civil Society 2.0". **NDN blog**, 3 November 2009.

[18] Halliday, Josh. Hillary Clinton adviser compares internet to Che Guevara. **Guardian**, 22 June 2011.

132 DEMOCRACIA HACKEADA

da política russa, "e no qual um grande avanço democrático se faz possível".[19]

Putin precisava desesperadamente de uma narrativa forte com a qual estabilizar e manter o poder. Encontrou-a na própria declaração de que forças estrangeiras vinham desestabilizando a Rússia e empregando plataformas tecnológicas para interferir na política do país com o objetivo de derrubar o governo e instalar um líder condescendente. Crendo ou não nela, essa é a história que Putin contou ao povo russo. Os Estados Unidos e seus aliados, disse ele, representavam uma ameaça hostil, existencial para o Estado russo. Interfeririam em suas eleições, apoiavam grupos da sociedade civil a fim de criarem desassossego, incentivavam protestos contra o governo e treinavam pessoas para o uso de plataformas tecnológicas a fim de coordenarem as ações. Em outras palavras, Putin imputava aos Estados Unidos o tipo exato de tática empregada pela inteligência soviética no tempo em que ele atuara como agente.

Essa narrativa foi então explicitada em discurso proferido pelo chefe do comando geral das forças armadas russas, general Gerasimov, e publicado em fevereiro de 2013. A Primavera Árabe representou um novo tipo de conflito, disse o general. Um conflito caracterizado pelo obscurecimento das linhas divisórias entre guerra e paz, em que a ação não militar é tão importante quanto a militar e as táticas assimétricas, como o emprego de redes de informação digital, são mais notadas. Em resposta a essa nova abordagem da guerra, que a Rússia acreditava ser conduzida pelos Estados Unidos, "é necessário", disse Gerasimov, que as forças russas "aperfeiçoem as atividades no espaço da informação". Foi onde Putin, os serviços de inteligência russos e o Exército russo focaram a atenção.[20]

---

[19] SAKWA, Richard. **Putin Redux: Power and Contradiction in Contemporary Russia.** Abingdon: Routledge, 2014.

[20] Para uma tradução do artigo de Gerasimov (a partir do discurso por ele proferido), v. o *blog* "In Moscow's Shadows", de Mark Galeotti, na Wordpress. Embora

Estados: o modelo russo 133

Portanto, os protestos impulsionados digitalmente no fim de 2011 e início de 2012 levaram a uma grande mudança na abordagem de Putin. Não só mudaram sua política como voltaram seu foco para a internet e para as plataformas que — na visão dele — quase tinham promovido outra revolução russa. A partir de então, Putin procurou domesticar a internet local e utilizá-la no âmbito internacional em benefício próprio — "para aperfeiçoar as atividades russas no espaço de informação".

Dentro da Rússia, Putin podia replicar a abordagem que adotara com a televisão em seu primeiro mandato. Podia forçar a saída dos chefes de empresas de internet e instalar outros, mais adaptáveis, no lugar. O fundador e principal executivo da VKontakte se manteve firme contra a pressão governamental até 2014, quando se recusou a revelar dados pessoais de seus usuários e viu-se obrigado a renunciar e deixar a Rússia. O mecanismo de busca Yandex já era de propriedade majoritária do Sberbank, um banco estatal, de modo que foi mais fácil influir em seu comando. O fundador e CEO do banco, Arkadi Volozh, também se demitiu em 2014.[21]

Fora da Rússia, Putin precisou adotar uma abordagem diferente. Não podia pressionar plataformas tecnológicas norte-americanas, como Facebook e Google, do mesmo modo que

---

bastante discutidas desde então, Galeotti e Charles Bartles escreveram análises particularmente boas. V. GALEOTTI, Mark. I'm sorry for creating the "Gerasimov doctrine". **Foreign Policy**, 5 March 2018; BARTLES, Charles K. Getting Gerasimov right. **Military Review**, January—February 2016.

[21] Para uma abordagem da televisão na Rússia, v. OSTROVSKY, Arkady. **The Invention of Russia: The Journey from Gorbachev's Freedom to Putin's War.** London: Atlantic, 2015; BURRETT, Tina. **Television and Presidential Power in Putin's Russia.** Abingdon: Routledge, 2010. Para conhecer a abordagem de Putin às empresas de internet pós 2011, v. SANOVICH, Sergey. Computational Propaganda in Russia: The Origins of Digital Disinformation, Working Paper 2017.3. **Computational Propaganda Research Project**, University of Oxford, 2017; KONONOV, Nikolay. The Kremlin's social media takeover. **New York Times**, 10 March 2014.

conseguia fazer com a VKontakte e o Yandex. Se quisesse responder ao que enxergava como tentativas conjuntas de atores estrangeiros para desestabilizar a política russa, precisaria encontrar outro caminho. Nada mais natural que ele e seus colegas do ex-FSB recorressem às experiências do passado, à maneira como tinham lidado com tais ameaças externas e aos métodos que usaram em resposta. Fundamental em tudo isso era a utilização eficaz da informação para proteger o próprio sistema e enfraquecer o sistema alheio, para explorar os próprios sistemas de comunicação contra os deles.

Ainda assim, se o Kremlin queria adotar nova abordagem agressiva em nível internacional e produzir propaganda e desinformação efetivas, necessitava de gente capaz de usar redes sociais, produzir e comissionar conteúdo digital e certificar-se de que esse conteúdo se disseminasse. Ao mesmo tempo, essas pessoas tinham de ser patriotas, nacionalistas mesmo, e infalivelmente fiéis ao Kremlin. Para sorte de Moscou em 2012, essas pessoas estavam ao alcance das mãos.

★

Lendo os e-mails de Kristina Potupchik de 2011, você estaria perdoado se imaginasse que ela administrava uma ambiciosa e descolada agência de marketing voltada para as redes sociais. Com 20 e poucos anos e em comunicação permanente com os colegas, Potupchik compartilhava recomendações sobre como ser um influenciador eficaz no Facebook, como promover publicações em blogues e onde encontrar bons memes na internet. Falava acerca de apresentações on-line que permitem a identificação e o reconhecimento fáceis de um produto, delegava a confecção de vídeos do YouTube e discutia como otimizar postagens nos *rankings* de busca do Google. Como qualquer profissional de marketing em redes sociais bem-sucedido, tinha obsessão pela popularidade de seu conteúdo. "O material deve

Estados: o modelo russo 135

conter elementos 'virais'", escreveu, "ou seja, usar a motivação das pessoas para distribuí-lo."[22]

Acontece que, em 2011, Kristina Potupchik não administrava uma agência de marketing em redes sociais. Era assessora de imprensa do Nashi ("Nosso"), um movimento da juventude nacionalista pró-Putin. O Nashi era um entre vários grupos criados ou apoiados pelo volúvel tecnólogo de Putin, Vladislav Surkov, em resposta às revoluções Rosa e Laranja de 2003 e 2004 na Geórgia e na Ucrânia, respectivamente. Surkov acreditava que, para se opor aos protestos contrários a Moscou, o Kremlin precisava de manifestantes próprios. Direta e indiretamente, incentivou a formação de diversos grupos nacionalistas — dos quais o Nashi era o maior — que atuariam de forma leal ao Kremlin. Os grupos em si tinham de estar distantes o suficiente do Estado a fim de parecerem orgânicos; dessa maneira, o apoio deles seria mais plausível e eficaz.

Todo ano o Nashi organizava um acampamento de verão nos lagos Seliger, ao norte de Moscou. Até 20 mil jovens russos disputavam jogos no local e realizavam atividades visando maior integração — incluindo casamentos coletivos, supervisionados por "comissários" do Nashi e rodeados de cartazes de Putin e Medvedev. Os líderes russos visitavam com frequência o acampamento, para grande entusiasmo dos participantes. O suporte financeiro ao Nashi e a outros grupos pró-Kremlin convergia por meio de vários canais, desde oligarcas prestativos até instituições como a Igreja Ortodoxa. Nem o Nashi nem grupos similares como o Grupo Jovem Eurasiano recebiam ordens direto do Kremlin. Como escreve Charles Clover em seu esclarecedor estudo do novo nacionalismo na Rússia:

Eles representavam algo mais complexo [que as organizações oficiais] — um ambiente de agrupamentos que eram

---

[22] O arquivo completo dos *e-mails* de Kristina Potupchik pode ser encontrado em: poupchik.com.

136 **DEMOCRACIA HACKEADA**

hábeis em negação e autônomos em dinheiro, poder executivo e ideologia, cujos desejos eram satisfeitos por operários que na maior parte das vezes funcionavam sem direção central e sem liderança clara; em vez disso, respondiam a "sinais" ideológicos.

Esses grupos funcionavam como redes, conectados e empoderados por meio da tecnologia moderna, de acordo com uma agenda planejada sem muito rigor em Moscou. A chave, como escreve Clover, era a negação. Ação alguma jamais pôde ser rastreada até o Kremlin.[23]

Potupchik se juntou ao Nashi em 2005, o mesmo ano em que o grupo foi criado. Dois anos depois, era sua porta-voz. Em 2011, estava encarregada da produção de mídia do grupo, comissionando dezenas de jovens para publicarem comentários on-line, escreverem postagens em blogues, produzirem vídeos para o YouTube e atacarem políticos de oposição. Tudo era feito para promover Putin e a pauta do Kremlin, dando a impressão de brotar espontaneamente da sociedade civil. Era como se Potupchik e seus colegas fossem uma agência de relações públicas interna para a liderança russa, mas sem nenhum vínculo formal. "Putin deve se tornar uma grife outra vez", escreveu Potupchik em abril de 2011. A fim de promover a grife, o Nashi precisou adotar fossem quais fossem as táticas que funcionassem. Como explicou o chefe do grupo, Vasili Yakemenko, ao comissionar pessoas para escreverem comentários on-line eles tiveram de encontrar "gente com linguagem equilibrada, que escreve bem, não idiota, [capaz] de sustentar um debate, de desenvolvê-lo. Essas pessoas comentarão as nossas publicações

---

[23] CLOVER, Charles. **Black Wind, White Snow: The Rise of Russia's New Nationalism.** New Haven, CT: Yale University Press, 2016. Para acesso a descrições dos acampamentos de verão do Nashi, v. IOFFE, Julia. Rússia's nationalist summer camp, **New Yorker**, 16 August 2010; NEMTSOVA, Anna. Kremlin's extremist youth camp in Russia. **Daily Beast**, 10 August 2011; HARDING, Luke. Welcome to Putin's summer camp, **Guardian**, 24 July 2008.

Estados: o modelo russo   137

em fóruns — basicamente difamando a oposição e enaltecendo Putin, [dando] a impressão de que a maioria nos apoia".[24]

Entretanto, por mais útil que o Nashi fosse, não conseguiu combater o crescente sentimento anti-Putin de 2011. Toda a abordagem pós-modernista de Surkov à comunicação estatal, dependente de tirar vantagem da fragmentação, ambiguidade e confusão geral da *web*, caiu em desgraça. À medida que a estrela de Surkov foi se apagando, o mesmo aconteceu com a do Nashi. A própria Kristina Potupchik se retirou em meados de 2012, publicando em seu blogue que "é hora de dizer o que já passou da hora de ser dito. Estou indo embora".[25]

Contudo, apesar de a abordagem do Kremlin para a internet sofrer uma guinada mais autoritária em 2012 — em especial "dentro de casa" —, os métodos empregados pelo Nashi e por outros grupos não foram descartados; pelo contrário, foram formalizados e convertidos em algo mais sistemático. Em setembro de 2013, o jornal russo independente *Novaya Gazeta* descobriu que uma empresa aberta em um subúrbio de São Petersburgo dois meses antes empregava pessoas para comentar, postar e publicar em blogues on-line a favor do governo russo e procurava desacreditar políticos da oposição e inimigos da Rússia (os Estados Unidos acima de todos). Esses *"trolls"* receberam critérios e diretrizes, bem como metas de publicações (por exemplo, uma centena de comentários por dia). Realizavam trabalho semelhante ao do Nashi e de outros grupos jovens pró-Putin, mas de uma maneira mais estruturada e focada e em escala. No verão de 2014, noticiou Max Seddon, a Internet Research Agency, como se chamava a empresa, empregava 600 pessoas e contou com uma receita de 10 milhões naquele ano.[26]

---

[24] Conforme citação no excelente artigo de FEDOR, Julie; FREDHEIM, Rolf. "We Need More Clips about Putin, and Lots of Them": Russia's State-Commissioned Online Visual Culture. **Nationalities Papers**, 45:2, p. 161-81, 2017.

[25] Controversial Nashi spokesperson quits. **Moscow Times**, 28 June 2012.

[26] GARMAZHPOVA, Aleksandra. Gde zhivut trolli. I kto ikh hormit [Onde vivem os *trolls*. E quem os alimenta]. **Novaya Gazeta**, 7 September 2013; SEDDON,

138   DEMOCRACIA HACKEADA

A "fábrica de *trolls*" de São Petersburgo guardava muitas semelhanças com as fábricas de desinformação soviéticas criadas cinquenta anos antes. Centenas de pessoas eram empregadas para produzir sem parar propaganda e notícias falsas com o intuito de promover a Rússia e destruir os Estados Unidos e seus aliados. Como no departamento tchecoslovaco em que trabalhava Ladislav Bittman, cada um tinha papéis específicos e obedecia a uma hierarquia bem determinada. De modo semelhante, concentravam-se em fomentar divisões políticas, corroer a confiança nas autoridades, incentivar o sectarismo e alimentar o ódio contra os Estados Unidos e os sistemas políticos europeus. Nos Estados Unidos de 2016, isso significava postar sobre questões relacionadas a raça, imigração, armas, gênero e direitos dos *gays*. Como os departamentos satélites soviéticos dedicados à desinformação, o escritório de São Petersburgo era distante o suficiente de Moscou e do governo russo para reivindicar a negação plausível diante de qualquer acusação.

No entanto, também havia diferenças importantes dos cinquenta anos anteriores. Inexistia qualquer necessidade de os diretores da operação de São Petersburgo estudarem pesquisas de opinião ocidentais em detalhes minuciosos — se quisessem informações sigilosas sobre atitudes públicas, bastava rolar as páginas do Twitter, consultar páginas públicas do Facebook ou explorar o Google Trends. Reagir com rapidez tampouco continuava sendo um problema. Eles podiam comentar embaixo de novos artigos assim que eram publicados, retuitar *tweets* pró-Rússia e curtir postagens antiliberais no Facebook. Tinham inclusive a possibilidade de comprar anúncios no Facebook que atiçavam propositadamente a tensão racial e direcioná-los para

---

Max. Documents show how Rússia's troll army hit America. **Buzzfeed**, 2 June 2014. V. também os artigos de 2015 sobre a agência de São Petersburgo, de autoria de Adrian Chen (*New York Times*), Shaun Walker (*Guardian*) e Alec Luhn (*Guardian*).

Estados: o modelo russo   139

áreas dos Estados Unidos em que esse tipo de tensão era alta (como o Facebook revelou ter feito em setembro de 2017).[27]

Ainda assim, por mais útil que fosse para impulsionar a perspectiva russa para o exterior, a Internet Research Agency e demais serviços semelhantes foram menos capazes de assumir algumas das outras incumbências desempenhadas pelos departamentos soviéticos visando medidas ativas. A Internet Research Agency, por exemplo, estava menos equipada para realizar on-line tarefas "de vilão" como hackear e-mails pessoais, coletar dossiês pessoais comprometedores (*kompromat*) ou instalar *malwares*. Não fora para isso que a agência havia sido criada. Ademais, existia um grave risco associado a esses tipos de operações; portanto, uma necessidade ainda maior de "mãos limpas". Para sorte do Kremlin, já havia alternativas disponíveis.

*

Com a neve caindo em Kiev no fim de janeiro de 2014 e a temperatura chegando aos 15 graus negativos, Mykhailo Gavrylyuk, de 34 anos, posava nu na rua para fotografias. Despido e surrado pelo grupo paramilitar Berkut do governo ucraniano, foi-lhe então entregue um machado e ordenado que aguardasse até que a meia dúzia de milicianos a seu redor conseguisse um instantâneo digno dos maiores prêmios.[28] Gavrylyuk recebia punição sumária por se juntar a um protesto contra o governo Yanukovych, pró-Kremlin. A milícia Berkut ["Água Dourada", em ucraniano] era famosa pela intimidação e violência contra manifestantes. A princípio estabelecido para lutar contra o crime

---

[27] STAMOS, Alex. An update on information operations on Facebook. **Facebook Newsroom**, 6 September 2017.

[28] A gravação do incidente hoje está disponível no YouTube e no Facebook. V. "berkut, polonenuy", Fari Ahad/Facebook, 23 January 2014. Disponível em: https://www.youtube.com/watch?v=z0zD3pOG-Tk. Acesso em: 21 maio 2018. Em 5 de novembro de 2011, o YouTube exibia a seguinte mensagem: "Este vídeo foi removido por violar a política do YouTube sobre assédio e bullying". [N. do T.]

140   DEMOCRACIA HACKEADA

organizado, depois de 2004 o grupo mudou para impedir o avanço de protestos antigoverno e manipular eleições. Após a deposição de Yanukovych, o novo governo ucraniano dissolveu o Berkut. Todavia, menos de dois meses depois, em março de 2014, essa milícia brutal foi restaurada pelo governo russo e incorporada ao ministério do interior. No mesmo mês, um grupo anônimo de hackers autodenominado "CyberBerkut" anunciou sua formação on-line. "Como um 'Berkut' inflexível se manteve firme até o fim", dizia a publicação no website, "assim o 'CyberBerkut' dará caça aos espíritos malignos fascistas." O emblema do site brincava com a insígnia do Berkut e mostrava uma águia dourada pousando e o nome "Berkut" substituído por "CyberBerkut".[29]

Desde o início, o CyberBerkut disse que usaria todos os meios necessários para destruir e depor o governo ucraniano. Começou lançando ataques por DDoS contra sites do governo, terceirizando para o público em geral informações incriminatórias sobre funcionários públicos na página do grupo no Facebook e bloqueando a mídia tradicional on-line. No fim do primeiro mês o CyberBerkut hackeara e fizera vazar seus primeiros e-mails, sustentando que provavam que os Estados Unidos haviam organizado a revolução na Ucrânia.

Em 2016, o grupo voltara a atenção para o hackeamento de e-mails em âmbito bem mais amplo, incluindo os Estados Unidos. Em 7 de outubro de 2016, sexta-feira, o jornalista e escritor David Satter recebeu um e-mail dizendo que alguém acabara de utilizar sua senha para acessar a conta Google e que por isso ele precisava confirmar a senha. Com 69 anos de idade, Satter escrevia sobre a Rússia e a União Soviética nas últimas quatro décadas e publicara

---

[29] Para mais sobre Berkut, v., por exemplo: Ukraine's Berkut police: what makes them special? **BBC News**, 26 February 2014; sobre a incorporação do Berkut ao ministério do interior russo, v. KOLOKOLTSEV, Vladimir. Russian interior bodies created in Crimea and Sevastopol. **TASS**, 25 March 2014. Postagens do CyberBerkut fornecidas pelo banco de dados da internet Wayback Machine.

Estados: o modelo russo 141

havia pouco tempo um livro detalhando as origens do atual regime de Putin. Em 2013 ele fora tão bem-sucedido em irritar o governo russo que teve a honra de ser o primeiro correspondente norte-americano expulso do país desde o fim da Guerra Fria. Presumindo que o e-mail do Google era genuíno, Satter clicou no link.

Ele não foi o único a receber o e-mail naquele dia. Duzentas outras pessoas, incluindo políticos mais velhos, oficiais militares de alta patente, acadêmicos e ativistas, receberam o mesmo alerta do Google. Acontece que se travava de um e-mail de *phishing* enviado por um grupo de hackers — ou seja, parecia ser proveniente de um emissor confiável solicitando informações confidenciais, mas na verdade tinha intenções malignas. Assim que Satter clicou no link, concedeu aos hackers acesso a todos os seus e-mails. Duas semanas depois, menos de três antes da eleição norte-americana, o CyberBerkut publicou parte deles, selecionada com grande cuidado, afirmando que eles mostravam "os Estados Unidos preparando uma 'revolução colorida' na Rússia segundo o modelo ucraniano". Só que não era o que eles mostravam, absolutamente.

Uma investigação meticulosa e esclarecedora do laboratório interdisciplinar Citizen Lab da Universidade de Toronto descobriu que, além de escolher quais e-mails publicar, o CyberBerkut editara meticulosamente alguns deles, mudando o sentido original de modo que ficasse condizente com a narrativa que os hackers desejavam contar. Essa narrativa, escreve o Citizen Lab, visava "dar a impressão de que Satter estava pagando jornalistas e ativistas anticorrupção russos para escreverem relatos críticos ao governo russo". Pouco depois que os e-mails adulterados foram publicados no site do CyberBerkut, foram detectados pela agência noticiosa RIA Novosti e pela rádio *Sputnik*, ambas do governo russo. A partir de então a história foi tuitada, curtida e compartilhada no Twitter e no Facebook.[30]

---

[30] HULCOOP, Adam; SCOTT-RAILTON, John; TANCHAK, Peter; BROOKS, Matt; DEIBERT, Ron. Tainted leaks: desinformation and phishing with a Russian nexus. **Citizen Lab**, 25 May 2017.

O caso Satter guarda muitas similaridades com a invasão e disponibilização dos e-mails de John Podesta durante a campanha eleitoral norte-americana, *hackeados* seis meses antes. Como Satter, o diretor da campanha de Hillary Clinton clicou em um alerta falso de e-mail do Google e mudou sua senha. Como Satter, os e-mails foram então vazados — via WikiLeaks. E, como Satter, foi impossível vincular o hackeamento e os vazamentos ao Kremlin. No caso de Podesta, a campanha de Clinton optou por não validar os e-mails ou confirmar se estavam editados após rígida seleção para mudar-lhes o sentido. No caso do hacker de Macron, a campanha disse que muitos documentos falsos foram adicionados aos genuínos a fim de causar mais danos políticos.[31]

Trolagem e hackeamento se mostraram métodos altamente eficazes de propaganda e desinformação. E mais, ambos eram executados longe o suficiente do Estado russo de modo a assegurar um verniz de possível repúdio. Embora seu custo exato seja desconhecido, as abordagens sem dúvida eram bem menos dispendiosas que as empregadas durante a Guerra Fria. Ao mesmo tempo, não eram — no jargão do Vale do Silício — muito "expansíveis". Se Moscou quisesse desafiar o predomínio do sistema de informação global, precisava de maior velocidade, escala e alcance. Precisava de automatização.

*

Em tempos soviéticos, seria difícil, se não impossível, impulsionar narrativas jornalísticas alternativas em larga escala nos Estados Unidos ou além. Contudo, por volta de 2017, a Rússia podia utilizar não apenas *"trolls"* e hackers como também robôs e *cyborgs*. Robôs são contas falsas — criadas de modo a parecerem pessoas de verdade — programadas para reagir a sugestões específicas. *Cyborgs* são a combinação de um robô com uma pessoa real — mais difíceis de identificar e mais complicado

---

[31] CARROLL, Lauren. Are the Clinton WikiLeaks emails doctored, ou are they authentic? **Politifact**, 23 Octobert, 2016; Willsher e Henley. Emmanuel Macron's campaign hacked.

Estados: o modelo russo 143

de reagir a eles. Podem-se ver as atividades dessas máquinas de micropropaganda se desenrolarem depois de quase qualquer evento que valha a pena ser noticiado, em todas as plataformas tecnológicas predominantes, seja um comício da extrema-direita, seja o tiroteio em uma escola.

Ben Nimmo, que analisa campanhas de desinformação globais no Atlantic Council's Digital Forensic Research Lab, rastreia atividades de robôs após a divulgação de grandes notícias. Nos dias seguintes ao comício "Unite the Right" [A Direita Unida] em Charlottesville, Virgínia, nos dias 11 e 12 de agosto de 2017, sexta-feira e sábado, em que nacionalistas da extrema-direita entraram em conflito com opositores, Nimmo observou que muitos robôs e *cyborgs* associados à Rússia e pró-Rússia começaram a impulsionar três narrativas: que os manifestantes e os opositores da extrema-direita eram igualmente ruins; que os políticos norte-americanos críticos da extrema-direita eram hipócritas (uma vez que, afirmava-se, eles haviam apoiado antes a direita ucraniana); e que os opositores tinham sido organizados por George Soros (inexistiam provas disso). Essas narrativas minimizavam e legitimavam os atos da extrema-direita, desafiavam a autoridade dos críticos da extrema-direita e apresentavam os opositores não como uma resposta popular, mas como uma reação orquestrada por um bilionário liberal. Os objetivos eram abafar as vozes de quem condenava a extrema-direita norte-americana, diluir o consenso no tocante à inaceitabilidade social da marcha e aumentar a simpatia pela extrema-direita entre a população em geral.[32]

Compare tudo isso com os métodos soviéticos. Quando a KGB enviou as letras KKK antes dos jogos olímpicos de Los Angeles, em 1984, para fomentar a tensão racial, logo foi denunciada como fraude pelo procurador-geral dos Estados Unidos.

---

[32] V. publicações do Digital Forensic Research Lab em Medium.com, em especial NIMMO, Ben; BAROJAN, Donara. Kremlin and alt-right share "Nazi" narrative. **Medium**, 18 august 2017. V. também ARNSDORF, Isaac. Pro-Russian bots take up the right-wing cause after Charlottesville. **ProPublica**, 23 August 2017.

Na era do Twitter, do Facebook e do YouTube, ficou fácil lançar narrativas de múltiplas alternativas e divulgá-las para todo lado. Como Nimmo documentou nesse caso, assim que os veículos de imprensa russos apresentaram seu ponto de vista, outros sites pró-Rússia o repetiram e o amplificaram. A partir daí se espalharam mais ainda no Twitter, tanto por meio de pessoas reais quanto por meio de robôs. Centenas deles, se não milhares, podem estar conectados ao mesmo tempo a fim de darem respostas concomitantes quanto provocados pelo mesmo gatilho. Uma conta do Twitter chamada "Kyra", por exemplo, criada poucas semanas antes da marcha de Charlottesville, retuitou 31 vezes publicações sobre a hipocrisia do político norte-americano John McCain em menos de cinco minutos. E continuou retuitando depois de Charlottesville — mais de 140 vezes por dia em média — sobretudo, de Bernie Sanders (a favor) até Hillary Clinton (contra), de Donald Trump (contra) a Julian Assange (a favor). O objetivo político do robô Kyra, se for mesmo possível deduzi-lo a partir de seus milhares de tuítes, era promover extremos sectários e atacar o centro político.

Os robôs pró-Rússia, como os *trolls* em São Petersburgo, estavam engajados naquilo que Mark Galeotti, especialista em Rússia, chama de "geopolítica de guerrilha". Como os serviços de inteligência soviéticos das décadas de 1960, 1970 e 1980, eles identificavam vulnerabilidades nos sistemas políticos de outros países e em seguida os convertiam em alvo a fim de incentivar a tensão e a divisão, ampliar o sectarismo e as fissuras sociais existentes e destruir a confiança nas autoridades. Como acontece com guerrilheiros, os *trolls* e os robôs são capazes de infligir milhares de pequeninos ferimentos e então desaparecer no éter. Mais: diferentemente das tentativas soviéticas de incentivar a tensão racial no início dos anos 1980, eles podem impulsionar narrativas alternativas enquanto o ciclo de notícias permanecer vivo.

A falsa amplificação pelo emprego de robôs é ainda mais atraente em plataformas tecnológicas modernas, uma vez que é

Estados: o modelo russo

145

muito difícil atribuir responsabilidades. Pode ser praticamente impossível, para Ben Nimmo ou qualquer outra pessoa, seguir o rastro dos robôs até chegar a quem os controla. Isso em parte porque muitas redes de robôs (conhecidas como *botnets*) são geridas como um negócio e podem ser compradas ou alugadas à vontade. O jornalista de cibersegurança Joseph Cox encontrou mil contas do Twitter novas em folha sendo oferecidas por 45 dólares.[33] Se você tiver dinheiro e preferir adquirir popularidade "verdadeira", empresas russas como a Vto.pe oferecem acesso a mais de 2 milhões de usuários em todas as principais plataformas tecnológicas incluindo YouTube, Twitter, Facebook e Instagram. Um relatório alarmante da empresa de segurança em TI Trend Micro revelou, por exemplo, que se podem comprar 40 mil "curtidas de alta qualidade" para uma causa por cerca de 6 mil dólares. Pagando 5 mil, compram-se 20 mil comentários embaixo de artigos noticiosos, "os quais, às escondidas, são disponibilizados em *templates* a partir dos quais o consumidor pode escolher". Serviços como esses com certeza não se restringem à Rússia. Podem-se localizar empresas trabalhando com popularidade nas redes sociais em toda parte, da China e Índia até o Oriente Médio. O mercado em rápido crescimento ilustra como é fácil atuar na área. Elas também podem causar enorme distorção na política democrática. Durante a campanha eleitoral norte-americana de 2016, estimou-se que quase 1 em cada 7 tuítes políticos provinha de um robô.[34]

★

Acomodado em cima de um palco de São Petersburgo em junho de 2017, tendo a seu lado o primeiro-ministro indiano Narendra Modi, Putin pôde se dar ao luxo de um sorriso. Ainda podia

---

[33] Cox, Joseph. I bought a Russian bot army for under $100. **Daily Beast**, 13 September 2017.

[34] BESSI, Alessandro; FERRARA, Emilio. Social Bots Distort the 2016 US Presidential Election Online Discussion. **First Monday**, 21:11.

afirmar que os Estados Unidos continuavam tendo de encontrar as "impressões digitais" de Moscou no hackeamento pré-eleição. Apesar das evidências aos montes comprovando a influência russa sobre operações norte-americanas, continuava sendo muito difícil traçar uma linha direta dessas operações até o Kremlin. A única concessão de Putin, feita mais cedo naquele mesmo dia no fórum de São Petersburgo, era que os russos "patriotas" bem podiam ter desferido ataques contra democracias ocidentais. Presume-se que ele estivesse se referindo a organizações como a Internet Research Agency, coletivos de hackers como o CyberBerkut e robôs pró-Rússia. Só um ano mais tarde, em julho de 2018, Robert Mueller enfim conseguiu apresentar provas detalhadas de uma operação de hackeamento contra a campanha dos democratas nos Estados Unidos, coordenada por 12 membros da inteligência militar russa.

Para Putin, o verdadeiro problema era que a ofensiva russa de propaganda e desinformação tinha sido bem-sucedida demais (ou tinha sido assim percebida — as duas coisas se tornaram sinônimas). Depois de 2012, ele e seus serviços de inteligência adotaram a mesma cartilha empregada na Guerra Fria, criando centenas de notícias falsas, cultivando tensões sociais e fomentando divisão e desconfiança no sistema norte-americano. Na era soviética, o sucesso fora ocasional e esporádico. Na segunda década do século XXI, graças a mudanças radicais no ecossistema da informação, o sucesso ultrapassou todas as expectativas. A influência foi tão extrema que levou muitos a crerem que a Rússia de fato desarranjara o equilíbrio na eleição dos Estados Unidos. Como acontece com qualquer exame retrospectivo de uma eleição, o real impacto da interferência russa, em última análise, é impossível de provar. Nunca saberemos o que mudou a cabeça de eleitores individuais, embora seja bastante improvável que um único fator alterasse o resultado. Dito isso, no fim não importa se a Rússia influenciou ou não o resultado das eleições norte-americanas, se pessoas suficientes pensam que sim. E muitos norte-americanos acreditam que ela o fez.

Em algumas regiões, isso levou ao aumento da russofobia, uma histeria anti-Rússia reminiscente dos primeiros estágios da Guerra Fria. Na época, George Kennan, diplomata sagaz e ponderado — ele mesmo um não russófilo — alertou contra os temores simplistas demais dos comunistas e conclamou a um maior entendimento e sabedoria para se oporem à ameaça soviética. "Tenho convicção", escreveu ele em seu lendário e extenso telegrama para Washington, "de que haveria bem menos antissovietismo histérico no nosso país hoje se a realidade dessa situação fosse mais bem compreendida pelo povo. Não há nada tão perigoso ou aterrador quanto o desconhecido." Um maior entendimento das atitudes e métodos russos não lhes diminuiria a importância, mas tornaria outros países mais habilitados a se opor a eles. Isso é ainda mais necessário considerando que a Rússia não mostra nenhum sinal de reduzir os esforços de guerra de informação. Além de servirem a um valioso propósito doméstico para Putin em seu quarto mandato como presidente, ajudam a obscurecer a fragilidade material russa.

Todavia, fixar-se na Rússia desvia a atenção da extensão em que outros Estados aprenderam com o modelo russo. A "doutrina Gerasimov" — como a corrida armamentista da Guerra Fria que a precedeu — se autoconcretiza.[35] A partir do momento em que um Estado acredita que outro qualquer conta com uma vantagem a lhe ameaçar a segurança e a estabilidade, tomará medidas para contra-atacar. Outros países viram as ações da Rússia e, como o general Gerasimov, as interpretaram como sinal da maneira pela qual se desenrolariam os conflitos do

---

[35] Embora inexista uma "doutrina Gerasimov", de acordo com Mark Galeotti, que cunhou o termo, ele tem sido associado a uma nova abordagem aos conflitos que incluem o uso bélico da informação.

século XXI entre os Estados. Por isso, precisaram se adaptar, ou correriam o risco de serem deixados para trás. Um estudo de 2017 conduzido pelo projeto Computational Propaganda, da Universidade de Oxford, concluiu que os governos de 28 países já tinham se envolvido em algum tipo de manipulação de redes sociais. No Vietnã, em 2017, revelou-se que o governo recrutara 10 mil pessoas para uma unidade de guerra cibernética. Em muitos países — como França, Singapura e a Malásia — os governos buscaram produzir leis que tratassem da desinformação policial. Outros países foram inclusive acusados de adotarem táticas de informação ofensivas ao estilo da Rússia. Em maio de 2017, o governo do Catar afirmou que seus vizinhos chegaram perto de instigarem um conflito militar depois que a Agência de Notícias do Catar foi hackeada e notícias falsas explosivas foram publicadas.[36]

As plataformas tecnológicas predominantes nos Estados Unidos são fundamentais para essa nova forma de conflito interestatal. São o campo de batalha virtual em que tais guerras de informação vêm sendo travadas. Nessas plataformas — nas nossas páginas do Facebook, no *feed* do nosso Twitter, no nosso e-mail e no YouTube — os Estados têm mobilizado exércitos de robôs, lançado ataques de *phishing* e batalhado pela supremacia sobre novos projetos. Uma luta contínua na qual as medidas de sucesso são o apoio público e a titularidade da narrativa — uma corrida armamentista de propaganda global com o intuito de semear confusão, divisão e desinformação.

---

[36] BRADSHAW, Samantha; HOWARD, Philip N. Troops, Trolls and Troublemakers: A Global Inventory of Organized Social Media Manipulation. Working Paper 2017.12, **Computational Propaganda Research Project**, University of Oxford, 2017; REED, John. Vietnam army reveals 10,000-strong cyber warfare unit. **Financial Times**, 26 December 2017; SALISBURY, Peter. The fake-news hack that nearly started a war this summer was designed for one man: Donald Trump. **Quartz**, 20 October 2017.

Parte 2

FALHA DE SISTEMAS

CAPÍTULO 4
As eleições do Facebook

Quem movimenta os cordéis é quem controla a mente do público, domina as antigas forças sociais e forja novas maneiras de enlaçar e conduzir o mundo.
Edward Bernays, *Propaganda*

A vitória dele nas eleições de 2016 foi um choque tremendo. Não se supunha que ele vencesse. Era um forasteiro, muito distante da política convencional, que entrou tarde na campanha sem o legado político ou a infraestrutura para concorrer com o que outros candidatos contavam. Apresentou-se como um homem do povo a enfrentar um *establishment* corrupto. Dispunha de poucos programas políticos que fossem de fato seus. Preferiu optar por protestar contra a corrupção e o fracasso das elites políticas, prometendo, se eleito, oferecer liderança capaz de combater o crime, desenraizar a corrupção governamental e reconstruir a infraestrutura do país. Em comícios encenados com grande teatralidade, destacou seu patriotismo beijando a bandeira nacional e pedindo a ajuda do público para restaurar uma nação quebrada. "Juntos vamos consertar o país", dizia. Ao longo da campanha eleitoral, enfureceu pessoas com sua arrogância vulgar, linguagem rude, piadas de estupro e retórica belicosa. Carente do dinheiro de outras campanhas mais consagradas, concentrou a atenção nas redes sociais, organizando e mobilizando seus apoiadores no Facebook e no Twitter. Utilizou uma combinação de declarações grosseiras e estilo de liderança ditatorial para chamar a atenção do público e estimular sua base.

O candidato não era Donald Trump, e sim Rodrigo Duterte, que deixou o mundo atônito com uma vitória esmagadora na eleição filipina de maio de 2016. Não foi o único a fazer apelos populistas, nem o único a declarar guerra à corrupção. Mas ostentou um estilo machista provocativo e foi considerado "o primeiro a fazer pleno uso do poder das redes sociais".[1]

Na eleição anterior, seis anos antes, isso teria feito pouca diferença em relação ao resultado. Contudo, nos anos intermediários, os filipinos haviam adotado as mídias sociais — em particular o Facebook — com incrível entusiasmo. Em 2016, cerca de metade da população filipina do país tinha acesso ao mundo on-line (e perto de três quartos desse total estavam qualificados a votar). Quase a mesma quantidade estava no Facebook. Eles também tinham sido agraciados com a honra duvidosa de figurarem como líderes mundiais no tempo gasto em redes sociais — utilizando-as, na média, 4 horas e 17 minutos por dia, ou o tempo de voo entre Manila e Tóquio.[2]

Só a campanha de Duterte tirou plena vantagem disso. As atividades digitais do candidato eram completamente integradas às demais, e consideradas com o mesmo nível de importância. A equipe responsável esquadrinhava as redes sociais em busca não só de apoiadores de Duterte, mas de influenciadores com atuação específica nas redes. Ela os atraía então para a causa. Depois que embarcavam, eram encorajados a mobilizar suas redes, a criar conteúdo viral, a evangelizar on-line e a sufocar a oposição.

---

[1] TEEHANKEE, Julio C.; THOMPSON, Mark R. Electing a Strongman. **Journal of Democracy**, 27:4, p. 125-34, 2016.

[2] Tempo dedicado às redes sociais extraído de: Digital in 2017, **We Are Social**, 24 January 2017. Disponível: em: https://wearesocial.com/special-reports/digital-in-2017-global-overview. Acesso em: 14 jun. 2018, com números posicionados até janeiro de 2017; **Statista**. Disponível em: https://www.statista.com. Acesso em: 1 dez. 2021, 11:56:42; e **Internet World Stats**. Disponível em: https://www.internetworldstats.com. Acesso em: 1 dez. 2021, 11:58:27.

As eleições do Facebook   153

Graças à interconexão das redes sociais, isso tinha um efeito multiplicador extraordinário. O veículo noticioso independente filipino *Rappler* registrou que a campanha mobilizou de 400 a 500 influenciadores, cada qual com redes de 300 a 6 mil integrantes (uma delas, no entanto, contava com 800 mil). O que equivalia a acesso direto via redes sociais a 1 milhão de pessoas, o exército não oficial da campanha, todo interligado. A referência a termos militares era constante (havia inclusive páginas do Facebook com nomes como "Guerreiro de Duterte"). Essas brigadas digitais podiam ser mobilizadas para inundar o Facebook ou o Twitter com a "mensagem da semana" ou para amplificar vídeos, mensagens ou *hashtags* específicos de campanha De igual modo, podiam ser incitadas a apoiar e defender Duterte — como quando se uniram para apoiar a #DuterteTilTheEnd na ocasião em que o candidato foi acusado de corrupção.[3]

Todavia, como justiceiros politizados, os batalhões on-line de Duterte também se mostravam cruéis e agressivos. Uma jovem filipina, Renee Juliene Karunungan, publicou no Facebook dizendo que escolher "Duterte é optar pela indiferença". Ela recebeu tantas ameaças de estupro e morte que deu queixa contra mais de uma dezena de agressores. Alguns dos ataques on-line se revelaram tão sórdidos que Duterte em pessoa chegou a intervir, divulgando em sua campanha uma declaração para que as pessoas "exercitassem civilidade, inteligência, decência e compaixão". Como no caso de Trump, e sua infantaria no 4chan e no Reddit, Duterte não tinha ligações formais com esses grupos pandemônicos, de modo que conseguia se distanciar

---

[3]   O artigo mais instrutivo sobre a campanha foi publicado pelo Rappler e inclui uma entrevista com Nic Gabunada, responsável por dirigir a equipe de mídias sociais de Duterte. V. GAVILAN, Jodesz. Duterte's P10M social media campaign: organic, volunteer-driven. **Rappler**, 1 June 2016. V. também TEEHANKEE, Julio C.; THOMPSON, Mark R. Electing a Strongman. **Journal of Democracy**, 27:4, p. 125-34, 2016.

quando necessário. Novamente como no caso de Trump, a abordagem agressiva e brutal da campanha política, um verdadeiro vale-tudo — sobretudo nas plataformas tecnológicas predominantes — funcionou: aos 71 anos de idade, Duterte se tornou presidente das Filipinas em junho de 2016. Não baixou o tom do estilo beligerante após a eleição. "Só porque vocês são jornalistas", disse em uma entrevista coletiva, pouco depois de prestar juramento como presidente, "não estão livres de assassinato, se forem filhos da p***".[4]

A vitória de Donald Trump nas urnas em novembro de 2016 surpreendeu muita gente. Contudo, seu sucesso precisa ser visto no contexto de toda uma série de contratempos em eleições e referendos ocorridos em democracias mundo afora depois de 2012. Em fevereiro de 2013, o Five Star Movement de Beppe Grillo — um movimento que o comediante italiano só iniciou de fato em setembro de 2009 — conquistou mais de um quarto dos votos nacionais. Menos de um ano antes, ele recebera apenas 5% dos votos. Em janeiro de 2013, na República Tcheca, Karel Schwarzenberg alçou ao segundo lugar na eleição presidencial em vertiginosa escalada, tendo sido considerado uma piada quando lançou sua campanha, em outubro último. Em abril de 2014, na Hungria, o partido de extrema-direita Jobbik conquistou 21% dos votos, ultrapassando muito a expectativa do público. No mês seguinte, na Índia, a maior democracia do mundo, o líder do partido BJP, Narendra Modi, arruinou todos os prognósticos ao assegurar a primeira maioria absoluta para um partido no governo desde 1984. Em julho, na Indonésia, Joko Widodo, o "Obama indonésio", concluiu uma ascensão

---

[4]   Sobre o pedido de Duterte por calma, v. Duterte to supporters: be civil, intelligent, decent, compassionate. **Rappler**, 13 March 2016; para um relato das ameaças, v. "Sana ma-rape ka": netizens bully anti-Duterte voter. **Rappler**, 7 April 2016. A advertência de Duterte mencionando assassinato e dirigida a jornalistas foi amplamente noticiada; v. Lewis, Simon. Duterte says journalists in the Philippines are "not exempted from assassination". **Time**, 1 June 2016.

miraculosa da favela à margem do rio em Surakarta, onde foi criado, para a presidência. No ano seguinte, na Argentina, Mauricio Macri, líder do Proposta Republicana (PRO), precipitou--se lá de trás para derrubar o Frente pela Vitória (FPV), partido dos Kirchners que vinha governando a Argentina desde 2003. "Mesmo pelos padrões operísticos da política argentina", noticiou o *New York Times*, "a vitória de virada de Mauricio Macri, prefeito de Buenos Aires, no domingo foi desconcertante." Da Indonésia à Itália, da Argentina à República Tcheca, candidatos e partidos azarões estavam conquistando novas altitudes.[5]

Partidos estabelecidos, candidatos em exercício e defensores do *status quo* também se descobriram bombardeados por ondas inesperadas de frustração e ira. Na Malásia, em maio de 2013, a coalizão governante Barisan Nasional, que vencera com folga todas as eleições desde 1974, recebeu menos da metade dos votos populares (embora conservasse cadeiras suficientes para se manter no poder pelo menos até 2018). Na Escócia, em 2014, pouco menos de 45% votou pela independência, número alcançado a partir de apenas 28% três anos antes. Em outubro, no Brasil, depois do que a *The Economist* chamou de "campanha selvagem e sórdida", Dilma Rousseff mal conseguiu manter o cargo. Em junho de 2016, em um resultado que deixou perplexa grande parte do mundo, a Grã-Bretanha desdenhou da própria imagem de estabilidade e votou para deixar a União Europeia.

---

[5] Para conhecer bem o contexto da ascensão de Beppe Grillo, v. BARTLETT, Jamie; FROIO, Caterina; LITTLER, Mark; McDONNELL, Duncan. **New Political Actors in Europe: Beppe Grillo and the M5S**. London: Demos, 2013; sobre a eleição tcheca de 2013, v. MATUŠKOVÁ, Anna; STRIELKOWSKI, Wadim. Technology Applications in Czech Presidential Elections of 2013: A Story of Social Networks. **Mediterranean Journal of Social Sciences**, 5:21, 2014; sobre a Hungria, entre outras coberturas, v. If Facebook "likes" were votes, the far-right Jobbik would be the largest Hungarian party. **Observationalism blog**, 15 February 2014; para a citação do *New York Times*, v. editorial. Argentina's transformative election, 26 November 2015.

Em maio seguinte, Emmanuel Macron, tendo criado um partido do zero e disputado uma campanha "impelida pelo povo", derrotou todos os partidos estabelecidos para vencer a presidência da França.[6]

Cada um desses referendos e eleições foi nacional e culturalmente distinto, e cada um deles contou com uma confluência de causas própria e complexa. Mas muitos partilharam de características comuns. Os prognósticos dos peritos em sondagem de opinião pública acabaram se revelando equivocados com regularidade. As pesquisas oscilaram feito loucas, com frequência se contradizendo e com frequência mostrando variações sem precedentes. Candidatos persuasivos e carismáticos eclipsaram os próprios partidos. Gente estranha aos *rankings* azarões e partidos recém-criados se saíram bem melhor que o esperado. Grupos de interesse especial, eleitores preocupados com uma questão única e outros antes inativos compareceram às urnas em quantidades muito maiores que as imaginadas. As campanhas em si, de modo geral, se caracterizavam por intenso sectarismo, dissensão e emoções à flor da pele. Em todas elas, as mídias sociais desempenharam um papel estelar, sendo a mãe de todas elas o Facebook, acompanhado de sua prole variada — Instagram, WhatsApp e Messenger. Na época, o Facebook se tornou o contexto das campanhas digitais, o espaço mais importante em que as campanhas eleitorais eram travadas. Para alguns candidatos, a plataforma foi nada mais, nada menos que o caminho mais rápido e eficaz para angariar seguidores, envolvê-los e falar-lhes diretamente — contornando canais de mídia tradicional como a TV e a imprensa. Para outros, tornou-se um

---

[6] Além de reportagens sobre a Malásia, v. GOMEZ, James. Social Media Impact on Malaysia's 13th General Election. **Asia Pacific Media Educator**, 24:1, p. 95-105, 2014. Para números da apuração de votos de opinião pública no referendo escocês extraídos do YouGov, v. Q&A: Scottish independence row. **BBC News**, 17 January 2012.

modo de alcançar eleitores essenciais com a mensagem exata no momento certo. Não que todos esses candidatos ou campanhas fossem peritos em Facebook (mas com certeza era o caso de alguns). Eles apenas reconheceram o poder da plataforma e a abraçaram. Ajudou, claro, o fato de regras e limites impostos em outras mídias estarem em grande parte ausentes no Facebook. Inexistindo fronteiras, os ativistas políticos, feito machos cheios de testosterona à solta em uma despedida de solteiro, enlouqueceram. E processos e proteções democráticos foram descartados no processo.

É uma ironia que o Facebook tenha se tornado tão fundamental e, ao mesmo tempo, tão nocivo para a política democrática, considerando que na maior parte de sua curta vida ele nunca pensara muito em política. Dedicou-se bem mais a pensar no crescimento de sua base de usuários, na UX (sigla em inglês para designar a "experiência do usuário"), no envolvimento desses usuários com o site e no tempo que dedicavam a ele, bem como no desenvolvimento de serviços — espaços para publicações, grupos, o *Feed* de Notícias — de forma a mantê-los no Facebook (fazendo sempre questão de identificá-los como "usuários" em vez de indivíduos). Quando a plataforma levava a política em consideração, tinha a tendência de se presumir democratizante por natureza; identidade política era apenas mais um detalhe a acrescentar a seu perfil, e se a organização tinha um papel político, devia ser apenas incentivar a participação. Um papel coerente com o objetivo geral do Facebook, de promover o crescimento, maximizar a atividade e buscar a hegemonia a todo custo (levando ao aumento da receita). Em essência, o Facebook achava excelente o envolvimento político, desde que acontecesse sobretudo em suas páginas. As consequências altamente relevantes de ele se tornar a principal plataforma para o debate político global não parecem ter ocorrido a quem comandava a empresa. Tampouco essas pessoas pensaram que nem todo o mundo que utilizava a plataforma para fins políticos teria em mente os melhores interesses da democracia, ou que o Facebook devesse permitir às pessoas fugir das proteções desenhadas para tornar o processo democrático livre, justo e aberto. Na realidade, Mark Zuckerberg e colegas parecem ter sido displicentes ao presumir que a ambição do Facebook de tornar o mundo mais aberto e conectado — e sua busca de cumprir os objetivos comerciais (mais envolvimento, mais cliques, mais compartilhamentos, mais comentários) — eram ambos sinônimos de aprimoramento da democracia liberal, e a ele complementares. Essa suposição ingênua e egocêntrica haveria de ter repercussões globais irremediáveis.

Não que Zuckerberg ignorasse por completo o poder político de sua criação. Menos de três anos depois de lançar o site a partir do dormitório que ocupava em Harvard, e no momento em que o abria para usuários não estudantes, o rapaz de 22 anos conscientemente inseriu o Facebook em uma campanha eleitoral norte-americana. Era o outono de 2006 e, com a rápida aproximação das eleições para todos os cargos exceto o de presidente da República, o Facebook criou um perfil para cada candidato. Se quisessem, eles poderiam assumir a própria página e utilizá-la para iniciar discussões, publicar comentários, falar com as pessoas sobre eventos e construir uma base de apoiadores na plataforma. É revelador que as páginas estivessem ativas quer os candidatos assim o desejassem, quer não. E, se você registrasse o apoio a um candidato, tinha toda liberdade de postar na página dele, ainda que ele não a tivesse reclamado para si. No fim, apesar de milhares de postagens públicas na página dos candidatos, eles próprios quase nunca responderam. O Facebook também concedeu aos usuários a oportunidade de expressar sua tendência política aos amigos na rede. Em 2008 acrescentou o botão "Eu votei" em alguns perfis norte-americanos, alertando aos respectivos contatos o exercício do direito de votar. Desse modo, a política, para o Facebook, era igual a tantas outras coisas

As eleições do Facebook 159

existentes na plataforma, uma expressão de identidade pessoal — como a paixão por gatos ou pelo Manchester United.[7]

Foi em 2008 que o potencial político do Facebook realmente começou a ficar evidente, mais em consequência de um de seus fundadores que do site em si. Chris Hughes, 25 anos, colega de quarto de Zuckerberg em Harvard e integrante da equipe de trabalho original do Facebook, deixou a empresa em 2006 para trabalhar na campanha de Obama. Ali ele criou o My.BarackObama.com, ou MyBO, que forneceu aos partidários de Obama as ferramentas digitais necessárias para se tornarem organizadores ativos da campanha. Hughes pegou o que aprendera com o Facebook e conferiu à campanha de Obama o *networking* que de outro modo ela não teria. No decorrer da campanha, 2 milhões de voluntários organizaram 200 mil eventos pelo site, formaram 35 mil grupos e levantaram 30 milhões de dólares.[8] A equipe de Barack Obama também se serviu do Facebook, mas como uma entre as várias ferramentas de mídia social que estava testando para alcançar diretamente os eleitores. Isso é um reflexo do alcance limitado que as mídias sociais — como o Facebook — tinham em meados de 2008, quando apenas um de cada dez norte-americanos as utilizava para fins políticos.[9] Muito antes que quase qualquer outro político democrata, Obama enxergou as potencialidades das redes sociais digitais na mobilização de apoiadores em torno de um candidato — em especial quando esse candidato defendia mudanças. Nesse sentido, aquela não foi uma "eleição do Facebook", como a chamaram cedo demais,

---

[7] Para conhecer as primeiras experiências políticas no Facebook, v. GULATI, Jeff; WILLIAMS, Christine B Social Media in the 2010 Congressional Elections. **SSRN**, 23 April 2011; SWEETSER, Kaye D.; LARISCY, Ruthann Weaver. Candidates Make Good Friends: An Analysis of Candidates' Uses of Facebook. **International Journal of Strategic Communication**, 2:3, p. 175-98, 2008.

[8] McGIRT, Ellen. How Chris Hughes helped launch Facebook and the Barack Obama campaign. **Fast Company**, 1 April 2009.

[9] SMITH, Aaron; RAINIE, Lee. The Internet and the 2008 Election. **Pew Internet and American Life Project**, 15 June 2008.

160 DEMOCRACIA HACKEADA

mas foi a primeira eleição em que o poder político das redes sociais começou a se tornar evidente.[10]

Dois anos depois, nas eleições de 2010 para cargos diferentes da presidência, quase todos os candidatos norte-americanos tinham uma página no Facebook.[11] Quase três quartos dos usuários de internet nos Estados Unidos estavam se inteirando de notícias políticas on-line, e quase dois terços dos eleitores on-line do país usavam mídias sociais.[12] Isso não significou que todos os candidatos se beneficiaram em igual medida. Pelo contrário, a popularidade política no Facebook se comparava às indústrias da internet, quando traduzida em gráfico: o resultado obtido seria no melhor estilo "o vencedor leva tudo". Políticos como Barack Obama e Sarah Palin ganharam milhões de seguidores, enquanto candidatos menos envolventes e menos emocionalmente estimulantes conquistaram poucas centenas.[13] Ajudava se

---

[10] Para análises das mídias sociais e da campanha de Obama em 2008, v. COGBURN, Derrick L.; ESPINOZA-VASQUEZ, Fatima K. From Networked Nominee to Networked Nation: Examining the Impact of Web 2.0 and Social Media on Political Participation and Civic Engagement in the 2008 Obama Campaign. **Journal of Political Marketing**, 10:1, p. 189-213, 2011; JOHNSON, Thomas J.; PERLMUTTER, David D. Introduction: The Facebook Election. **Mass Communication and Society**, 13:5, p. 554-9, 2009-10; METZGAR, Emily; MARUGGI, Albert. Social Media and the 2008 US Presidential Election. **Journal of New Communications Research**, 4:1, p. 141-65, 2009; VITAK, Jessica; SMOCK, Andrew; ZUBE, Paul; CARR, Caleb; LAMPE, Cliff; ELLISON, Nicole. «Poking» People to Participate: Facebook and Political Participation in the 2008 Election. **International Communication Association** 2009; WOOLLEY, Julia K.; LIMPEROS, Anthony M.; OLIVER, Mary Beth. The 2008 Presidential Election, 2.0: A Content Analysis of User-Generated Political Facebook Groups. **Mass Communication and Society**, 13:5, p. 631-52, 2009-10.

[11] GULATI, Jeff; WILLIAMS, Christine B. Social Media in the 2010 Congressional Elections. **SSRN**, 23 April 2011.

[12] SMITH, Aaron. The Internet and Campaign 2010. **Pew Research Center**, 17 March 2011; SMITH, Aaron. Why Americans Use Social Media. **Pew Research Center**, 14 November 2011.

[13] V. VACCARI, Cristian; NIELSEN, Rasmus Kleis. What Drives Politicians' Online Popularity? An Analysis of the 2010 US Midterm Elections. **Journal of Information Technology & Politicis**, 10:2, p. 208-22, 2013.

o candidato provocasse polarizações. O apego ao meio-termo, a busca pelo consenso e pela harmonia em vez de pela incitação do público não eram estratégias vitoriosas no Facebook. Mesmo assim, em 2010, apesar do número crescente de usuários debatendo sobre política nas redes sociais, as bolhas de discussões estouraram naturalmente e a política com certeza não era a principal razão para as pessoas se conectarem. Inteirar-se das novidades com amigos, compartilhar fotos de férias e postar imagens de bebês atraía muito mais que a política. Apenas um em vinte usuários norte-americanos de redes sociais afirmaram utilizá-las para ler comentários de políticos, celebridades ou atletas.[14]

Em 2010, também para o Facebook a política dos Estados Unidos ainda estava a uma longa distância do topo na lista de prioridades. A plataforma corria para ocupar a liderança entre as redes sociais e evitar ser suplantada pelos rivais que surgiam do nada. Mensurada pelo crescimento vertiginoso, a estratégia do Facebook estava sendo bem-sucedida. Entre o outono de 2008 e o fim de 2010, o número de pessoas a utilizá-lo explodiu, saltando de 100 milhões de usuários regulares para mais de 600 milhões. Grande parte desse crescimento aconteceu fora dos Estados Unidos, de modo que, no fim de 2010, 70% dos usuários era de não norte-americanos. O Facebook se esforçava muito para tirar proveito dessa energia e levar a plataforma a seu primeiro bilhão de usuários. Impulsionou o serviço para o Brasil e a Índia, procurando suplantar a oferta da rede social própria do Google, o Orkut, nos dois países (coisa que logo conseguiu). Canibalizou implacavelmente as peculiaridades bem-sucedidas do competidor, adaptando seu *Feed* de Notícias para um fluxo de dados e incentivando os usuários a compartilharem a fim de destruir o Twitter, que vinha em rápido crescimento. No Reino Unido, ultrapassou como um raio a rede social Bebo, e, na Alemanha, superou o líder em serviços domésticos, o StudiVZ.

---

[14] SMITH, Aaron. Why Americans Use Social Media. **Pew Research Center**, 14 November 2011.

162   **DEMOCRACIA HACKEADA**

Enquanto isso, a mídia se deixava hipnotizar pelo crescimento do Facebook para fazer uma avaliação de sua importância política. Na realidade, ao ler reportagens sobre o Facebook de 2010, impressiona como são poucas as que fazem alguma alusão à política. A imprensa estava ocupada demais comentando o novo filme de Aaron Sorkin sobre o Facebook, *A rede social*,[15] ou criticando a brilhante biografia escrita por David Kirkpatrick dos cinco primeiros anos do Facebook, *O efeito Facebook*.[16]

A capacidade do Twitter, não do Facebook, de subverter a política internacional foi a que primeiro chamou a atenção do público. Os protestos no Irã após a eleição de 2009 foram apelidados de "revolução do Twitter" por uma interpretação equivocada: afinal, a maior parte dos participantes dos protestos não usava o Twitter, e o resultado da manifestação não resultou em revolução. Mesmo assim, a mensagem que muita gente entendeu foi que as ferramentas das redes sociais tinham potencial político intrínseco, e esse potencial seria inerentemente democratizante. A impressão se misturou com o crédito atribuído às mídias sociais — sendo mais específico, ao Facebook — pela onda de protestos revolucionários que varreu o norte da África e o Oriente Médio em 2011. Um crédito não imerecido por completo. Como mostra a pesquisa da tecnossocióloga Zeynep Tufekci, "pessoas presentes nas mídias sociais, em especial Facebook e Twitter, tinham probabilidade bem maior de comparecerem no primeiro dia crucial em que foi dado o pontapé da avalanche de protestos que estava por vir".[17]

---

[15]   A REDE SOCIAL. Direção de David Fincher. Produção de Scott Rudin. Estados Unidos, 2010.

[16]   KIRKPATRICK, David. **O efeito Facebook: os bastidores da história da empresa que está conectando o mundo.** Rio de Janeiro: Intrínseca, 2011. Estatísticas e serviços relacionados com o Facebook extraídos de Statista; HELFT, Miguel. Facebook makes headway around the world. **New York Times**, 7 Jul 2010; e reportagens da época.

[17]   TUFEKCI, Zeynep. **Twitter and Tear Gas: The Power and Fragility of Networked Protest.** New Haven, CT, and London: Yale University Press, 2017.

Essa ilustração surpreendente da potência política do Facebook não levou Mark Zuckerberg a um período de autorreflexão. Nem conduziu o Facebook a uma pausa para considerar as implicações de tamanho poder político, ou a adquirir maior consciência de si mesmo em termos de qual deveria ser seu papel ou quais responsabilidades a plataforma deveria assumir. Do ponto de vista de Zuckerberg, fossem quais fossem os impactos perturbadores que a tecnologia estava tendo sobre a política, isso não acontecia como consequência do Facebook, mas da internet. "Seria uma arrogância extrema da parte de qualquer empresa de tecnologia reivindicar crédito" pela Primavera Árabe, disse ele na reunião do G8 em 2011. "As pessoas estão tendo a oportunidade de se comunicarem. Isso não é coisa do Facebook. É coisa da internet." Fosse como fosse, a empresa não tinha tempo para se preocupar com política; assuntos mais urgentes exigiam seu cuidado. Eles trabalhavam dia e noite para eliminar a nova rede social do Google, o Google+; estavam lançando um serviço mensageiro separado do Facebook; preparavam-se para adquirir o site de compartilhamento de fotos Instagram por 1 bilhão de dólares; e caminhavam rumo a uma oferta pública inicial (IPO) prevista para maio de 2012. A política era menos importante que acelerar o crescimento e o envolvimento globais e descobrir como converter a crescente hegemonia internacional do Facebook em dólares.

E como o Facebook crescia! Na manhã de 4 de outubro de 2012, quando os eleitores norte-americanos acordaram e receberam a notícia do primeiro debate presidencial entre Barack Obama e Mitt Romney, o Facebook anunciou ter atingido a marca de 1 bilhão de usuários. Em pouco mais de dois anos, adicionara meio bilhão de pessoas, o equivalente a mais que a população inteira da América do Sul. Fora dos Estados Unidos, as nações em que o Facebook crescia mais depressa eram também as maiores democracias mundiais. Na Índia, o número de usuários da plataforma passou de menos de 45 milhões em 2011 para 112 milhões em 2014. Nesse mesmo período no Brasil, foi de 28 milhões para 72 milhões. Os brasileiros dedicavam, então, três a quatro horas por dia às redes sociais (sobretudo — mas não só — ao Facebook). Na Indonésia, das 71 milhões de pessoas on-line em 2014, 65 milhões — colossais 92% — eram usuárias ativas do Facebook. Mais: não só o Facebook se tornava depressa a rede social predominante mundo afora, como também um espaço de discussão política. Em 2012, a eleição norte-americana foi o tópico mais debatido no Facebook, e mais de quatro em cada dez norte-americanos diziam ter participado de ao menos um ato político em mídias sociais no último ano. Em 2013, "eleição" foi o tópico mais discutido no site. Em 2014, a eleição brasileira foi o terceiro assunto mais debatido no Facebook no mundo todo.[18]

Em se tratando de política, fosse o governo autoritário ou democrático, cada vez mais o Facebook ocupava o principal espaço público — o mercado digital. O candidato que percebeu isso e soube aproveitar se beneficiou desproporcionalmente. Tirando partido da frustração dos italianos com seu sistema político em setembro de 2009, Beppe Grillo anunciou o início de um novo movimento que "nascerá na internet". Em novembro de 2012 ele já contava com 1 milhão de apoiadores no Facebook, quase cinco vezes o número de seu oponente mais próximo.

---

[18] Estatísticas do site obtidas a partir das declarações da redação do Facebook: One billion people on Facebook, 12 October 2012 (mais "One billion — key metrics". Disponível em: https://fbnewsroomus.files.wordpress.com/2012/10/facebook-1billionstats.pdf. Acesso em: 22 May 2018; "Facebook year in review 2012", 12 December 2012; "2013 year in review", 9 December 2013; "2014 year in review", 9 December 2014. Sobre Índia e Brasil, v. DELO, Cotton. By 2017 India to boast the most Facebook users — by far. **AdAge**, 9 May 2013; PTI. 112 million Facebook users in India, second largest user base after US. **India Today**, 17 December 2014; Latin America loves Facebook. **eMarketer**, 2 March 2016. Sobre a Indonésia, v. KUO, Lily. Indonesia's presidential race is being fought with Facebook updates and "happy» sing-alongs. **Quartz**, 6 June 2014. Sobre os EUA, v. Facebook e MacArthur Research Network on Youth and Participatory Politics (http://ypp.dmlcentral.net; acesso em: 6 dez. 2021).

As eleições do Facebook   165

Usou a plataforma para organizar comícios e demonstrações políticas, protestar contra a *casta* — o *establishment* italiano privilegiado — e converter seguidores em votos.

Narendra Modi viu a mesma coisa acontecer. Líder e candidato do partido BJP indiano na eleição de 2014, Modi amealhou uma quantidade enorme de seguidores no Facebook, com os quais se envolveu ao longo da campanha. Desde o dia do anúncio da eleição até o encerramento das votações, o *Quartz* noticiou: "Treze milhões de pessoas se envolveram em 75 milhões de interações relacionadas com Modi" no Facebook. Como Grillo, Modi incentivou seus defensores a se tornarem ativistas no que chamou de Missão 272+ (sendo 272 o número de assentos de que o BJP necessitava para ser majoritário), através do Facebook ou de um dos aplicativos Android desenvolvidos para a campanha. Voluntários se inscreveram em cada um dos 543 distritos eleitorais do país.

O contraste entre a comunicação política nessa eleição indiana e na anterior, de 2009, pode ser comparado à diferença entre o telefone e o megafone. Em 2009, as redes sociais eram praticamente irrelevantes. Havia um político indiano no Twitter — Sashi Tharoor — com 6 mil seguidores apenas. Durante a campanha de 2014 foram 227 milhões de interações via Facebook (postagens, comentários, compartilhamentos e curtidas). Modi contava com 16 milhões de seguidores no Facebook quando tomou posse. Como o diretor de novas estratégias do Facebook disse ao *Times of India*: "O Facebook é mesmo o lugar fundamental do debate que está acontecendo". A adoção das redes sociais por Modi — seu rival Rahul Gandhi, que chefiava o Congresso Nacional indiano, não tinha conta no Facebook nem no Twitter — deu novo estímulo à campanha, incentivou a rede de voluntários e levou as pessoas a votarem. Quando saíram os resultados da eleição, para surpresa de quase todo o mundo, o partido BJP de Modi ultrapassara o alvo de 272 assentos, conquistando 282 e mais que dobrando o número de votos em relação a 2009.

Do ponto de vista do Facebook, toda essa atividade política na plataforma era excelente e devia ser encorajada. A plataforma acrescentou um botão dizendo "Sou eleitor" na página do Facebook de eleitores indianos em 2014, permitindo que o pressionassem a fim de comunicar à rede em quem tinham votado. Depois de a empresa testar essa opção pela primeira vez nos Estados Unidos em 2008, decidiu implementá-la no mundo inteiro; em 2016, o botão estava ativo em 47 países.[19] Foi um incremento aos aplicativos do Facebook que rastreavam a popularidade dos candidatos e um programa de divulgação global para aumentar as interações políticas. Politizar eleitores, acreditava quem geria a plataforma, estava em completa sintonia com a missão global da empresa de tornar o mundo mais aberto e interligado. "Parte dessa [missão]", disse Katie Harbath, do Facebook, ao *Buzzfeed* em 2014, "consiste em ajudar a conectar cidadãos com as pessoas que os representam no governo." Como o anfitrião de uma festa infantil que enche os pequeninos de bebidas adocicadas efervescentes, o Facebook só queria energizar os cidadãos, sem levar em consideração para onde eles poderiam direcionar sua energia.

Em 2014 ainda não havia sinal de que os responsáveis por gerir a plataforma estivessem ansiosos com as repercussões involuntárias que o Facebook poderia estar causando na política democrática: para citar um exemplo, a maneira pela qual os candidatos que divulgavam fortes mensagens anti-*establishment* — como Narendra Modi, Karel Schwarzenberg ou Beppe Grillo — pareciam conquistar maior número de seguidores mais ativos que aqueles com uma mensagem mais moderada ou conservadora; ou como partidos de extrema-direita com mensagens anti-imigração e antissemítica, como o Jobbik na Hungria, estavam implantando grandes bases de apoio. De fato, o Jobbik era o partido mais popular da Hungria no Facebook antes das

---

[19] BENNER, Katie. Facebook can tell you what to expect in the voting booth. **New York Times**, 28 October 2016.

eleições de 2014. Tampouco eles pareciam preocupados com o fato de que o engajamento político no site vinha com frequência irmanado com veemente sectarismo. Nos preparativos para a eleição brasileira de outubro de 2014, por exemplo, "uma guerra devastou as mídias sociais", conforme noticiado pelo *Washington Post*, "com amigos e até familiares brigando em virtude de adesão política e deixando de ser amigos uns dos outros no Facebook". Na Tailândia, uma pesquisa sobre as eleições de 2014 descobriu que o Facebook pode ter "exacerbado divisões existentes" em uma sociedade já profundamente dividida, e que grupos sectários do Facebook estavam ignorando "informação discrepante" incompatível com a visão política de seus integrantes".[20] Também na Tailândia, naquele mesmo ano, surgiram grupos políticos de justiceiros baseados no Facebook, incluindo o "SS" e a "Rubbish Collector Organization", atacando usuários que eles viam como antimonarquistas.[21] Mesmo assim, apesar de seu efeito deturpador sobre a política democrática, tivesse o Facebook restringido o próprio papel no sentido de viabilizar ação e coordenação civis, e propiciado um espaço em que candidatos e partidos pudessem publicar mensagens e coordenar seus apoiadores, então seria justificável a empresa declarar que seus atos não diferiam dos de outras plataformas digitais (e eram bem mais responsáveis que, digamos, os do 4chan). Mas o Facebook não parou por aí. Foi além, muito além, permitindo que atores motivados manipulassem a política democrática.

Em 2012, o Facebook deixou de ser um facilitador relativamente passivo da ruptura democrática para se tornar um agente dinâmico. Foi o ano em que escolheu pegar seu alcance

---

[20] GRÖMPING, Max. "Echo Chambers": Partisan Facebook Groups during the 2014 Thai Election. **Asia Pacific Media Educator**, 24:1, p. 39-59, 2014.

[21] SCHAFFAR, Wolfram. New Social Media and Politics in Thailand: The Emergence of Fascist Vigilante Groups on Facebook. **Austrian Journal of South-East Asian Studies**, 9:2, p. 215-33, 2016.

fenomenal, sua notável profundidade em termos de dados pessoais e seu crescente controle da atenção mundial e converter em dólares. Fez isso transformando a plataforma no sistema de publicidade comportamental mais poderoso que o mundo já conheceu.

Até 2012, veicular publicidade no Facebook não era a opção mais inteligente. Significava confiar não na inteligência acerca do comportamento dos usuários ou dos detalhes do perfil deles, mas em números absolutos. Em sua memória pouco convencional intitulada *Chaos Monkeys* [Macacos do caos], Antonio García Martínez, que trabalhou como diretor de produto do Facebook de 2011 até 2013, descreve seu espanto ao constatar como a monetização de seus usuários pela plataforma era ruim na época em que entrou na empresa. Era "da pior espécie", escreve Martínez. "Antes de 2013, se você quisesse saber como o Facebook ganhava dinheiro, a resposta era muito simples: 1 bilhão vezes qualquer número ainda é um número respeitável."[22]

Em 2012, com a proximidade de sua estreia na Bolsa e o Facebook constatando que precisa provar o próprio valor de mercado para os investidores, a empresa apostou todas as fichas na criação de sua máquina de propaganda inteligente, expansível, global e segmentada. Ao perseguir seus objetivos comerciais, ela introduziu em abundância novas maneiras de permitir às empresas segmentar os usuários com maior precisão, alcançá-los com maior eficácia e aprender — via reação das pessoas — a tornar sua publicidade mais poderosa. Em certo sentido, isso nada mais era que praticar o que todo o mundo na internet estava tentando fazer: monetizar a atenção dos usuários. Todavia, o Facebook desfrutava de uma posição singular para isso. Em 2012, nenhuma outra empresa dispunha de 1 bilhão de usuários regulares espalhados mundo afora; nenhuma

---

[22] Martínez, Antonio García. **Chaos Monkeys: Mayhem and Mania inside the Silicon Valley Money Machine.** London: Ebury Press, 2017.

outra empresa sabia tanto sobre seus usuários; e nenhuma outra empresa tinha acesso tão íntimo a esses usuários por meio dos amigos e familiares deles. Do ponto de vista do Facebook, bastava criar ferramentas comerciais melhores para ajudar as empresas a fazer propaganda junto aos consumidores. Não está claro se a empresa entendia quão poderosas essas ferramentas comerciais poderiam ser para as campanhas políticas, ou que implicações poderiam ter para a democracia. Contudo, não muito tempo depois de serem introduzidas, candidatos, responsáveis pelas campanhas eleitorais e partidos começaram a reconhecer seu potencial político e a tirar vantagem dele E, mesmo que não fosse a intenção original, não demorou para o próprio Facebook começar a incentivar as pessoas a utilizar as ferramentas nas campanhas — não importando o propósito político delas.

Havia três elementos no empenho do Facebook para possibilitar uma segmentação bem mais sofisticada de seus usuários. O primeiro tinha a ver com a oferta aos anunciantes de uma variedade muito mais rica de critérios pelos quais identificar quem interessava segmentar: permitir que os anunciantes atingissem pessoas que jogavam golfe ou amavam jardinagem, por exemplo, em vez de restringi-los a medidas padrões como idade, gênero ou *status* de relacionamento. O segundo estava relacionado a conceder aos anunciantes o poder de alcançar pessoas em um contexto confortável e familiar, e de modo a tornar a publicidade mais fidedigna. Fizeram isso inserindo anúncios no *Feed* de Notícias das pessoas a partir de janeiro de 2012, algo que haviam experimentado por breve período em 2007, mas desistiram ante os protestos dos usuários.[23] Dessa vez, como o Facebook assumira controle muito maior sobre quais postagens eram exibidas em seu *Feed* de Notícias em 2011, conseguia introduzir anúncios de maneira mais estratégica. Não eram anúncios como

---

[23] V. Protalinski, Emil. Facebook starts displaying ads in the News Feed. **ZDNET**, 10 January 2012.

os que se vê em outros lugares da rede. Chamados de postagens "de destaque", incluíam o que se parecia com o aval de alguém da sua rede no topo (como "Sarah Smith gosta da Amazon.com"). O terceiro elemento de transformação do Facebook consistia em possibilitar aos anunciantes reunir o que já sabiam sobre as pessoas com o que o Facebook sabia sobre essas mesmas pessoas. O Facebook fez isso por meio de algo chamado de "Custom Audiences", lançado no outono de 2012, que permitia às empresas conectar seus clientes com o respectivo perfil dessas pessoas no Facebook, criando uma ponte entre Facebook e o mundo real.[24] Ao longo dos meses e anos seguintes, a empresa desenvolveria esses recursos e acrescentaria novos, dando aos anunciantes ainda mais opções para segmentar usuários e avaliar e desenvolver seus sistemas de mensagens. Em fevereiro de 2013, por exemplo, o Facebook anunciou que estava se unindo a corporações que trabalhavam com grandes volumes de dados, como a Axciom e a Epsilon, a fim de que as empresas pudessem mesclar dados pessoais do mundo real com seu público no Facebook.[25] E no mês seguinte lançou o "Lookalike Audiences", possibilitando às empresas usar dados comportamentais do Facebook para encontrar novos consumidores semelhantes aos já existentes.[26] Se o Facebook fosse um jogador de pôquer e suas fichas, as informações pessoais de seus usuários, então de 2012 em diante a plataforma apostaria tudo o que tinha.

Até então, todos os lançamentos de novos produtos pareciam remeter ao mundo corporativo, sem relação com a política. Mas o que para uma montadora de carros poderia ser um modo bem mais eficaz de vender seus produtos, para um candidato

---

[24] V. CONSTANTINE, Josh. Facebook lets businesses plug in CRM email addresses to target costumers with hyper-relevant ads. **TechCrunch**, 20 September 2012.

[25] V. Updates to custom audiences targeting tool. **Facebook Newsroom**, 27 February 2013.

[26] V. COHEN, David. UPDATED: Facebook officially launches Looalike Audiences. **AdWeek**, 19 March 2013.

As eleições do Facebook   171

político seria um instrumento poderosíssimo de propaganda. Para as campanhas políticas, as ferramentas de segmentação do Facebook são como disparar um rifle potente, munido de mira telescópica, depois de ter nas mãos uma arma que não contava nem com estrias no cano. Mais ainda: diferentemente das ferramentas (e armas) das campanhas anteriores, o Facebook podia lhe contar se você atingiu seu alvo e se necessitava alterar o método de ataque para obter resultados mais satisfatórios. Melhor que tudo para os anunciantes era a plataforma lhes conceder a oportunidade de alcançar diretamente (via telefone celular) os eleitores potenciais em um ambiente confiável (o *Feed* de Notícias personalizado) com uma mensagem feita sob medida e já sancionada — ou "curtida" — por alguém da rede pessoal deles. Só com essa última realização, o Facebook conseguira solucionar um problema que perseguira os anunciantes políticos durante quase um século. Como atingir os eleitores sem intermediários nem ter de submeter a mensagem política direcionada para eles ao crivo de amigos, família, colegas de trabalho e todos os nossos outros influenciadores sociais? Para compreender a amplitude do feito realizado pelo Facebook é preciso recuar ao início do século XX, período pouco posterior à Grande Guerra, quando apenas começávamos a entender a ideia da propaganda de massa.

★★★

Em 1926, Harold Lasswell, de 24 anos, concluiu sua tese de doutorado junto à Universidade de Chicago. Nela, o jovem cientista político descreveu os esforços de propaganda dos governos britânico, francês e alemão durante a Primeira Guerra Mundial. Lasswell acreditava que cada governo manipulara os meios de comunicação de massa a fim de justificar seus atos para as populações doméstica e estrangeira, em especial nos Estados Unidos. Os britânicos eram propagandistas especialmente inteligentes, escreveu Lasswell, e o público norte-americano, bastante

172 DEMOCRACIA HACKEADA

vulnerável à manipulação. "A opinião pública norte-americana", continuou ele, "sempre foi um marisco a flutuar indefeso e alheio a tudo, na esteira dos navios de guerra britânicos." A tese de Lasswell se alimentava dos temores contemporâneos relacionados com a suscetibilidade do público à propaganda. Esses temores já haviam sido ventilados pelo jornalista e escritor Walter Lippmann e depois pelo "pai das relações públicas", Edward Bernays. À época tais ansiedades pareciam sustentadas por demagogos fascistas que usavam o rádio e o cinema para inflamar as populações em toda a Europa na década de 1930.[27]

Enquanto Lasswell transformava sua tese em livro *best-seller*, outro jovem acadêmico ensinava matemática em Viena. Paul Lazarsfeld, que mais tarde viria a ser o "fundador da sociologia empírica moderna", não começou pelo estudo dos efeitos da propaganda de massa.[28] Na década de 1920 ele pesquisou e escreveu sobre acampamentos para jovens, estatística, a classe trabalhadora e os efeitos sociais do desemprego. Esse último projeto chamou a atenção da Fundação Rockefeller, que conferiu a Lazarsfeld uma subvenção para viajar aos Estados Unidos a fim de conduzir pesquisas no início dos anos 1930, antes de emigrar em caráter permanente no ano de 1935. Então, em 1940, ele deu início a um projeto de pesquisa que ofuscaria a nossa compreensão dos efeitos da comunicação de massa pelo resto do século e colocaria em dúvida as afirmações de Lasswell acerca da suscetibilidade do público. Lazarsfeld, trabalhando com os colegas Bernard Berelson e Hazel Gaudet, empenhou-se em descobrir se a mídia tradicional de fato influenciava a visão política das pessoas tanto quanto se imaginava. No primeiro

---

[27] LASSWELL, Harold. **Propaganda Technique in the World War.** New York: Alfred A. Knopf, 1927.

[28] JEŘÁBEK, Hynek. Paul Lazarsfeld: The Founder of Modern Empirical Sociology — A Research Biography. **International Journal of Public Opinion Research**, 13:3, p. 229-44, 2001.

levantamento em grande escala já realizado, ele e seus colegas de trabalho entrevistaram 3 mil pessoas em Erie County, Ohio, durante a campanha presidencial norte-americana de 1940. Eles dividiram as pessoas em cinco grupos de 600 indivíduos, um dos quais entrevistaram múltiplas vezes para ver como as atitudes mudavam no decorrer da campanha, ao passo que os demais funcionaram como grupos de controle.[29]

Lazarsfeld, Berelson e Gaudet descobriram que a visão política das pessoas não era, como pensavam seus contemporâneos, muito modificada pelo que liam ou ouviam na mídia. Amigos, familiares e colegas — em outras palavras, a rede social — as influenciavam bem mais. "A sugestão pessoal é mais difusa e menos autosseletiva que a mídia formal", escreveram os pesquisadores. "Ou seja, a política atinge, em especial no caso dos indiferentes, com muito mais facilidade por meio de contatos pessoais que de qualquer outro modo, pelo simples fato de que se apresenta inesperadamente como um assunto secundário ou marginal em uma conversa descontraída."

Eles também fizeram outra descoberta inesperada: nem toda visão política contava em igual medida. Determinadas pessoas em cada rede social causavam um impacto descomunal na visão das outras. Esses "líderes de opinião", como os chamaram, tendiam a prestar mais atenção na política, a consumir mais mídia e a expressar mais o que pensavam. Em outras palavras, agiam como filtros políticos poderosos. Os pesquisadores deram a isso o nome de "fluxo de influência em duas etapas" por terem descoberto que a visão política da maioria das pessoas vinha não da mídia ou da política diretamente, mas de um formador de opinião de sua esfera social de influência. Como essa descoberta veio à tona de maneira tão inesperada a partir

---

[29] LAZARSFELD, Paul F.; BERELSON, Bernard; GAUDET, Hazel. **The People's Choice: How the Voter Makes Up His Mind in a Presidential Campaign**, 2nd edition. New York: Columbia University Press, 1948.

das entrevistas, Lazarsfeld voltou a ela na década seguinte a fim de conferir se estava certa. A pesquisa mais recente, com o sociólogo Elihu Katz, consolidou as descobertas do primeiro projeto e reafirmou o papel fundamental que as redes sociais e os formadores de opinião têm na moldagem das nossas opiniões políticas.

Discussões sobre a influência dos meios de comunicação de massa sobre as perspectivas políticas se avolumaram ao longo das décadas seguintes, em especial à medida que a televisão assumiu a liderança na atenção do público. Contudo, na virada do século, propagandistas políticos ainda tinham de aceitar que os efeitos de qualquer meio de comunicação de massa estavam sujeitos a serem limitados e filtrados pelas pessoas da nossa rede social, a qual ninguém tinha a onipotência de negligenciar, nem o poder de controlar. Até surgir o Facebook.

Usando as novas ferramentas do Facebook, quem disputava uma eleição podia não apenas falar diretamente com os eleitores, como ter sua mensagem endossada pelas pessoas da rede social de seu eleitorado. Como? O Facebook sabe, por registrar tudo que fazemos em sua plataforma (e tantas outras coisas que fazemos fora dela), quais membros de cada rede social são os líderes de opinião de Lazarsfeld. Não se trata de nenhum bicho de sete cabeças. O Facebook consegue ver, com base nas atividades na plataforma, as pessoas detentoras de grandes redes sociais, que publicam com frequência e cujas postagens e links são compartilhados, curtidos e comentados com regularidade. Campanhas que incluem tais formadores de opinião na segmentação agem sabendo da probabilidade de essas pessoas compartilharem suas mensagens. Quando de fato isso acontece, outras pessoas da rede veem uma mensagem política endossada por alguém cuja opinião conhecem e respeitam. Para os candidatos políticos, ser capaz de alcançar redes de amigos com uma mensagem direta que conta com endosso social é como o linguista que descobre a Pedra de Roseta.

O Facebook presenteou os candidatos com a Pedra, a tradução e um manual de hieróglifos egípcios. A campanha de 2012 de Barack Obama foi a primeira a capitalizar o acesso direto às redes sociais do Facebook. Usando uma ferramenta chamada Facebook Connect (depois descontinuada), a campanha pediu aos apoiadores que se conectassem ao site dela via Facebook. Isso deu à equipe de Obama acesso às redes de amigos de seus partidários. Combinando o conhecimento que já detinha com o do Facebook, a campanha então usou as redes para distribuir mensagens preparadas sob medida para os tipos específicos de eleitores que precisa alcançar. Um milhão de apoiadores se inscreveram no aplicativo e 600 mil compartilharam mensagens pró-Obama.[30] "É o momento *moneyball* aplicado à política", disse o diretor do blogue de Obama em 2008 ao jornal *Guardian* em 2012. "Conseguir potencializar o poder da amizade abre possibilidades incríveis."[31] O Facebook concedeu às campanhas um caminho para alcançar os eleitores diretamente e, ao mesmo tempo, a capacidade de alterar o fluxo em duas etapas de Lazarsfeld e Katz.

Além de potencializar o poder da amizade, o Facebook tornou muito mais fácil — e barato — segmentar eleitores específicos em lugares específicos. Como a maior parte dos representantes democráticos age em prol de uma área geográfica específica, a possibilidade deveria servir — e serviu — como um auxílio enorme. No Reino Unido, por exemplo, até 2014, se um partido político quisesse publicar algo direcionado a cada eleitor de um distrito eleitoral específico, tinha de pedir

---

[30] SCHERER, Michael. Friended: how the Obama campaign connected with young voters. **Time**, 20 November 2012.

[31] PILKINGTON, Ed; MICHAEL, Amanda. Obama, Facebook and the power of friendship: the 2012 data election. **Guardian**, 17 February 2012. O termo *moneyball* designa uma nova abordagem na seleção de jogadores de beisebol, menos subjetiva e mais analítica que a tradicional, baseada em evidências. [N. do T.]

os respectivos endereços ao Correio Real, que podia fornecê-los em nível de distrito eleitoral, mas dava muito trabalho. Como as únicas pessoas de fato interessadas eram os candidatos políticos, dificilmente — do ponto de vista do Correio Real — valia o incômodo. Por conseguinte, as campanhas gastavam quantidades enormes de tempo e esforço coletando e conferindo listas de endereço de modo a postarem a literatura de campanha. Então, em 2014, o Facebook "embarcou" os dados da Axciom no Reino Unido. "Embarcar" é um termo digital que os marqueteiros usam quando fundem dados do mundo real com dados on-line para criar perfis de usuários on-line mais robustos para os anunciantes. Nesse exemplo, os dados da Axciom continham muitas maneiras diferentes de dividir os usuários geograficamente — incluindo por distrito eleitoral. De repente, pela primeira vez, um partido político era capaz de alcançar cada eleitor em um distrito específico com uma mensagem de campanha que lhes dizia respeito. E sem ter de pagar a postagem! Uma revolução, diz Craig Elder, diretor digital adjunto da campanha de 2015 do Partido Conservador.[32] Além da possibilidade de segmentar distritos eleitorais individuais, o partido podia subir os próprios dados do eleitorado para o Facebook e disparar mensagens pré--testadas em ambientes peculiares de eleitores indecisos.

Os benefícios para o Partido Conservador, ao dominar as novas ferramentas de segmentação do Facebook, se tornaram evidentes durante a campanha eleitoral de 2015. Os conservadores tinham identificado 23 assentos que, caso conquistados, lhes garantiria a maioria no parlamento. A maior parte desses assentos correspondia ao sudoeste da Inglaterra, muitos ocupados por parceiros de coalizão no governo, os Liberais Democratas. Sem o conhecimento deles, o Partido Conservador embarcou no que chamou de estratégia da "Viúva-Negra" para tomar-lhes os assentos — uma vez que a aranha viúva-negra come o parceiro após o acasalamento. A estratégia dependia fortemente do Facebook,

---

[32] ELDER, Craig. Entrevista com o autor, 4 dez. 2017.

As eleições do Facebook

com o respaldo do disparo copioso de correspondências diretas. "Conseguimos trabalhar com o Facebook usando a segmentação por distrito eleitoral para nos concentrarmos apenas nos distritos que decidiriam a eleição", disse Elder ao jornalista Tim Ross, "e então, com base no que já sabíamos sobre a demografia de quem decidiria essa eleição, podíamos fazer a segmentação demográfica e por interesse."[33] Isso teve o benefício extra de ser quase invisível para os políticos do partido liberal. "Não vimos nenhum cabo eleitoral nas ruas", disse Nick Clegg, líder do Liberais Democratas, depois da eleição. "Enviávamos equipes de cabos eleitorais à moda antiga. E não se viam *tories* [membros do Partido Conservador], o que nos surpreendeu por completo em alguns lugares." Na eleição, os conservadores pegaram cada um dos assentos Liberais Democratas no sudoeste.[34]

O Facebook também se mostrou o melhor caminho para as campanhas alcançarem e motivarem jovens, indecisos e absolutamente apocalípticos. A plataforma franqueou o acesso para as campanhas a um espaço amigável no qual as pessoas, incluindo muita gente jovem e aquela sem nenhum interesse político, passava grande parte do dia — o *Feed* de Notícias. As campanhas podiam então alcançá-las por meio dos pares, com mensagens que sem dúvida provocariam uma reação, no momento em que elas tomavam a decisão de como votar. Essa foi a estratégia — impulsionada por dados analisados por cientistas especializados — que Dominic Cummings, diretor da campanha Leave oficial, usou durante a campanha do referendo envolvendo a União Europeia no Reino Unido em 2016.[35]

---

[33] Tim Ross apresenta uma descrição mais completa e detalhada da campanha dos conservadores em: **Why the Tories Won: The Inside Story of the 2015 Election.** London: Biteback, 2015.

[34] V. Moore, Martin. Facebook, the Conservatives and the Risk to Fair and Open Elections in the UK. **Political Quarterly**, 87:3, p. 424-30, 2016.

[35] Dominic Cummings escreveu em detalhes sobre a estratégia do Vote Leave em seu blogue pessoal. Disponível em: https://dominiccummings.com. Acesso em: 7 dez. 2021, 13:18:01. Os números citados são fornecidos por Cummings.

No que Cummings chamou de "Projeto Waterloo", o Vote Leave inundou 9 milhões de pessoas identificadas como "persuasíveis" com vídeos e mensagens nos últimos dez dias anteriores ao voto. Quase todos eram versões de três declarações poderosas mas questionáveis, da campanha Leave: imigrantes turcos invadiriam o Reino Unido se ele permanecesse na União Europeia (do que havia uma possibilidade extraordinariamente pequena), a União Europeia custava ao Reino Unido 350 milhões de libras por semana (mais tarde considerada "uma flagrante utilização incorreta das estatísticas oficiais" pela Statistics Authority do Reino Unido) e esse dinheiro escoaria para o serviço de saúde pública se o Reino Unido se retirasse (compromisso abandonado depois do voto). O Facebook foi o principal mecanismo de veiculação dessas mensagens. Entre 8 e 12 milhões de pessoas viram conteúdo do Vote Leave na plataforma em cada um dos últimos dias de campanha do referendo, com o número de impressões ultrapassando os 40 milhões no fim.[36]

O Reino Unido estava longe de ser o único lugar em que candidatos disputando eleições viram potencial no Facebook para energizar os jovens. Candidatos astuciosos mundo afora a estavam utilizando. Na Indonésia, onde mais de um terço da população tinha menos de 24 anos, a equipe da campanha eleitoral de Joko Widodo percebeu que o Facebook seria crucial. "Sabíamos que eleitores de primeira viagem [...] têm a tendência de serem muito influenciados pelos amigos", disse o chefe da estratégia digital para a campanha de Widodo, "em especial no que diz respeito a adesões políticas ou curtidas e não curtidas. Portanto, os resultados eram determinados em grande parte pelas redes de amigos dessas pessoas e por suas [...] redes sociais."[37]

---

[36] V. On the EU Referendum. Blogue de Dominic Cummings.

[37] V. Vatvani, Chandni. How President Jokowi uses social media to click with people. **Channel NewsAsia**, 28 March 2017.

As eleições do Facebook

179

O Facebook concedeu às campanhas o poder de alcançar grupos exatos de pessoas individualmente, de infiltrar suas notícias sociais no momento escolhido pela campanha e de aplicar a pressão dos pares. Não admira que ele tenha exercido o papel de motivador dono de um poder fantástico de ação política — tanto no mundo digital quanto no real. Sabemos que o poder político do Facebook se estendeu para o mundo real graças a experimentos com dados da própria empresa. Ainda em 2010, ela permitiu que os pesquisadores mensurassem se a disponibilização do botão "Eu votei" na página do perfil das pessoas — deixando que soubessem quando algum amigo clicasse nele — aumentava a probabilidade de votarem. Por se tratar de dados do Facebook, os pesquisadores não precisavam confiar em uma amostragem pequena — 61 milhões de pessoas participaram conscientemente. "Os resultados mostram que as mensagens exerceram influência direta no comportamento de milhões de pessoas no que diz respeito à autoexpressão, à busca de informação e à votação no mundo real", concluíram os pesquisadores. O mais espantoso para eles foi "o efeito da transmissão social na votação no mundo real". Em outras palavras, a importância da pressão dos pares.[38]

Na sequência das descobertas de Paul Lazarsfeld nas décadas de 1940 e 1950, Donald Green e Alan Gerber, líderes mundiais na ciência do comparecimento de eleitores, efetuaram repetidos experimentos demonstrando que a pressão social, sobretudo quando visível para a rede de amigos, aumenta a probabilidade de as pessoas comparecerem às urnas para votar.[39]

---

[38] BOND, Robert M.; FARISS, Christopher J.; JONES, Jason J.; KRAMER, Adam. D. I.; MARLOW, Cameron; SETTLE, Jaime E.; FOWLER, James H. A 61-Million-Person Experiment in Social Influence and Political Mobilization. **Nature**, 489, p. 295-8, 2012.

[39] GERBER, Alan S ; GREEN, Donald P.; LARIMER, Christopher W. Social Pressure and Voter Turnout: Evidence from a Large-Scale Field Experiment. **American Political Science Review**, 102:1, p. 33-48, 2008; GERBER, Alan S.; HUBER,

180 **DEMOCRACIA HACKEADA**

Quando Katherine Haenschen conduziu experimentos similares no próprio Facebook, em 2014, também descobriu que "é a visibilidade aumentada do comportamento eleitoral dos indivíduos, possibilitada no Facebook, que parece estar levando ao comparecimento às urnas".[40] Isso também pode ajudar a explicar o alto e inesperado número de registros e comparecimento de eleitores nas disputas eleitorais recentes. Por exemplo, na Califórnia, em setembro de 2016, o número de registros diários de eleitores saltou de pouco mais de 9 mil para mais de 120 mil depois que o Facebook publicou alertas sobre o assunto. Do voto relacionado com o Brexit no Reino Unido, em junho de 2016, participaram 3 milhões de pessoas a mais que na eleição geral do ano anterior. O comparecimento maior às urnas foi superior em áreas que votaram pela saída da União Europeia.[41]

Não tivesse o Facebook se tornado tão hegemônico, suas ferramentas políticas — por poderosas que sejam — não chegariam nem perto de causar tanto impacto. Com mais de 2 bilhões de usuários ativos todo mês, no entanto, o Facebook era a maior rede social on-line do mundo — superior em tamanho e atividade à maior parte das religiões mundiais. "Esteja sempre onde seu público está", aconselhou Craig Elder, do Partido Conservador, em um discurso para profissionais de campanha pouco depois da eleição de 2015. Nas democracias ao redor do mundo

---

Gregory A.; DOHERTY, David; DOWLING, Conor M.; PANAGOPOULOS, Costas. Big Five Personality Traits and Responses to Persuasive Appeals: Results from Voter Turnout Experiments. **Political Behavior**, 35:4, p. 687-728, 2013.

[40] HAENSCHEN, Katherine. Social Pressure on Social Media: Using Facebook Status Updates to Increase Voter Turnout. **Journal of Communication**, 66:4, p. 542-63, 2016.

[41] Para conhecer os números relacionados ao comparecimento às urnas, v. CHOKSHI, Niraj. Facebook helped drive a voter registration surge, election officials say. **New York Times**, 12 October 2016; GAUDIN, Sharon. Thanks to Facebook, voter registrations surge. **Computerworld**, 14 October 2016. Sobre os 3 milhões de eleitores extras, v. COWLING, David. General election 2017: the mystery of the three million "extra" voters. **BBC News**, 17 May 2017.

inteiro, o público estava no Facebook. Além de se fazerem presentes na plataforma, muitas pessoas obtinham as notícias do dia ali também. Em 2016, mais da metade da população de 26 países usava as mídias sociais como fonte de notícias – a principal fonte de notícias para mais de um quarto dos jovens desses países. Como relatou o *Bloomberg* em novembro daquele ano, os Estados Unidos acabavam de "enfrentar sua primeira eleição presidencial em que a maior parte do eleitorado se inteirava das notícias pelas mídias sociais". A principal fonte de notícias nas mídias sociais era o *Feed* de Notícias do Facebook. "Um exagero dizer que o *Feed* de Notícias se tornou a fonte mais influente de informação na história da civilização", escreveu Farhad Manjoo, do *New York Times*, em abril de 2017. "É quase isso apenas."[42]

Então, qual o problema? O envolvimento político não é algo bom para a democracia, sobretudo depois de muitos anos de declínio na participação cívica? Se o Facebook e suas imensas subsidiárias — WhatsApp, Instagram e Messenger — viabilizam e promovem esse envolvimento, não deveríamos aplaudi-los? No mínimo, quem lamentou a decadência do envolvimento político não deveria parar alguns instantes antes de lançar infâmia sobre infâmia contra a empresa? Na virada do século, o cientista político Robert Putnam reuniu uma montanha de provas a fim de demonstrar o que muitos desconfiavam havia bastante tempo acerca do engajamento cívico nos Estados Unidos — as pessoas se tornaram menos envolvidas com a própria comunidade. Como dizia o título do seu livro, mais e mais americanos vinham "jogando boliche sozinhos". Se o Facebook

---

[42] Para conhecer as referências desses números, v. AZHA, Alyaa. Social media crucial in election campaign. **Free Malaysia Today**, 19 April 2013; KUO. Indonesia's presidential race. **Statista; Reuters Institute Digital News Report 2016.** Reuters Institute for the Study of Journalism. Sobre os comentários de Elder, v. ELDER, Craig. The Role of Digital in the Conservatives Election Campaign. **Campaigning Summit/Youtube**, 18 June 2015. Disponível em: https://www.youtube.com/watch?v=i-BPRArB5gg. Acesso em: 8 dez. 2021, 13:04:52.

ajudou a restringir parte dessa tendência aumentando o registro de eleitores, o comparecimento às urnas e a discussão política, fica difícil defender a ideia de que isso não é uma coisa boa para a democracia.

No entanto, o Facebook patrocinou o engajamento político em sua plataforma sem levar em consideração se isso ajudava a sustentar ou a destruir os processos democráticos. Se, por exemplo, seus algoritmos expor iam as pessoas a notícias e informações diversas e conflitantes, ou a pontos de vista que confirmariam ou polarizariam o que já pensavam. Se o Facebook Groups recriaria comunidades democráticas ou apenas incentivaria as câmaras de ressonância. Se o *Feed* de Notícias e os Grupos do Facebook dariam às pessoas uma oportunidade de deliberarem sobre questões políticas ou só de promoverem o sectarismo.

Quando pensava em seus papéis cívicos, o Facebook presumia que eram coerentes com seus objetivos de negócio e a eles complementares. Estava ajudando, por exemplo, a dar voz às pessoas on-line. O que "tentamos fazer", disse Mark Zuckerberg em dezembro de 2014 à plateia de um dos encontros virtuais de líderes de que participou, "é possibilitar que todo o mundo tenha voz." Ele tinha razão; o Facebook concedia a cada vez mais pessoas a oportunidade de se comunicarem. Acontece que, ao fazê-lo, ele ganhava cada vez mais usuários e tornava sua plataforma cada vez mais poderosa para os anunciantes. Por isso, antes e depois de sua abertura de capital, o Facebook foi mais longe. Além de ser um facilitador condescendente de políticas divisionistas e sectárias, converteu sua plataforma em arma de propaganda ativa, apta a ser utilizada por campanhas políticas de qualquer um, incluindo quem desejava burlar as proteções democráticas.

Em 2013, o Facebook introduziu as "*dark posts*" ou postagens não publicadas no *Feed* de Notícias. Era uma resposta às empresas que queriam poder testar algumas versões diferentes de um anúncio junto a públicos diferentes, sem que todas as

As eleições do Facebook 183

versões aparecessem na página do Facebook e fizessem o anunciante parecer tolo. As *dark posts* permitem que as empresas realizem a própria testagem "A/B" — em outras palavras, experimentem se a versão A de uma publicidade funciona melhor com o público que a versão B. Quando o Facebook introduziu o serviço, tinha em vista o setor comercial, não as campanhas políticas. Não sabia que três anos mais tarde a equipe da campanha de Trump aproveitaria as *dark posts* para criar um sistema de propaganda de resposta comportamental incrivelmente sofisticado. A cada dia da campanha, a equipe testava não apenas duas ou três versões dos anúncios, nem algumas dúzias, mas por volta de 50 mil versões diferentes da publicidade de campanha. Cada anúncio tinha uma leve diferença, com uma fonte particular, uma cor de fundo alternativa, um formato ou texto distinto. Um software de inteligência artificial coletava o *feedback* do Facebook em termos do envolvimento do usuário, mantendo então as características com melhor desempenho e descartando as restantes.

As *dark posts*, por natureza, ficavam visíveis apenas àqueles para os quais tinham sido direcionadas. Portanto, era quase impossível comparar afirmativas feitas em *dark posts*, ou contestá-las publicamente. Por exemplo, se determinada equipe quisesse utilizar *dark posts* em uma campanha de supressão de votos, conseguiria sem muito medo de ser exposta. A campanha de Trump tentou suprimir votos a favor de Hillary Clinton, sobretudo entre os apoiadores de Bernie Sanders, eleitores negros e mulheres jovens. Descobrimos isso não pelo Facebook, mas porque um membro sênior da equipe de campanha contou aos jornalistas Joshua Green e Sasha Issenberg. "Temos três grandes operações de supressão de votos em andamento", revelaram.[43] A primeira enviava a mensagem de que Clinton fora

---

[43] GREEN, Joshua; ISSENBERG, Sasha. Inside the Trump bunker, with days to go. **Bloomberg**, 27 October 2015.

corrompida pelo dinheiro fácil; a segunda apresentava comentários dela de 1996 sobre "superpredadores" como indicativo de sua atitude em relação aos homens negros; e a terceira afirmava que Bill Clinton era culpado de abuso sexual. A abordagem pode ter funcionado, com o comparecimento às urnas mais baixo que o esperado dos simpatizantes dos Democratas nos estados onde estavam sendo travadas as batalhas decisivas.[44]

Quando o Facebook fez a gentileza de disponibilizar dados geográficos da Axciom em perfis do Reino Unido em 2014, outorgou aos políticos a oportunidade de concentrarem muita atenção — e recursos — em eleitores específicos de distritos eleitorais marginais. Algumas "pessoas de dentro do Partido Trabalhista, que trabalhavam para Ed Miliband, ex-líder do partido", chegaram a insistir, como escreveu o jornalista David Bond no *Financial Times*, que "a eleição geral no Reino Unido de 2015 foi vencida e perdida no Facebook". Nada na legislação eleitoral do Reino Unido impede que os conservadores — ou pessoas ligadas a quaisquer outros partidos — façam isso, embora torne os limites de gastos locais um tanto ridículos. Candidatos ao Parlamento têm permissão de gastar algo em torno de 15 mil libras no máximo com campanha no próprio distrito eleitoral (a quantia exata varia conforme o posto pretendido). Isso restringe o papel que o dinheiro pode desempenhar, torna a disputa acessível e oferece um campo de batalha em condições de igualdade para os candidatos. No entanto, além dessas 15 mil libras, os partidos podem gastar outras 100 mil libras mais ou menos comunicando-se com eleitores específicos no mesmo distrito eleitoral via

---

[44] Não é possível relacionar votos e eleitores, mas o comparecimento às urnas de simpatizantes do Partido Democrata como um todo foi muito mais baixo que anteriormente, sobretudo em Estados em que a batalha era decisiva e entre eleitores negros. V. PLOUFFE, David. David Plouffe: What I got wrong about the election. **New York Times**, 11 November 2016; FRAGA, Bernard L.; SCHAFFNER, Brian; RHODES, Jesse; MCELWEE, Sean. Why did Trump win? More whites — and fewer blacks — actually voted. **Washington Post**, 8 May 2017.

Facebook sem que isso afete o limite local. Então, isso pouco contribui para a criação de um campo de batalha justo e igualitário — como pretendem as restrições impostas aos gastos.

Quando deu às empresas a oportunidade de coordenar os próprios dados e anúncios com a plataforma, o Facebook não tinha como saber de antemão que a campanha Leave do Reino Unido empregaria físicos e especialistas em "informação quântica" para descobrir como identificar eleitores persuasíveis, e como e quando os mobilizar. No entanto, foi isso que a campanha fez, soterrando esses eleitores debaixo de mensagens desse tipo nos dias que antecederam a votação do Brexit em 2016.

Quando o gigante das mídias sociais apresentou o Instant Articles em 2015 como uma forma de permitir que as organizações noticiosas publicassem diretamente na plataforma, não sabia que a novidade seria utilizada para veicular informação hipersectarista e distorcida no ano seguinte, durante a campanha eleitoral norte-americana. A intenção — disse o Facebook na época — era aperfeiçoar a experiência jornalística dos usuários e fazer que as notícias carregassem mais depressa no site. No início, a rede social só abriu o serviço para algumas organizações noticiosas mais famosas — o *New York Times*, a BBC, o *Guardian* e mais um punhado delas. No decorrer do ano seguinte, permitiu o ingresso de outras empresas, até que em abril de 2016 o Facebook abriu o Instant Articles a "todas as publicações — de qualquer tipo, tamanho, parte do mundo".[45] Para o Facebook, isso fazia parte de seu "esforço para informar pessoas e conectá-las com as notícias que importam para elas". Um convite para qualquer um que quisesse publicar invencionices, *clickbaits* e artigos que provocassem dissensões ou contivessem distorções grosseiras. O Facebook estava longe de ter a intenção de que algumas das histórias mais lidas e compartilhadas do

---

45 ROBERTS, Josh. Instant Articles now open to all publishers. **Facebook Media**, 12 April 2016.

site pouco depois da eleição norte-americana fossem falsas ou hipersectácias, mas foi o que aconteceu.

Tampouco o Facebook poderia saber que as campanhas políticas lançariam mão de toda oportunidade para se infiltrarem nas redes de amigos, promoverem relatos difamatórios sobre candidatos da oposição, provocarem um sectarismo veemente ou identificarem eleitores vulneráveis a fim de segmentá-los com informações altamente tendenciosas. Quando o Facebook forneceu um sistema aberto e automatizado para os anunciantes, em que qualquer um podia gerenciar a própria campanha desde que seus anúncios se mantivessem dentro dos padrões de comunidade da plataforma, não sabia que a Russian Internet Research Agency se aproveitaria disso para segmentar mais de três mil propagandas desagregadoras e incendiárias e polarizar anúncios direcionados a cerca de 10 milhões de cidadãos norte-americanos antes da eleição de 2016. Entre esses anúncios, um deles mostrava Satanás ("Se eu vencer, Clinton vence!"), Jesus disputando braço de ferro ("Não se eu puder evitar!") com a instrução "Aperte o botão de 'Curtir' para ajudar Jesus a vencer!". O anúncio, pelo que relatou a revista *Wired*, era direcionado especificamente a pessoas interessadas em "Laura Ingraham, Deus, Ron Paul, Cristianismo, Bill O'Reilly, Andrew Breitbart, a Bíblia, Jesus e Conservadorismo nos Estados Unidos".[46] As propagandas teriam concedido ao pessoal da Internet Research Agency dados úteis, fornecidos pelo Facebook, acerca de quais provocavam as maiores reações. A partir do momento em que as pessoas curtiam este ou aquele anúncio dos russos, a Internet Research Agency podia canalizar mais mensagens politicamente polarizadoras para elas e, por meio delas, para as respectivas redes. De acordo com evidências fornecidas para

---

[46] Entre os muitos artigos sobre anúncios russos no Facebook, v. REYNOLDS, Matt. This is what you need to know about those Russian Facebook ads. **Wired**, 2 November 2017.

o Congresso norte-americano, a agência criou 120 páginas no Facebook entre 2015 e 2017, nas quais publicou 80 mil postagens. Essas atingiram, conforme cálculos do Facebook, cerca de 126 milhões de pessoas.[47]

O Facebook não sabia na época, mas isso aconteceu em parte porque, antes de 2016, seus gestores pensaram bem pouco no assunto. Estavam ocupados demais superando o desempenho da programação de lucro da plataforma, competindo com as gigantes tecnológicas do Vale do Silício, fazendo-a crescer em ritmo frenético e criando modos de aumentar o envolvimento dos usuários com o site. Se o Facebook tivesse imposto obstáculos no caminho de quem desejava usar sua plataforma para campanhas políticas, teria impedido o próprio crescimento. Não o fez, portanto. Pelo contrário, deixou a própria porta escancarada para as campanhas políticas que queriam sua ajuda, independentemente da orientação política, usando fosse qual fosse a moeda que preferissem, aconselhando-as até sobre como tirar o máximo das poderosas ferramentas de propaganda da plataforma. No processo, o Facebook viabilizou a distorção, a divisão e a desestabilização do processo democrático.

Ainda assim, seria legítimo o Facebook contra-argumentar que não inventara o modelo publicitário que servia de combustível para a *web*. Quem fez isso foi o Google. A gigante das mídias sociais pegou o modelo do Google e o turbinou, mas o modelo em si continuava sendo do Google. E foi o Google que criou estímulos perversos. Tanto que um site barato, ordinário mesmo, repleto de desinformação, podia ser mais competitivo que outro respeitado, conceituado, de alto nível. Para atribuir culpa pelo fracasso do sistema, era preciso olhar para o papel do Google nisso tudo também.

---

[47] V. CHAKRABART, Samidh. Hard questions: what effect does social media have on democracy? **Facebook Newsroom**, 22 January 2018.

No sábado, 20 de maio de 2017, Mark Zuckerberg e a esposa, Priscilla Chan, foram caminhar na Trilha dos Apalaches. Não se tratava, contudo, de um passeio comum. Como se lembra Zuckerberg, ele e Priscilla se encontraram com "moradores locais — ex-trabalhadores de moinhos, professores, proprietários de pequenos negócios, uma bibliotecária e um motorista de caminhão".[48] Foram conversas organizadas com antecedência e entabuladas com gente comum, não bate-papos acidentais com outros caminhantes. As interações foram filmadas, fotografadas e documentadas na página de perfil do fundador do Facebook. Zuckerberg falou com aquela gente como parte de um *tour* pelos Estados Unidos, sua resolução de ano-novo para 2017, em que se propunha a ouvir as pessoas. Não se tratava do início de uma campanha política, reforçou ele repetidas vezes. Ele dizia não ter nenhuma ambição de ser eleito (apesar de contratar o diretor da campanha de Obama em 2008). Se isso é ou não verdade, caso Zuckerberg ou qualquer pessoa próxima a ele um dia optasse por disputar uma eleição, teria acesso pessoal à mais poderosa plataforma para influenciar eleições da história da democracia moderna.

---

[48] ZUCKERBERG, Mark. **Facebook post**, 20 May 2017. Disponível em: www.facebook.com/zuck/posts/10103737049349941. Acesso em: 8 dez. 2021, 18:08:33.

CAPÍTULO 5
Anarquia na Googlesfera

> "Já desvendou a charada?", perguntou o Chapeleiro,
> voltando-se outra vez para Alice.
> "Não, desisto", disse ela. "Qual a resposta?"
> "Não faço a menor ideia", retrucou o Chapeleiro.
> "Nem eu", emendou a Lebre de Março.
> Lewis Carrol, *Alice no país das maravilhas*

Uma cena montada para exibição na TV. Al Franken, escritor, ator, comediante, apresentador de programa de rádio e político, tendo renunciado ao mandato no Senado norte-americano no fim de 2017 por alegações de assédio sexual, inclinou-se para a frente da poltrona que ocupava durante audiência no Senado e encarou Colin Stretch, diretor jurídico do Facebook, sentado a três metros de distância. "Vocês combinam bilhões de dados o tempo todo", disse Franken, "é o que ouço que essas plataformas fazem." Stretch, acomodado ao lado de Richard Salgado, do Google, e de Sean Edgett, do Twitter, esclarecia dúvidas apresentadas por Franken e outros membros do comitê judiciário do Senado sobre a suposta interferência russa na eleição norte-americana de 2016. O senador Franken não conseguia entender por que Facebook, Google e Twitter, empresas que viviam de coletar imensas quantidades de dados e que empregavam algumas das pessoas mais inteligentes do mundo, não tinham percebido que havia uma agência russa comprando anúncios facciosos, direcionados para os eleitores norte-americanos. Mesmo quando lhes pagavam em rublos! Quanto mais perguntas fazia, mais exasperado Franken ficava. Essas plataformas, disse ele, começando a gesticular feito louco, "são as coisas mais sofisticadas já inventadas pelo homem. Em todos os tempos...". Então se calou um instante antes de desferir sua acusação: "Não se pode juntar rublos a uma propaganda política e sair por aí dizendo: 'Hummm... A combinação desses dois dados resulta em detalhes bem ruins'". Stretch, que trabalhava no Facebook havia sete anos e era diretor do departamento jurídico da empresa havia quatro, fixou o olhar na mesa a sua frente demonstrando profundo mal-estar. "Senador", ele retrucou, "trata-se de um sinal para o qual deveríamos estar alertas; olhando para trás, vejo que nos passou despercebido." Com a cabeça apoiada nas mãos em visível frustração, Franken pressionou Stretch a assumir o compromisso de ao menos no futuro não aceitar propaganda política paga em moeda estrangeira. Stretch não quis. O mais longe a que chegou foi dizer que o Facebook exigiria de todos os anunciantes políticos informações mostrando que tinham permissão para fazer propaganda nos Estados Unidos. Apesar de Franzen interrompê-lo alegando que "Você não pode dizer não", foi isso mesmo que Stretch disse.[1]

O confronto entre Franken e Stretch durante as audiências no Senado em outubro de 2017 serve como perfeita ilustração de quanto a comunicação política na web se corrompera, e permite um vislumbre de como seria difícil consertá-la. O que, para Franken, parecia um problema bem simples — um poder estrangeiro tentando distorcer a eleição de outro país ao bombardear os cidadãos com propaganda — podia exigir, reconheceu Stretch, uma solução incrivelmente complicada.

---

[1] Para acesso ao vídeo, v. Senator Al Franken questions Facebook VP about political ads purchased with foreign currency. **C-SPAN**, 31 October 2017. Disponível em: https://www.c-span.org/video/?c4688912/senator-al-franken-questions-facebook-vp-political-ads-purchased-foreign-currency. Acesso em: 10 dez. 2021, 11:38:53.

O chefe dos advogados do Facebook precisou ser ambíguo porque permitir que pessoas comprassem anúncios em moedas diferentes tinha se tornado parte do modelo de negócio global, aberto, de autosserviço, automatizado, produzido sob medida com todo cuidado e extremamente lucrativo do Facebook. Mais que apenas ser parte de seu modelo de negócio, fazia parte da filosofia e dos princípios que sustentam o crescimento e a hegemonia do Facebook. Na verdade, seria possível ir até mais longe e argumentar que um sistema de propaganda tão aberto era fundamental para a maneira pela qual as notícias e a informação eram impulsionadas e sustentadas em toda a *web*.

Desde que a web decolou no fim dos anos 1990, as notícias e a informação on-line têm sido custeadas acima de tudo pela publicidade. No entanto, os anúncios digitais não funcionam do mesmo modo que a propaganda funcionava no velho mundo. De fato, se você pensa que é capaz de compreender a publicidade digital com base na maneira como a propaganda funcionava no século XX, repense. Desfaça-se de quaisquer impressões que você tenha a partir da série Mad Men e dos trabalhos apresentados em *storyboards* na avenida Madison em Nova York. A publicidade digital — ou *ad tech*, como é conhecida na indústria — é coisa bem diferente. Você poderia chegar ao ponto de dizer que as *ad techs* são uma espécie diferente em relação a seu ancestral pré-internet. Se a publicidade dos velhos tempos era lenta, a digital se movimenta na velocidade da luz. Se ela era abrangente e de massa, a propaganda digital é minuciosamente restrita. Se as empresas de publicidade dos velhos tempos eram povoadas de diretores, contadores e redatores de criação, as empresas digitais contam com engenheiros de software, administradores de sistemas e cientistas de dados. Um especialista em tecnologia da informação na empresa de pesquisas Gartner chamou as *ad techs* de "mais complicadas

192   **DEMOCRACIA HACKEADA**

que Wall Street".[2] Empresas comerciais como Adobe e Quantcast empregam instrutores dedicados a educar pessoas quanto ao funcionamento das *ad techs*.[3] O Google tem até uma Academia para os anúncios. Bob Hoffman, que trabalhou em publicidade durante muitos anos e escreveu o que chama de "um pequeno livro histérico" sobre *ad techs*, descreve de que maneira a jornada digital de anunciante para divulgador hoje "entremeia seu caminho pelas mesas de negociação, Demand Side Platforms (plataformas de demanda, ou DSPs em inglês), provedores de dados, programas de segmentação, software de verificação, trocas de anúncios e uma série insana e obscura de outros tormentos a cobrar cada qual seu quinhão do orçamento de mídia dos anunciantes".[4]

Tendo em vista sua impenetrabilidade desconcertante, é tentador dar as costas para o estranho mundo novo da publicidade digital e deixá-lo entregue à própria sorte. Isso seria conveniente para quem lucra muito com ele, mas seria um erro terrível para a política e a sociedade. Sem levantar a tampa desse mundo virtual terrivelmente bizantino, é impossível explicar

---

[2]   KIHN, Martin. Why ad tech is more complicated than Wall Street. **Gartner**, 4 December 2014.

[3]   V. CHEN, Yuyu. Programmatic 101: Marketers turn to vendors for ad tech lessons. **Digiday**, 10 May 2017.

[4]   HOFFMAN, Bob. **BadMen: How Advertising Went from a Minor Menace to a Major Menace.** San Francisco: Type A Group, 2017. Em se tratando de questão essencial para o funcionamento da esfera digital, as *ad techs* são surpreendemente subinvestigadas. Além do livro de Hoffman, v. TUROW, Joseph. **The Daily You: How the New Advertising Industry is Defining Your Identity and Your Worth.** New Haven: Yale University Press, 2011; SMITH, Mike. **Targeted: How Technology is Revolutionizing Advertising and the Way Companies Reach Consumers.** New York: Amacom, 2015. Mais estão surgindo, porém ainda é preciso usar reportagens (com frequência envolvendo direitos de propriedade), declarações e informações das próprias empresas, periódicos da indústria (entre os mais notórios o **Digiday**) e artigos jornalísticos (incluindo investigações do **ProPublica**). Há também alguns blogues muito úteis e publicações de especialistas, entre eles Stratechery, de Ben Thompson, Doc Searls, Augustine Fou e Danny Sullivan (antes de se juntar ao Google).

Anarquia na Googlesfera 193

não apenas a interferência russa, mas grande parte da turbulência política e das reviravoltas da última década. Ou compreender de fato por que e como tem sido possível hackear democracias usando ferramentas digitais. Entender como as *ad techs* funcionam não explica, por si só, os choques e surpresas. Mas não há como explicar isso sem compreender como as *ad techs* funcionam. Colin Stretch não poderia explicar para Al Franken como as agências russas conseguiam comprar e distribuir anúncios com tanta facilidade no Facebook sem descrever como funciona o modelo de propaganda da plataforma. De igual modo, não se pode explicar por que, perto da eleição presidencial norte-americana de novembro de 2016, grande número de adolescentes macedônios na cidade de Veles publicava centenas de notícias inventadas sobre Donald Trump e Hillary Clinton, sem considerar como a propaganda digital financia o noticiário. A razão pela qual empresas como a Cambridge Analytica foram capazes de direcionar anúncios comportamentais para as pessoas com base em perfis atitudinais íntimos só fica clara a partir do momento em que se descobre a dinâmica da publicidade digital. De semelhante modo, para entender como a campanha de Trump aplicou o teste A/B a milhares de mensagens políticas todos os dias a fim de criar o conteúdo mais persuasivo, por que a campanha Vote Leave apostou tanto em físicos, matemáticos e cientistas de dados ao planejar o Brexit e por que os robôs se converteram em um recurso tão grande das campanhas eleitorais digitais modernas, você precisa compreender as *ad techs*.

Elas são tanto o sustento quanto o veneno no cerne da nossa democracia digital. Sustento porque alicerçam enorme proporção do conteúdo político e não político na *web*. Veneno porque não podem operar sem rastrear comportamentos, não funcionam a menos que em uma escala colossal e são obscuras por uma condição crônica e inerente. O rastreamento comportamental contínuo e intrusivo é intrínseco às *ad techs*. Os anunciantes compraram a ideia de que, no mundo digital, podem alcançar exatamente quem querem, quando querem. O único modo de lhes conceder esse tipo de acesso é seguindo você por toda parte, onde quer que você vá on-line (e além). Registrar tudo o que você faz, onde vai, do que gosta, com quem se conecta e o que é provável que faça a seguir. Isso confere enorme — e assimétrico — conhecimento àqueles que desejam influenciar seu comportamento, seja com um propósito comercial, seja ele político. Também significa que os provedores de *ad tech* precisam coletar quantidades fenomenais de informação o tempo todo sobre tantas pessoas quantas puderem. Como você pode imaginar, isso cresce muito depressa. O único modo de uma *ad tech* funcionar nessa escala é sendo tão aberta e isenta de atrito quanto possível. Ser aberta e isenta de atrito significa que quase qualquer um consegue usá-la a qualquer tempo. Portanto, ela está igualmente aberta para quem tem boas e sinceras intenções tanto quanto para quem tem más intenções. Também é inerente à *ad tech* ser obscura — no sentido de que é muito difícil acessá-la ou monitorá-la de fora. Essa obscuridade, em alguns casos, ocorre de maneira consciente (por exemplo, no interior de plataformas como o Facebook); em outros casos, contudo, acontece pelo simples fato de a *ad tech* ser tão grande e tão complexa que seguir um anúncio único qualquer até um destino único qualquer é praticamente impossível. O sistema de publicidade digital é tão vasto, multicamadas e labiríntico que ninguém sabe com exatidão o que outra pessoa está fazendo em determinado momento. Para todos os intentos e propósitos, é um sistema anárquico. Se Estados quiserem interferir em outros Estados, plutocratas manipular políticos ou radicais subverter o *status quo*, podem fazê-lo, confiantes na convicção de que são capazes de esconder a maior parte dos próprios rastros.

Considerando quanto as *ad techs* se tornaram diabolicamente complicadas, é difícil explicar como chegamos até aqui sem depressa nos perdermos em um labirinto de siglas, jargões técnicos e linguagem corporativa. Para a nossa felicidade,

Anarquia na Googlesfera 195

grande parte do enredo intricado das *ad techs* pode ser contado pela história de duas empresas, Google e Facebook. Em parte porque, no ano de 2018, as duas empresas mergulharam de cabeça nesse bravo mundo novo das *ad techs*. Juntas, responderam por metade do dinheiro ganho em publicidade digital no mundo inteiro, e por mais de 6 em cada 10 dólares nos Estados Unidos. Tão hegemônicas tinham se tornado que a mídia começou a se referir a elas como "o duopólio". A publicidade também é a principal fonte de renda de cada uma delas. Cerca de 90% da receita do Google, e mais de 95% da do Facebook, provêm de publicidade digital. E pelo fato de essas duas empresas terem inventado ou se apropriado dos métodos que hoje definem as *ad techs*, ambas se tornaram hegemônicas e parte absoluta do nosso universo digital.[5]

★★★

Quando lançaram o Google, Larry Page e Sergey Brin ficariam horrorizados com a ideia de que um dia se descobririam administrando a maior empresa de propaganda do mundo. No criativo ano de 1993, em que apresentaram o Google em um *paper* acadêmico, deixaram claro que viam a propaganda como uma influência corruptora das buscas. Chegaram a incluir um apêndice lamentando a dependência dos mecanismos de busca da publicidade. "Esperamos que os mecanismos de busca custeados pela publicidade acabem se mostrando inerentemente tendenciosos em relação aos anunciantes e distantes das necessidades dos consumidores", escreveram. Todavia, em uma frase crucial subsequente, a dupla disse que, embora tivessem uma atitude

---

[5] Para afirmações sobre um duopólio, v., por exemplo, REUTERS. Why Google and Facebook prove the digital ad market is a duopoly. **Fortune**, 28 July 2017; para um detalhamento bastante útil da receita do Google com publicidade, v. ROSENBERG, Eric. The business of Google. **Investopedia**, 13 November 2017; em relação ao Facebook, v. SHARMA, Rakesh. How does Facebook make money? **Investopedia**, 25 April 2018.

purista para com os resultados das buscas, não faziam nenhuma objeção teológica à publicidade em si. Apenas, no geral, "quanto melhor o mecanismo de busca, menor o número de propagandas necessário para o consumidor encontrar o que deseja".[6] Essa atitude conflitante para com a publicidade — uma aversão inerente aliada ao reconhecimento de que ela servia a um propósito prático, desde que benfeita — caracterizava a abordagem que os fundadores adotaram nas duas décadas seguintes. Eles resistiriam a introduzir ou desenvolver a publicidade no Google até poderem ver outros assumindo a liderança. Então adotariam a ideia — com uma abordagem mais "ao estilo Google" (com mais dados, mais condizente com a ideia de um mecanismo, mais inteligente). A partir de então, dariam o máximo de si para predominar. E, depois, sua abordagem se converteria no padrão da indústria. Claro, não precisavam fazer da publicidade sua fonte primária de receita, e com certeza não tinham de adotar uma abordagem peculiar como fizeram. Contudo, com as primeiras decisões que tomaram — sempre tardias por questão de conveniência — partiram em uma direção que definiria não apenas o próprio futuro, mas o futuro da comunicação na web.

Na versão cinematográfica da peça de David Mamet, *O sucesso a qualquer preço*, há uma cena icônica em que Blake (vivido por Alec Baldwin), representante do escritório central, censura com grande vigor três corretores da desgastada imobiliária Premiere Properties (o quarto corretor — Ricky Roma — está ocupado tentando fechar negócio com um beberrão ingênuo no restaurante chinês do outro lado da rua). Depois de lhes dizer que estão todos demitidos e terão até o fim de semana para merecer o emprego de volta, Blake lhes dá uma dura lição sobre vendas. "Porque só existe uma coisa que vale a pena na vida!",

---

6 BRIN, Sergey; PAGE, Lawrence. The Anatomy of a Large-Scale Hypertextual Web Search Engine. **Stanford University**, 1998. Disponível em: http://ilpubs. stanfor.edu:8090/361/1/1998-8.pdf. Acesso em: 13 dez. 2021, 14:47:08.

Anarquia na Googlesfera 197

grita ele com os três. "Façam com que assinem na linha pontilhada! Estão me ouvindo, seus maricas de uma figa?" Ele então foi até o quadro-negro e o fez girar. "S-F-N. S-sempre F-feche N-negócio. Sempre feche negócio! Sempre feche negócio!!" Isso é venda em estado bruto e mais cruel. Até chegar aqui há um longo, um longuíssimo caminho desde a promoção da marca, ou de atrair a atenção de um potencial comprador. Trata-se nada mais, nada menos de estabelecer contato com pessoas que já demonstraram interesse em investir em imóveis e convertê-lo em venda. Sem conversão, sem comissão, sem emprego. Ou, nas palavras de Alec Baldwin no filme, "o dinheiro está lá fora, se conseguir pegá-lo, ele é seu. Do contrário — não simpatizo nada com você".

Quando Page e Brin assumiram o memorável compromisso de custearem o Google por meio da propaganda, estavam correndo atrás desse tipo de venda. Não significa dizer que o método do Google tinha alguma coisa a ver com caixeiros-viajantes implacáveis trabalhando de escritórios caindo aos pedaços, lançando mão de todos os truques para levar as pessoas a assinarem na linha pontilhada. Contudo, a abordagem deles se concentrava ferozmente na conversão. Antes de outubro de 2000, o Google vendia publicidade de modo bastante tradicional. Empregava pessoal de venda de anúncios que ofereciam *banners* publicitários no site com base no número de visitas que as pessoas faziam. Era menos uma opção consciente que um indício de quanto os fundadores do Google menosprezavam a publicidade. Eles estavam tão concentrados na elaboração do mecanismo de busca mais eficaz que, via de regra, ignoravam os anúncios. Isso mudou no outono de 2000, quando o Google adaptou sua abordagem à adotada por vários outros mecanismos de busca, vendendo termos de busca. Ou seja, permitiam agora que os anunciantes pagassem por palavras específicas que, se digitadas no Google, levariam o anúncio em texto do cliente a aparecer ao lado dos resultados da busca. De início se tratou de um autosserviço, assim promovido: "Tem um cartão de crédito e cinco minutos? Divulgue hoje o seu anúncio no Google". No entanto, apesar de funcionar por autosserviço e do link direto com o que a pessoa estava procurando, a propaganda no Google ainda não era totalmente ao "estilo Google" — no sentido de ser diferente e fugir do convencional. Os anunciantes continuavam a ser cobrados com base no número de pessoas que viam seu anúncio.

Dois anos mais tarde, em 2002, o Google atacou com tudo ao estilo *O sucesso a qualquer preço*. Na época, a empresa precisou fazer algo radical. A primeira bolha da internet estourara, a receita do Google andava baixa, e os investidores estavam insatisfeitos com as taxas de retorno. Ou, nas palavras de Steven Levy, na biografia do Google lançada em 2011, "os investidores clamavam por um assassinato sanguinolento". Em resposta, o Google subverteu o modo de cobrança dos anunciantes. Em vez de fazê-los pagar pelo número de pessoas que viam o anúncio, só lhes cobrava agora pelo número das que de fato clicassem no anúncio. O sucesso não seria medido por exposição, mas por comportamento. A abordagem não era inteiramente nova — Bill Gross desenvolvera uma versão dela no fim de 1997 e a incorporara a seu serviço de busca, o GoTo.com — apesar das adaptações implementadas pelo Google. Os anúncios do Google não seriam incorporados a resultados orgânicos da busca como acontecia no GoTo.com. Seriam ordenados de acordo com sua qualidade (segundo critérios definidos pelo Google), e as pessoas fariam lances pelos chamados "leilões de Vickrey", ou leilões de segundo preço. Significava que o vencedor do leilão — o publicitário que dava o lance mais alto — não pagava o preço ofertado, mas o preço do segundo lance mais alto acrescido de um centavo.

Há centenas de motivos pelos quais o Google se deu por satisfeito ao adotar a abordagem comportamental. Para começo de conversa, ele se opôs à tradição e contrariou a maneira como a maior parte das propagandas funcionava. Segundo, era mensurável, tendo por base o comportamento real confirmado por dados. Era possível mostrar aos publicitários o número exato de pessoas que reagiam ao anúncio deles. Terceiro, era altamente eficaz. Os anunciantes podiam escolher palavras, criar anúncios e dar lances. O mercado então decidia o valor das palavras, não o Google. Por essa razão, também podia ser administrado em escala por algoritmos, desde que você tivesse acesso a capacidade de processamento suficiente. O leilão de Vickrey também dava a impressão de ser tudo mais justo. E, por fim, parecia trabalhar a favor de todos os lados. As pessoas já tinham indicado o que desejavam digitando os termos da busca ("voo barato para Paris"). Os resultados da busca se combinavam com os anúncios, colaborando para um casamento feliz. Como o Google gostava de dizer a todo instante, todo o mundo sai ganhando! O Google com certeza ganhava: seus 7 milhões de dólares de lucro em 2001 saltaram para 100 milhões em 2002.[7]

Todavia, essa abordagem, que depressa levou os anúncios a se tornarem a principal fonte de renda do Google, também teria efeitos colaterais significativos. Ela comprometia o Google com a agressividade nas vendas — no sentido de "Sempre Fechar Negócio". Também obrigava a empresa a rastrear consumo e comportamento. Anunciantes e criadores de conteúdo eram motivados a pensar sempre no que induziria as pessoas a clicarem, enquanto o Google precisava medir não só o total de cliques, mas quem clicara no que e quando, e o que acontecera em

---

[7] V. AULETTA, Ken. **Googled: a história da maior empresa do mundo virtual e como sua ascensão afeta as empresas do mundo real.** Rio de Janeiro: Agir, 2011. As várias biografias sobre o Google descrevem aspectos do desenvolvimento da publicidade pela empresa digital, a maior parte em termos positivos. Além de Auletta, v. BATTELLE, John. **The Search: How Google and Its Rivals Rewrote the Rules of Business and Transformed Our Culture,** rev. ed. London: Nicholas Brealey, 2006; LEVY, Steven. **In the Plex: How Google Thinks, Works, and Shapes Our Lives.** New York: Simon & Schuster, 2011.

consequência disso. Toda uma cultura on-line se desenvolveu a partir dessa obsessão por cliques — um cultura não limitada a websites comerciais, mas atingindo as notícias e a comunicação política. A decisão do Google de adotar essa abordagem colocou a empresa em um caminho que a levaria muito além de sua intenção original. Por exemplo, acabaria fazendo que o Google tentasse descobrir não apenas se você comprou algo on-line depois de ver um anúncio, mas até se foi à loja e efetuou a compra.

Ainda assim, nesse estágio, a ambição do Google era apenas de sair em busca de recursos financeiros. Com seus novos anúncios de texto, conseguiu uma sobra saudável de receita. A essa altura, Page e Brin podiam ter decidido que, tendo sido bem-sucedidos em tornar a busca autossustentável, era possível recuar e ignorar outra vez, com segurança, a publicidade digital. Mas não o fizeram. Depois de provar do fruto dos AdWords (como seus anúncios de texto são chamados), o Google cresceu e, com isso, desempenhou seu próximo papel crítico na determinação da economia da *web*.

No início de 2003, uma *start-up* criada em Santa Monica havia quatro anos, denominada Applied Semantics, já tinha experimentado sete ideias diferentes de produtos, alterado o próprio nome (do bem menos cerebral "Oingo") e visto seus compradores potenciais chegarem e partirem.[8] Quando o Google quis adquiri-la, havia todos os motivos para pensar que perderia o interesse como as demais empresas. Dessa vez, a sétima, a venda se consumou. Mais tarde esta seria citada como uma das mais importantes aquisições da história da internet.[9] Trabalhando com a Applied Semantics, o Google conseguiu pegar sua

---

[8] V. Elbaz, Eytan. Ten years later: lessons from the Applied Semantics' Google acquisition. **AllThingsD**, 22 April 2013.

[9] V. Morrissey, Brian. Today in history: Google buys Applied Semantics. **Digiday**, 12 April 2013.

expertise fenomenal em prospecção de texto e combiná-la com a tecnologia de inserção de anúncios em páginas da web a fim de entregar propagandas contextualizadas em escala. Falando português claro, o Google podia agora fazer a entrega automática de anúncios em quaisquer páginas da web diretamente relacionados com o texto dessas páginas. Se você estivesse lendo um artigo sobre esqui, o Google poderia lhe mostrar um anúncio de equipamentos para esquiar. Se fosse um artigo sobre o mercado financeiro, conseguia publicar um anúncio sobre comércio de bitcoins. O objetivo dessa nova tecnologia não era fornecer mais anúncios na busca do Google, mas dar a divulgador on-line a oportunidade de mostrar anúncios, bastando acrescentar algumas poucas linhas de código e deixar o Google fazer o resto. A partir do momento em que os anúncios chegavam, o mesmo acontecia com os pagamentos — para quem publicava e para o Google. Do mesmo modo que a busca do Google organizara o novo fluxo de informação on-line, o Google AdSense — como era chamado — ajudaria a financiar o fluxo. Para o Google, mais uma vez todo o mundo saía ganhando. Os anunciantes podiam pôr suas propagandas em bem mais websites, e os divulgadores podiam preencher espaços vazios em suas páginas e ainda ser pagos. O que poderia dar errado?

★★★

Em 1802, o cientista, naturalista, aventureiro e polímata Alexander von Humboldt mandou do Peru para casa uma série de espécimes de uma substância com alto valor agrícola — tinha plena convicção disso. "O substantivo *huano* (os europeus sempre confundem *hua* com *gua*, e *u* com *o*)", escreveu ele, "significa, na língua dos incas, fertilizante para aumentar os nutrientes da terra." Os europeus conheciam a substância como guano ou, mais comumente, fezes de pássaro. Testes realizados em Paris confirmaram que ela era rica em nitrogênio, fosfatos e potássio. Duas décadas mais tarde, quando testada por fazendeiros

202   DEMOCRACIA HACKEADA

norte-americanos, descobriu-se "o esterco mais poderoso já aplicado ao milho".[10] Por volta da década de 1840 houve uma "corrida do ouro" do guano, conduzida pelos britânicos, com os norte-americanos a segui-los de perto. Durante cerca de vinte anos, na metade do século XIX, o guano foi o principal fertilizante utilizado pelos fazendeiros britânicos. No início, parecia que todo o mundo se beneficiava com isso. O governo peruano saldou dívidas antigas, e o guano logo se tornou a principal fonte de renda do Estado. Novos negócios como a empresa de produtos químicos W. R. Grace deslancharam. Alguns comerciantes e as respectivas famílias — como os Gibbses — ganharam muito dinheiro (inspirando o verso do teatro de variedades vitoriano "William Gibbs made his dibs / Selling the turds of foreign birds").[11] Os fazendeiros, sobretudo no Reino Unido e nos Estados Unidos, conseguiram aumentar os rendimentos. Tudo a partir de um recurso que parecia infinito e, por outro lado, literalmente um desperdício.[12]

Na verdade, nem todo o mundo se beneficiou com a "corrida do ouro" do guano. A escavação de fezes de pássaros consistia em uma atividade miserável que poucas pessoas queriam realizar. Isso levou os mineradores de guano a utilizarem mão de obra proveniente das ilhas do Pacífico, bem como, na prática,

---

[10] BARTLETT, Edwin. **Guano, Its Origin, Properties and Uses.** New York: Wiley & Putnam, 1845.

[11] "William Gibbs ganhou seus trocados / Vendendo cocô de pássaros importados." [N. do T.]

[12] Existe uma variedade saudável de material sobre o guano e sua utilidade, remontando a Bartlett (1845), que inclui: MONTGOMERY, David R. **Dirt: The Erosion of Civilizations.** Berkeley: University of California Press, 2007; MATHEW, W. M. Peru and the British Guano Market, 1840-1870. **Economic History Review**, 23:1, p. 112-28; WILLS, Matthew. Are we entering a new golden age of guano? **JStor Daily**, 4 May 2016; ARMITAGE, David. From guano to Guantánamo. **Times Literary Supplement**, 4 December 2013. Para um relato muito mais completo, v. CUSHMAN, Gregory T. **Guano and the Opening of the Pacific World: A Global Ecological History.** New York: Cambridge University Press.

Anarquia na Googlesfera

a escravizarem trabalhadores chineses, muitos dos quais morreram ou sofreram terríveis problemas de saúde. O governo peruano, que a princípio ganhou muito dinheiro com esse comércio, contraiu dívidas enormes, que foi incapaz de saldar quando o preço do guano despencou, tempos depois. Os Estados Unidos, furiosos por serem ultrapassados no mercado pelos britânicos, aprovaram uma lei — o Ato norte-americano das Ilhas de Guano, 1856 — que legalizou o confisco de ilhas do Pacífico com o propósito de extrair guano. Logo ele foi considerado o primeiro ato imperialista do país. Uma guerra colonial irrompeu quando a Espanha tentou confiscar as ilhas ricas em guano da costa do Peru, e quando o Peru e o Chile disputaram o controle dos recursos existentes no deserto do Atacama. O próprio guano logo se esgotou em virtude do excesso de escavação, tendo sido então substituído por alternativas sintéticas. Exploração, escravidão, endividamento, imperialismo e guerra — essas foram algumas das repercussões indesejadas, ou "consequências extrínsecas", como dizem os economistas, do comércio de guano do século XIX.

Mas, afinal, o que a abordagem às *ad techs* adotada pelo Google, no século XXI, tem a ver com o comércio de guano no século XIX? Bom, em 2003, o Google enxergou espaços em branco intermináveis na rede, crescendo mais a cada dia. A maior parte deles — do ponto de vista comercial — parecia desperdiçada. Se, explorando o texto de cada página da web, o Google conseguisse preencher os espaços em branco com anúncios relevantes, todo o mundo poderia encher os próprios bolsos. Os sites em si ganhariam dinheiro dos anúncios, os usuários veriam os anúncios que fossem relevantes para a página, e o Google tomaria para si a fatia que lhe dizia respeito. Como os imperialistas britânicos no século XIX, tendo enxergado a oportunidade, o Google se mexeu rápido e colonizou todo o mercado que pôde, antes que lhe passassem a perna. Como não podia deixar de ser, seus anúncios se disseminaram feito incêndio na mata web afora. Além disso tudo, o Google era visto como um patrono generoso, o responsável pela criação de uma espécie de árvore mágica de dinheiro. Como o jornalista Ken Auletta escreve em seu livro *Googled*: "Além de não ser mau, o Google era benéfico". Para onde quer que ele conduzisse, os outros o seguiam. O Outbrain, serviço que de maneira semelhante preenchia os espaços em branco nos sites dos divulgadores com links para outros artigos, anúncios relevantes e conteúdo patrocinado, lançou-se em 2006, e outro parecido, chamado Taboola, em 2007. Da próxima vez que visitar um website de notícias, dê uma olhada nos anúncios e links salpicados pela página — é grande a probabilidade de pelo menos um deles ser fornecido por uma dessas três empresas.

Todavia, como aconteceu com o comércio de guano, a colonização pelo Google dos espaços em branco na web teve muitas ramificações inesperadas. Deu ao Google autoridade sobre um estoque gigantesco de espaço desperdiçado. Tão imenso que só podia ser administrado por meio de um software inteligente e um monte de dados, e por divulgadores e publicitários fazendo eles próprios grande parte do trabalho. O Google podia ter autoridade, mas só exercia controle limitado. Não havia uma única pessoa da empresa capaz de decidir qual anúncio seria exibido em que página ou site. Isso seria feito pelos algoritmos. Os distribuidores necessariamente precisavam abrir mão do controle de muitos dos anúncios que apareciam nos próprios websites, deixando isso por conta do Google e da automatização. De semelhante modo, os anunciantes tinham de ceder o controle de onde seus anúncios apareciam. Era um sistema projetado para ser governado por olhos e cliques. Um sistema construído em função da magnitude, não da possibilidade de monitoramento.

Uma mudança assim gigantesca no modo como notícias e informação eram financiadas estava fadada a ter repercussões. Todo um mercado incipiente surgiu — alguns mais *kosher* que outros — de pessoas produzindo coisas apenas para satisfazer a demanda fugaz do público. Os *clickbaits* decolaram.

A personificação dessa mudança chamava-se Demand Media, uma empresa que literalmente rastreava o que as pessoas buscavam on-line para então produzir artigos ou vídeos superbaratos com o intuito de redirecionar parte do tráfego da busca e os dólares dos anúncios a ele associados. Tratava-se de uma abordagem à informação ao estilo do livre mercado, mas de incrível crueldade — nascida diretamente do modelo adotado pelo Google. A Demand Media acabou estagnando e naufragando com um rombo no casco produzido justamente pela empresa à qual devia todo sucesso. O Google ajustou seu algoritmo de busca em 2011 para implementar conteúdos do tipo Demand Media em seus resultados. Sem nenhuma atenção, sem nenhum faturamento. Contudo, a abordagem — ao produzir fossem quais fossem as notícias e as informações que atraíssem atenção de modo a gerar renda de publicidade — não morreu, apenas evoluiu. Cinco anos depois que a estrela da Demand Media começou a se apagar, um negócio caseiro criado por um grupo de jovens que vivia às margens do rio Vardar, na Macedônia, cuidava de inventar notícias sobre candidatos à eleição dos Estados Unidos. E estava ganhando — graças em grande parte ao AdSense — dez vezes mais o salário médio mensal.[13]

Outro efeito colateral imprevisto do modelo imperial do Google foi os anunciantes poderem — involuntariamente — se descobrir financiando o extremismo político. Empresas como o Walmart pagavam ao Google para publicar anúncios onde quer que gerassem cliques. Depois de 2012, isso poderia significar um em mais de 2 milhões de divulgadores na rede AdSense. Nem o Google, nem empresas como o Walmart estavam prestando muita atenção ao lado do que seus anúncios apareciam. Desde que não fosse nada pornográfico ou violento, imaginavam que não lhes cabia se preocupar com isso. Até descobrirem, graças em parte a uma investigação do *The Times* em 2017,

---

[13] Para uma boa descrição da fábrica de notícias macedônica, v. SUBRAMANIAN, Samanth. Inside the Macedonian fake-news complex. **Wired**, 15 February 2017.

que estavam ajudando a financiar sites que promoviam o extremismo político, teorias da conspiração e notícias inteiramente forjadas por meio de seus anúncios.

Assim, tendo adotado esse reluzente novo modelo de publicidade nos idos de 2005, o Google ocupava posição vantajosa. Solucionara suas preocupações financeiras. Fora bem-sucedido abrindo o capital em 2004. E compreendera qual era sua principal fonte de renda — a publicidade na web. Como isso incluía não apenas os próprios sites, mas a longa cauda — que só fazia crescer a cada dia — de divulgadores em toda a web, sua renda futura também parecia rósea. Eric Schmidt, que se tornou executivo-chefe do Google em 2001, contou a Ken Auletta que 2002 fora o ano em que se dera conta de que "nosso negócio é a publicidade". A barganha — até então — não dera tão certo para os divulgadores de conteúdo. Depois que o Google expandiu o inventário do espaço publicitário, a renda que eles recebiam de cada anúncio na web era uma fração do que recebiam dos anúncios impressos ou na TV. Contudo, os líderes do negócio de propaganda continuavam otimistas. O dinheiro, pensavam, passaria para o mundo on-line. "Espero", disse sir Martin Sorrell em 2008, "que dentro de cinco anos — em torno de 2013, então — estejamos pelo menos um terço no digital."[14] Sorrell, na época presidente de um dos maiores conglomerados mundiais da publicidade, tinha razão ao dizer que o dinheiro fluiria on-line. Mas não iria para as velhas empresas de divulgação nem para os publicitários.

***

Agora que participava do mundo da publicidade digital, o Google não podia deixar de notar que não era o líder, mas apenas um entre vários competidores. Há poucas coisas de que os chefes do

---

[14] Sir Martin Sorrell in RUSBRIDGER, Alan. Does Journalism Exist?, 2010 Hugh Cudlipp Lecture. Transcrição em: https://www.theguardian.com/media/2010/jan/25/cudlipp-lecture-alan-rusbridger. Acesso em: 14 dez. 2021, 18:10:25.

Google gostam menos que não liderar. Sobretudo quando pensam que sua empresa pode fazer um trabalho bem melhor que os concorrentes. Em 2007, o Google ainda conseguia enxergar uma extensão do espaço publicitário on-line completamente fora de seu campo de atuação — todos os anúncios em *banners* posicionados no alto e na lateral dos sites dos grandes divulgadores. Apesar de esses anúncios não terem nada a ver com a atividade principal do Google, a empresa era capaz de enxergar toda a ineficiência daquele serviço. Montes desses anúncios eram vendidos por pessoas. Costumavam ser os mesmos em múltiplas páginas da web, onde podiam permanecer horas, dias até. Para infelicidade do Google, todo esse setor já estava ocupado por competidores enraizados e com relacionamentos estabelecidos. O mais predominante chamava-se DoubleClick, empresa que se vangloriava de um catálogo de anunciantes de primeira classe e — ao estilo avenida Madison — oferecia festas extravagantes para seus clientes. Uma delas, de acordo com David Sidor, um dos primeiros empregados da empresa, transformou o *nightclub* nova-iorquino Roxy na fábrica de chocolate de Willy Wonka, sem deixar os garçons Oompa Loompa de fora.[15] Ávido por expandir novos territórios, o Google comprou a DoubleClick por 3,1 bilhões de dólares em 2007 (transação finalizada em 2008) — quase o dobro que gastara no YouTube em 2005 e de longe sua maior aquisição até então.

Como Alexandre, o Grande, depois de enfim derrotar os persas na batalha de Gaugamela, Larry Page e Sergey Brin agora conseguiam contemplar na web seu vasto império publicitário. Tendo assumido a DoubleClick, o Google supervisionava o conteúdo publicitário de muitos milhões de páginas, desde novos divulgadores de ponta a pequenos blogues. A envergadura do império era assim grande porque a DoubleClick assumira, como o Google com o AdSense — a responsabilidade de vender

---

[15] SIDOR, David. **The Click:** A Memoir and Lessons Learned during the Great Internet Boom. Lincoln, NE: iUniverse, 2004.

acres de espaço desperdiçado que os divulgadores lutavam para dispor eles mesmos — velhas páginas raramente visitadas, enterradas por baixo de conteúdos novos. O Google se tornava depressa o patrono da economia da informação. No entanto, também não há como questionar que, adquirindo a Double-Click, os fundadores do Google se distanciavam mais um passo da própria reprovação à propaganda e de sua justificativa inicial no sentido de usá-la só para pagar as contas. O mecanismo de busca também avançava inexoravelmente pelo caminho do rastreamento de seus usuários, e depois usava a informação obtida para ajudar a segmentar anúncios a eles direcionados — algo contra o que os fundadores do Google sempre tinham lutado (embora não o bastante a ponto de deixarem de coletar informações). De fato, em 2008, o *Wall Street Journal* anunciou que eles tinham argumentos audaciosos acerca de como deveriam usar todos os dados que agora reuniam.[16]

Havia outro motivo para a compra da DoubleClick, mais ajustado à teologia da engenharia do Google e à direção em que conduziam as notícias e a informação na web. A DoubleClick vinha trabalhando em um intercâmbio de propaganda, seguindo a premissa do mercado de ações. A ideia, que naturalmente atraiu a sensibilidade do Google, era que o intercâmbio afastaria grande parte do atrito que naquele momento caracterizava o processo de compra e venda de anúncios digitais. Os divulgadores on-line, com espaço para publicidade sobrando e querendo vendê-lo, poderiam depositá-lo em uma espécie de bolsa de valores, enquanto os anunciantes, dispostos a comprar espaço publicitário pelo melhor preço, conseguiriam encontrá-lo ali. Remover atrito (sinônimo de pessoas, na maior parte das vezes) sempre fora uma justificativa essencial para o que o Google fazia on-line. Ele não organizava a informação do mundo utilizando pessoas, mas usando códigos. De igual modo, na publicidade,

---

[16] V. Vascellaro, Jessica E. Google agonizes on privacy as ad world vaults ahead. **Wall Street Journal**, 10 August 2010.

Anarquia na Googlesfera 209

a equipe de venda e os intermediários podiam ser substituídos por códigos e pelo mercado. Como Susan Wojcicki, responsável por chefiar o desenvolvimento do AdSense no Google, dissera sobre o serviço: "Isso mudou a maneira como os provedores de conteúdo pensam o próprio negócio. Sabem que conseguem gerar receita sem ter uma equipe de vendas específica".[17] Um intercâmbio publicitário era mais uma extensão desse princípio.

Em 2007, dois estudantes empreendedores, do interior de um dormitório na Filadélfia, conseguiram enxergar o rumo que as coisas estavam tomando. Nat Turner e Zach Weinberg eram universitários e nenhum dos dois jamais trabalhara em publicidade ou tinha grande conhecimento sobre o funcionamento dessa indústria (uma vantagem, provavelmente, considerando quanto as *ad techs* são diferentes da publicidade tradicional). Mas a dupla sabia mexer com códigos. Turner e Weinberg resolveram "apostar que os intercâmbios aconteceriam em tempo real". "Entendemos que, se o Google fizer, todo o resto do mundo fará, e de repente havia a necessidade de um corretor."[18] Por "tempo real" Turner queria dizer que os anunciantes dariam lances tentando levar cada espaço no instante em que alguém abrisse uma página da web. Ao acessar um website pela primeira vez, você nota que embora haja espaço para montes de anúncios, não necessariamente eles são exibidos de pronto. Isso não acontece por causa de sua conexão lenta. Acontece porque no momento em que você abriu a página, seus detalhes foram lançados em uma bolsa de anúncios em que os propagandistas começaram a dar lances pela sua atenção. Quanto mais você valer a pena para eles — com base em quem você é, onde mora,

---

[17] Apud AULETTA, Ken. **Googled: a história da maior empresa do mundo virtual e como sua ascensão afeta as empresas do mundo real**. Rio de Janeiro: Agir, 2011.

[18] LEE, Edmund. "Google's Invite Media founders: Why we decided not to start the next Facebook. **AdAge**, 4 April 2011.

o que faz e inúmeras outras porções de informação — mais eles oferecem. O vencedor do leilão tem o direito de lhe mostrar seu anúncio; o perdedor não. Tudo isso se passa na fração de segundo necessária para a sua página carregar.[19]

Turner e Weinberg tinham razão. Em setembro de 2009, o Google lançou um mercado publicitário, ou *ad exchange* em inglês, em tempo real. Com um *timing* perfeito, a dupla também lançou seu primeiro serviço no mesmo ano, com o intuito de auxiliar os anunciantes a comprarem propaganda por meio do mercado de intercâmbio de anúncios em tempo real — tudo isso usando softwares inteligentes. Sempre atento a serviços que complementam os de que já dispõe, no ano seguinte o Google comprou a empresa deles, a Invite Media, por 81 milhões de dólares em dinheiro.[20] De acordo com Neal Mohan, vice-presidente de gerenciamento de produto do Google, os *ad exchanges* "democratizariam o mundo da publicidade gráfica e a tornariam acessível e tão abertas quanto possível para divulgadores grandes e pequenos, anunciantes grandes e pequenos — como a publicidade de busca é hoje".[21] Mohan quis dizer que os sistemas do Google — em teoria — deixariam a propaganda mais barata para os pequenos negócios e lhes dariam a oportunidade de colocar anúncios em um grande número de novos espaços. Contudo, mesmo no sentido econômico, logo ficaria evidente que o mundo dos *ad exchanges* em tempo real era tão complexo

---

[19] V. CARLSON, Nicholas. Meet the 24-year-old who just sold a $70 million company to Google. **Business Insider**, 2 June 2010; KAPLAN, David. Google and Invite Media: one year later, DSP looks to global expansion. **Gigaom**, 7 June 2011.

[20] KAFKA, Peter. Google's final price tag for Invite Media: $81 million. **AllThingsD**, 9 June 2010.

[21] The DoubleClick Ad Exchange: growing the display advertising pie for everyone. **Google official blog**, 17 September 2009. O uso do verbo "democratizar", salpicado em muitas declarações do Google, não tem a ver com democracia no sentido político. Aqui o emprego do termo tem viés econômico (embora a empresa, por conveniência, ofusque a distinção).

que só seria democratizante para quem fosse fluente em codificação ou por acaso tivesse um Ph.D. em física.

O movimento em direção à compra e venda por meio de *ad exchanges* compeliu o mundo das *ad techs* a ir além, rumo à automação e à personalização. Os anunciantes não mais comprariam espaço em veículos de mídia: a partir de agora, comprariam *você*. Não o escolheriam pelo nome, mas por sua susceptibilidade à mensagem que tinham. Portanto, quanto mais soubessem ao seu respeito, melhor. Não só o interesse que você demonstrou por algo, mas a seriedade desse interesse, a probabilidade de você de fato seguir por esse caminho, quando o momento certo chegaria para você. Graças aos *ad exchanges*, também podiam descobrir como alcançá-lo de maneira mais eficiente — ao custo mais baixo, com o maior retorno possível. Se isso significava rastreá-lo on-line e mostrar-lhe um anúncio em um site político alternativo que por acaso você estivesse visitando, no lugar do site de notícias pelo qual passou cinco minutos antes, que assim fosse. Esse simplesmente seria o modo mais eficiente e vantajoso em termos financeiros de atingi-lo. O significado disso no mundo real é que os anunciantes agora conseguiam alcançar a mesma pessoa a um menor custo em um site pequeno, menos estabelecido — via o *ad exchange*. O dinheiro que antes teria fluído para mídias conhecidas como o *New York Times* estava sendo canalizado para os sites alternativos. O Google efetivamente incentivava o conteúdo de baixo custo e casual ao desviar os dólares da publicidade dos sites mais caros, mais respeitados. O modelo de financiamento da mídia responsável, já em queda, levava mais um tombo.

Em 2012, o Google se expandira pelos ecossistemas das notícias e da tecnologia. Vendia anúncios nos próprios sites, em milhões de sites de terceiros e ajudava os distribuidores a organizarem e venderem suas propagandas, gerenciando o importante *ad exchange* e colaborando com os anunciantes na compra de publicidade. Comparando-o com o mundo das finanças, era a empresa em que as pessoas estavam investindo, o assessor financeiro corporativo (a Morgan Stanley dos negócios), o mercado de capitais em que a empresa fazia negócios (como a NASDAQ) e o corretor aconselhando as pessoas sobre onde investir. A diferença era que, nos mercados financeiros, existem regras e regulações governando as atividades de diferentes empresas. Seria um conflito de interesses, por exemplo, alguém atuar tanto como corretor quanto como consultor de investimentos. Não havia (nem há) nenhuma regra comparável no mundo das *ad techs*. Em essência, era um mundo bastante livre de regras sobre o qual o Google presidia como um senhorio ausente. A fim de minimizar custos e ao mesmo tempo maximizar escala e eficiência, o sistema era construído sobre autosserviço, leilões e automação. Qualquer controle — por exemplo, em termos de quais anúncios iriam para quais sites — significaria atrito, e o atrito aumentaria os custos.

O Google impulsionara a criação de todo um ecossistema digital de um lado aberto, acessível e relativamente isento de regras, mas, por outro lado, de uma complexidade monumental, intrincado e precário. De fato, na época que Barack Obama foi eleito para o segundo mandato como presidente dos Estados Unidos em novembro de 2012, a estrutura inteira das *ad techs* se parecia com uma engenhoca digna de Heath Robinson ou Rube Goldberg, fantástica de tão habilidosa e monstruosa de tão complicada (vem-me à mente a "nova máquina multimovimento para pegar ovos de Páscoa"). Cada um dos dentes da engrenagem movia outro dente que provocava a rotação de uma alavanca, a qual puxava uma corda que levantava uma alça e esta fazia cair um martelo... e assim por diante. Para funcionar, o sistema todo dependia da operação suave de cada elemento em conjunto com o seguinte. Só se tudo tomasse forma em perfeita harmonia poderiam milhões de anunciantes colocar bilhões de propagandas em milhões de websites diferentes a cada segundo de cada dia. Para funcionar, o sistema necessitava ser alimentado o tempo todo com montanhas de informação pessoal e

Anarquia na Googlesfera

atualizado sem parar. Tudo isso cuidadosa e automaticamente ajustado à disposição dos anunciantes para pagarem e dos divulgadores para venderem. Tão grande e complexo se tornara que só quem tinha capacidade para coletar e processar quantidades enormes de dados podia competir. Só empresas, em outras palavras, como o Google. Acrescente a isso um grão de areia e o castelo todo ruiria — e, com ele, grande parte da web. Em 12 de novembro de 2014, quarta-feira, foi o que aconteceu. Um problema no *ad server* do Google significou que, por uma hora, os anúncios deixaram de aparecer nos sites dos divulgadores em toda a web. Como a *ad tech* era integrada às páginas em si, também significou muitas páginas impossibilitadas de serem exibidas e que, para muita gente, boa porção da web simplesmente parara.[22]

Esse sistema de *ad tech* "ao estilo Heath Robinson" dependia de acesso aberto. Desde outubro de 2000, o Google fizera tudo que podia para deixar as pessoas criarem, comprarem e segmentarem elas próprias os respectivos anúncios. Desde que eles não chamassem a atenção para um flagrante desrespeito às políticas de propaganda do Google, seriam transmitidos, livres de atrito, aos websites. Para o Google, o acesso aberto era eficiente em termos econômicos (menor número de pessoas era necessário, custo menor), atraente em termos filosóficos (democratização!) e coerente com o modelo de negócios da empresa (de comercialização da web aberta). Era também deliberadamente não discriminatório — qualquer um podia comprar anúncios, em qualquer parte do mundo, e pagá-los em dólar, euro, libra, iene ou rublo. Com a mesma facilidade que a Internet Research Agency da Rússia pôde pagar por propaganda hipersectária, a Whole Foods podia pagar para promover salsichas sem carne.

---

[22] Para uma reportagem sobre o assunto, v. O'REILLY, Lara. Google's DoubleClick ad server went down, costing publishers globally "$1 million an hour" in lost revenue. **Business Insider**, 12 November 2014.

No entanto, ser aberto não é ser transparente. Na realidade, em consequência de sua complexidade, velocidade e automação, o sistema tinha uma opacidade incomensurável. Qualquer sistema tão complicado, tão inacessível ao escrutínio externo e à vigilância interna, estava fadado a ser manipulado. Com certeza foi o que aconteceu. Entre 2008 e 2012, o Google noticiou que o número de anúncios por ele desaprovado crescera de 25 milhões para 134 milhões. Uma prova de sucesso, segundo o Google. "Mesmo na sempre crescente corrida armamentista [da fraude de anúncios]", escreveu seu diretor de engenharia de propaganda, "os nossos esforços estão dando certo." Essa confiança foi desmentida pelo crescimento dos golpes, dos robôs, dos "truques para gerar cliques", dos anúncios autoclicantes, das propagandas enganosas e dos "tabloides disfarçados" (anúncios feitos para se parecerem com manchetes de tabloides com o intuito de levarem as pessoas a clicar). Em 2015, o Google declarou que "desativara mais de 780 milhões de anúncios por violação das nossas políticas" e, em 2016, a cifra chegou a 1,7 bilhão. A empresa atribuiu o aumento fenomenal de manipulação e fraude como prova de que tinha o problema sob controle. Essa é uma leitura. Outra é que ela criara um sistema inerentemente vulnerável, e havia mais e mais pessoas tirando vantagem dessa vulnerabilidade. Por rápido que o Google conseguisse eliminar um método de fraude, outro surgia no lugar.[23]

Não só o sistema de anúncios digital — a Googlesfera — estava aberta à manipulação como incentivava seus participantes a reunirem o máximo de informação pessoal possível sobre seus visitantes, de modo a poder vendê-la por preços mais altos em um *ad exchange*. Os *ad exchanges* operavam pela combinação do máximo de compradores e vendedores o mais rápido possível por preço definido pelo mercado. Não era função deles policiar o

---

[23] Números e citações sobre fraude em anúncios extraídos do blogue oficial do Google.

que acontecia com os anúncios a partir do momento em que eram alocados. Talvez não surpreenda, então, a estimativa de 2011 de que entre 50% e 95% dos anúncios gráficos vendidos por intercâmbios (em oposição a ocorrências de cliques em links) nunca tinham sido vistos por ninguém. "As operações de mercado eram literalmente uma latrina", contou um comprador de *ad exchange* ao jornal especializado *Digiday*.[24] As agências eram motivadas a atingir os consumidores mais valiosos pelo menor preço possível em benefício de seus clientes. E esses clientes, os anunciantes, eram incitados a mensurar o próprio sucesso pelas respostas comportamentais que provocavam. Bastava conseguir um clique do usuário! Tudo era orientado em função da compra e venda do usuário — sendo ele, claro, você e eu. É como acontecia no filme de 1973, *Golpe de mestre*, em que Robert Redford e Paul Newman reúnem toda uma turma de ladrões, golpistas, vigaristas e trapaceiros para orquestrar um golpe no "alvo", Doyle Lonnegan. Todo o mundo sabe do golpe, exceto o próprio Lonnegan, que perde 1 milhão de dólares sem jamais se dar conta de ser ele a vítima de uma complexa falcatrua.

O Google nunca se propôs a construir um programa que funcionasse dessa forma. E, consciente de que o sistema corria o risco de cair em descrédito, o gigante da tecnologia procurou maneiras de enfrentar o problema. Nessa etapa, havia dois caminhos que ele podia tomar. Podia ter tentado destrinchar o sistema, devolvendo-lhe atrito e reduzindo seu papel — o que representaria um esforço enorme e significaria inevitavelmente reduzir-lhe a hegemonia e a receita. Ou poderia ter optado pelo sentido contrário, reunindo ainda mais dados pessoais e se tornando ainda mais dominante. O Google escolheu a segunda alternativa. Até 2012 ele evitara usar todos os dados que coletava, mantendo separadas as informações pessoais de seus diferentes serviços. Naquele ano, porém, optou por agrupar tudo.

---

[24] SHIELDS, Mike. The ad exchange quality issue. **Digiday**, 2 August 2011.

Setenta políticas de privacidade diferentes se fundiram em uma só.[25] Isso significava que ele podia combinar tudo o que sabia ao seu respeito — desde o que você via no YouTube até as buscas que fazia no Google, passando pelo seu Gmail — em um grande caldeirão. Daí ele foi além, conectando pessoas com seu identificador único e acompanhando-as por toda a sua vida digital. E então foi mais além ainda, rastreando os movimentos na vida real das pessoas via telefone celular. Conquanto toda essa informação pessoal sem dúvida tenha ajudado a empresa a ajustar e desenvolver seus muitos e variados produtos, também a levou a se aprofundar no que a acadêmica Shoshana Zuboff chama de "capitalismo de vigilância". A fim de provar para os anunciantes que o dinheiro deles era bem gasto e que as fraudes nos anúncios estavam sob controle, o Google ficou obcecado em medir cada movimento on-line das pessoas, em monitorá-las de perto e registrar toda vez que "se convertiam". Em 2013, chegou a começar a seguir as pessoas nas compras para ver se conseguia relacionar o que as pessoas compravam na vida real com o que buscavam on-line.[26] A fonte de custeio e a abordagem que Page e Brin tinham adotado, com relutância, a fim de manter as luzes acesas, começavam a controlar a empresa. Não só isso, mas ela agora encarava um importante competidor na busca de receita.

***

O Facebook tinha uma grande vantagem competitiva na economia digital, em cuja criação o Google desempenhara papel fundamental. Ele dispunha de toneladas de dados pessoais. Se o Google sabia o que você procurava on-line, o que fazia e aonde

---

[25] V., por exemplo, Google user data to be merged across all sites under contentious plan. **Guardian**, 25 January 2012; e a resposta do Information Commissioner Office: Google to change privacy policy after ICO investigation, 30 January 2015.

[26] McDermott, John. Google takes its tracking into the real world. **Digiday**, 6 November 2013.

ia, o Facebook conhecia a sua personalidade, as suas atitudes e os seus amigos. Antes de 2012, o Facebook não tirara plena vantagem do que sabia sobre seus usuários para direcionar a publicidade. Todavia, a fim de justificar o próprio valor e continuar crescendo, transformou-se em um mecanismo de propaganda centrado em pessoas.

Muito do que o Facebook fazia, ao menos no início, foi construído a partir do protagonismo do Google. Ele concentrou todas as suas forças na coleta de dados para provar aos anunciantes que seu artefato funcionava. Disseminou-se pela web — usando os botões "curtir", os "*pixels* de conversão" (mais tarde, *pixels* do Facebook) ocultos e seu *login* — para registrar o que as pessoas estavam fazendo on-line mesmo sem estarem no Facebook.[27] Os anúncios eram do tipo autosserviço e podiam ser pagos em qualquer moeda. O Facebook também fez anunciantes darem lances em leilões de segundo preço, ou de Vickrey. Como o Google, tentou incentivá-los a produzir anúncios atraentes e relevantes, considerando esse critério ao escolher o vencedor de um leilão. Chegou a rascunhar um *ad exchange* aberto (mas o encerrou em 2016).[28]

No entanto, o Facebook conseguiu ir mais fundo na vida privada das pessoas que o Google, e relutou menos que o rival no uso de informações pessoais. Afinal, era seu maior trunfo. Desde 2012, combinava e agregava as informações pessoais dos usuários permitindo aos anunciantes segmentar — ou

---

[27] V. HILL, Kashmir. Facebook will use your browsing and apps history for ads (despite saying it wouldn't 3 years ago). **Forbes**, 13 June 2014. Para uma análise do modelo do Facebook v. Inside Facebook's ad machine. **Enders Analysis**, April 2016; Programmatic advertising in the mobile era: direct marketing success and beyond. **Enders Analysis**, March 2016.

[28] V. ENGELHAEDT, Steven; NARAYANAN, Arvind. On-line Tracking: A 1-Million-Site-Measurement and Analysis. **CCS 2016: Proceedings of the 2016 ACM SIGSAC Conference on Computer and Communications Security**, 2016; SIMONITE, Tom. Largest study of online tracking proves Google really is watching us all. **MIT Technology Review**, 18 May 2016.

microssegmentar, melhor dizendo — as pessoas com base na superabundância de dados relativos a atitude, comportamento, condição social ou demografia. Também pegou essas informações pessoais e as reconectou com o mundo real, possibilitando às empresas, bem como às campanhas políticas, o *upload* de seu público personalizado [*custom audience* em inglês] aos sistemas do Facebook. Por volta de 2015, o Google se descobriu correndo atrás do prejuízo, apresentando, por exemplo, um *clone* do Custom Audiences chamado Customer Match, e depois o Similar Audiences para competir com o Lookalike Audiences do Facebook. Tudo isso significava, claro, mais rastreamento de usuários e mais combinações do que sabiam a fim de criar um perfil íntimo completo de cada um de nós. Um estudo da tecnologia de rastreamento na web, publicado em 2016, o maior até então, concluiu que o Google era dono das cinco principais e mais comuns ferramentas de rastreamento, e que — ao combinar as tecnologias do Google Analytics com a do DoubleClick — seguia os movimentos das pessoas em mais de 70% dos sites da internet.[29] No mesmo ano, ele chegou a alterar sua política de privacidade de modo a permitir que ela amalgamasse dados da rede de anúncios com tudo o que soubesse a seu respeito — coisa que a empresa tivera o cuidado de se abster de fazer desde 2007.[30]

Quando da votação do Brexit no Reino Unido e da campanha Trump-Clinton nos Estados Unidos, o Google e o Facebook competiram para superar um ao outro em coleta de dados, rastreamento de vigilância, incorporação de clientes, microssegmentação, testagem multivariada e atribuição.[31] As duas gigantes,

---

[29] ANGWIN, Julia. Google has quietly dropped ban on personally identifiable web tracking. **ProPublica**, 21 October 2016.

[30] KREISS, Daniel; MCGREGOR, Shannon C. Technology Firms Shape Political Communication: The Work of Microsoft, Facebook, Twitter, and Google with Campaigns during the 2016 US Presidential Cycle. **Political Communication**, 35:2, p. 155-77, 2018.

[31] Testagem multivariada é quando alguém experimenta múltiplas versões de uma mensagem em públicos diferentes e mede a resposta para ver qual é a mais

que àquela altura supervisionavam a maior parte da publicidade na rede, batalhavam para prover os anunciantes das ferramentas de segmentação digital mais poderosas, mais sofisticadas e mais abrangentes. Dada sua hegemonia, os dois titãs da tecnologia definiam os termos segundo os quais as *ad techs* funcionavam. O restante da indústria lutava só para permanecer no jogo — acumulando todo dado pessoal que podia, fornecendo acesso a quaisquer cantos da web que as duas gigantes não haviam colonizado e copiando as ferramentas do duopólio. Como escreveu a *Wired*, bíblia da tecnologia, em 2017: "Para onde quer que Facebook e Google conduzirem, o resto do mundo da publicidade digital irá atrás". Todavia, como no caso do comércio de guano cento e cinquenta anos antes, esse sistema — de cuja criação Google e Facebook tinham sido agentes cruciais e que agora dominavam — teve diversos efeitos prejudiciais, ainda que involuntários, sobre a política democrática.

O Google, como o Facebook, tratava a propaganda política como outra publicidade comercial qualquer. Ambos ficavam felizes em vender seus produtos a qualquer um que pudesse pagar, não importando onde estava, qual era sua mensagem ou quem tentava alcançar. Dispunham-se inclusive a aconselhar os clientes políticos sobre como obter o máximo dos serviços que ofereciam. Os professores Daniel Kreiss e Shannon McGregor compareceram à convenção do Partido Democrata norte-americano em 2016 e encontraram as duas gigantes de tecnologia promovendo seus serviços em profusão. O Facebook Election Space, por exemplo, "apresentou um estúdio de transmissão completo, um estúdio Facebook Live, *displays* de realidade virtual e um Salão Oval ao qual a empresa convidou influenciadores do Instagram para visitar e de onde puderam publicar fotos na

---

eficaz. Atribuição é ser capaz de atribuir crédito ao que quer que tenha levado alguém a uma ação (por exemplo, à propaganda que levou alguém a comprar determinados sapatos).

primeira noite da convenção".[32] Durante a campanha eleitoral norte-americana de 2016, Google e Facebook foram longe a ponto de colocar empregados próprios na equipe de Trump (ofereceram-se para fazer a mesma coisa na campanha de Clinton). Reunidos em San Antonio com os responsáveis pela tecnologia na campanha de Trump, esses conselheiros das duas empresas os ajudaram a "otimizar, criar mais envolvimento e adequar e ampliar o público-alvo dos anúncios da campanha". Alguém da equipe de Trump chegou a chamar o conselheiro fornecido pelo Facebook, James Barnes, de "MVP" (sigla em inglês para "participante mais valioso").[33] As plataformas também assessoraram grupos ativistas. Em outubro de 2017, o Bloomberg noticiou que, nas últimas semanas da eleição nos Estados Unidos, tanto o Google quanto o Facebook ajudaram um grupo ativista norte-americano, o Secure America Now, a direcionar mensagens anti-islâmicas a quem poderia estar mais receptivo a elas. Alguns desses anúncios mostravam "a França e a Alemanha infestadas pela lei charia. Estudantes franceses estavam sendo treinados para lutar pelo califado, combatentes jihadistas eram celebrados no Arco do Triunfo e a 'Mona Lisa' fora coberta com uma burca".[34] O Facebook e o Google não viam como responsabilidade deles policiar o envio de mensagens políticas, mesmo se contraditórias ou com o intuito de provocar conflito. Os clientes podiam criar quaisquer anúncios políticos que desejassem, carregá-los no sistema e — desde que não violassem os generosos termos de serviço — distribuí-los a quem bem entendessem. O Heart of Texas, um grupo criado pela Russian Internet

---

[32] WARZEL, Charlie. Trump fundraiser: Facebook employee was our "MVP". **Buzzfeed**, 12 November 2016.

[33] ELGIN, Ben; SILVER, Vernon. Facebook and Google helped anti-refugee campaign in swing states. **Bloomberg**, 18 October 2017.

[34] ALLBRIGHT, Claire. A Russian Facebook page organized a protest in Texas. A different Russian page launched the counterprotest. **Texas Tribune**, 1 November 2017.

Research Agency no Facebook, conseguiu comprar anúncios conclamando os texanos a se juntarem à manifestação "Parem a islamização do Texas", enquanto outro grupo russo anunciava um protesto para "Salvar o conhecimento islâmico" — os dois atos no mesmo lugar e na mesma hora, provavelmente com o propósito de incitar a guerra um contra o outro.[35]

Muitos dos que se aproveitaram do lado obscuro do sistema agiam assim não pela política, mas por dinheiro. A empresa de segurança White Ops revelou, no fim de 2016, por exemplo, que um grupo russo vinha operando uma *bot farm* (fazenda de robôs, em tradução literal) que ganhava centenas de milhares, senão de milhões, de dólares todos os dias por meio de um sofisticado esquema de cliques fraudulentos.[36] Todavia, técnicas utilizadas visando lucro comercial podiam ter consequências políticas ou ser facilmente manipuladas com fins políticos. As redes de robôs, ou *botnets*, desenvolvidas com o intuito de fraudar anúncios, podiam ser reprogramadas para promover um candidato ou uma causa política. Propagandas fazendo afirmações provocativas para chamar a atenção e provocar uma resposta comportamental podiam, com igual facilidade, tratar tanto de políticos quanto de celebridades. Em 2017, o *ProPublica* descobriu uma série de anúncios políticos falsos no Facebook, com manchetes como "Não importa o que você pensa sobre Donald Trump e sua política, é justo dizer que a nomeação dele como presidente dos Estados Unidos é uma das mais...". Se cometesse o erro de clicar no "anúncio", esse *ransomware*[37] congelaria seu computador e lhe diria que a máquina estava agora "infectada

---

[35] V. a descrição completa in: The Methbot Operation. **White Ops**. Disponível em: www.whiteops.com/methbot.

[36] VALENTINO-DEVRIES, Jennifer; LARSON, Jeff; ANGWIN, Julia. Facebook allowed political ads that were actually scams and malware. **ProPublica**, 5 December 2017.

[37] Ataque virtual que criptografa arquivos importantes no armazenamento local e de rede e exige um resgate para descriptografá-los. [N. do R.]

com vírus, *spywares* e *pornwares*", exibindo um número de telefone, caso você quisesse "ajuda" para removê-los.[38] As *ad techs* também auxiliavam na geração de renda para websites políticos periféricos e radicais, bem como para sites que inventavam "notícias" com o objetivo exclusivo de terem lucro com publicidade. Menos de quinze dias após a eleição norte-americana de 2016, uma dúzia de sites da extrema-direita exibia anúncios de empresas, incluindo American Express, Sprint e Walgreens, distribuídos pelo Google.[39] Por mais irônico que pareça, graças à prioridade conferida pelo modelo de *ad techs* aos anúncios envolventes, a postagem das propagandas políticas incendiárias custava menos que as mais comedidas.

Os métodos e técnicas das *ad techs* se provaram incrivelmente úteis para os agentes políticos — de toda espécie e convicção. Campanhas e consultorias foram capazes de utilizar o Custom Audiences para fazer a ponte entre o perfil reservado de seus eleitores e os usuários reais do Facebook. Um sofisticado software de rastreamento de conversão permitiu que grupos motivados seguissem os eleitores, observando-lhes os movimentos com cautela a fim de escolherem o momento certo de mobilizá-los ou convertê-los. Jonathan Albright, diretor de pesquisa no Tow Center da Universidade de Columbia, ficou atônito ao descobrir, por meio de sua pesquisa, que, por trás de muitos websites periféricos, hipersectários e obcecados por conspirações, havia uma sofisticada tecnologia de rastreamento de anúncios que permitia "a uma campanha muito bem articulada coordenar o tráfego" para esses sites.[40] Em essência, significava que, se você — ou alguém com quem estivesse conectado

---

[38] MOSES, Lucia. Does programmatic advertising have an alt-right problem? **Digiday**, 17 November 2016.

[39] ALBRIGHT, Jonathan. Who hacked the election? Ad tech did. Through "fake news", identity resolution and hyper-personalization. **Medium**, 31 July 2017.

[40] STANFORD, Kate. How Political Ads and Video Content Influence Voter Opinion. **Think with Google**, March 2016.

Anarquia na Googlesfera 223

— fosse até um desses sites uma vez, passava a figurar na lista de alvos deles e era seguido por toda a internet com anúncios e notícias hipersectários.

Em 2016, as gigantes de tecnologia tinham se tornado muito mais conscientes de quão politicamente poderosas suas ferramentas podiam ser. De fato, elas as comercializavam junto a candidatos, pessoal envolvido em campanhas e ativistas políticos tendo por base essa premissa. "Os eleitores costumavam decidir na sala de estar, na frente do televisor", a diretora de comercialização de anúncios do YouTube, Kate Stanford, escreveu em março de 2016. "Hoje decidem cada vez mais em micromomentos, em dispositivos móveis", quando esses cidadãos recorrem ao Google ou ao Facebook para resolver em quem votar. Por isso, Kate Stanford insistia com os candidatos para utilizarem o Google de modo a descobrirem com o que as pessoas se importavam, e para "se fazerem presentes" no "micromomento" citado com uma mensagem preparada sob medida.[41] A gigante das buscas e o Facebook fizeram a mesma coisa, cada qual se derramando em elogios para os próprios serviços como o melhor caminho para propagandistas políticos alcançarem as pessoas certas com a mensagem certa na hora certa. Você poderia chamar isso de "micromomento Cachinhos Dourados" de cada eleitor. Essas ferramentas e técnicas estavam disponíveis livremente para quem tivesse dinheiro, tempo e *know-how*. Assine, abra uma conta, crie algum material e comece a dar lances em seja qual for a moeda que você tenha em mãos.

Eis a resposta para a pergunta de Al Franken. Parar de aceitar moedas diferentes destruiria o modelo de *ad tech* construído a duras penas na última década e meia. Significaria desmontar o sistema que permitira ao Google e ao Facebook crescer tudo o que tinham crescido. Significaria adicionar resistência a um projeto elaborado para funcionar sem atrito. Não admira

---

[41] Baseado no relato de rastreadores do Ghostery em maio de 2018.

que Colin Stretch achasse difícil se comprometer com a ideia. Assim, apesar de tudo que surgira acerca do uso fraudulento, perverso e perturbador das *ad techs* depois de 2016, nem o Google, nem o Facebook, nem qualquer participante de todo o ecossistema de publicidade digital assumiu o compromisso de desconstruir o edifício. Pelo contrário, comprometeram-se em acrescentar um grau limitado de atrito e tornar o sistema inteiro mais "higiênico". Exerceriam mais controle, seriam mais intervencionistas e, presume-se, coletariam mais dados.

De qualquer forma, a essa altura os problemas se estendiam muito além do Google e do Facebook apenas. Grande parte da web era conduzida por esse modelo. Como os múltiplos homicidas em *Assassinato no Orient Express*, de Agatha Christie, quase todas as empresas que produziam conteúdo on-line eram coniventes em rastrear usuários, construir perfis e vender acesso. Acrescente em seu navegador a extensão do Ghostery, que conta o total de rastreadores invisíveis em cada website visitado, e você verá como é raro não ser seguido. Muitos sites novos, que reclamam do duopólio do Google e do Facebook, têm rastreadores de dois dígitos. O site do *New York Times* tem mais de duas dúzias, como no caso do *Los Angeles Times* e do *The Times* de Londres.[42] Como um estudo de 2018 sobre as "tecnologias por trás da propaganda de precisão" da New America Foundation relatou: "Não se deve subestimar a importância dos dados pessoais para a sustentabilidade e o sucesso a longo prazo do ecossistema de publicidade digital. Os dados impulsionam o comércio na internet; toda empresa da internet que se vê frente a frente com o consumidor e tem presença marcante na publicidade on-line coleta e compartilha informação sobre indivíduos para ajudar os clientes anunciantes a terem sucesso". E esses clientes tanto poderiam estar vendendo sapatos como propaganda.

---

[42] GHOSH, Dipayan; SCOTT, Ben. #DigitalDeceit: The Technologies Behind Precision Propaganda on the Internet. **New America Foundation**, January 2018.

Claro, mesmo que a maior hegemonia do duopólio levasse a um sistema de anúncios mais higiênico, só metade da equação política estaria resolvida. A capacidade dos grupos políticos de, para microssegmentarem, aplicarem testes A/B, rastrearem conversões e acumularem informações reservadas permaneceria, e quase com certeza aumentaria. Por exemplo, um número crescente de empresas já experimentou uma nova abordagem à publicidade chamada *"emotions analytics"*. A Beyond Verbal se ofereceu para analisar emoções usando entonações vocais. Outra empresa, chamada Affectiva, declarou dispor de "tecnologia de reconhecimento de emoção", capaz de sentir e analisar "expressões faciais e vocais de emoção". Houve também a Sticky, "a única plataforma do mundo de autosserviço, rastreamento biométrico de olhos baseado em nuvem e de mensuração de emoções". Todas essas empresas e muitas outras competiam para encontrar maneiras mais inteligentes de entrar na nossa cabeça, descobrir o que nos faz agir como agimos e usar tudo isso para catalisar uma resposta comportamental ou emocional. Distribuída, sem dúvida, pelo Google ou o Facebook.

Não importa quão anárquico e invasivo fosse o modelo das *ad techs*, desde que as pessoas concentrassem atenção suficiente nas notícias e na informação, o dinheiro de publicidade ainda poderia — teoricamente — sustentar as coberturas jornalísticas de que dependem a democracia. Infelizmente, a maioria das pessoas (jornalistas inclusos) não estava prestando muita atenção. Na realidade, muitas estavam em eterna distração, jamais conscientes da última postagem em sua página, ou da próxima onda de tuítes.

CAPÍTULO 6
A insustentável leveza do Twitter

A ausência absoluta de fardos deixa o homem mais leve que o ar, faz que plane nas alturas, erga-se da terra e de seu ser terrenal e se torne só meio real, os movimentos tão livres quanto insignificantes.

Milan Kundera, *A insustentável leveza do ser*

Na noite de 13 de junho de 2017, enquanto as chamas envolviam a torre Grenfell no lado oeste de Londres, Rania Ibrahim filmava tudo o que acontecia do lado de fora do seu apartamento, no 23º andar do prédio.[1] O corredor estava escuro e tomado pela fumaça. "O prédio está pegando fogo abaixo de mim", disse ela em árabe. Ao mesmo tempo em que filmava, ela transmitia o vídeo pelo Facebook Live. Apontando a câmara pela janela, ela viu muitos moradores que já tinham abandonado a torre. "Dá para ver todo o mundo que teve a sorte de sair", diz Ibrahim. "Estão todos correndo lá embaixo". Antes de parar de filmar, suas últimas palavras foram: "Suas orações, que a paz esteja sobre todos vocês".[2] Rania Ibrahim e as duas filhas, de 3 e 4 anos, foram mortas pelo fogo, bem como outras 69 pessoas.[3]

---

[1]   O incêndio na torre Grenfell foi comunicado pouco depois de 1 hora da manhã de quarta-feira, 14 de junho de 2017.

[2]   IBRAHIM, Rania. Snapchat/FB Live do interior da torre Grenfell Tower em chamas, Londres. Com legendas. Faz Naz/YouTube, 15 Jun. 2017. Disponível em: https://www.youtube.com/watch?v=e0SP7PV0Avk. Acesso em: 30 maio 2018.

[3]   Rice-Oxley, Mark. Grenfell: the 72 victims, their lives, loves and losses. **Guardian**, 14 May 2018; Grenfell Tower Inquiry: Names of all 72 victims read out. **BBC News**, 31 May 2018.

Durante a noite, notícias sobre o incêndio se espalharam rápido pelas mídias sociais. Choveram ofertas de ajuda: atuação de voluntários, doações em espécie — roupas, cobertores e comida —, dinheiro e abrigo. Por volta de 9h30 da manhã seguinte, a fundação Kensington and Chelsea, responsável por coordenar o suporte às vítimas, se viu sobrecarregada. "Os nossos parceiros na comunidade, as instituições de caridade, as igrejas e mesquitas locais não têm como aceitar mais nada no momento", ela tuitou. "Por favor, suspendam as ajudas. Obrigada."[4] Tudo isso foi documentado e coordenado, como mais tarde relatou a revista *The Week*, pelo Twitter.[5]

Durante dias e semanas posteriores ao 14 de junho, o terrível incêndio na torre Grenfell dominou a mídia nacional do Reino Unido e quase destronou a recém-eleita primeira-ministra, Theresa May. Sobreviventes da tragédia e o público em geral ficaram revoltados com o fato de as advertências aos moradores sobre as condições da torre terem sido ignoradas, e de o revestimento externo do prédio ter alimentado as labaredas, em vez de abafá-las. No entanto, a raiva de todos foi direcionada contra as mídias quase tanto quanto contra o governo. "Vocês não apareceram por aqui quando as pessoas lhe diziam que o prédio não era seguro", disse um homem para o apresentador Jon Snow, veterano do Channel 4, quando ele visitou o prédio incendiado. "Isso não é notícia que desperte o interesse jornalístico. Agora que há gente morta vocês vêm. Por quê?" Outro homem segurava um cartaz com os dizeres: "Esta não é uma oportunidade de tirar boas fotos" e gritou: "Isso aqui é vida real!".[6]

---

[4] Kensington and Chelsea Foundation, @KandCfoundation, Twitter, 15 June 2017. Disponível em: https://twitter.com/KandCfoundation/status/875232231278919680. Acesso em: 4 jan. 2022, 12:54:32.

[5] Grenfell Tower fire: how Twitter users united against the tragedy. **The Week**, 15 June 2017.

[6] SHOLLI, Sam. "You come when people die!" Jon Snow "mobbed" for coverage of Grenfell Tower disaster. **Express**, 18 June 2017; Angry resident confronts Channel 4's Jon Snow over Grenfell Tower coverage. **LBC**, 15 June 2017.

Os sobreviventes tinham razão. Antes do incêndio, os problemas da torre Grenfell — e de outros prédios como ela — estavam distantes das mídias nacional e local. Só uma revista semanal especializada em moradia, a *Inside Housing*, investigara preocupações com segurança em blocos de edifícios depois de um incêndio em local próximo à torre Grenfell no agosto anterior. O incidente não contara com nenhuma cobertura porque não havia mais jornalistas dedicados a cobrir Kensington e Chelsea, o bairro da torre Grenfell. Como uma investigação subsequente da BBC documentou, o único jornalista que cobria a área entre o fim de 2014 e o ano de 2017 morava a mais de 240 quilômetros de distância, em Lyme Regis, Dorset.[7] Geoff Baker foi editor de notícias do *Kensington and Chelsea News* até abril de 2017, quando o jornal encerrou as atividades. Era também seu principal repórter, editor de redação, responsável por cobrir o mundo dos espetáculos e a família real (só havia outro repórter no jornal, encarregado dos esportes). Isso além de fazer a mesma coisa para outros dois jornais, o *Westminster and City News* e o *London Weekly News* — em troca de um salário de 500 libras por semana. Considerando a quantidade de coisas que ele tinha para fazer e o pouco dinheiro de que dispunha para isso, Baker precisava realizar quase toda pesquisa na internet e por telefone. Nos dois anos e meio que trabalhou para o *Kensington and Chelsea News*, ele disse que só esteve de fato em Kensington e em Chelsea duas vezes.[8]

Os próprios moradores tinham dado o alerta, repetidas vezes, on-line. No novembro anterior, o Grenfell Action Group postara que a KCTMO (organização administrativa que geria a torre) estava "brincando com fogo", chegando ao ponto em que "só um evento

---

[7] V. NEWBY, Gemma. Why no-one heard the Grenfell blogger's warnings. **BBC News**, 24 November 2017.

[8] Para mais coberturas jornalísticas, v. MAYHEW, Freddy. Journalists missed concerns raised by Grenfell residents's blog — but specialist mag sounded alarm on tower block fire safety. **Press Gazette**, 21 June 2017; PONSFORD, Dominic. Grenfell Tower fire disaster suggests more journalism is needed in London — not less. **Press Gazette**, 21 June 2017.

A *insustentável leveza do Twitter* 229

catastrófico exporá a inépcia e incompetência do nosso senhorio".[9] O problema não foi detectado por nenhum veículo da grande imprensa. "O desastre Grenfell, totalmente fabricado por mão humana", disse Jon Snow para as elites da mídia do Reino Unido em Edimburgo naquele agosto, "prova, além de tudo mais, quão pouco nós [a mídia] sabemos, e como essa desconexão é perigosa."[10]

Mesmo depois do incêndio trágico, a mídia convencional com frequência desempenhava um papel secundário. O Twitter, junto com outras redes sociais, agia como um sistema de alerta mobilizador e coordenador, um verdadeiro serviço de notícias. Informações, diálogos e preocupações transmitidos no Twitter eram então amplificados nas redes sociais. A importância dessas redes — e em especial do Twitter — como fonte de notícias, um modo de se expressar preocupação e oferecer auxílio, um meio de coordenação, não era novidade para a Grenfell. Desde que o Twitter se popularizara, as pessoas passaram a enxergar seu valor jornalístico na sequência — ou mesmo no decorrer — de momentos de crise. "Os terroristas de Mumbai estão pedindo à recepção do hotel o número dos quartos de cidadãos norte-americanos e fazendo-os reféns em um andar", tuitou @Dupree durante o ataque terrorista a Mumbai nos idos de novembro de 2008. Dois meses depois, em janeiro de 2009, Janis Krums, empresário da Flórida, tuitou a primeira imagem do voo 1549 da US Airways flutuando no rio Hudson em Nova York. No mesmo ano, a eleição presidencial no Irã e os protestos que a rodearam se tornaram o assunto mais cativante do Twitter. Em 2010 e 2011, após os terremotos no Haiti e Japão, o Twitter foi utilizado para rastrear pessoas desaparecidas, divulgar informações oficiais e não oficiais e levantar fundos.[11]

---

9   KCTMO — Playing with fire! Grenfell Action Group blog, 20 November 2016.

10   Snow, Jon. The Best and Worst of Times. **James MacTaggart Memorial Lecture**, Edinburgh TV Festival, 23 August 2017.

11   Murthy, Dhiraj. Twitter: microphone for the masses? **Media, Culture and Society**, 33:5 p. 779-89, 2011; @abdur. Top Twitter trends of 2009. **Twitter blog**, 15 December 2009; Twitter responds to the Japanese disaster. **Pew Research Center**, 17 March 2011.

Quando Noah Glass, Ev Williams, Jack Dorsey e Biz Stone fundaram o Twitter em 2006, não faziam ideia de que ele se tornaria um serviço de notícias tão essencial. Lendo *A eclosão do Twitter*, crônica do nascimento da empresa escrita por Nick Bilton, é difícil acreditar que o serviço decolou. Seus quatro criadores só desenvolveram o Twitter a partir do momento em que seu serviço de *podcast*, o Odeo, foi trapaceado pelo iTunes da Apple. Desde o início, quando não estavam discutindo quem deveria gerir a empresa, estavam discordando acerca do objetivo do serviço. Pelo que descreve Bilton, Dorsey via o Twitter como uma forma de deixar os amigos saberem o que se estava fazendo — "acabo de sair para almoçar". Williams discordava, vendo-o "mais como um projeto de miniblogue" para contar às pessoas o que se passava ao redor. Glass, expulso da empresa pouco depois de conceber a ideia com Dorsey, encontrara o nome que imaginava captar a essência do serviço folheando um dicionário. Twitter, em inglês, era "o leve gorjeio emitido por determinados pássaros", segundo o dicionário; também "agitação ou empolgação; o ato de esvoaçar".[12]

Se Glass tivesse utilizado o *Oxford English Dictionary*, encontraria outra definição: "falar rápido de modo displicente e banal". Foi o que muita gente pensou a princípio sobre o Twitter — que era algo frívolo e superficial. "É uma espécie de Seinfeld da internet", relatou o blogue Valleywag, da Gawker, em 2006. "Um website sobre nada."[13] "Um e-mail bombado e desnecessário", classificou Tim Ferriss, escritor norte-americano dedicado à produtividade, em 2007 (antes de aderir ao serviço em janeiro de 2008).[14] "Tagarelice fútil", definiu o jornalista Steven

---

[12] BILTON, Nick. **A eclosão do Twitter: uma aventura de dinheiro, poder, amizade e traição.** São Paulo: Portfolio-Penguin, 2013. V. também, do mesmo autor, All is fair in love and Twitter. **New York Times**, 9 October 2013.

[13] Apud ARCENEAUX, Noah; WEISS, Amy Schmitz. Seems Stupid until You Try It: Press Coverage of Twitter, 2006-9. **New Media and Society**, 12:8, p. 1262-79, 2010.

[14] THOMPSON, Clive. Clive Thompson on how Twitter creates a social sixth sense. **Wired**, 26 June 2007.

A *insustentável leveza do Twitter*

Hodson, da *Mashable*, em 2008.[15] Podia ser fútil, mas tinha uma popularidade fabulosa. Levou oito meses para conquistar seus primeiros 20 mil usuários. A partir daí, milhares começaram a se juntar à plataforma a cada dia. Na primavera de 2008, havia mais de 1,5 milhão de pessoas postando cerca de 300 mil tuítes por dia.[16] Um ano mais tarde o número superava os 30 milhões, tuitando bem mais de 2 milhões de vezes por dia. A essa altura, os jornalistas já escreviam que "tudo bem se dizer farto do Twitter. Deus sabe que deve ser a tecnologia mais hiperpromovida do mundo".[17]

Contudo, por mais superpromovido e superficial que as pessoas considerassem o Twitter, e fosse qual fosse a intenção de seus fundadores, não havia a menor dúvida de sua importância crescente para as notícias. Desastres naturais, ataques terroristas, incêndios florestais, quedas de avião e protestos públicos agora apareciam primeiro no Twitter e só depois saíam da plataforma. Para diversos jornalistas, o valor do serviço se evidenciou de imediato e logo ele se tornou parte do trabalho investigativo. No fim de 2009, uma pesquisa entre quase 400 jornalistas norte-americanos descobriu que mais da metade deles usava o Twitter para pesquisa, e que quem escrevia on-line se servia dele "o tempo todo".[18] Alfred Hermida, um dos mais perspicazes observadores das redes sociais, escreveu que sites como o Twitter estavam se tornando uma espécie de "consciência" para os jornalistas, provendo-lhes o ambiente de um ruído de fundo composto por declarações públicas e atualizações das notícias.[19]

---

[15] HODSON, Steve. Twitter is not a micro-blogging tool. **Mashable**, 18 July 2008.

[16] VASCELLARO, Jessica E. Twitter trips on its rapid growth. **Wall Street Journal**, 26 May 2009; @kevinweil. Measuring tweets. **Twitter blog**, 22 February 2010.

[17] FARHI, Paul. The Twitter Explosion. **American Journalism Review**. April/May, 2009.

[18] GEORGE WASHINGTON UNIVERSITY AND CISION. 2009 Social Media & Online Usage Study. December 2009.

[19] HERMIDA, Alfred. Twittering the News. The Emergence of Ambient Journalism. **Journalism Practice**, 4:3, p. 297-308, 2010.

Veteranos da indústria da notícia começaram a orientar seus jornalistas a levarem a sério a plataforma. O editor-chefe do jornal *Guardian*, Alan Rusbridger, apresentou uma palestra em 2010 defendendo a utilidade do Twitter e relacionando 15 maneiras pelas quais o site podia colaborar com as notícias. "Futilidade — sim, claro, para dar e vender", disse Rusbridger. "Mas afirmar que o Twitter nada tem a ver com as notícias como negócio é chegar ao máximo do equívoco."[20] O diretor de notícias globais da BBC, Peter Horrocks, teria ido além e dito a seus jornalistas em 2011 — meio de brincadeira — que "ou vocês tuítam, ou rua".[21] Ele não precisava ter se preocupado tanto, pois a maioria já fazia isso. Uma pesquisa realizada entre jornalistas britânicos naquele verão descobriu que 70% utilizavam o Twitter para escrever seus artigos.[22]

Quem dirigia o Twitter também notara seu valor para as notícias. "Ver o Twitter do ponto de vista de um pássaro em pleno voo revela que ele não tem relação exclusivamente com reflexões pessoais", escreveu Biz Stone em novembro de 2009. "Entre uma xícara e outra de café, as pessoas testemunham acidentes, organizam eventos, compartilham links, dão notícias, relatam coisas que o pai delas diz e muito mais."[23] Como sinal do papel que ele desempenhava na evolução da notícia, Stone anunciou que o Twitter mudaria o texto em sua barra de status de "O que você está fazendo?" para "O que está acontecendo?".

★★★

À medida que o Twitter alçava voo e se tornava parte fundamental do ecossistema noticioso, grande quantidade

---

[20] RUSBRIDGER, Alan. The Splintering of the Fourth Estate. **Andrew Olle Media Lecture**, Sydney, 19 November 2010; transcrição publicada no **Guardian**, 19 November 2010.

[21] Apud BARNARD, Stephen R. "Tweet or Be Sacked": Twitter and the New Elements of Journalistic Practice. **Journalism**, 17:2, p. 190-207, 2016.

[22] BROERSMA, Marcel; GRAHAM, Todd. Twitter as a News Source: How Dutch and British Newspapers Used Tweets in Their News Coverage 2007-2011. **Journalism Practice**, 7:4, p. 446-64, 2013.

[23] STONE, Biz. What's Happening? **Twitter blog**, 19 November 2009.

A *insustentável leveza do Twitter* 233

de organizações tradicionais do mesmo ecossistema perdiam impulso. Veículos jornalísticos tradicionais lutavam, desde os primeiros dias da web, para se adaptarem às mídias digitais. Jornais impressos altamente dependentes da publicidade foram atingidos em cheio quando os anúncios classificados primeiro, depois os anúncios em *boxes*, começaram a desaparecer rumo a sites como o Craiglist. Com menos receita de anúncios, muitos optaram por reduzir as equipes de produção e editorial. De 2000 a 2005 cerca de 3 mil pessoas foram cortadas das redações norte--americanas. Era apenas um prelúdio.

O ano de lançamento do Twitter, 2006, acabou se revelando também o do ponto de inflexão — seria o último ano das notícias como as conhecíamos. Como os autores do marcante relatório "State of the News Media" escreveram naquele ano: "Testemunhamos uma transformação sísmica no que e em como as pessoas se informam sobre o mundo ao redor. O poder está se distanciando dos jornalistas como guardiões do que o público sabe".[24] A partir de 2006, o faturamento dos jornais com publicidade iniciou seu declínio inexorável.[25] A circulação de impressos, que já começara a cair (no Reino Unido estava em declínio havia décadas), começou a descrever uma vertiginosa curva descendente. Então veio a derrocada final. O órgão regulador das comunicações nos Estados Unidos, FCC, avaliou que nos quatro anos, entre 2007 e 2011, "aproximadamente 13.400 postos de trabalho em redação de jornais" tinham se perdido (de 55.000 para cerca de 41.600).[26]

---

[24] PROJECT FOR EXCELLENCE IN JOURNALISM. State of the News Media 2006: An Annual Report on American Journalism. Disponível em: http://assets.pewresearch.org.s3 amazonaws.com/files/journalism/State-of-the-News-Media-Report-2006-FINAL.pdf. Acesso em: 6 jan. 2022, 10:50:44.

[25] V. os relatórios **State of the News Media** consecutivos; RICHTER, Felix. The decline of newspaper advertising continues. **Statista**, 7 September 2012.

[26] WALDMAN, Steven. The Information Needs of Communities: The Changing Media Landscape in a Broadband Age. **FCC**, July 2011.

Do ponto de vista do cidadão, a mudança mais concreta foi no número de jornalistas empregados para cuidar das notícias locais. Na Filadélfia, em 2006, por exemplo, havia menos da metade do número existente em 1980. O *Los Angeles Times* contava em 2009 com menos de 600 jornalistas, de um auge de 1.100 poucos anos antes.[27] O *Baltimore Sun* passou de 400 jornalistas para cerca de 150 em 2009. Em outros lugares, o declínio foi menos abrupto, mas a tendência era a mesma, significando que havia um número menor de pessoas cujo emprego era dedicado a acompanhar o que o governo estava fazendo. Nas capitais estaduais dos Estados Unidos, por exemplo, havia menos 158 jornalistas trabalhando em tempo integral em 2009, comparado com 1998 — passando de 513 para 355.[28] As implicações para a confiabilidade democrática não eram boas.

A sangria das equipes editoriais nas organizações jornalísticas foi mais bem documentada nos Estados Unidos, mas aconteceu no mundo inteiro. Países que partilhavam do modelo liberal do jornalismo norte-americano — em que os veículos noticiosos comerciais dependiam fortemente da publicidade — estavam mais vulneráveis. Na Austrália, entre 2008 e 2013, mais de 3 mil jornalistas foram dispensados.[29] Na Grã-Bretanha, na década posterior à quebra financeira, o número de jornalistas locais se reduziu à metade.[30] Países europeus continentais que dependiam menos da publicidade se mantiveram blindados no início, mas não por muito tempo. Na década de 2007, mais da metade dos empregos relacionados com a publicação de jornais na Noruega foram perdidos. Nos Países Baixos, quatro

---

[27] DOWNIE JR, Leonard; SCHUDSON, Michael. The Reconstruction of American Journalism. **Columbia Journalism Review**, November/December, 2009.

[28] DORROH, Jennifer. Statehouse Exodus. **American Journalism Review**, April/May, 2009.

[29] SIMONS, Margaret. Journalism faces a crisis worldwide — we might be entering a new dark age. **Guardian**, 15 April 2017.

[30] Com base em estimativas do jornal do segmento *Press Gazette*.

A insustentável leveza do Twitter

em dez empregos foram extintos, e, na Alemanha, um em cada quatro.[31] Só na África e em partes da Ásia as organizações noticiosas viram a circulação de impressos aumentar e as redações crescerem.

Em 2011, já ficara claro que — em muitas democracias — a quantidade de pessoas dedicadas a narrar os acontecimentos decrescia cada vez mais. A reação do governo e do público era um dar de ombros desdenhoso. Por quê? Em parte porque, à primeira vista, a situação não parecia ter mudado tanto assim. As empresas responsáveis por gerir vários jornais locais (e em 2011 eram cada vez mais as grandes corporações que administravam diversos jornais locais) tinham descoberto que era mais lucrativo reduzir os funcionários que fechar um periódico. Melhor esvaziar um jornal de dentro para fora e deixar o público leitor diminuir aos poucos, mesmo que isso significasse menos reportagens, que perder uma receita da noite para o dia. Por isso algumas previsões calamitosas para o futuro da imprensa local depois da derrocada financeira pareciam demasiado pessimistas. Na Grã-Bretanha, o respeitadíssimo analista de mídia Claire Enders prognosticou que metade dos 1.300 jornais locais do país fecharia nos cinco anos seguintes. Transcorrido esse período, entre 100 e 200 tinham encerrado as atividades. No entanto, uma análise que não fosse superficial mostraria que a situação era bem pior — pelo menos, do ponto de vista democrático.

Tomemos como exemplo o *Leicester Mercury*. Em 1996, era um jornal de tamanho considerável que empregava quase 600 pessoas e servia a uma cidade de cerca de 300 mil habitantes. Em 2011, vendia menos de 30 mil cópias por dia (decaindo de 150 mil ao dia na metade da década de 1980), tendo sua equipe desabado para 107 pessoas (apesar do crescimento populacional

---

[31] Working Party on the Information Economy. The Evolution of News and the Internet. **OECD**, 11 June 2010.

significativo da cidade).[32] Ou poderíamos nos voltar para o País de Gales, onde a Media Wales era dona de um conglomerado de jornais, entre eles o *Western Mail* e o *South Wales Echo*. Em 1999 havia pouco menos de 700 integrantes nas equipes editorial e de produção. Em 2011, 136.[33]

Outro motivo para o colapso no número de jornalistas locais não era tão evidente na Grã-Bretanha nem em parte alguma porque não aconteceu da noite para o dia nem foi idêntico em todos os lugares. Num mês cortavam 19 postos de trabalho no *Yorkshire Post* e títulos correlatos. No mês seguinte, seriam sete jornais fechados com 50 postos perdidos na cidade de Reading e arredores. As reduções eram gradativas, porém implacáveis, com frequência passando despercebidas já que ninguém nunca tem interesse em noticiar o próprio declínio. De igual modo, a empatia do público para com organizações noticiosas não era elevada, em especial depois de revelações como a de que jornalistas da empresa de notícias de Rupert Murdock hackeavam sistematicamente o telefone das pessoas para descobrir informações particulares.

Mas a principal razão pela qual a maioria das pessoas deixou de notar o crescente déficit democrático foi porque parecia uma grosseria preocupar-se com o declínio na cobertura local quando se tinha a impressão de que novas plataformas de mídia, como o Twitter e o Facebook, estavam democratizando o mundo. "A informação nunca foi tão livre", disse Hillary Clinton em 2010, época em que estava encarregada do Departamento de Estado norte-americano. "Existem mais maneiras de disseminar mais ideias para mais pessoas do que em qualquer outro momento da história." Ou como o acadêmico Clay Shirky, da Universidade de Nova York, intitulou seu livro sobre as oportunidades abertas

---

[32] PONSFORD, Dominic. How the rise of online ads has prompted a 70 per cent cut in journalist numbers at big UK regional dailies. **Press Gazette**, 24 January 2017.

[33] WILLIAMS, Andy. Stop press? Crisis in Welsh newspapers and what to do about it. **Radical Wales**, 10 October 2011.

pelas redes sociais em 2018: "Lá vem todo o mundo".[34] As pessoas começavam a utilizar as mídias sociais mundo afora para coordenar ações coletivas. Em 2009, no Irã, atribuiu-se ao Twitter o papel de possibilitar e incrementar os protestos relacionados com eleições. Depois do derramamento de petróleo provocado pela Deepwater Horizon em 2010, milhares de pessoas usaram o Twitter para divulgar notícias e coordenar as reações à crise.[35] E em 2011, em todo o norte da África, as pessoas usaram o Twitter e outras redes sociais para compartilhar sua raiva contra os regimes autoritários e, em países como Tunísia e Egito, ajudar a derrotá-los. "A comunicação do futuro", escreveu cheio de esperança o estudioso de comunicações Manuel Castells, "já tem sido utilizada pelas revoluções do presente."[36]

Por mais que as mídias sociais estivessem transformando o protesto social, também transformavam o jornalismo. Algumas das primeiras e mais influentes coberturas da Primavera Árabe nos Estados Unidos não vieram diretamente de jornalistas em campo, nem de um falante de árabe ou persa, mas de um estrategista de mídia de 39 anos e cabelos ralos que trabalhava na rádio National Public Radio (NPR) em Washington, DC. Andy Carvin começou a tuitar sobre a sucessão de acontecimentos na Tunísia em dezembro de 2010.[37] Graças a sua experiência anterior, ele conhecia pessoas que moravam no país e no

---

[34] SHIRKY, Clay. **Lá vem todo o mundo:** o poder de organizar sem organizações. Rio de Janeiro: Zahar, 2012.

[35] STARBIRD, Kate; DAILEY, Dharma; WALKER, Ann Hayward; LESCHINE, Thomas L.; PAVIA, Robert; BOSTROM, Ann. Social Media, Public Participation, and the 2010 BP Deepwater Horizon Oil Spill. **Human and Ecological Risk Assessment**, 21:3, p. 605-30, 2015.

[36] Apud HERMIDA, Alfred; LEWIS, Seth C.; ZAMITH, Rodrigo. Sourcing the Arab Spring: A Case Study of Andy Carvin's Sources on Twitter During the Tunisian and Egyptian Revolutions. **Journal of Computer Mediated Communication**, 19:3, p. 479-99, 2014.

[37] FARHI, Paul. NPR's Andy Carvin, tweeting the Middle East. **Washington Post**, 12 April 2011.

238 DEMOCRACIA HACKEADA

norte da África, e logo percebeu a importância do que estava se passando. Tuitando, retuitando e verificando informações que encontrava no Twitter e em outras redes sociais, Carvin cobriu acontecimentos revolucionários não como testemunha ocular, mas do cubículo de seu escritório (e do terraço do prédio, e do banheiro...). Chegou a tuitar centenas de vezes por dia durante até dezesseis horas, sete dias da semana. Outros jornalistas ficaram fascinados com o trabalho dele, dizendo que Carvin "inovava na curadoria e na verificação colaborativa".[38] "Encaro o que faço como uma nova característica do jornalismo", disse ele a Paul Farhi, do *Washington Post*. "Portanto, imagino que eu tenha uma nova característica de jornalista."

Poucos meses depois, em Londres, dois repórteres também utilizaram o Twitter para ajudar a reinventar a maneira como o jornalismo poderia ser feito. Pouco antes das 9h30 da noite de sábado, 6 de agosto de 2011, Paul Lewis tuitou: "Estou indo até os tumultos de Tottenham. Algum conselho?". Lewis, que trabalhava para o *Guardian* em Londres, subiu então em sua bicicleta e seguiu para o norte da cidade. Ravi Somaiya, repórter do *New York Times* alocado em Londres, ficou sabendo dos tumultos — como Lewis — pelo Twitter e partiu para Tottenham pouco antes da meia-noite. Ao longo dos quatro dias seguintes, com intervalos curtos para dormir, os dois jornalistas se incorporaram às manifestações e tuitaram tudo o que viram. Qualquer pessoa que os seguisse no Twitter se viu mergulhada em uma torrente visceral à medida que os acontecimentos se desenrolavam, testemunhados no local. "Prédio no norte de Tottenham em chamas. Rapazes de máscara não me deixam chegar perto", Lewis tuitou na noite de sábado. "A polícia cerrou fileiras agora", escreveu Somaiya, "com dezenas de homens usando equipamentos antitumulto. Mas não sei ao certo como pretendem

---

[38] SILVERMAN, Craig. Is this the world's best Twitter account? **Columbia Journalism Review**, 8 April 2011.

A *insustentável leveza do Twitter* 239

atravessar a barreira até chegarem aos manifestantes (e a mim!) mais atrás."[39]

Carvin, Lewis e Somaiya não foram os únicos, mas foram excepcionais, como demonstra o número de artigos e estudos de caso acadêmicos escritos sobre eles.[40] O Twitter se tornou igualmente fundamental para a rotina diária de outros jornalistas, embora por razões diferentes.[41] Preto no branco, para muitos jornalistas o Twitter era excelente para ficar sabendo das novidades, para acompanhar notícias em destaque e para mensurar como as pessoas estavam reagindo às notícias. Qualquer jornalista que se desse ao respeito precisava se certificar de que não deixara passar nenhuma novidade. E as novidades invariavelmente apareciam primeiro no Twitter por uma questão de velocidade. Era útil ficar de olho no que ganhava destaque nessa rede e, quando o destaque virava notícia, intuir a direção na qual a manada estourara. Sem falar, claro, que todos os seus colegas estavam no Twitter; existem poucas coisas que os jornalistas desejam mais que o reconhecimento e a aprovação dos pares. Era fácil perceber quão vitais as mídias sociais estavam se tornando para a informação: bastava observar a frequência com

---

[39] V. VIS, Farida. Twitter as a Reporting Tool for Breaking News: Journalists Tweeting the 2011 UK Riots. **Digital Journalism**, 1:1, p. 27-47, 2013.

[40] Apud HERMIDA, Alfred; LEWIS, Seth C.; ZAMITH, Rodrigo. Sourcing the Arab Spring: A Case Study of Andy Carvin's Sources on Twitter During the tunisian and Egyptian Revolutions. **Journal of Computer Mediated Communication**, 19:3, p. 479-99, 2014; VIS, *op. cit.*

[41] V. HERAVI, Bahareh Rahmanzadeh; HARROWER, Natalie. Twitter Journalism in Ireland: Sourcing and Trust in the Age of Social Media. **Information, Communication and Society**, 19:9, p. 1194-1213, 2016; apud BARNARD, Stephen R. "Tweet or Be Sacked": Twitter and the New Elements of Journalistic Practice. **Journalism**, 17:2, p. 190-207, 2016; PARMELEE, John H. Political Journalists and Twitter: Influences on Norms and Practices. **Journal of Media Practice**, 14:4, p. 291-305, 2013; SANTANA, Arthur D; HOPP, Toby. Tapping into a New Stream of (Personal) Data: Assessing Journalists' Different Use of Social Media. **Journalism and Mass Communication Quarterly**, 93:2, p. 383-408, 2016.

que citações de tuítes eram incluídas em artigos de notícia. Em uma análise de jornais holandeses e britânicos de 2013, os acadêmicos do jornalismo Marcel Broersma e Todd Graham descobriram "um aumento abrupto no número de tuítes inseridos em conteúdo de jornais" depois de 2010, em especial na imprensa sensacionalista. Isso indicava, eles concluíram, a mudança "de lugar para espaço" no jornalismo. "Os repórteres não precisam mais 'sair a campo' para encontrar informação."[42]

★★★

Nós, o público, ficamos um pouco atrás dos jornalistas quando se trata de mudar as nossas rotinas, mas elas logo sofreram transformação igualmente radical. Até 2011, as redes sociais tinham sido acima de tudo um modo de nos manter atualizados em relação aos amigos ou de rastrear antigos contatos.[43] A partir daquele ano, no entanto, à medida que a mídia tradicional falava sem parar dos papéis do Facebook e do Twitter na desestabilização dos regimes autoritários, elas foram se tornando cada vez mais uma fonte de notícias também. Nos Estados Unidos, o número de pessoas que viam notícias em um site de rede social no dia anterior mais que dobrou entre 2010 e 2012, passando de 9% para 19%. No ano seguinte, três em cada dez norte-americanos recebiam suas notícias pelo Facebook e apenas um em cada dez pelo Twitter. Mundo afora, à medida que o público corria para comprar *smartphones* e *tablets*, só aumentou o número de pessoas que passaram a usar as redes sociais em função das notícias. No Egito, em 2012, pouco menos de 80% das pessoas com

---

[42] BROERSMA, Marcel; GRAHAM, Todd. Tipping the Balance of Power, Social Media and the Transformation of Political Journalism, in: BRUNS, Axel; ENLI, Gunn; SKOGERBO, Eli; LARSSON, Anders Olof; CHRISTENSEN, Christian (eds). **The Routledge Companion to Social Media and Politics.** Abingdon: Rotledge, 2016.

[43] V. MADDEN, Mary. State of Social Media: 2011. **Pew Research Center**, 14 December 2011.

A *insustentável leveza do Twitter* 241

um *smartphone* utilizaram-no para acessar mídias sociais.[44] No Brasil, uma pesquisa de 2013 concluiu que as redes sociais já tinham se tornado uma das cinco maneiras mais importantes de buscar notícias.[45]

Não apenas a maneira como encontrávamos notícias estava mudando, mas também como decidíamos quais delas eram importantes. Em vez de confiarmos no julgamento de editores e redatores de noticiários, voltávamo-nos para os nossos amigos, as nossas redes mais amplas e as figuras públicas — que podiam ser atores, cantores, personalidades do esporte ou políticos. "O Twitter é onde obtenho a maior parte das notícias", respondeu um usuário quando o Pew Research Center perguntou por que as pessoas consideravam as mídias sociais úteis para se manterem bem informadas. E prosseguiu: "Sigo todos os tipos de políticos e de personalidades da mídia".[46] Com certeza havia uma quantidade crescente dessas pessoas entre as quais escolher. Lady Gaga e Britney Spears lideravam, Ashton Kutcher e Justin Bieber vinham logo atrás, bem como um número cada vez maior de candidatos, políticos e líderes do governo. No outono de 2011, o Twitter relatou que 35 chefes de Estado globais utilizavam a plataforma "como meio primordial de comunicação com seu eleitorado" (inclusive eles devem ter se arrepiado com o uso da palavra "primordial" pelo Twitter).[47] Até mesmo para a palavra de Deus o Twitter vinha servindo de canal: em junho de 2011, o Papa publicou seu primeiro tuíte.

Em parte alguma a adoção de novos hábitos ficou mais evidente que entre os jovens. Enquanto nos Estados Unidos o

---

[44] Social Networking Popular across Globe. **Pew Research Center**, 12 December 2012.

[45] **Ruters Institute Digital News Report 2013**. Reuters Institute for the Study of Journalism.

[46] GUSKIN, Emily. How do you use Facebook and Twitter for news? **Pew Research Center**, 7 November 2013.

[47] Twitter Inc. One hundred million voices. **Twitter blog**, 8 September 2011.

número total de pessoas se informando via mídia sociais pode ter saltado de um para cinco na metade de 2012, entre as que tinham menos de 30 anos a proporção era de uma em três e crescia depressa — não só nos Estados Unidos, mas em nível global.[48] Em 2015, um estudo envolvendo doze países — incluindo Austrália, Dinamarca, Brasil e Estados Unidos — revelou que seis em cada dez jovens de 18 a 24 anos declarou acessar on-line sua fonte principal de notícias, e mais de um em cinco disse que sua principal fonte eram as redes sociais. Em 2016, esse número subiu para quase 30%.

Ainda assim, o Twitter não caiu no gosto de todo o mundo. Se para os jornalistas o imediatismo e a constância das publicações em estado bruto viciavam, para grande parte do público geral eram sufocantes.[49] Acontece que, embora nos agradasse ter informações sociais e notícias sempre atualizadas em fluxo constante, preferiríamos que isso fosse mais um riacho a murmurar que as Niagara Falls a trepidar. O Facebook percebeu a oportunidade e se intrometeu, adaptando a *News Feed* para incluir mais notícias públicas, mas tomando o cuidado de manter o número de atualizações que víamos em um nível palatável (acabando por eliminar de oito em dez atualizações que estariam visíveis para nós se não houvesse nenhuma espécie de trava). O Twitter atraía um tipo determinado de pessoa, mais interessado em notícias e políticas sem nenhum filtro, com frequência fortemente partidários.[50] Usuários mais intensos, postando com frequência e expressando opiniões fortes, começaram a dominar a plataforma. Quem queria um espaço menos

---

[48] In changing news landscape, even television is vulnerable. **Pew Research Center**, 27 September 2012.

[49] V. PENTINA, Iryna; TARAFDA, Monideepa. From "Information" to "Knowing": Exploring the Role of Social Media in Contemporary News Consumption. **Computers in Human Behavior**, 35, p. 211-23, 2014.

[50] JUNGHERR, Andreas. Twitter Use in Election Campaigns: A Systematic Literature Review. **Journal of Information Technology and Politics**, 13:1, p. 72-91, 2016.

combativo no qual acompanhar as notícias e conversar com amigos por Facebook, Instagram ou Snapchat. O crescimento do Twitter diminuiu em 2012 e por volta de 2015 ele atingira o auge com pouco mais de 300 milhões de usuários. Número enorme em termos absolutos, porém cada vez mais ofuscado pelo Facebook.

À medida que as pessoas do mundo inteiro se voltaram para seus aparelhos móveis e as redes sociais em busca de informação, foram se distanciando dos jornais, sobretudo os locais. Em especial no caso da geração mais jovem, entrar em uma loja e pagar por um jornal impresso para descobrir o que estava se passando ao redor parecia bizarro, quando bastava consultar o celular. Em 2011, pesquisadores descobriram uma divisão profunda entre quem tinha mais e menos de 40 anos. Quem tinha menos já dependia da internet para obter notícias e informações locais, ao passo que os acima dos 40 ainda confiavam mais nas mídias tradicionais.[51] Enquanto "hoje em dia os jornais continuam sendo um destino chave para as notícias e informações locais", descobriu a pesquisa, "a maior parte dos norte-americanos não sentiria falta caso eles desaparecessem". E, como não poderia deixar de ser, eles estavam desaparecendo, embora não tão depressa quanto os jornalistas que atuavam dentro deles.

A queda no número de jornalistas profissionais — acelerada nos Estados Unidos a partir de 2007 — disseminava-se feito um vírus por muitas outras democracias. Na Austrália, nos seis anos posteriores a 2011, mais de um quarto dos jornalistas perdeu o emprego.[52] Uma só empresa, a Fairfax, outrora uma gigante no cenário jornalístico australiano, cortou quase 500 postos de trabalho. No Canadá, cerca de um terço dos jornalistas

---

[51] ROSENSTIEL, Tom; MITCHELL, Amy; PURCELL, Kristen; RAINIE, Lee. How people learn about their local community. **Pew Research Center**, 26 September 2011.

[52] ALCORN, Gay. Australia's journalism is in mortal danger. Politicians should join the fight to save it. **Guardian**, 3 May 2017.

desapareceu no mesmo período.[53] Na Grã-Bretanha, o sindicato National Union of Journalists começou a fazer o registro dos cortes em 2014; no fim de 2017, contava com mais de 100 atualizações separadas, assemelhando-se a um obituário em câmara lenta do jornalismo local. Na Espanha, na década encerrada em 2015, o número de jornais vendidos caíra pela metade, e em 2017 nem um único jornal espanhol tinha circulação superior a 200 mil cópias.[54] Na França, os jornais diários cortaram quase mil empregos entre 2007 e 2016.[55] "A situação da mídia na Suíça [...] é alarmante", a European Federation of Journalists relatou em 2017. "Reestruturações, encerramentos de atividades ou fusões de mídias nunca foram em tão alto número."[56]

Com notórias exceções (como os sindicatos de jornalistas), é difícil encontrar muita gente ou governos democráticos que tenham sentido especial abalo com o declínio e queda do jornalismo local. Apesar das demonstrações ocasionais de simpatia ou de investigações oficiais sinceras, a maior parte dos governos via o problema como simples decadência de mais um setor da indústria. Nos Estados Unidos, a devoção ao livre mercado e o imenso ceticismo em relação ao valor da intervenção governamental impediu qualquer ação conjunta. Na Grã-Bretanha, as corporações que monopolizavam a propriedade de jornais locais mantinham-se atentas a qualquer intervenção que pusesse em risco seu monopólio ou o eterno impulso pela eficiência.[57]

---

[53] Para uma descrição completa da situação no Canadá, v. **The Shattered Mirror:** News, Democracy and Trust in the Digital Age. Ottawa: Public Policy Forum, 2017.

[54] SALAVERRÍA, Ramón; BACEIREDO, Beatriz Gómez. Spain — Media Landscape, **European Journalism Centre**, 2018; Reuters Institute Digital News Report 2017, Reuters Institute for the Study of Journalism.

[55] CAGÉ, Julia. **Saving the Media:** Capitalism, Crowdfunding, and Democracy. Cambridge, MA: Belknap Press, 2016.

[56] Minutes of EFJ annual meeting, Bucharest, Romania, 18-19 May 2017.

[57] RAMSAY, Gordon; MOORE, Martin. Monopolising Local News: Is There an Emerging Democratic Deficit in the UK due to the Decline of Local Newspapers? **Centre for the Study of Media**, Communication and Power, King's College London, May 2016.

Outros governos lutavam com restrições semelhantes, bem como tentando imaginar o que deveriam fazer — se é que deveriam fazer alguma coisa. Ausente a vontade política, o colapso continuou. Tampouco o público da maior parte desses países se entusiasmou com a perda. Prestava atenção demais nos fluxos de notícias passando por seus celulares e redes sociais, distraído com o grande número de atualizações sobre celebridades, incidentes internacionais, desastres e conteúdos virais. Os dez relatos jornalísticos mais lidos no website do *Guardian* em 2014 ilustram no que muita gente estava concentrada: no primeiro lugar figurava a história sobre o roubo de fotos nuas de celebridades; na quinta e sétima posições, sobre as mortes de Robin Williams e Philip Seymour Hoffman; e na nona, com mais de 1,4 milhão de visualizações, "Estudante norte-americano é resgatado de gigantesca escultura de uma vagina na Alemanha".[58]

Nós, o público, estávamos fazendo uma permuta. Trocávamos um modo de descobrir o que estava se passando no mundo exterior ao da nossa rede de amigos próximos, familiares e colegas por outro. Os benefícios imediatos dessa atitude eram nítidos. Ficara tudo mais barato (muitas vezes de graça), constante e conveniente — do ponto de vista do consumidor, objetar parece quase perverso. Podemos descobrir tanto do que as pessoas estão falando quanto o que pensam os nossos amigos. Por meio de filtros, conseguimos eliminar tudo o que nos entedia e receber só o que desejamos. Com igual facilidade descobrimos o que está acontecendo no coração de Deli, Londres ou Nova York. Com o advento das notícias por celular e via mídias sociais, tornamo-nos "devoradores de informação", consumindo notícias com frequência e rapidez.[59] Como descobriram três estudiosos de Mainz, Alemanha,

---

[58] ADDLEY, Esther. The 10 top news stories of 2014 on theguardian.com. **Guardian**, 26 December 2014.

[59] V. Survey: people aren't news reading; they're "news snacking". **AdWeek**, 25 June 2013.

ao pesquisarem os novos hábitos, a informação é hoje mais um aperitivo que o prato principal. Expostos a montes de postagens noticiosas nas redes sociais (sobretudo o Facebook), adquirimos "a sensação de estar bem-informados, independentemente da real aquisição de conhecimento".[60]

Os custos dessa permuta são menos evidentes e imediatos. Um deles está na perda de uma camada do nosso ecossistema de notícias, os repórteres em campo que testemunham e relatam o que se passa no nosso vilarejo, cidade ou perto de onde vivemos. Como essa perda vem sendo aleatória e esporádica, e tem acontecido no contexto da revolução digital, as implicações democráticas só agora se tornam evidentes. Existe um bom paralelo ambiental — as abelhas. Elas são as principais polinizadoras de cerca de um terço do alimento que consumimos. À medida que coletam o néctar, sem querer apanham e transferem pólen da antera de uma planta para o estigma de outra, fertilizando-as e possibilitando que produzam sementes. Por volta da virada do século XXI, cientistas tomaram conhecimento de que as populações de abelhas de mel estavam diminuindo. Poucos anos mais tarde, apicultores viram colônias inteiras entrarem em colapso.[61] Seu completo desaparecimento, caso acontecesse, teria consequências cataclísmicas para a oferta de alimentos. Reduzir o uso de pesticidas tem ajudado a retardar esse declínio, mas não o cessou. Os repórteres desempenham um papel similar no ecossistema de notícias. Passam os dias esvoaçando de tribunais para câmaras municipais, de cenas de crimes para campos de futebol locais, testemunhando e registrando as informações que compõem a base sobre a qual repousa o restante do ecossistema.

---

[60] MÜLLER, Philipp; SCHNEIDERS, Pascal; SCHÄFER, Svenja. Appetizer or Main Dish? Explaining the Use of Facebook News Posts as a Substitute for Other News Sources. **Computers in Human Behavior**, 65, p. 431-41, 2016; MOLYNEUX, Logan. Mobile News Consumption: A Habit of Snacking. **Digital Journalism**, 6:5, p. 634-50, 2018.

[61] V. NIÑO, Elina L. Deciphering the mysterious decline of honey bees. **The Conversation**, 24 May 2016.

A *insustentável leveza do Twitter* 247

Como abelhas, o benefício que trazem para a sociedade é tanto direto quanto involuntário.

Mesmo se as pessoas não lerem o que eles produzem, os repórteres locais — sobretudo os dedicados à reportagem política — desempenham inestimável função democrática. Rasmus Kleis Nielsen, professor de comunicação política na Universidade de Oxford, pôs a ideia em teste analisando a ecologia da notícia em Næstved, pequena cidade e municipalidade de cerca de 82 mil habitantes na Dinamarca. Ao longo de três semanas em 2013, Nielsen registrou todas as notícias locais e regionais publicadas no jornal da cidade, o Sjœllandske, mas também on-line, na televisão, no rádio e no Facebook (por políticos e autoridades públicas) — um total de 5.298 "unidades" editoriais, como as chamou. Em seguida separou os artigos que tratavam de política (por volta de um décimo do total) e calculou quanto cada veículo produzira. Descobriu que o Sjœllandske respondia por 64% de todos os relatos políticos. O jornal local era o único veículo que enviava regularmente um jornalista para cobrir as reuniões da câmara municipal. Não só isso, mas as histórias políticas que o jornal cobria costumavam aparecer depois na emissora de TV. Um dos apresentadores, quando perguntado onde a TV obtinha suas histórias locais, respondeu: "Eu leio o Sjœllandske". Nielsen também identificava o papel do jornal local e de seus repórteres em termos ambientais. comparando-os a uma "espécie fundamental" que, embora representasse uma pequena parte de um sistema mais amplo, é fundamental para seu funcionamento.[62]

Apesar de tudo, cinco anos depois da pesquisa de Nielsen, o Sjœllandske continuava vivo e bem, impresso e on-line. Para compreender de fato o que acontece com uma comunidade e sua política quando ela perde repórteres dedicados, seria

---

[62] NIELSEN, Rasmus Kleis. Local Newspapers as Keystone Media: The Increased Importance of Diminished Newspapers for Local Political Information Environment, 2015, in: NIELSEN, Rasmus Kleis (ed.). **Local Journalism:** The Decline of Newspapers and the Rise of Digital Media. London: I. B Tauris.

preciso analisar as consequências em um lugar que os possuía, mas os perdeu. Um lugar que um dia contou com um ecossistema vibrante de notícias, o qual ruiu e foi substituído por Facebook, Twitter e blogues. Também seria necessário registrar o que houve com a comunidade e a atitude das pessoas, não ao longo de semanas e meses, mas de anos. Foi o que fez Rachel Howells em Port Talbot, País de Gales.

***

Port Talbot não tem uma beleza convencional. Passe por ela de carro pela M4, atravessando o sul do país à noite, e você será perdoado se a confundir com o cenário de um romance de ficção científica distópico. A linha do horizonte da paisagem é pontuada de chaminés soltando fumaça, esteiras rolantes em fábricas de aço e máquinas pesadas. Todavia, a arquitetura industrial bruta também abriga sua comunidade. Port Talbot, historicamente abençoada pelo acesso a montanhas de carvão, cresceu acompanhando sua indústria. Ganhou um jornal para a região, o *Port Talbot Guardian*, em 1925, um ano depois que Ramsay MacDonald, membro local do parlamento, tornou-se o primeiro primeiro-ministro do Partido Trabalhista. Na década de 1960 chegou a contar com 11 jornalistas em tempo integral trabalhando a partir de Port Talbot e com a rivalidade vibrante de outros títulos concorrentes. O *Port Talbot Guardian* liderava o grupo. Se você quisesse saber o que estava acontecendo na cidade, podia ter certeza de que encontraria no jornal – de reuniões da câmara municipal a novidades sobre a corte de justiça, de disputas esportivas estudantis a acidentes automobilísticos. Como um ex-repórter da década de 1970 contou a Howells: "Parecia um gigantesco aspirador de pó sugando matérias. Havia reportagens sobre tudo, inclusive o pequeno Johnnie que ganhou um prêmio por coletar 5 libras em sua rua para o fundo de apoio ao pessoal da Real Força Aérea ou alguma outra causa". Contudo, por volta da década de 1990, o número de jornalistas

A *insustentável leveza do Twitter* 249

alocados na cidade caíra para em torno de meia dúzia, decrescendo ainda mais quando os jornalistas do *Port Talbot Guardian* foram transferidos para a vizinha Neath. Pouco antes do fechamento do jornal, em 2009, havia duas equipes editoriais, às vezes apenas uma, dedicadas a cobrir a cidade.[63]

Howells trabalhou 14 anos como jornalista no sul do País de Gales e viu em primeira mão o declínio da cobertura local. Depois do fechamento do *Port Talbot Guardian*, ela resolveu estudar que efeito ele tivera sobre a comunidade e como as pessoas obtinham informações. A princípio, depois que o jornal encerrou as atividades, em 2009, não pareceu que muita coisa tinha mudado. Os órgãos públicos continuaram funcionando como antes. As usinas siderúrgicas seguiram em operação. Ainda havia muitas mídias entre as quais escolher; só faltava um jornal local comprometido. Contudo, apesar de a maior parte das cidadezinhas ainda funcionar do mesmo modo quase o tempo todo, como Howells descobriu, havia um sentimento crescente de confusão, impotência e desconfiança.

O bloqueio aparentemente inócuo de uma estrada em 2014 ofereceu um vislumbre do estrago causado pela falta de reportagem sobre a comunidade. Na manhã de 4 de agosto, determinou-se o bloqueio do entroncamento 41 da M4. Ele é a principal via de acesso da estrada para Port Talbot. Quem quiser viajar para ou de Port Talbot utilizará o entroncamento 41, sem dúvida. Muitos moradores da cidade o utilizavam como itinerário para ir ou voltar do trabalho. Todavia, sem o conhecimento de boa parte da população local, a assembleia do País de Gales decidiu fechar o entroncamento em caráter temporário, apenas nos horários de pico, com o intuito de aumentar a velocidade de trânsito na M4. As pessoas ficaram sabendo do bloqueio

---

[63] As descobertas sobre o **Port Talbot Guardian** e a pesquisa de Rachel Howells foram extraídas da dissertação de Ph.D. de Howells, de uma entrevista e de conversas com o autor.

quando saíram para trabalhar de manhã e encontraram o acesso à autoestrada interrompido por uma barreira. Um morador descobriu sobre o fechamento não por um veículo de imprensa, mas graças aos grafites que vira desenhados nos muros a caminho da M4. Os romanos eram bastante conhecidos por usarem o grafite na comunicação, mas ninguém haveria de culpá-lo se você presumisse que a tecnologia desse tipo de coisa tivesse avançado desde então.

Quando Howells conversou com os moradores de Port Talbot pouco depois do bloqueio, como parte de sua pesquisa, encontrou-os muito bravos e com razão. Como os residentes do edifício Grenfell Tower, sentiam que ninguém lhes dava ouvidos. Muitos tinham assinado uma petição se opondo ao bloqueio, mas o documento parecia ter desaparecido. Um morador descreveu seu sentimento afirmando que a petição devia ter sido "jogada na lata de lixo", relatou Howells. "Quem dessa sala assinou a petição? Todos nós. Pois ninguém ouviu falar mais nada sobre ela." Somando-se à impotência havia uma confusão desorientadora, a sensação de não se saber o que estava acontecendo ou mesmo com quem reclamar, para quem resolvesse fazê-lo. A raiva e a frustração respigaram em outras questões — protestos contra a usina geradora de energia, planos para remodelarem o site de uma escola, o fechamento de uma espécie de pequenas causas civis e criminais. Os moradores mais jovens falavam em recorrer ao vandalismo e à violência para serem ouvidos. Um deles sugeriu desmontarem eles mesmos a barreira: "Eu me sinto bastante tentado a ir até lá [o entroncamento 41] com uma marreta, abrir a estrada e passar com o meu carro". Outro propôs um levante: "Precisamos de uma revolução de verdade, mas teremos de usar de violência para as pessoas escutarem... Um pequeno motim. A cidade está revoltada", prosseguiu, "as pessoas vão protestar um dia, vai todo o mundo simplesmente explodir. Acho que todos ficarão com tanta raiva que vão acabar fazendo alguma coisa." A situação estava chegando a esse ponto, outra pessoa concordou. Sem noticiário local adequado, sem saber o que as autoridades estavam fazendo e sem um canal local compartilhado por todos, por meio do qual pudessem falar com as autoridades, a comunidade perdera a confiança nessa autoridade. Alienada, desesperada, estava disposta a levar qualquer coisa em consideração — incluindo a violência — a fim de se fazer notar.

Incomodada com o vácuo de notícias locais, a própria Howells tentara ajudar a suprir essa lacuna. Com alguns ex-jornalistas, iniciou um site de notícias exclusivamente on-line, o *Port Talbot Magnet*, gerindo-o quase sem recursos durante cinco anos. No fim, incapaz de cobrir os custos, isolada e cada vez mais perseguida quando o site noticiava problemas locais controversos, Howells o encerrou. Ainda acompanha de perto as informações sobre a cidade, embora a maior parte hoje seja transmitida de boca em boca ou pelas redes sociais. Uma das consequências disso é que cada acontecimento inesperado — a morte de um residente, um cordão de isolamento da polícia em torno da escola — é seguido de uma onda de boatos e teorias grotescas. "O incidente original [...] logo é superdimensionado de modo bastante dramático, sem muita semelhança com a realidade. Sei de conselheiros locais que passam horas on-line respondendo a perguntas ou corrigindo hipóteses falsas."[54]

★★★

Em 2017 vários jornalistas, embora ainda se servissem do Twitter, começavam a perder a fé em sua utilidade. "O passarinho azul bateu asas e voou", escreveu o jornalista Matthew Clayfield no *Guardian*. "Desde o bombardeio de Boston, quatro anos atrás, o valor do Twitter como fonte de informação esmoreceu gradual mas inexoravelmente."[55] Clayfield e outros reclamaram que a plataforma se tornara uma cacofonia de vozes, muitas optando por acreditar em versões próprias dos acontecimentos, mesmo após

---

[64] HOWELLS, Rachel, em troca de e-mails com o autor.

[65] CLAYFIELD, Matthew. The little blue bird has flown: how Twitter lost its value as a news source. **Guardian**, 13 June 2017.

terem sido desmascaradas por completo. Jornalistas, sobretudo mulheres, eram sujeitos a ataques e linchamentos no Twitter, levando seu principal executivo, Dick Costolo, a confessar em 2015 para os empregados que "nós [o Twitter] somos péssimos para lidar com abusos e *trolagens* na plataforma, e isso há anos".[66] Embora reconhecessem o problema, as trolagens continuaram crescendo.[67] No entanto, ao mesmo tempo em que Costolo e seu sucessor, Jack Dorsey, lutavam para lidar com o assédio, estava cada vez mais evidente que o serviço deles fora inundado por robôs.

Durante a campanha eleitoral para a presidência dos Estados Unidos de 2016, pesquisadores descobriram que um terço dos tuítes pró-Trump e um quinto dos pró-Clinton provinham de robôs.[68] Muitos jornalistas, em especial nos Estados Unidos e na Grã-Bretanha, continuavam viciados em Twitter (um deles o comparou ao *crack*), mas agora tinham maior consciência das limitações da plataforma.[69] Quaisquer que fossem suas falhas, o serviço provocara enormes mudanças na cultura e nas práticas jornalísticas. O jornalismo agora era mais rápido, leve e ágil, ainda que mais inquieto. Condizia com a definição que Noah Glass cunhara nos idos de 2006: "Agitação ou empolgação; vibração". Os jornalistas podiam usar a plataforma para coletar citações e imagens ou para alcançar testemunhas oculares sem deixar a mesa de trabalho. Organizações noticiosas eram capazes de cobrir notícias de qualquer parte do mundo sem tirar um único repórter da redação, apesar de a atenção se concentrar em alguma coisa e passar para outra na mesma velocidade.

---

[66] V. Tiku, Nitasha; Newton, Casey. Twitter CEO: "We suck at dealing with abuse". **The Verge**, 4 February 2015.

[67] Twitter Inc. Progress on addressing online abuse. **Twitter blog**, 15 November 2016.

[68] Guilbeault, Douglas; Woolley, Sam. How Twitter bots are shaping the election. **The Atlantic**, 1 November 2016.

[69] Vyse, Graham. Can journalists live without Twitter? **New Republic**, 26 June 2017.

Quanto ao público, Jack Dorsey afirmou em 2016 que o Twitter era a "rede de notícias das pessoas".[70] Só que não para a maioria das pessoas. Embora o Twitter tivesse demonstrado trunfos incríveis — transparência, velocidade, abrangência, acesso a fontes —, para a maior parte do público era simplesmente um exagero. Turbulento demais, visceral demais, efêmero demais. Uma pequena proporção de usuários postava a grande maioria dos tuítes. Muitos dos diálogos travados na rede eram ou exclusivistas, ou agressivos. E o Twitter era cada vez mais utilizado acima de tudo como meio de autopromoção.

Com o crescimento emperrado em 2015, o número de usuários do Twitter aumentou a passo de tartaruga nos anos seguintes. Não que as pessoas estivessem trocando essa rede pelos jornais impressos ou mesmo por websites de notícias de grandes empresas tradicionais. Apenas o Facebook, o Instagram, o Snapchat e o Slack desempenhavam funções similares, sem o trabalho pesado ou o risco da humilhação pública. Tampouco o Twitter, ou as mídias sociais em geral, correspondera a algumas expectativas ambiciosas relacionadas com o "jornalismo cidadão". Ele podia ser de extrema utilidade na coleta de primeiras reações a desastres naturais, acidentes ou eventos singulares, mas para a matéria do dia a dia, o café com leite da reportagem noticiosa, o Twitter era esporádico, disperso e aleatório. Ironicamente, apesar da vasta cornucópia de notícias disponíveis via mídias sociais, as pessoas diziam se sentirem menos informadas. Uma reportagem publicada pela Knight Foundation em 2018 concluiu que "a maioria dos norte-americanos acredita ser mais difícil hoje manter-se bem-informado e determinar qual notícia é exata".[71]

---

[70] V. BAKER, Liana B. Twitter CEO calls company "people's news network". **Reuters**, 11 October 2016.

[71] **American Views:** Trust, Media and Democracy. Gallup/Knight Foundation, January 2018.

Enquanto isso, as notícias locais continuaram a minguar. Tribunais de justiça, assembleias e serviços públicos começaram a perceber que, sem o comparecimento de jornalistas em seus processos e reuniões, não havia ninguém para contar ao público o que estava acontecendo. Os tribunais britânicos implementaram uma iniciativa especial para tentar aumentar os relatos de tudo o que se passava nas cortes. Vários esforços foram empreendidos no sentido de preencher essas lacunas. No Reino Unido, a BBC se comprometeu a subsidiar os relatórios locais "de interesse público" — embora, no intervalo que levaram para decidir como fazer isso, tenham sido dispensados mais jornalistas que o número de profissionais substituídos. O Google iniciou a European Digital News Initiative para dar apoio a projetos inovadores envolvendo a veiculação de notícias. Nos Estados Unidos, a Knight Foundation deu sequência aos esforços que começara a empreender originalmente na metade do século XX para apoiar o jornalismo e promover "comunidades informadas e engajadas". E nos Estados Unidos, no Reino Unido, no Canadá, na Austrália e em outros lugares houve muitas tentativas individuais no sentido de criar operações digitais de notícias — incluindo algumas com o propósito de servir regiões pequeninas, muito localizadas. A maior parte era de operações sérias e bem-intencionadas, desenvolvidas a partir de quartos de dormir e garagens, quase nunca com dinheiro suficiente para cobrir custos de hospedagem. Algumas, como o site de notícias locais da Ilha de Wight, *On the Wight*, decolaram e cresceram. Outras, como o *Port Talbot Magnet*, avançaram a duras penas por alguns anos e então encerraram as atividades com relutância.

Até o ano de 2018, em várias democracias tornou-se possível apontar as cidades ou regiões em que havia "desertos de informação": locais com poucos (quando havia algum) repórteres comprometidos a se aventurarem com regularidade. Nos Estados Unidos, como descobriram Philip Napoli e seus colegas da Universidade de Rutgers, com frequência havia uma correlação entre esses lugares e as áreas mais pobres ou remotas. Newark, cidade de 300 mil habitantes em New Jersey, tinha em 2015 menos que um décimo das fontes de notícias locais dedicadas aos 19 mil moradores de Morristown, mais rica, localizada a 32 quilômetros de distância.[72] Nesse mesmo ano, na Grã-Bretanha, mais da metade dos distritos eleitorais parlamentares — 330 de 650 — não era coberta por um jornal local diário comprometido.[73] Regiões inteiras, como o lado leste de Northamptonshire, não dispunham de nenhum jornal diário local e nenhum serviço noticioso digital local regular. Mesmo cidades grandes haviam perdido seus veículos de notícias. No início de outubro de 2017, o jornal *Makedonia* da Tessalônica, Grécia, fechou as portas. Seu concorrente, *Aggelioforos*, já fechara em 2015, significando que em 2018 a segunda maior cidade da Grécia não tinha nenhum jornal de tamanho significativo dedicado a narrar sua história.[74]

O vácuo das reportagens foi ocupado por autoridades e profissionais de relações públicas. Em 2015, no Reino Unido, havia equipes de comunicação vinculadas a autoridades públicas em igual número que os jornalistas locais. As assembleias locais

---

[72] V. Napoli, Philip M.; Stonbely, Sarah; McCollough, Kathleen; Renninger, Bryce. **Assessing the Health of Local Journalism Ecosystems:** A Comparative Analysis of Three New Jersey Communities. Rutgers School of Communication and Information, June 2015.

[73] Ramsay, Gordon; Moore, Martin. Monopolising local News: Is There an Emerging Democratic Deficit in the UK due to the Decline of Local Newspapers? **Centre for the Study of Media**, Communication and Power, King's College London, May 2016.

[74] Com base em reportagens e correspondência por e-mail com **Athens Live** (AthensLive.gr). De acordo com o **Athens Live**, os dois jornais que restaram na região, o **ThessNews** e o **Typos** de Tessalônica, empregam um punhado de gente apenas, têm baixa circulação e mínima interação com a cidade. V. Mandatzis, Panagiotis. Daily newspapers in Thessaloniki are dying. **AthensLive**, 21 December 2017; Papadopoulou, Lambrini. Greece's second city faces life without major local daily. **IPI**, 5 December 2017.

empregavam 3.400 equipes de comunicação; a polícia empregava mais de 775; e o governo central, 1.500.[75] Isso não incluía equipes de comunicação em outros órgãos públicos, hospitais, escolas ou organizações comerciais. A predominância de profissionais de comunicação sobre jornalistas tinha se tornado ainda mais pronunciada nos Estados Unidos. Em *The Death and Life of American Journalism* [Morte e vida do jornalismo norte--americano], Robert McChesney e John Nichols concluíram que o número de pessoas empregadas em relações públicas nos Estados Unidos dobrou entre 1980 e 2008, ao passo que o número de jornalistas caiu um quarto, totalizando quase quatro relações públicas para cada jornalista. As redes sociais aceleraram esse processo. "Na mudança das antigas para as novas mídias", registrou o *Washington Post* em 2015, "a Casa Branca praticamente se tornou a própria produtora de mídia", postando mais de 400 vídeos no YouTube e 275 infográficos só na primeira metade do ano.[76]

Os relatórios oficiais, embora bem intencionados, em última análise eram propaganda. Pior, a maior parte, uma propaganda insípida. As autoridades públicas não estão habituadas a criticar a si mesmas. Quando noticiam o próprio desempenho, seus artigos são, na melhor das hipóteses, evidentemente factuais, aforísticos e confusos. Em geral, isso é consequência mais do que deixam de fora que daquilo que incluem. Detalhes constrangedores são desconsiderados sem nenhum alarde; argumentos internos são eliminados das minutas; demissões passam sem ser notadas. Para o público geral, os *releases*, privados de contexto e interpretação e apresentados com o mesmo charme do relatório anual de uma empresa qualquer, poderiam ser publicados em grego antigo sem que fizessem a menor diferença.

---

[75] V. Turvill, William. Local councils now employ at least 3,400 comms staff — more than double the total for central government. **Press Gazette**, 10 April 2015; Turvill, William. UK police forces spend more than £36m a year on PR and communications. **Press Gazette**, 1 May 2015.

[76] Eilperin, Juliet. Here's how the first president of the social media age has chosen to connect with Americans. **Washington Post**, 26 May 2015.

A insustentável leveza do Twitter 257

Para ter a chance de ser notada, sobretudo no burburinho das redes sociais, a comunicação política necessita de personalidade. Esse é o caso especialmente para os nativos da mídia digital, que procuram indícios on-line do que é digno de nota e atenção. Na prática, significa observar o que outras pessoas — em especial as formadoras de opinião — dizem e fazem. Quando estudiosos da Universidade de Gothenburg se debruçaram sobre os novos hábitos dos adolescentes de 16 a 19 anos na Suécia, admiraram-se diante da importância dos líderes de opinião para determinar como eles navegavam pelas notícias. Esses líderes de opinião, escreveram eles, "são considerados [pelos jovens] fundamentais ou mesmo cruciais para o processo de coleta de informações".[77] Na política presente no Twitter, quem recebia mais atenção — e tinha maior influência — era quem fazia declarações controversas, atacando o *status quo*, proferindo insultos pessoais e arranjando brigas. À direita do palco, entra Donald Trump.

A decisão de Trump de ingressar no Twitter, em março de 2009, não teve motivação política. Ela via a questão como um modo de promover seu novo livro, *Pense grande nos negócios e na vida*.[78] Durante os dois primeiros anos, como os jornalistas Peter Oborne e Tom Robets demonstram na análise dos tuítes de Trump, as postagens tratavam de autopromoção comercial.[79] Só depois de examinar com atenção mais uma disputa presidencial em 2011 ele encontrou seu tom político característico. Surgiram então as declarações controversas ("*Made in* América?", tuitou ele em 18 de novembro de 2011. "@BarackObama chamou seu 'local de nascimento', o Havaí, de 'aqui na Ásia'"), bem como

---

[77] BERGSTRÖM, Annika; BELFRAGE, Maria Jervelycke. News in Social Media: Incidental Consumption and the Role of Opinion Leaders. **Digital Journalism**, 6:5, p. 583-98, 2018.

[78] TRUMP, Donald; ZANKER, Bill. **Pense grande nos negócios e na vida.** São Paulo: Ediouro, 2008.

[79] OBORNE, Peter; ROBERTS, Tom. **How Trump Thinks: His Tweets and the Birth of a New Political Language.** London: Head of Zeus, 2017.

tuítes frequentes depreciando a política de Washington que só se ocupava de políticos e seus satélites: "É fácil ver por que os norte-americanos estão cansados dos políticos de carreira e dos dois partidos". Essas postagens foram acompanhadas de insultos pessoais direcionados ao presidente — "@BarackObama jogou golfe ontem. Agora ele sai dez dias de férias em Martha's Vineyard. Bela ética de trabalho" — e insultos endereçados a comentaristas de mídia e figuras públicas: "Bob Beckel, comentarista da FOX, só prejudica a marca @FoxNews: @BobBeckel está próxima da incompetência".

Donald Trump não foi o único político a se beneficiar da transformação nos hábitos de consumo de notícias por parte do público. Como ele, Narendra Modi, da Índia, usou o Twitter para se desviar da mídia tradicional e falar diretamente às pessoas, apresentando-se como a voz da maioria silenciosa. "Se quiserem ouvir Modi", escreveu um analista de seus tuítes em 2015, "procurem o *feed* de suas redes sociais — seja você cidadão, repórter da imprensa ou um canal de televisão."[30] Como Trump, Modi chamava a atenção do público para si — não para o Estado ou o partido — no que a estudiosa de comunicação Shakuntala Rao tem chamado de "nacionalismo de *selfie*".[81] Como ela documenta, graças a sua onipresença constante nas mídias sociais, Modi se mostrava o "primeiro-ministro do povo", representante do *janashakti* (poder do povo). Na prática, isso significava ignorar os aspectos enfadonhos da governança — o processo legislativo, o sistema judicial, a implementação de estratégias políticas — e concentrar-se em novas iniciativas que atraem a atenção, em ilustrações do poder em ação (como fotografias de reuniões com líderes internacionais) e em demonstrações de

---

[80] PAL, Joyojeet. Banalities Turned Viral: Narendra Modi and the Political Tweet. **Television and New Media**, 16:4, p. 378-87, 2015.

[81] RAO, Shakuntala. Making of Selfi e Nationalism: Narendra Modi, the Paradigm Shift to Social Media Governance, and Crisis of Democracy. **Journal of Communication Inquiry**, 42:2, 166–83, 2018.

A insustentável leveza do Twitter 259

nacionalismo e devoção religiosa (encenadas com exclusividade para a maioria hindu). É revelador que Modi não tuíte links para artigos de notícias — a mídia tradicional deve ser contornada e ignorada, não promovida.

Outros líderes políticos podem não ter os mais de 40 milhões de seguidores de Narendra Modi, mas cultivam um estilo similar de comunicação personalizada usando o Twitter e outras redes sociais. Recep Tayyip Erdoğan, da Turquia, que disse "Não gosto de tuitar, oras" e bloqueou o serviço em seu país no ano de 2014, ingressou na rede em 2015 e atraiu mais de 12 milhões de seguidores nos três anos subsequentes. Enrique Peña Nieto, do México, com 7 milhões de seguidores no começo de 2018, foi um dos primeiros a adotar o Twitter, cuja plataforma utilizou para discutir com Donald Trump sobre quem pagaria o muro entre México e Estados Unidos. O serviço de mídia social que um dia parecera causar rupturas e democratizar estava agora sendo empregado para aumentar a força e a voz de líderes no governo.

Muitos de nós estamos optando por ouvir políticos falando diretamente, sem o filtro da mídia tradicional. Deixamos figuras públicas que conhecemos e de que gostamos — não só figuras políticas, mas também atores, modelos, cantores, personalidades e comentaristas da TV — nos mostrarem o que pensam ser importante e moldarem a nossa pauta de notícias. Vivemos na expectativa de que as notícias encontrem o caminho até nós, não o contrário. É o que acontece com frequência, pelo menos, no caso das grandes matérias jornalísticas. E cada vez mais as notícias são compostas assim — de grandes histórias jornalísticas para as quais todos afluímos por algum tempo, para então seguirmos em frente. Quando acompanhamos primeiro uma grande reportagem, depois a próxima, distraídos ao longo do caminho por vídeos e artigos elaborados em forma de lista, deixamos de perceber que o fundamento por trás desses grandes relatos, a multiplicidade de artigos noticiosos menores, de histórias locais, de histórias importantes, mas enfadonhas, de histórias complexas e obscuras, estranhas e incômodas, vem desaparecendo.

Só tomamos consciência disso quando algo inesperado ou terrível acontece, como o incêndio da torre Grenfell. Culpamos então grandes organizações de mídias de notícias por não nos avisarem. As mais autocríticas entre elas se entregam a espasmos de autoflagelação. Nós — a elite da mídia — "estamos em falta", o âncora de notícias do Channel 4, Jon Snow, disse a sua plateia respeitosa de Edimburgo em 2017: Violamos nossa obrigação "de compreendermos e nos mantermos conscientes da vida conectados com as preocupações e as necessidades" de quem não faz parte da mesma elite.

Mas o *Channel 4 News* jamais terá um jornalista dedicado à cobertura de um único bairro de Londres, como o *New York Times* nunca poderá ter jornalistas suficientes para se conectarem regularmente com as pessoas de Wisconsin, Michigan e Ohio que se sentem ignoradas e desconectadas. A deficiência se dá em outro nível — no nível local, provinciano. Aqui, mesmo que todo o mundo tenha voz nas redes sociais, perdemos — e continuamos a perder — a voz coletiva das comunidades pobres, marginalizadas ou remotas, do povo impotente e mais necessitado da atenção da sociedade. Onde essas comunidades correspondem a fronteiras políticas, perdem o canal para falar a uma só voz com seus representantes eleitos.

As nossas notícias se tornaram *twitterizadas*. A plataforma é leve, ágil, transitória e efêmera. Às vezes cria raízes por baixo; muitas vezes, não cria nenhuma. A maior parte do tempo não sabemos disso, enquanto esvoaçamos feito mariposas de uma luz reluzente para a próxima. Ao adejarmos de filamento em filamento, sem querer colhemos notícias — algumas verdadeiras, outras falsas, algumas diretas, outras tortuosas — e passamos adiante as que nos agradam ou entusiasmam. Trata-se de um ecossistema de notícias precário e instável, muito aquém das obrigações que a democracia lhe impõe. Contudo, essa é a permuta que temos feito. Transferimo-nos da reportagem profissional pesada, cheia de falhas, mas necessária, em que confiamos nos últimos 200 anos, para a insustentável leveza do Twitter.

Parte 3

FUTUROS ALTERNATIVOS

CAPÍTULO 7
Democracia de plataforma

É uma pena que tantos especialistas ou tecnólogos chamados para tentar solucionar alguns desses problemas [políticos] acreditam saber melhor que ninguém a ordem em que essas tentativas devem ser executadas, e sentem que a política, em vez de lhes abrir caminhos, impede o emprego de suas técnicas.

Bernard Crick, *Em defesa da política*

Na manhã de 30 de janeiro de 2018, com a temperatura pairando em torno do ponto de congelamento em Nova York, a gigante do varejo on-line Amazon emitiu uma declaração conjunta com a Berkshire Hathaway, de Warren Buffett, e o banco de investimento JPMorgan Chase. As três organizações anunciaram a formação de uma nova empresa responsável por desenvolver "soluções tecnológicas" para conceder a seus empregados nos Estados Unidos "assistência médica simplificada, de alta qualidade e transparente a um custo razoável".[1]

O anúncio, acompanhado de declarações corporativas pouco informativas dos respectivos líderes envolvidos, desencadeou enorme alvoroço na mídia e convulsões no setor de serviços de saúde dos Estados Unidos. As três gigantes estavam prestes a "se unir para tentar causar tumulto na área da assistência médica", declarou o *New York Times*.[2] "As pretensões são

---

[1] Amazon, Berkshire Hathaway and JPMorgan Chase & Co. to partner on US employee healthcare. **Business Wire**, 30 January 2018.

[2] WINGFIELD, Nick; THOMAS, Katie; ABELSON, Reed. Amazon, Berkshire Hathaway and JPMorgan team up to try to disrupt health care. **New York Times**, 30

palpitantes", exclamou a *The Atlantic*. Essas três corporações "solucionarão o problema da assistência médica — de algum modo".[3] O *Financial Times*, que estampou a notícia na primeira página, chamou a atenção para o impacto econômico imediato da declaração. Ela "fez desaparecer bilhões de dólares do valor de mercado dos maiores participantes do setor de saúde" — em especial os seguros-saúde e os fabricantes de remédios.[4]

A despeito dos detalhes escassos acerca do que as três empresas planejavam com exatidão, havia abundante esperança de que revolucionariam uma indústria em extrema carência disso, com o que todos concordavam. Das três empresas envolvidas, quase toda essa esperança repousava sobre a Amazon. "Ela podia pensar grande", escreveu Chunka Mui na *Forbes*, "limitando-se a aplicar os princípios e as competências operacionais padrões que aperfeiçoou para o varejo." E a revista *Fortune* argumentou: "Quem fará a diferença [...] serão os pacientes, que exercerão seu poder real e constante com os dados disponíveis instantaneamente: bastará um clique para solucionarem todos os problemas de saúde como se estivessem na Amazon".[5] Havia quem enxergasse a Amazon como a única chance de resgate do serviço de saúde norte-americano. Quatro meses antes do anúncio, Amitai Etzioni, sociólogo e professor da George Washington University, escrevera uma carta aberta bastante chorosa ao executivo-chefe da empresa, Jeff Bezos. "É preciso que vocês interfiram no setor de assistência médica", escreveu Etzioni. "Só vocês têm a visão, a pretensão, o capital e o poder computacional

---

January 2018.

[3] THOMPSON, Derek. Amazon, Bershire Hathaway, and JPMorgan are going to fix health care — somehow. **The Atlantic**, 30 January 2018.

[4] CROW, David. Amazon, Berkshire and JPMorgan join forces to shake up healthcare. **Financial Times**, 30 January 2018.

[5] LEAF, Clinton. Amazon-JPMorgan-Bershire Hathaway: what their new health venture really means. **Fortune**, 31 January 2018.

que essa missão requer."[6] Feito o anúncio, manifestou-se um pequeno grupo menos sanguíneo quanto aos poderes mágicos da Amazon para resolver o problema dos custos exponenciais da assistência médica nos Estados Unidos. Mas mesmo entre eles eram poucos os que imaginavam a Amazon se saindo pior que o governo.

Apesar da euforia em torno da notícia, a Amazon já estava envolvida com assistência médica. Associara-se à American Heart Association em 2016 para usar a fenomenal capacidade de seu serviço em nuvem a fim de dar suporte a pesquisas médicas.[7] Em meados de 2017, a CNBC publicou que a Amazon montara um "laboratório secreto de inovação" para analisar como poderia guardar os registros médicos das pessoas em meio eletrônico e possibilitar o diagnóstico remoto de pacientes.[8] A varejista on-line também contratara uma equipe farmacêutica e dizia-se que vinha explorando o potencial de prestar atendimento a receituários via serviços de entrega em domicílio.[9] De qualquer forma, concentrar toda essa atenção na Amazon significou ignorar o fato de que a própria Amazon estava tentando alcançar outras plataformas tecnológicas. Google e Apple tinham chegado primeiro.

Em 2014, quando o Google pagou 400 milhões de libras por uma empresa britânica obscura que nunca lançara nem um produto sequer, as pessoas ficaram curiosas, como não podia deixar de ser, em saber o que essa empresa fazia. A empresa se chamava DeepMind e fora criada em 2010 por dois amigos de

---

[6] ETZIONI, Amitai. An open letter to Jeff Bezos — you are needed to disrupt the health care sector. **Quartz**, 29 September 2017.

[7] Amazon Web Services, American Heart Association partner on precision cardiovascular medicine. **Beckers Health IT & CIO Report**, 12 July 2016.

[8] KIM, Eugene; FARR, Christina. Amazon has a secret health tech team called 1492 working on medical records, virtual doc visits. **CNBC**, 26 July 2017.

[9] HERMAN, Bob. Amazon reportedly talking to pharmacy benefit managers. **Axios**, 20 September 2017.

infância, Demis Hassabis e Mustafa Suleyman, e o especialista em aprendizado de máquina Shane Legg. Dos três, Hassabis logo foi rotulado de gênio residente. Criado no norte de Londres, aos 17 anos de idade atingiu o nível de mestre de xadrez, projetou um videogame que vendeu milhões de cópias e se saiu bem o suficiente nos exames para entrar na Universidade de Cambridge. O inventor da World Wide Web, sir Tim Berners-Lee, chamou-o de um dos seres humanos mais inteligentes do planeta. A meta de sua empresa condizia com sua reputação. Ele, Suleyman e Legg queriam "solucionar a inteligência". Para isso, planejaram construir uma máquina capaz não apenas de aprender e se tornar mais inteligente, mas de aplicar seu aprendizado a problemas que nunca encontrara até então. Em outras palavras, queriam construir uma máquina capaz de pensar com um humano (e depois excedê-lo). Em 2014 eles chegaram longe a ponto de o Google se dispor a gastar centenas de milhões para comprá-los. Dois anos mais tarde, *The Economist* os chamava de "hipocampo do Google".

Apesar de a DeepMind ter ocupado as manchetes pela primeira vez quando sua inteligência artificial derrotou o grande mestre do jogo de tabuleiro Go, logo ela começou a focar a atenção na assistência médica. "Medicina preventiva é a área que mais me empolga", disse Suleyman ao editor da *Wired*, David Rowan, em 2015. "Há enorme potencial para os nossos métodos aperfeiçoarem o modo como interpretamos dados."[10] Tudo de que a DeepMind necessitava era de dados médicos. Não precisou esperar muito. Um mês após a publicação da entrevista na *Wired*, o Royal Free Hospital em Londres procurou a DeepMind e propôs colaboração. Naquele novembro, o Royal Free começou a repassar dados médicos de milhões de pacientes para a empresa de inteligência artificial. Como expresso em um acordo entre a DeepMind e o Royal Free no início de 2016, a esperança

---

[10] ROWAN, David. DeepMind: inside Google's super-brain. **Wired**, 22 June 2015.

era de firmarem "uma parceria de largo alcance e mutuamente benéfica" que levasse a "projetos genuinamente inovadores e transformacionais".[11] No início, as ambições da DeepMind eram de certa forma limitadas. A empresa planejava integrar vários fluxos de dados de saúde diferentes a fim de auxiliar médicos a tratarem de doenças do fígado. Todavia, Suleyman deixou claro que suas pretensões finais eram bem mais grandiosas. Em uma reunião apinhada de gente durante a NHS Expo de 2016 em Manchester, Suleyman explicou como a DeepMind desejava utilizar seus algoritmos para "atacar alguns dos problemas sociais mais espinhosos da sociedade", em especial no campo da assistência médica, no qual buscavam "fazer prognósticos muito melhores" e para o qual ele estabelecera a visão de um Serviço Nacional de Saúde [National Health Service ou NHS, em inglês] verdadeiramente digital".[12]

Enquanto a DeepMind trabalhava com grande empenho em seus novíssimos escritórios localizados em King's Cross, Londres, no ano de 2016, do outro lado do oceano uma subsidiária Alphabet/Google diferente se preparava para lançar um empreendimento médico ambicioso e orientado por dados.[13] Na primavera de 2017, a Verily Life Sciences anunciou que coletaria informações médicas pessoais de 10 mil voluntários norte-americanos nos próximos quatro anos. Rastrearia cada voluntário utilizando um relógio de pulso especial, combinado com sensores para monitorar seu sono, contando ainda com o suporte de visitas presenciais. O objetivo era entender o que é

---

[11] POWLES, Julia; HODSON, Hal. Memorandum of understanding, referenced and linked to. Google DeepMind and healthcare in an age of algorithms. **Health and Technology**, 7:4, p. 351-57, 2017.

[12] V. DeepMind Health at NHS Expo 2016 — Delivering the Benefts of a Digital NHS. DeepMind/YouTube, 8 September 2016. Disponível em: https://youtu.be/L2oWqbpXZiI. Acesso em: 14 jan. 2022, 13:15:59.

[13] O Google criou uma *holding* chamada Alphabet, em 2015, para cuidar de todas as suas diversas empresas (incluindo o próprio Google).

saúde normal (para alguém de determinada idade, gênero etc.), de modo a tornar mais fácil perceber quando começamos a nos afastar dela. A Verily expressou suas pretensões com uma retórica tão abrangente quanto a da DeepMind. "Mapeamos o mundo", declarou a empresa (supõe-se que fazendo referência a cartógrafos e exploradores desde Colombo e Fernão de Magalhães); "mapearemos agora a saúde humana." Se o projeto desse certo, poderia transformar a assistência médica prognóstica e preventiva — desde que as pessoas estivessem dispostas a serem rastreadas o tempo todo com o uso de relógios de pulso específicos, prendendo sensores no corpo ou ingerindo um dispositivo, tudo para aferir dados sobre sua saúde.[14] "Um é pouco, dois é bom, três é melhor ainda", afirma a corruptela do ditado. Condiz com a ambição dos empreendimentos de saúde Alphabet/Google. Além da DeepMind e da Verily, havia a Calico, empresa distinta das colegas dedicadas a serviços de saúde por aspirar a fazer frente às questões do envelhecimento – àquilo que Mark O'Connell, em seu livro sobre transumanismo, chama de "o singelo problema da morte".

A Apple também tinha profundo compromisso com a assistência médica em 2018. Por mais que as ambições iniciais da Amazon para o setor fossem vagas e limitadas e as da Alphabet desconhecessem fronteiras, as da Apple se mostravam a um só tempo audaciosas e pragmáticas. A empresa também queria deixar seus usuários coletarem e incorporarem os próprios dados pessoais de saúde. Também queria que eles se beneficiassem da assistência médica preventiva e dos diagnósticos precoces. Também queria possibilitar pesquisas médicas em larga escala por meio de sua plataforma. Mas desejava que tudo isso

---

[14] V. o website da Verily (http://verily.com) e diversas reportagens incluindo Hamzelou, Jessica. Google's new project will gather health data from 10,000 people. **New Scientist**, 24 April 2017; Best, Jo. Project Baseline: Alphabet's five--year plan to map the entire journey of human health. **ZDNet**, 31 January 2018.

acontecesse nos dispositivos e sob a proteção da Apple. Desde 2014 a empresa vinha construindo um serviço de assistência médica completo para seus usuários, e uma plataforma de pesquisa e desenvolvimento para pesquisadores e empreendedores — via "HealthKit", "CareKit" e "ResearchKit". Chegou a solicitar uma patente para transformar o iPhone em um aparelho de diagnóstico.[15] "A assistência médica", disse seu principal executivo, Tim Cook, em setembro de 2017, "é muito importante para o futuro da Apple."[16]

★★★

Por que, em 2018, três das maiores e mais inovadoras empresas do mundo disputavam corpo a corpo uma corrida para transformar os serviços de saúde? Deixando de lado o incentivo financeiro — o fato de essa indústria global valer algo como 7 trilhões de dólares por ano — cada uma delas claramente acreditava estar diante da oportunidade de repetir o que já fizera em vários outros setores: inovar de forma disruptiva. Como tinham feito com o varejo, a música e a informação, respectivamente, a Amazon, a Apple e o Google imaginaram-se capazes de dar acesso para as pessoas aos serviços de saúde de modo mais eficaz, mais imediato, mais personalizado e mais barato. Da mesma forma que agora todo mundo providenciava on-line os próprios preparativos para as férias, em vez de recorrer a uma agência de turismo, por que não dar às pessoas idêntico grau de opção e liberdade em se tratando de assistência médica? De fato, essas plataformas acreditavam-se aptas a exercer um serviço duplo:

---

[15] Apple is going after the health care industry, starting with personal health data. **CBInsights Research Briefs**, 20 September 2017.

[16] V. os sites ResearchKit, CareKit e HealthKit (https://developer.apple.com/researchkit/, https://developer.apple.com/carekit/, https://developer.apple.com/healthkit. Acessos em: 17 jan. 2022). V. o discurso principal de Tim Cook, September 2017, apud: Apple is going after the health care industry, starting with personal health data. **CBInsights Research Briefs**, 20 September 2017.

podiam não só tornar a assistência médica acessível como também — com os dados pessoas que coletavam — mais inteligente.

A razão pela qual essas organizações estavam convencidas de poderem prestar um serviço de saúde melhor, mais inteligente e mais barato — sem levar em conta uma pitada de arrogância — era o fato de serem plataformas tecnológicas. Usamos a palavra "plataforma" o tempo todo hoje em dia, mas raras vezes definimos o que ela significa ou por que haveria de tornar diferentes as empresas envolvidas. Plataforma tecnológica é o espaço digital em que as pessoas podem produzir e trocar bens e serviços. A economista e professora da Universidade de Cambridge Diane Coyle compara plataforma a um mercado de rua.[17] O mercado teve origem na Pérsia, onde ajudava a resolver um dilema humano eterno. Como conectar comerciantes e consumidores no mesmo lugar ao mesmo tempo? Reservando um espaço no qual, em um intervalo de tempo constante e regular, os comerciantes montam suas barracas de modo que as pessoas saibam aonde e quando ir. Os mercados on-line, ou plataformas, funcionam de modo semelhante, mas sem os limites do espaço e do tempo. Pode-se procurar determinada plataforma tecnológica a qualquer tempo, de qualquer lugar. Assim, diferentemente de suas contrapartidas físicas, elas têm o potencial de atender a milhões de comerciantes e consumidores a um só tempo. O problema — tanto para o mercado quanto para a plataforma digital — é conseguir que ambos se façam presentes. Se um ou outro ou ambos deixarem de comparecer, a coisa toda entra em colapso. Os mercados de rua podem ao menos contar com certo trânsito humano dentro da cidade. As plataformas tecnológicas não têm essa vantagem. Em vez disso, distribuem

---

[17] COYLE, Diane. Platform Dominance: The Shortcomings of Antitrust Policy. In MOORE, Martin; TAMBINI, Damian (eds.). **Digital Dominance:** The Power of Google, Amazon, Facebook, and Apple. New York: Oxford University Press, 2018.

seus serviços gratuitamente, ou por um custo muito baixo, e tentam crescer o mais depressa possível. Assim que adquirem certo tamanho, com comerciantes e consumidores, podem tirar vantagem do efeito rede. Então faz sentido as pessoas estarem ali, porque todo o mundo também está.

As plataformas tecnológicas têm outra vantagem sobre os mercados. Sabem quem você é e o seguem — enquanto você está presente e mesmo depois que vai embora. Dessa maneira, podem adaptar os serviços sob medida de acordo com as suas necessidades e ficar oferecendo coisas que talvez lhe agradem — um pouco como um vendedor de tapetes insistente a importuná-lo sem parar enquanto você desce a rua (e dobra uma esquina, e entra em casa...). Diferentemente dos mercados antigos, Google, Facebook, Amazon e outras plataformas digitais são entes corporativos que não apenas gerem o espaço como também escrevem as regras, administram a segurança e determinam as taxas. Pense em *shoppings centers* privados mais do que em praças públicas.

Em termos de assistência médica, as grandes plataformas já têm muitas vantagens sobre outros provedores de serviços de saúde. Contam com milhões (em alguns casos, bilhões) de pessoas a visitá-las todos os dias. Têm uma quantidade fenomenal de informações sobre essas pessoas — e capacidade de saber muito mais sobre elas. E podem oferecer serviços personalizados para cada pessoa com base no que conhecem a seu respeito. Como consequência, as grandes plataformas tecnológicas — e muitos de seus investidores — conseguem imaginar um futuro em que cada uma delas se torna nosso principal portal de acesso à assistência médica. No mundo virtual, cada um de nós coleta os próprios dados de saúde pessoal e os armazena em uma dessas plataformas. Podemos então utilizar uma combinação de aplicativos e serviços na plataforma para nos autodiagnosticar, ou para nos notificar se nos afastamos do nosso padrão saudável habitual (Bip! Bip! Sua pressão sanguínea está alta demais.).[18] Desse modo, excetuando-se o tratamento cirúrgico, de emergência ou crônico, muitos de nós conseguiremos evitar a visita a um médico ou a um hospital quase por completo. Em algum momento, que plataformas como a Amazon devem estar calculando, também seremos capazes de encomendar remédios on-line e fazer que nos sejam entregues na porta de casa, de modo que não precisemos nem caminhar até a farmácia.

Além da conveniência e do sistema de alerta precoce, existem os potenciais lados positivos da plataforma de serviços de saúde voltada para a pesquisa médica. Deixando de lado algumas declarações absurdas e grotescas (entre as quais a que levou a revista *Time* a perguntar maldosamente em 2013: "O Google consegue resolver a morte?"), evidências crescentes sugerem que, com sua capacidade de armazenar e analisar enormes quantidades de dados e por meio do desenvolvimento de inteligência de máquina, essas organizações podem ser capazes de fomentar a pesquisa e o entendimento médicos. A parceria entre a American Heart Association e a Amazon tem como foco alavancar a estocagem na nuvem e o poder de processamento de modo a "acelerar as descobertas no campo da saúde cardiovascular". A nuvem da Amazon abriga o Cancer Genome Atlas, um extenso projeto internacional com o objetivo de aumentar o nosso conhecimento da base molecular do câncer.[19] O ResearchKit da Apple torna bem mais fácil e menos dispendioso o recrutamento de voluntários para pesquisa. Um estudo da doença de Parkinson, iniciado em 2015, conseguiu alistar mais de 9 mil

---

[18] Um aplicativo para autodiagnóstico de câncer de pele — o Skinvision — afirmou contar com mais de 1 milhão de usuários no início de 2018.

[19] Para saber mais, v. Cancer Genomics Cloud (www.cancergenomicscloud.org; acesso em: 17 jan. 2022, 11:51:49), o Cancer Genome Atlas na Amazon Web Services - AWS e os National Institutes of Health - NIH (http://cancergenome.nih.gov/; acesso em: 17 jan. 2022, 11:52:23).

pessoas gratuitamente pelo ResearchKit via iPhone.[20] Para facilitar a comparação, recrutar menos de mil pessoas para um estudo semelhante em 2010 custava 800 dólares.[21] E a DeepMind da Alphabet, depois de examinar milhares de escaneamentos de retina, anunciou em fevereiro de 2018 que conseguira criar um software de inteligência artificial capaz de localizar enfermidades dos olhos mais rápido que um ser humano.[22] Isso poderia fazer a diferença entre preservar a visão e ficar cego.

Na corrida para descobrir novos diagnósticos e ultrapassar os competidores, no entanto, as plataformas correm o risco de cometer erros e — direta ou indiretamente — infringir os direitos dos pacientes. Julia Powles, pesquisadora na Universidade de Nova York, e Hal Hodson, jornalista da *Economist*, mostraram que, quando a empresa Royal Free começou a transmitir dados médicos para a DeepMind em 2015, por exemplo, fez isso sem antes buscar a concordância dos pacientes envolvidos. Nem sequer os notificou.[23] As plataformas também presumem que haverá um diagnóstico médico de enfermidade e minimizam ou ignoram as causas sociais dos problemas de saúde. Um menino de 8 anos de idade com dores de cabeça constantes pode ser auxiliado por analgésicos, mas, se o problema envolver estresse ou tensões em casa, é pouco provável que o envio de aspirina pelo correio lhe sirva de grande ajuda.

Mesmo assim, se essas plataformas forem bem-sucedidas em suas ambições relacionadas com cuidados médicos e na

---

[20] Bot, Brian M. et al. The mPower Study, Parkinson Disease Mobile Data Collected Using ResearchKit. **Scientific Data 3**, article nº 160011, 2016.

[21] V. Apple is going after the health care industry, starting with personal health data. **CBInsights Research Briefs**, 20 September 2017.

[22] Para a reportagem, v. Ram, Aliya. DeepMind develops AI to diagnose eye diseases. **Financial Times**, 4 February 2018.

[23] Powles, Julia; Hodson, Hal. Memorandum of understanding, referenced and linked to. Google DeepMind and healthcare in an age of algorithms. **Health and Technology**, 7:4, p. 351-67, 2017.

disrupção pretendida junto ao setor, a maneira como a nossa sociedade cuida dos enfermos passará por mudanças fundamentais no futuro, comparadas com o que acontece hoje. O futuro será construído em torno de "eus quantificados"[24] e das plataformas que eles habitam. A nossa assistência médica terá menos relação com o Estado (sobretudo no caso de países com um serviço nacional de saúde como o Reino Unido), ou com uma instituição ou um profissional médico específico, e mais com uma plataforma de assistência médica — como Apple, Google ou Amazon. Claro, são muitas as implicações sociais e econômicas disso, mas também políticas. Não se pode excluir uma plataforma de saúde pelo voto. Não existe nenhum equivalente democrático a uma transição pacífica de poder de uma plataforma de assistência médica para outra. Você pode sair de uma plataforma, ainda que isso se faça acompanhar de uma etiqueta de preço bastante alto. Transferir-se de uma plataforma de assistência médica para outra — se você tiver sorte — talvez lhe cause apenas uma chateação, mas a abandonar por completo pode deixá-lo, ou ao seu eu quantificado, entregue ao Deus dará. Você ficaria livre da plataforma, mas incapaz de acessar grande parte dos serviços de saúde disponíveis para outros.

Permaneça vinculado a uma plataforma e talvez você consiga ter acesso à maior parte dos serviços (embora, como é natural acontecer em organizações comerciais, eles estarão disponíveis de modo escalonado). Será inevitável ter de sacrificar elementos de privacidade e perder algum grau de liberdade ou autoridade. As decisões tomadas pela plataforma, por exemplo, obedecerão a diversas motivações — comerciais, legais,

---

[24] Do inglês, *quantified self*, movimento que gira em torno da busca de uma melhor compreensão de si mesmo através de dados, informações medidas e acompanhadas, que estão cada vez mais acessíveis com a popularização de tecnologias digitais, incluindo, por exemplo, sistemas de geolocalização, relógios inteligentes e outros dispositivos "vestíveis".

regulatórias, de preservação da credibilidade —, mas não a motivações democráticas. E, além disso, como os seus registros serão gravados o tempo todo — de modo a possibilitar que você seja alertado caso se desvie do seu estado de saúde padrão — você será desencorajado, ou até punido, por fazer coisas que tenham efeito negativo sobre a sua saúde. Isso já começou. O seguro de saúde Aetna comprometeu-se a doar meio milhão de Apple Watches para os clientes em 2018. O objetivo, como avisou o próprio Aetna, era inserir os relógios no pacote de programas de bem-estar corporativo para incentivar os clientes "a levaram uma vida mais produtiva e saudável". A partir do momento em que o dispositivo de saúde é ligado, ele faz o monitoramento dos exercícios físicos de hoje, mas também daqueles que ficaram sem ser praticados ontem, da taça extra de vinho e do *sundae* degustado na noite passada. Este último poderia provocar o aumento do seu peso e do custo do seu seguro. É um passo curto para o encorajamento e o incentivo por meio de descontos para quem reduzir a ingestão de álcool ou de alimentos calóricos (e também as penalidades correspondentes para quem não o fizer). "Isso é só o começo", o presidente e CEO do Aetna disse em 2016. "Estamos ansiosos por usar essas ferramentas de modo a melhorar os resultados em saúde e ajudar mais pessoas a viverem dias mais saudáveis — penalizando-as inclusive pelos que assim não forem, ele poderia ter acrescentado.[25]

Governos democráticos podem intervir para controlar isso e o farão, apesar de existirem fortes incentivos financeiros e sociais levando-os na direção da plataforma de assistência médica. É raro encontrar um governo democrático que não queira poupar dinheiro com saúde. A perspectiva de aumentar os cuidados preventivos de saúde por meio de automonitoramento, da possibilidade do autodiagnóstico e do diagnóstico e

---

[25] Aetna to transform members' consumer health experience using iPhone, iPad and Apple Watch. **Aetna**, 27 September 2016.

tratamento domiciliares, bem como do diagnóstico automatizado por IA como alternativa para a análise manual humana, tudo isso será considerado muito atraente por administrações com escassez de recursos. Em especial se significar a redução da necessidade de instalações hospitalares custeadas pelo Estado, de instituições de saúde e de cirurgias médicas. Ao mesmo tempo, pode estar fora do alcance do poder de muitos governos democráticos escolher qual direção os serviços de saúde tomarão. Se pessoas suficientes optarem pelo autorrastreamento e confiarem seus dados pessoais de saúde a uma plataforma, então, em pouco tempo, os efeitos de rede se farão sentir e o governo correrá o risco de irritar e alienar grande número de eleitores se tentar intervir.

Ainda assim, talvez estejamos subestimando os políticos, a emotividade e a complexidade da assistência médica. Como disse Donald Trump em 2017, "ninguém sabia que os serviços de saúde podiam ser tão complicados". Sem dúvida, democracias diferentes incentivarão e desencorajarão, inibirão e permitirão, regularão e desregularão a assistência médica de plataforma. Embora algumas, sobretudo as parecidas com os Estados Unidos, que desencorajam a intervenção governamental, irão além e mais rápido nessa direção que outras. Fosse a assistência médica o único serviço público que as plataformas tecnológicas procurassem transformar, os políticos democráticos poderiam se livrar do problema relativamente ilesos. Mas há outras questões envolvidas além da assistência médica. Existe uma revolução semelhante acontecendo na maneira como as crianças aprendem.

★★★

Em 2014, Mark Zuckerberg visitou a escola Summit em Sunnyvale, Califórnia, por sugestão da esposa, Priscilla Chan.[26]

---

[26] NEWTON, Casey. Inside Facebook's plan to build a better school. **The Verge**, 3 September 2015.

Muito impressionada com sua visita anterior à escola, ela dissera ao marido que ele simplesmente precisava ir conhecê-la com os próprios olhos. Assim ele fez e também ficou perplexo com o que viu. Parecia "mais um Google ou um Facebook que uma escola", declarou o executivo-chefe da Summit Public Schools ao *New York Times*, onde "alunos com *laptops* deslizam a toda velocidade e para todo lado em cadeiras de rodinhas".[27] A escola fora criada por um grupo de pais do Vale do Silício em reação ao que eles entendiam ser a falência do sistema educacional norte-americano. "O que aconteceu com o ensino médio público nos Estados Unidos", perguntaram, "e o que podemos fazer para consertá-lo?"[28] A resposta que deram foi uma "aprendizagem personalizada", uma abordagem em que as crianças seguiam o próprio caminho e aprendiam no ritmo próprio. Essa abordagem dependia necessária e pesadamente da tecnologia. Por essa razão, quando Zuckerberg se ofereceu para ajudar, a executiva-chefe, Diane Tavenner, não pediu dinheiro, mas *expertise* técnica. O presidente do Facebook ofereceu no momento oportuno um time de engenheiros que, supervisionados por Zuckerberg, desenvolveu uma "Plataforma de Aprendizado Pessoal" (PLP, em inglês) para a Summit. Ela era capaz tanto de coletar dados quanto de ser utilizada como recurso a partir do qual professores e alunos podiam ter acesso a projetos, currículos e avaliações.[29] "Começamos pequenos", escreveu Zuckerberg ao anunciar a parceria, "mas planejamos fazer o programa crescer

---

[27] Singer, Natasha. The Silicon Valley billionaires remaking America's schools. **New York Times**, 6 June 2017; Singer, Natasha; Isaac, Mike. Facebook helps develop software that puts students in charge of their lesson plans. **New York Times**, 9 August 2016.

[28] Who we are — mission. **Summit Public Schools website.** Disponível em: summitps.org/whoweare/mission. Acesso em: 31 maio 2018.

[29] Dobo, Nichole. Despite its high-tech profile, Summit charter network makes teachers, not computers, the heart of personalized learning. **Hechinger Report**, 1 March 2016.

de modo a oferecer tecnologia de aprendizado personalizado gratuitamente para muito mais escolas." Dois anos mais tarde, 330 escolas em 40 estados norte-americanos estavam usando o Summit Learning Program.[30]

É fácil entender por que a abordagem da Summit chamou a atenção de Zuckerberg. Além do fato de parecer uma *start-up*, as crianças tinham de demonstrar iniciativa pessoal e direcionamento — como qualquer empreendedor — e no cerne do modelo estavam dados pessoais e tecnologia. Do ponto de vista de Zuckerberg e sua esposa, a escola acelerava o aprendizado e parecia ter potencial para crescer. "Não é o tipo de coisa que se pode mudar da noite para o dia", disse Zuckerberg em uma conversa pelo Facebook Talk no fim de 2016. "Mas em um intervalo de cinco, dez ou quinze anos, é possível ajudar os professores em escolas de todo o país, e até do mundo, a promoverem a aprendizagem personalizada."[31] Era uma questão pessoal também para Mark Zuckerberg e sua esposa. Na carta deles à filha recém-nascida, partilhada com o mundo, escreveram sobre sua "responsabilidade moral para com todas as crianças da próxima geração" e sobre a esperança que acalentavam de que a filha deles "aprendesse e experimentasse cem vezes mais que nós hoje".[32] Em 2017, a Chan—Zuckerberg Initiative (CZI) assumiu a responsabilidade pelo Summit Schools Program.[33]

O fundador do Facebook estava longe de ser o único empresário da tecnologia a se entusiasmar com a aprendizagem personalizada. Bill Gates, fundador da Microsoft, ficou igualmente empolgado. "Gostaria de ter um sistema como

---

[30] WELLER, Chris. There's a teaching method tech billionaires love — here's how teachers are learning it. **Business Insider**, 1 September 2017.

[31] MARLEY, David. Mark Zuckerberg and his plan for a personalized learning revolution. **Times Educational Supplement**, 19 January 2017.

[32] ZUCKERBERG, Mark. A letter to our daughter. **Facebook**, 1 December 2015.

[33] CZI takes over building Summit Learning Platform. **EdSurge**, 13 March 2017.

esse no meu tempo de escola", escreveu Gates em 2016.[34] Ele se envolveu de tal forma com a ideia que sua fundação se associou à dos Zuckerbergs para investir 12 milhões de dólares em um programa de aprendizagem personalizada. Na verdade, a abordagem personalizada, com foco na tecnologia e impulsionada por dados, atraiu uma multidão de empresários da tecnologia do Vale do Silício. Reed Hastings, fundador da Netflix, investiu 11 milhões de dólares em uma plataforma de IA voltada para a matemática. Chamada Dreambox e operando via escola autônoma, ela personaliza lições de matemática para os alunos.[35] Ainda no Vale do Silício, as empresas de capital de risco Andreessen Horowitz e o Founders Fund de Peter Thiel, em conjunto com Mark Zuckerberg e outros membros da tecnocracia da Costa Oeste, investiram 100 milhões de dólares na AltSchool, que reunia escolas experimentais e foi iniciada por um ex-executivo do Google, Max Ventilla. Ventilla prefere o termo "aprendizagem centrada no aluno", mas sua abordagem é bem parecida. Dê a cada criança um *tablet* ou um computador, deixe que elas avancem pelos projetos cada qual na sua velocidade e capture dados de tudo o que fizerem. Esses investidores de tecnologia são críticos implacáveis da atual abordagem à educação. Ventilla se refere a ela como "o modelo de fábrica".[36] Gates chama o ensino médio norte-americano de "obsoleto". Eles trazem consigo não só dinheiro, mas ideias, metodologias, paixão — até um novo vocabulário de aprendizagem. O currículo dos alunos se converte em "*playlists*". Utilizar computadores e *tablets* como parte da aula se transforma em "aprendizagem híbrida". Estudar em um computador fora da sala de aula se torna "uma sala de

---

[34] GATES, Bill. I love this cutting-edge school design. **GatesNotes**, 22 August 2016.
[35] SINGER, Natasha. The Silicon Valley billionaires remaking America's schools. **New York Times**, 6 June 2017.
[36] LAPOWSKY, Issie. Inside the school Silicon Valley thinks will save education. **Wired**, 4 May 2015.

aula invertida". Como no caso de tantas outras coisas que esses homens de negócio bem-sucedidos fazem, os líderes em tecnologia evangelizam sobre sua nova abordagem e o potencial que ela tem de transformar a aprendizagem. Também compartilham de um determinismo inquietante acerca do futuro da educação. Todos parecem acreditar que a tecnologia, e os dispositivos tecnológicos, estará no centro da aprendizagem, e que as plataformas tecnológicas constituirão a base sobre a qual esse futuro será construído. Para eles, a questão não é saber se a educação será ou não alicerçada em plataformas, mas apenas em quais delas isso ocorrerá.

Em 2018, uma plataforma já assumira a liderança — o Google. Até 2012, ele não concentrara sua atenção na educação. O mecanismo de busca e outros produtos coligados eram amplamente utilizados, mas o Google não procurara diferenciar seus serviços em escolas e demais lugares. Então, entre 2012 e 2017, ele se instalou em mais da metade das escolas nos Estados Unidos, além de outras tantas em democracias mundo afora. Natasha Singer, jornalista do *New York Times* há anos investigando as investidas do Vale do Silício na educação, descobriu que a maior parte das crianças dos Estados Unidos em idade escolar usava os aplicativos educacionais do Google na metade de 2017, e uma proporção semelhante usava o notebook Chromebooks, com sistema operacional do Google.[37] Outro estudo chegou à estimativa de que dois terços dos distritos escolares utilizavam o Google Classroom ou o G-Suite (coleção de ferramentas colaborativas e de nuvem como Google Drive, Documentos e Planilhas).[38] "Entre o outono de 2012 e o dia de hoje", diz Singer, citando um ex-executivo do gabinete de

---

[37] SINGER, Natasha. How Google took over the classroom. **New York Times**, 13 May 2017.

[38] ALLHANDS, Joanna. Why use Google Classroom? Here's what you need to know. **Azcentral**, 9 October 2017.

informação de Nova York, "o Google passou de uma possibilidade interessante para a maneira predominante pela qual as escolas do país ensinam os alunos a encontrar informação, criar documentos e entregá-los." Essencial para o sucesso do Google era atingir diretamente professores e alunos. Como fizera com sucesso em outras áreas, o Google ultrapassou os intermediários existentes — como o Estado e a escola pública — e estabeleceu contato direto. Outras plataformas e serviços de tecnologia da educação agiram de igual modo, cada qual encarando professores e alunos como seus melhores propagandistas.

Deixando de lado toda retórica e linguagem de marketing, a visão que as empresas de tecnologia têm para o futuro da educação diverge radicalmente do que existe hoje. Do ponto de vista dessas empresas, a maneira como as crianças aprendem é diferente. O modo como os professores ensinam é diferente. A sala de aula é diferente (se ainda houver uma sala de aula física). E a maneira como as crianças são acompanhadas e avaliadas é diferente. A aprendizagem se torna algo autodirigido automotivado e impulsionado por dados, grande parte via computador ou *tablet*. Lições se convertem em "projetos", com frequência em jogos — ou são "*gamificadas*" — para aumentar o interesse e a participação das crianças. O ClassCraft do Google — utilizado em mais de 20 mil escolas, de acordo com seu website — transforma o currículo em uma "aventura épica" interativa em que as crianças escolhem ser personagens fantásticos e participar de aventuras. Professores se metamorfoseiam em "mentores" ou supervisores que voltam a atenção em rápidas incursões para as crianças individualmente e acompanham a classe a partir de uma interface em forma de painel de instrumentos com acesso a dados atualizados. O fundador da AltSchool vê os professores se transformando em "detetives de dados", mais que pedagogos. As escolas passam a ser menos lugares em que alguém é ensinado e mais locais de acesso a materiais e orientadores de aprendizagem, bem como outras crianças. No início, isso ainda exigirá uma sala de aula física. Todavia, a partir do momento em que a maior parte das lições for realizada por meio de projetos individualizados via aplicativo em um dispositivo eletrônico, isso também pode ser supérfluo. À distância, um único professor conseguiria orientar muito mais crianças, localizadas em qualquer parte. No fim, se vários professores derem o mesmo conselho com regularidade, isso também poderá ser pré-gravado e postado para divulgação. Fundamental para esse futuro imaginado são os dados de aprendizagem pessoais, um registro de educação eletrônica que capture tudo sobre o seu desempenho, a rapidez com que você aprende, até que ponto demonstra iniciativa e como se comporta. Alguns dos dados registrados na AltSchools incluem gravação em vídeo das aulas, gravações em áudio e softwares para rastrear movimentos e reconhecimento facial e de fala. A visão é de um ecossistema educacional completo no qual você viva sua vida educacional virtual. E esse ecossistema é gerido pela plataforma.

É possível que essa abordagem híbrida e personalizada da educação possa aprimorar e acelerar substancialmente a aprendizagem, mas a pesquisa sobre o tema disponível hoje é, na melhor das hipóteses, controversa. Um estudo de 2017 da RAND Corporation, encomendada pela própria Fundação Gates, chegou a um resultado difícil de ser considerado brilhante. "Existem evidências sugestivas", concluiu ele, "de que maior implementação das práticas de Aprendizagem Personalizada (PL em inglês) possam estar relacionadas a efeitos mais positivos." Essa manifestação foi de imediato acompanhada das seguintes reservas: "No entanto, a descoberta requer confirmação por meio de mais pesquisa".[39] Um estudo anterior de Monica Bulger, da Data & Society, demonstrou ainda menos confiança no objeto

---

[39] PANE, John F.; STEINER, Elizabeth D.; BAIRD, Matthew D.; HAMILTON, Laura S.; PANE, Joseph D. **Informing Progress: Insights on Personalized Learning Implementation and Effects**. RAND Corporation, July 2017.

da análise: "A realidade não aponta para uma conclusão binária quanto ao benefício ou não da aprendizagem personalizada, mas sim para uma história complexa em que desenvolvedores de tecnologia estão aplicando táticas de venda bem-sucedidas [...] à educação".[40] A professora Tiffany Dunn, do Kentucky, não estava muito longe da verdade ao dizer para o jornal especializado *Education Week*: "Não tenho conhecimento de nenhuma pesquisa afirmando que deixar uma criança na frente de um computador durante horas sem fim lhe faça algum bem".

E ainda há a questão do destino de todos os dados pessoais coletados. "O uso da tecnologia por escolas e alunos oferece um tesouro potencial de dados sobre os estudantes", escreve o National Education Policy Center, "que empresas privadas, seus parceiros e seus consumidores podem explorar".[41] As próprias plataformas têm feito de tudo para tranquilizar escolas e pais de que mantêm o sigilo dos dados e não os utilizam para publicidade ou outros propósitos comerciais, embora exista uma ansiedade compreensível, sobretudo entre pais, de que elas possam vir a mudar as regras posteriormente. Leonie Haimson, codirigente de um grupo de defesa da privacidade paterna, declarou que as escolas Summit alteraram seus critérios relacionados com quem compartilha dados, e fez isso sem os termos de consentimento. Em 2017, escreve Haimson, as escolas Summit que contavam com o apoio da CZI (Chan Zuckerberg Initiative) "reivindicaram o direito de acessar, prospectar e redivulgar os dados de suas crianças [...] sem perguntarem se os pais concordavam com esses termos".[42] A Summit diz que "não vende e não venderá

---

[40] BULGER, Monica. Personalized Learning: The Conversations We're Not Having. **Working Paper, Data & Society**, 22 July 2016.

[41] BONINGER, Faith; MOLNAR, Alex; MURRAY, Kevin. Asleep at the Switch: Schoolhouse Commercialism, Student Privacy, and the Failure of Policymaking. **National Education Policy Center**, August 2017.

[42] HAIMSON, Leonie. Parents rebel against Summit/Facebook/Chan-Zuckerberg online learning platform. **Parent Coalition for Student Privacy**, 31 August 2017.

informações pessoais dos alunos".[43] Mesmo que não vendam dados, ou o acesso a dados, as plataformas os utilizarão para obter conhecimento sobre como as pessoas se comportam e progridem, e para descobrir o que dá certo e o que não dá — de modo a poderem estar em posição privilegiada a fim de oferecerem a plataforma de educação no futuro.

Partes do debate contemporâneo sobre tecnologia na sala de aula refletem argumentos que têm atormentado a educação pública desde o início. A finalidade é dar às crianças as habilidades de que elas necessitam para conseguir um emprego, ou o conhecimento e a compreensão para tirar o máximo da vida? No entanto, outros aspectos do debate são bem novos, como os efeitos da "conversão em dados" das crianças. Em "The Datafied Child" [A criança convertida em dados], os estudiosos Ben Williamson e Deborah Lupton descrevem quantos humanos já são convertidos em dados antes mesmo de nascerem — quando os pais compartilham tomografias do bebê no ventre materno. Os autores tratam dessas imagens e de todas as outras medidas das crianças aferidas na sequência — em especial durante o período escolar — e chamadas de "biocapital". Sugerem que o biocapital é capaz de transformar cada aspecto mensurável da criança "em uma forma de valor que pode ser trocado por recompensas como *upgrades* e traços personalizados, convertendo as salas de aula em pequenas economias digitais e espaços calculistas em que os dados pessoais têm valor de troca e utilidade".[44] Isso representa, em outras palavras, mais um passo no caminho rumo à conversão dos nossos dados pessoais em uma moeda alternativa — só que, nesse caso, moeda de criança.

---

[43] PRIVACY CENTER. **Summit Learning website.** Disponível em: https://www.summitlearning.org/privacy-center. Acesso em: 18 jan. 2022, 17:45:50.

[44] LUPTON, Deborah; WILLIAMSON, Ben. The Datified Child The Dataveillance of Children and Implications for Their Rights. **New Media & Society**, 19:5, p. 780-94, 2017.

As democracias modernas foram projetadas em parte para ajudar a mediar discussões sobre como devemos educar os nossos filhos, bem como abrir espaço para a flexibilidade e a diversidade por meio de abordagens decentralizadas. Podemos não ter esse luxo democrático se a educação mudar para as plataformas tecnológicas. Talvez nos descubramos "presos por cláusulas de contrato" a determinada abordagem educacional — uma abordagem personalizada envolvendo grande manipulação de dados e dependente de ferramentas, serviços e armazenamento de dados fornecidos por uma plataforma particular. Pode até ser que não desfrutemos da liberdade de decidir a plataforma em que investiremos o nosso futuro educacional uma vez que — graças ao efeito de rede — os nossos pares, professores e escolas locais talvez já tenham decidido isso por nós. Será corajoso o pai que optar por não participar de um sistema impulsionado por dados se essa escolha significar que seu filho terá menos oportunidades de obter acesso à faculdade preferida, ou de ingressar na profissão a que ele aspira. Como no caso da assistência médica, podemos descobrir que o nosso eu quantificado e virtual se tornará tão importante, em termos materiais, para quem somos e o que fazemos quanto o nosso eu físico, real. Saúde e educação talvez sejam as áreas mais óbvias em que as plataformas comerciais vêm tumultuando os serviços públicos, mas estão longe de ser as únicas.

★★★

No verão de 2017, a plataforma de transportes Lyft começou a experimentar um novo serviço chamado Lyft Shuttle em San Francisco, cidade em que estava sediada. A empresa disse que ofereceria "um modo rápido e financeiramente acessível de locomoção". Por uma tarifa padrão, portanto baixa, o Shuttle apanharia as pessoas e as deixaria em locais específicos ao longo de rotas utilizadas com frequência na cidade. A reação inicial ao lançamento não chegou a ser efusiva. "A Lyft acaba de lançar sua maior inovação até agora", relatou o *Mashable*: "o ônibus."[45] Alguns munícipes, contudo, tendo enfrentado anos de poucas opções de transporte em San Francisco, sentiram-se gratos pela alternativa. A Lyft Shuttle, apesar da terrível similaridade com o serviço público de ônibus, distinguia-se de algumas formas importantes. Só funcionava nos horários de pico e apenas em itinerários com demanda elevada. Em outras palavras, ficava com a cereja do bolo. Além disso, aquele era apenas um entre vários sistemas de transporte compartilhado que a Lyft estava testando em todos os Estados Unidos. Havia o serviço de carona — chamado Lyft Line — lançado em 2015. A empresa também implementara um serviço Centennial, Colorado, em 2016, com o intuito de transportar as pessoas até as estações de trem locais — subsidiado por autoridades do governo. Contudo, as tentativas da Lyft de complementar — ou canibalizar — os serviços de transporte público foram impedidas de crescer pelo gigantesco concorrente, o Uber. Este já tentara combinar ônibus com carona em Seattle e Toronto (o UberHop encerrou as atividades depois de sete meses). Tinha um serviço próprio de compartilhamento de carro (o uberPOOL) em 30 cidades dos Estados Unidos em meados de 2017. E estava em tratativas com diversas autoridades municipais para fornecer transportes alternativos subsidiados — em Altamonte Springs e Pinellas Park, Flórida; em Summit, New Jersey; em Innisfil, Ontario; e na Filadélfia, Atlanta e Cincinnati. Alguns desses experimentos fracassaram e logo foram encerrados, levando as pessoas a considerá-los *flops* (fiascos) mal conduzidos. Mas isso é não compreender o cerne da questão. As empresas de tecnologia do Vale do Silício estavam fazendo o que as empresas de tecnologia do Vale do Silício fazem — experimentar, ou jogar um monte de espaguete na parede e ver que quantidade permanece grudada.

---

[45] HINCHLIFFE, Emma. Lyft just came out with its biggest innovation yet: buses. **Mashable**, 29 March 2017.

Uber e Lyft enxergaram o transporte público como a próxima "bola da vez". Deram então a largada na corrida para "reinventá-lo" e "reimaginá-lo" (eufemismos para o termo "disrupção", que caiu em desuso depois de 2016). Se um negócio do Uber desse certo em Altamonte Springs — onde a empresa estava transportando pessoas até estações de ônibus e trem por uma tarifa reduzida (com subsídio da prefeitura) — a empresa poderia levar a ideia a várias outras cidades. Se o Shuttle da Lyft desse certo, a empresa seria capaz de implantá-lo em outras cidades norte-americanas. Equiparáveis aos esforços dessas duas grandes plataformas tecnológicas de transportes, uma multidão de iniciativas menores em tecnologia se acotovelava à espera de sua vez. Uma plataforma chamada Via afirmava estar "remodelando a mobilidade pública" nas cidades de Nova York, Chicago e Washington, D.C. Outra empresa, de nome Swiftly, trabalhava com mais de 40 cidades para usar "grandes volumes de dados e algoritmos preditivos de modo a transformar a operação do transporte público". Deus nos livre de haver algum setor em que a Alphabet/Google não concorresse. Portanto, também nos transportes a Alphabet desempenhava um papel substancial e crescente. O aplicativo de navegação por satélite da Alphabet, o Waze, oferece orientações de trânsito em tempo real, e em 2018 foi baixado mais de 100 milhões de vezes. Como consequência, o Waze (e, por extensão, a Alphabet) alcançara um nível de penetração em algumas cidades que conferia à empresa melhor conhecimento em tempo real do trânsito do que dispunha qualquer autoridade pública.[46]

Para muitas autoridades municipais norte-americanas, a associação com essas empresas de tecnologia representa a oportunidade de poupar dinheiro. Os carros subsidiados do Uber em Pinellas Park, para citar um exemplo, substituíram dois serviços

---

[46] A Alphabet/Google também mantinha envolvimento financeiro tanto com a Lyft quanto com o Uber.

de ônibus locais por um quarto do custo. Líderes cívicos também podem vender transporte público de plataforma aos cidadãos como um serviço mais eficiente e personalizado. "Tem a ver com conveniência e controle", disse ao jornalista Spencer Woodman o prefeito designado por conselho da cidade de Altamonte.[47] No caso de algumas cidades menores, ou se tem um serviço de transporte visando lucro, ou não se tem nada. Em Arlington, Texas, o público votou a favor de gastar dinheiro no estádio do Texas Rangers em vez de em transporte público. Desse modo, a cidade contratou a Via para montar um serviço conhecido como microtrânsito.[48] A entrada de empresas de tecnologia no ramo do transporte preocupa os críticos, que temem a possibilidade de o movimento levar ao declínio dos serviços de transporte público e piorar a disponibilidade para os mais pobres e carentes. Ou, como Hana Creger, do Greenlining Institute, coloca em poucas palavras: "Os esforços do Uber e da Lyft no sentido de subverterem o transporte público prejudicarão o meio ambiente e deixarão os pobres em maus lençóis".[49]

A grande recompensa não é a administração de um serviço de microtrânsito em Pineallas Park, Flórida, nem mesmo em uma cidade grande como Nova York. Mas ser a plataforma escolhida para todo transporte em determinada cidade — ou em um

---

[47] WOODMAN, Spencer. Welcome to Uberville. **The Verge**, 1 September 2016.

[48] Nenhuma plataforma tecnológica escapa de um vocabulário próprio obtuso, nem dos acrônimos. No caso do transporte público acontece a mesma coisa. As plataformas a ele dedicadas são "Transportation Network Companies" (TNCs). Os serviços de ônibus que visam lucro são denominados "microtrânsito". E a mudança completa impulsionada por tecnologia — quando se passa da posse de um carro para a utilização de seja qual for o meio de transporte que a plataforma tecnológica da sua escolha lhe disser para usar — é denominada (sem que isso ajude muito) "Mobility-as-a-Service" (MaaS).

[49] BLISS, Laura. A bus-shunning Texas town's big leap to microtransit. **CityLab**, 20 November 2017; CREGER, Hanna. Uber and Lyft's effort to disrupt public transportation will hurt the environment and screw the poor. **AlterNet**, 26 August 2017.

país inteiro (tendo em mente que a maior parte das empresas do Vale do Silício também está investindo em veículos autônomos). Cedo ou tarde, imaginam essas empresas, todos planejaremos a nossa movimentação via celular. Informaremos para onde queremos ir (ou a plataforma cuidará disso), e o celular nos dirá os caminhos mais rápidos, baratos e convenientes para chegar lá. Algumas dessas opções serão fornecidas pela própria plataforma (como o Lyft Shuttles), outras por empresas públicas ou privadas distintas (embora a plataforma saia lucrando de algum modo). Em última análise, para a plataforma, a chave estará nos dados. Quanto mais dados ela tiver, maior o conhecimento de que disporá sobre quem está indo para onde e como, e mais abrangente a informação de percurso que ela proverá para a pessoa e compartilhará — segundo termos próprios — com autoridades e outras organizações (como anunciantes). No fim, esses dados poderão formar a base para qualquer decisão envolvendo transportes — de alguém decidindo como chegar ao trabalho, de uma autoridade de trânsito escolhendo quais rotas de ônibus extinguir ou manter, de uma ambulância tentando encontrar o caminho mais rápido até o hospital. Se uma autoridade cívica não coletar, organizar e analisar esses dados, logo se tornará dependente de quem quer que o esteja fazendo.

À medida que as plataformas ocupam rapidamente a saúde, a educação e o transporte, avançam também sobre outras áreas da vida pública. Na energia, cada uma das grandes plataformas tecnológicas vem investindo em soluções sustentáveis para alimentar as próprias necessidades sempre crescentes, com potencial para fornecer energia também para todos nós. A Amazon vem construindo fazendas para captação de energia eólica e solar em todos os Estados Unidos — em Indiana, Carolina do Norte, Virgínia, Ohio e além — suficiente para suprir as necessidades de 240 mil lares por ano, ou uma cidade do tamanho de Atlanta. Ao mesmo tempo, serviços como o Nest da Alphabet tentam mudar a maneira como as pessoas consomem energia em casa.

No setor de moradia, a plataforma de hospedagem Airbnb oferece alojamento social de curto prazo por meio da OpenHomes e tem explorado o futuro do *design* de imóveis residenciais e do planejamento urbano por meio de uma divisão chamada Samara.[50] Na área da manutenção da ordem, a plataforma tecnológica Palantir, de segurança sigilosa, dá apoio ao que tem sido chamado de "vigilância de grandes volumes de dados". A Palantir se associa a departamentos de polícia, como o de Los Angeles, para produzir interfaces com dados em tempo real registrando atividades criminais, a reação imediata da polícia e prognósticos de crimes futuros. "A polícia consegue identificar a esquina da rua com maior probabilidade de servir de cenário para o próximo roubo de automóvel", escreve Andrew Guthrie Ferguson, autor de *The Rise of Big Data Policing* [O avanço da vigilância por grandes volumes de dados], "ou a pessoa com maior probabilidade de levar um tiro."[51] Logo haverá poucos serviços públicos em que as plataformas tecnológicas não estarão atuando.

A frustração, para superplataformas como Alphabet e Amazon, é que os serviços públicos são armazenados em departamentos. A vida não funciona assim. Os crimes podem afetar a saúde. As escolas dependem de boas redes de transporte. O transporte requer soluções no campo do fornecimento de energia. Do ponto de vista das plataformas, seria bem mais eficiente se todos os dados pudessem ser reunidos, se tudo que fazemos fosse capturado em um banco de dados central, onisciente. Os nossos dados pessoais combinados com mapas digitais, escolas, instalações de assistência médica e delegacias de polícia. Se ao menos encontrassem um lugar onde pudessem assumir o controle de todos os dados. No início, ele poderia ser

---

[50] KUANG, Cliff. An exclusive look at Airbnb's first foray into urban planning. **Co. Design**, 2 August 2016.

[51] FERGUSON, Andrew. The rise of big data policing. **TechCrunch**, 22 October 2017.

relativamente pequeno, talvez em uma cidade pequena ou em um bairro de cidade grande. Teriam de construir quase tudo do zero — de modo que todos os elementos fossem conectados e "conversassem" uns com os outros. A partir do momento em que o experimento fosse disponibilizado e começasse a funcionar, poderiam ampliá-lo para todo o país. Em 2015, a Alphabet criou uma subsidiária, a Sidewalk Labs, para refletir como isso funcionaria em uma cidade. Em 2017, teve a oportunidade de fazer um teste concreto.

★★★

Em 17 de outubro de 2017, terça-feira, o primeiro-ministro canadense Justin Trudeau, o prefeito de Toronto e o presidente executivo da Alphabet, Eric Schmidt, fizeram o anúncio conjunto de uma parceria entre Toronto e o Sidewalk Labs para o desenvolvimento de um terreno de 3,2 quilômetros quadrados no distrito Eastern Waterfront.[52] Começando com um terreno de meio quilômetro quadrado em Quayside, a Toronto Sidewalk planejava converter a área no primeiro espaço urbano do mundo impulsionado por dados e "tecnocêntrico".

A empresa afirmou que aquele seria um "polo global para a inovação urbana". A proposta da Sidewalks incluía veículos de carga autônomos comandados por robôs, estacionamentos tarifados por demanda, robôs lixeiros, serviços sociais impulsionados por dados, prédios modulares e um "domínio público programável". Mais importante ainda, cada rua, cada prédio, cada sinalização de rua e cada veículo público estaria conectado — transmitindo e recebendo dados sem parar. A intenção final era mesclar "os campos físico e digital, criando um projeto de bairro urbano do século XXI" (de acordo com a visão da Sidewalk).[53]

---

[52] BOZIKOVIC, Alex. Google's Sidewalk Labs signs deal for "smart city" makeover of Toronto's waterfront. **Globe and Mail**, 17 October 2017.

[53] Sidewalk Labs, RFP submission, 17 October 2017. Disponível em: https://sidewalktoronto.ca/wp-content/uploads/2018/05/Sidewalk-Labs-Vision-Sections-of-RFP-Submission.pdf. Acesso em: 2 fev. 2022, 12:11:03.

292 DEMOCRACIA HACKEADA

Como sempre em se tratando de experimentos com plataformas, a Quayside Toronto se pretendia uma base de testes, um ensaio cujos aspectos bem-sucedidos poderiam ser aplicados no distrito e além — "O que acontece em Quayside", disse a Sidewalk, "não ficará em Quayside." A subsidiária do Google via sua empreitada em termos globais. "O mundo está à beira de uma revolução na vida urbana" e ela acreditava que o Quayside era o ponto de partida dessa revolução. Menos de um mês após o anúncio em Toronto, espalhou-se a notícia de que Bill Gates comprara mais de 100 quilômetros quadrados de terra no Arizona, onde também planejava construir uma cidade inteligente (*smart city*). O espaço, a ser batizado de Belmont, era literalmente uma "página em branco" — só deserto e vegetação rasteira, sem uma construção ou pessoa até onde o olhar alcançava.

Para a Alphabet e Gates, a cidade inteligente — ou cidade-plataforma — é o futuro. Eles consideram esses espaços mais seguros, limpos, saudáveis, sustentáveis e eficientes. A cidade-plataforma — na concepção deles — elevará quem quer que esteja em seu interior. Todo o mundo estará mais capacitado a encontrar a rota mais barata, rápida e conveniente até seu destino. Todo o mundo ocupará posição mais robusta na prevenção ou reação a doenças e a enfermidades. A aprendizagem de todo o mundo — adultos inclusive — será personalizada e responsiva, e cada conquista (e fracasso) será registrada. Todos os que estiveram na plataforma se beneficiarão da inteligência de rede e, em consequência disso, se comportarão de modo mais "inteligente".

Isso presume, claro, a operação suave das próprias plataformas, o que está longe de ser garantido considerando o histórico que elas têm de experimentos abandonados, abortados e mal orientados (você se lembra do Google Buzz, do Google Wave e do Google Glass?). De semelhante modo, presume ainda que a crença delas nos benefícios intrínsecos da tecnologia esteja justificada. Em setores como educação, isso é altamente discutível.

Democracia de plataforma

Dentro de mais uma década mais ou menos talvez descubramos, por exemplo, que a educação personalizada, baseada em dispositivos, na verdade retarda a aprendizagem, reduz a curiosidade e impede a socialização. Ou que, em vez de se tornar "mais inteligente" em uma plataforma, a capacidade da pessoa de pensar com independência diminui. Além disso tudo, de uma coisa sabemos com certeza: o nosso futuro será desigual. Nem toda cidade ou bairro será inteligente. Nem toda plataforma será igual. E quem não fizer parte de nenhuma delas? Terá de se conformar com serviços públicos piores, infraestrutura inferior e saúde ruim?

A partir do momento em que as autoridades passarem a depender de plataformas comerciais que as ajudem a operar, as plataformas terão adquirido um poder significativo. Que pode ser separado do poder das autoridades com que trabalham, ou complementá-lo. Oniscientes, as plataformas podem observar qualquer comportamento fora do padrão e punir os transgressores (ou, ainda, repassar essa responsabilidade para a autoridade envolvida). Todos os que já conhecerem a ira do Google depois de infringirem seus termos e condições saberão que, uma vez banido da plataforma, será muito difícil voltar. No entanto, via de regra, é provável que o poder seja mais utilizado para induzir, estimular e incentivar. Em 2017, por exemplo, na cidade de Londres, a autoridade de transporte (TfL) solicitou o auxílio do Waze para lidar com problemas de trânsito nos túneis Blackwall Tunnel sob o Tâmisa. A TfL sabia que um grande responsável pelas obstruções no tráfego eram os carros que ficavam sem combustível no meio dos túneis. Como o Waze tinha quase 2 milhões de usuários no Reino Unido, o TfL imaginou que ele conseguiria desviar de rota os motoristas com pouco combustível antes que fosse tarde demais. O Waze sabe onde os motoristas estão e sabe onde ficam os postos de combustível, portanto é capaz de lhes dizer para se encaminharem até um posto antes de entrarem nos túneis.[54] Seis meses mais tarde o aplicativo redirecionara o curso de mais de 400 carros. Para alguns, isso parecerá um emprego positivo e construtivo da tecnologia; para outros, o primeiro passo rumo à supervigilância orwelliana.

Quer as plataformas de serviço público levem a Shangri-La, quer à prisão panóptica de Jeremy Bantham (em que uma sentinela enxerga todos os prisioneiros), quer a algum ponto entre um extremo e outro, uma coisa é certa: elas não serão democráticas. Pelo menos, não no sentido do modelo de democracia liberal do século XX com que muitos de nós fomos criados. Como os cidadãos vivem cada vez mais por intermédio de plataformas — utilizando-as para gerenciar sua saúde, educação, transporte e energia — de igual modo dependerão delas sempre mais, e sempre menos do governo. Como consequência, as plataformas adquirirão o que o estudioso das leis Frank Pasquale chama de "soberania funcional". O governo eleito pelas vias democráticas permanecerá ostensivamente no governo, e o povo poderá levar os partidos a ocuparem ou desocuparem cargos por meio do voto. Mas, para quem está no governo, o poder de efetuar mudanças será decrescente.

As plataformas darão ênfase em sua crença na democracia e nos valores democráticos, mas não se comportarão democraticamente. "Apesar do *ethos* democrático", escreve o jornalista Ken Auletta, "da crença na 'sabedoria das multidões', no Google o engenheiro é rei, alçado a uma posição bem superior à da multidão."[55] Acontece no Google como em outras empresas de tecnologia bem-sucedidas do Vale do Silício. Não só o engenheiro é rei como a filosofia que ele adota — usando dados como guia

---

[54] TfL works with Waze and Eurotunnel to prevent Blackwall Tunnel closures. **Transport for London**, 8 December 2017.

[55] AULETTA, Ken. **Googled: a história da maior empresa do mundo virtual e como sua ascensão afeta as empresas do mundo real.** Rio de Janeiro: Agir, 2011.

Democracia de plataforma 295

para a tomada de decisões, fazendo tudo rápido, com imprudência até, e então aprendendo com os erros — bem o demonstra. Larry Page, Sergey Brin, Jeff Bezos, Tim Cook, Mark Zuckerberg, Bill Gates e Satya Nadella não foram democraticamente eleitos para administrar suas empresas e não recorrem ao voto público regular nas decisões da empresa. Peter Thiel, o capitalista de risco que investiu em muitas das mais bem-sucedidas *start-ups* do Vale do Silício e chegou a apoiar e aconselhar o presidente Trump, escreveu: "Empresas criadoras de novas tecnologias com frequência lembram monarquias feudais em vez de organizações que se supõem mais 'modernas'".[56] Para elas, a tomada de decisão é algo estritamente utilitário, que deveria ser orientado por dados e gerar o valor máximo para a maior quantidade de pessoas. Nada sugere que a mesma filosofia não se faça presente na abordagem delas aos serviços públicos. Quando aplicadas as esferas como saúde, educação e transporte, traduz-se em grandes contingentes de pessoas ficando de fora. Baseada em números, a plataforma simplesmente não teria justificativa para servi-las.

Muita gente do Vale do Silício vê uma abordagem orientada por dados aos serviços públicos como um passo à frente positivo. Enxergam os atuais serviços — e a governança democrática em geral — como ineficientes, esbanjadores, sempre focados no curto prazo, pesados e esclerosados. Isso é demonstrado com clareza em um capítulo fascinante do livro de Steven Levy, *Google, a biografia*. Levy escreve sobre um grupo ruidoso de empregados do Google que se juntou à campanha de Barack Obama em 2007. Alguns chegaram a trabalhar em sua administração. Obama os convenceu de que o governo podia ser gerido como o Google, orientado por dados e povoado por inovadores e empreendedores. No entanto, quando foram para Washington,

---

[56] Thiel, Peter. **De zero a um:** o que aprender sobre empreendedorismo com o Vale do Silício. Rio de Janeiro: Objetiva, 2016.

296 DEMOCRACIA HACKEADA

descobriram que isso era inviável de tão burocrático, de uma lentidão monstruosa e... bem, totalmente política. Katie Stanton, que encabeçara a equipe Google Election Team, juntou-se à administração Obama como diretora de participação do cidadão. Em pouco tempo se frustrou e perdeu a esperança, escreve Levy. "Não encontrei nem ao menos um engenheiro", Stanton lhe contou. "No Google, trabalhei com pessoas muito mais inteligentes e criativas [*sic*] do que eu, e eram engenheiras, e sempre faziam todo o mundo ficar bem. São pessoas que realizam coisas. No governo nós emperramos porque na verdade não temos muita gente assim." A crítica de Stanton ao governo ecoa entre outras pessoas no Vale do Silício. Contudo, o que para ela é uma administração lenta e burocrática, para outros impõe os limites necessários a todos os departamentos governamentais de modo a impedir danos, preservar direitos ou proteger grupos vulneráveis. O que um capitalista de risco veria como prova de tomada de decisão esclerosada seria encarado por um defensor dos direitos civis como proteção democrática das liberdades essenciais. O que um engenheiro veria como um processo ineficaz seria visto por um representante eleito como meio pelo qual atingir o consenso mais amplo.

Antes mesmo da existência do Vale do Silício, houve quem encarasse a tecnologia como resposta para os males da sociedade, de revolucionários franceses no século XVIII a tecnólogos no século XX. O teórico político inglês Bernard Crick redigiu o ensaio crítico mais convincente dessa abordagem tecnologicamente determinista. Na época, início da década de 1960, ele ensinava na London School of Economics.[57] Uma das maiores ameaças à política, escreveu Crick, vinha daqueles que buscavam aplicar "conhecimento científico à administração da sociedade". "A tecnologia sustenta que todos os problemas importantes a confrontarem a humanidade são técnicos, portanto

---

[57] CRICK, Bernard. **Em defesa da política.** Brasília: Ed. UnB, 1981.

solucionáveis com base no conhecimento existente cu prontamente acessível." Para quem só dispõe de um martelo, declara o axioma de Maslow, tudo se parece com um prego. O tecnólogo anela pela certeza e usa dados como uma forma de distinguir a resposta certa da errada. Embora, como Crick ressalta, raras vezes se encontra respostas certas e erradas na política; a vida humana é bem mais complicada que isso. Os cientistas querem dar ordem a essa confusão do sistema. Todavia, removê-la seria afastar a discussão, eliminar a deliberação e desfazer-se da dissensão. Toda a confusão que faz da política o que ela é: política. Para o engenheiro, "o Estado inteiro é visto como uma fábrica de produção de bens para a sociedade". Compare a afirmação com o que Katie Stanton disse sobre seu período no governo Obama: "Sinto-me uma vegetariana presa em uma fábrica de salsichas, e a coisa está feia aqui dentro".

Por outro lado, apesar de todas as promessas de vida mais sadia, brilhante e feliz, a fantasia da cidade tecnológica perfeita arquitetada pelos tecnólogos do Vale do Silício se assemelha muito com as distopias da ficção científica. *We* [Nós], romance escrito em 1920 por Yevgeny Zamyatin, descreve a sociedade norte-americana do século 26, em que tudo se baseia na lógica, razão e transparência. Uma tabela de horários determina com exatidão onde todo o mundo deveria estar a cada hora do dia. Problemas morais são solucionados com precisão matemática, segundo a "ética científica". Os moradores são obrigados a se manterem saudáveis, a viverem em casas de paredes de vidro transparente e a fazerem sexo com horário determinado e cortinas fechadas. Ninguém é *um*, nos Estados Unidos, mas sim *"um de"*, e todos desfrutam de "uma felicidade matematicamente irrepreensível". Não existe liberdade, mas porque acreditam que ela é incompatível com a felicidade. O comportamento é governado pelo Escritório dos Guardiães e o Estado, supervisionado pelo Benfeitor. "Que prazer sentir o olhar penetrante de alguém a observá-lo por cima do ombro", escreve o narrador de nome

D-503, "resguardando-o com amor de cometer até o menor dos erros." George Orwell deparou com *We* em 1946, pouco depois de escrever *1984*. Apesar da nacionalidade russa de Zamyatin, Orwell não achou que o romance fosse direcionado a nenhum país em particular. Antes, apontava para a civilização industrial. "Na verdade, trata-se de um estudo da Máquina, o gênio que o homem levianamente deixou escapar da garrafa à qual não consegue mais devolver."[58] Claro que as democracias seguirem na direção das plataformas não é algo inevitável. Das que o fizerem, algumas se transformarão mais depressa que as outras. No entanto, qualquer que seja o futuro da democracia de plataforma, como no caso da Máquina, é impossível devolvê-la à garrafa.

---

[58] ORWELL, George. Freedom and happiness. **Tribune**, 4 January 1946 in DAVISON, Peter (ed.). **Orwell and Politics.** London: Penguin, 2001.

CAPÍTULO 8
Democracia de vigilância

Pansofismo: a sabedoria ou o conhecimento
universal em si ou como pretensão.
Dicionário Merriam-Webster

Tembhli, aldeia rural distante no estado de Maharashtra, cerca de 400 quilômetros ao norte de Mumbai, raras vezes é visitada por políticos poderosos ou dignitários proeminentes. Contudo, em 29 de setembro de 2010, quarta-feira, ela abrigava não só o primeiro-ministro indiano, Manmohan Singh, como a presidente do congresso, Sonia Gandhi; o ministro chefe e o chefe adjunto do governador de Maharashtra; e Nadan Nilekani, chefe do recém-fundado departamento indiano Unique Identification Authority. Esse último personagem, o menos conhecido do distinto grupo, era a razão da visita e quem desempenharia o papel mais importante no desenrolar dos acontecimentos. Nilekani e os políticos estavam ali para distribuir os primeiros dez "identificadores exclusivos" aos moradores de Tembhli. Dez moradores da cidade receberam um número pessoal de 12 dígitos que, daquele dia em diante, distinguiria cada um deles de todos os outros cidadãos indianos – e, na verdade, combinado com seus dados biométricos, de todos os demais cidadãos do mundo. "Com isso", anunciou Sonia Gandhi, "Tembhli adquire importância especial no mapa da Índia. As pessoas de Tembhli estarão na liderança do restante do país, dando um passo histórico rumo ao fortalecimento da nossa nação".[1]

---

[1] V. BYATNAL, Amruta. Tembhli becomes first Aadhar village in India. **The Hindu**, 29 September 2010.

300 DEMOCRACIA HACKEADA

Governos de todas as tendências estão propensos a exagerar na retórica, mas, nesse caso, Gandhi provou ter razão ao proclamar que, "a partir dessa pequena aldeia, o programa alcançará mais de 1 bilhão de cidadãos do país". Apesar da mudança de governo em 2014, até abril de 2016, cerca de 1 bilhão de indianos recebera seu número de identificação exclusivo. Em 2018 o total ultrapassara 1,1 bilhão, de uma população de pouco mais de 1,3 bilhão. Nas palavras de um relatório da Harvard Business School, era um "projeto imensamente ambicioso", "o projeto em mais larga escala desse tipo no mundo".[2]

O Aadhaar, como ele se chamava, era "único em escala e pretensão".[3] Cada identificador Aadhaar incluía não apenas um número de 12 dígitos, mas todas as 10 digitais, a íris escaneada dos dois olhos e uma fotografia do rosto de cada pessoa (com potencial para reconhecimento facial mais adiante). Combinando o número com um elemento dos dados biométricos, acreditava o governo, era possível assegurar que cada cidadão indiano tivesse uma identidade única, verificável e inteligível para as máquinas. Com essa identidade verificável, o cidadão podia abrir conta bancária, receber auxílio ou pensão do governo, recolher impostos, solicitar licença para a condução de automóveis ou receber assistência médica, independentemente da escolaridade. Em um país conhecido pelo torpor administrativo e a burocracia tortuosa, no qual — em 2013 — apenas 40% dos nascimentos eram registrados, um programa desses tinha potencial para levar a Índia a ultrapassar outros países democráticos e entrar de vez na era digital. E isso tornava o governo digitalmente habilitado e também empoderado

---

[2] GERDEMAN, Dina. India's ambitious national identification program. Working Knowledge. **Harvard Business School**, 20 April 2012.

[3] BHATIA, Amiya; BHABHA, Jacqueline. India's Aadhaar Scheme and the Promise of Inclusive Social Protection. **Oxford Development Studies**, 45:1, p. 64-79, 2017.

Para os críticos do programa, no entanto, essa era uma de suas muitas falhas. "O Aadhaar marca uma mudança fundamental nas relações cidadão/Estado", escreveu Pranesh Prakash, do India's Centre for the Internet and Society, no jornal *Hindustan Times*, "de 'nós, o povo' para 'nós, o governo'".[4] Ativistas da sociedade civil objetaram ao poder ampliado do governo e à relativa ausência da prestação de contas por parte do grupo que administrava o Aadhaar, encabeçado por Nandan Nilekani até 2014. "Na verdade", escreveu o ativista e desenvolvedor de tecnologia Kiran Jonnalagadda, "eles estão além do estado de direito".[5] Outros objetaram em sentido prático. A identificação biométrica com frequência não funcionava. Um banco de dados desse tamanho e importância estava fadado a atrair os *hackers*. Vazamentos eram inevitáveis. De fato, o jornal *Tribune*, em janeiro de 2018, revelou que conseguira adquirir por 500 rupias (menos de 10 dólares) um serviço que lhe concedia acesso a até 1 bilhão de dados, quaisquer que fossem eles, do Aadhaar.[6] Todavia, essas objeções eram desconsideradas como disseminação de boatos alarmistas, e os críticos do Aadhaar eram vistos como "ativistas aristocratas, da classe alta, a elite social que comia queijo com vinho e assistia a Netflix".[7] Além disso, apesar da decisão judicial da Suprema Corte indiana de agosto de 2017 declarando o direito fundamental dos indianos à privacidade, no início de 2018 o Aadhaar atingiu tamanho impulso a ponto de parecer irrefreável. Se o governo fosse capaz de atravessar os vários

---

[4] PRAKASH, Pranesh. Aadhaar marks a fundamental shift in citizen-state relations: from "We the People" to "We the Government". **Hindustan Times**, 3 April 2017.

[5] JONNALAGADDA, Kiran. A rant on Aadhaar. Kārana, **Medium**, 6 December 2016.

[6] KHAIRA, Rachna. Rs 500, 10 minutes, and you have access to billion Aadhaar details. **The Tribune**, 4 January 2018.

[7] GUPTA, Shekhar. God, please save India from our upper class Aadhaarophobics. **ThePrint**, 9 January 2018.

desafios legislativos fazendo frente ao programa, haveria uma fila de outros países ávidos por adotarem algo semelhante.

Estados modernos, democráticos ou não, ficam fascinados com o potencial dos dados de seus cidadãos desde que se tornou possível coletá-los, armazená-los e usá-los em grandes quantidades, do início do século XIX em diante. Conhecer os cidadãos aumenta a capacidade do Estado de tomar decisões racionais em benefício deles, por exemplo, onde construir uma estrada, como melhorar questões de higiene ou como garantir segurança e proteção (sem falar na melhor maneira de cobrar impostos). "A quantificação", escreve a antropóloga Sally Merry da Universidade de Nova York, reveste-se de uma "aura de objetividade."[8] Contudo, antes da nossa era digital, os Estados enfrentavam dois obstáculos inesperados ao tentarem obter qualquer coisa além de conhecimento básico sobre seus cidadãos. O primeiro era de ordem prática. Rastrear pessoas — até para saber quantas eram e onde moravam — mostrava-se um problema repleto de complexidade. Obter informações detalhadas era ainda mais difícil, mesmo em sistemas políticos que advogavam uma vigilância mais de perto. Após o estabelecimento da República Popular da China em 1949, por exemplo, o governo comunista de Mão Zedong insistiu em que se mantivesse um dossiê secreto chamado *dangan* sobre cada indivíduo. Nele, além das informações básicas, catalogavam-se atividades, atitudes e avaliações de caráter. Todavia, a prática teve de ser abandonada visto que se tornou inviável durante a década da Revolução Cultural (ela foi restaurada na sequência no caso dos funcionários). Na Alemanha Oriental comunista, o governo de Erich Honecker guardava arquivos íntimos de todos que considerava suspeitos, atualizados a todo momento com relatórios de uma enorme rede de informantes do governo. O material contido nesses arquivos,

---

[8] MERRY, Sally Engle. Measuring the World: Indicators, Human Rights, and Global Governance. **Current Anthropology**, 52:S3, p. S83-S95, 2011.

Democracia de vigilância 303

descobriu o escritor Timothy Garton Ash ao analisar a pasta que lhe dizia respeito, podia ser tanto de uma banalidade fantástica quanto "assustadoramente preciso". Contudo, era também sempre irregular.[9] O segundo obstáculo à onisciência estatal, do ponto de vista da democracia, é ideológico. Conhecimento íntimo e irrestrito acerca dos cidadãos por parte do Estado compromete a privacidade e confere às autoridades poder muito maior sobre seus cidadãos.

Segurança e bem-estar inspiraram o grande experimento indiano com o Aadhaar. Em 1999, um conflito entre a Índia e o Paquistão em Kashmir, no qual soldados paquistaneses conseguiram se passar por militantes de Kashmir, desencadeou a primeira fase do projeto — o desenvolvimento de um registro nacional na população e um cartão de identidade multipropósito.[10] Para a fase seguinte foi necessário aguardar até 2008, época em que o governo de coalizão se preocupou cada vez mais com o vazamento de pagamentos assistenciais — a requerentes falsos e atendendo a solicitações duplicadas. Todavia, o número de identificação ganhou dimensão digital depois da indicação de Nandan Nilekani como dirigente do Unique Identification Authority da Índia, em 2009. Nilekani é o equivalente indiano a Gates, Page, Brin ou Bezos. Nascido em Bangalore, o Vale do Silício indiano, foi cofundador da Infosys, gigante de serviços digitais e de software. Como os colegas da costa oeste norte-americana, ele tem uma visão de futuro em que a tecnologia desempenha papel fundamental. Após deixar o cargo de executivo chefe da Infosys em 2007, ele escreveu um livro, *Imagining India* [Imaginando a Índia], em que expõe seu sonho para o futuro do país. Podemos "usar a tecnologia para a governança", disse Nilekani em um TED Talk de 2009, apresentado com o

---

[9] SWAIN, Harriet. The suspect Romeo. Entrevista com Timothy Garton Ash. **Times Higher Education**, 11 July 1997.

[10] RAMAKUMAR, R. What the UID conceals. **The Hindu**, 21 October 2010.

intuito de promover seu livro. "Podemos usar a tecnologia para benefícios diretos. Podemos usar a tecnologia para a transparência e muitas outras coisas."[11] Entretanto, assim como os colegas da costa oeste, Nilekani e equipe tinham consciência de que governos democráticos são inconstantes e novas iniciativas com frequência acabam sendo politizadas. A fim de se protegerem contra isso, propuseram estabelecer o Aadhaar como uma organização independente, fora do âmbito de qualquer ministério. Além disso, construiriam o plano de identificação não apenas como um banco de dados, mas como uma plataforma. "Quando desenhamos o sistema", Nilekani contou a uma plateia em Harvard em 2014, "nós o concebemos para ser uma plataforma."[12] Na prática, isso significa que, desde o início, o número de identificação exclusivo fora desenhado como uma base sobre a qual os serviços do governo — e, de crucial importância, também os serviços comerciais — pudessem se desenvolver. *Aadhaar* significa "fundação" em híndi e para isso foi projetado.

A despeito dos esforços de Nilekani, seu ambicioso programa quase naufragou com a primeira mudança de administração. Embora usado pelo governo para transferências de benefícios, o Aadhaar ainda não decolara na época em que os políticos começaram a fazer campanha para a eleição de 2014. Pior, um juiz aposentado, abrira um processo contra o projeto, dizendo que ele violava o direito à privacidade fundamental para os indianos. O líder do partido BJP, Narendra Modi, foi contundente acerca do Aadhaar durante a campanha. "Trata-se de um expediente político sem visão alguma", disse ele em

---

[11] NILEKANI, Nandan. Ideas for India's future. TED Talk, May 2009. V. também NILEKANI, Nandan. **Imagining India:** Ideas for the New Century. London: Allen Lane, 2009; NILEKANI, Nandan; SHAH, Viral. **Rebooting India:** Realizing a Billion Aspirations. London: Allen Lane, 2016.

[12] NILEKANI, Nandan. Unique Biometric ID: Creating a Large Scale Digital Ecosystem Using the Aadhaar Experience. South Asia Institute Mahindra lecture, Harvard University, 3 November 2014.

abril daquele ano. No entanto, depois que Modi foi alçado ao poder via eleição, encontrou-se com Nilekani e mudou radicalmente de ideia. Em vez de encerrar o programa, decidiu expandi-lo. Pretendia utilizá-lo tanto como plataforma virtual quanto como retórica para lutar contra a corrupção endêmica no sistema assistencial da Índia, e transformar o país em modelo de governo digital no século XXI. Em outubro de 2014, Modi anunciou que o Aadhaar ajudaria a oferecer acesso a serviços de saúde universais. No ano seguinte, seu governo resolveu atrelar o Aadhaar ao National Population Register (NPR — registro nacional da população), criando um "banco de dados matriz" a partir do qual os departamentos pudessem descobrir fraudadores, identificar imigrantes e recompensar beneficiários genuínos. Mais tarde daquele ano, Modi vinculou o Aadhaar a seu projeto para assegurar que todos os indianos tivessem acesso a serviços financeiros.

Do ponto de vista do governo, a grande vantagem da plataforma do Aadhaar era de que forma ela poderia otimizar as ações governamentais, como Nilekani pretendera. Não havia nenhuma necessidade de todo o árduo preenchimento de formulários. Toda a burocracia existente para a simples distribuição de benefícios sociais e a administração de serviços estatais poderia ser reduzida a um núcleo único. E tudo era submetido a rastreamento. Não causava surpresa, portanto, que o governo acelerasse por meio do Aadhaar, com mais e mais serviços sendo atrelados à identidade única. Tecnicamente o projeto era voluntário, mas estava se tornando cada vez mais difícil viver na Índia sem ele. Em meados de 2017, o Aadhaar era necessário para abrir uma conta bancária, ter acesso a pensões, pagar impostos, obter um número de celular, solicitar passaporte, registrar casamento, candidatar-se a bolsa de estudos, reservar uma passagem de trem. A partir de julho de 2017, crianças de escolas públicas não podiam receber almoço sem o Aadhaar (sim, era para crianças tanto quanto para adultos). Empresas de plataformas de internet enxergaram o potencial de também se vincularem a ele. A Amazon começou a pedir às pessoas que informassem o número Aadhaar para rastrearem pedidos. O Facebook incentivou as pessoas a usarem o Aadhaar para confirmarem sua real identidade. A Microsoft lançou o Skype Lite, integrando o Aadhaar, de modo que um interlocutor conseguisse verificar a identidade do outro.[13]

O Aadhaar avançava a tal velocidade que não contava nem com um suporte legal até 2016, quando o governo se apressou a apresentar ao Congresso um projeto de lei que tratasse do assunto relacionando-o ao orçamento do país, evitando assim a tramitação pelo Senado. Até então inexistia decisão dos tribunais definindo se o programa violava o direito fundamental dos indianos à privacidade. A Suprema Corte não se pronunciou a respeito até 2017. No entanto, como o Facebook descobrira a duras penas, as plataformas virtuais não solucionam todos os problemas práticos do mundo físico por um passe de mágica, podendo na verdade piorá-los.

★★★

Enquanto o governo impingia o Aadhaar a cada interação entre Estado e cidadãos, evidências das falhas do sistema foram se acumulando. A nordeste do país, no Estado de Jharkhand, uma menina de 11 anos morreu de inanição depois que sua família parou de receber a quota alimentícia do governo. O cartão de que dispunham para a retirada da quota, conforme relatou o Hindu Centre for Politics and Public Policy, "não estava vinculado ao Aadhaar."[14] O mesmo órgão citou dados extraídos de websites do governo para mostrar que em Rajasthan, onde o recebimento de quotas alimentícias dependia da autenticação do

---

[13] DIXIT, Pranav. India's national ID program may be turning the country into a surveillance state. **Buzzfeed**, 4 April 2017.

[14] BHARDWAJ, Anjali; JOHRI, Amrita. Aadhaar: when the poor get left out. **Hindu Centre for Politics and Public Policy**, 18 January 2018.

Aadhaar, entre um quarto e um terço dos cidadãos portadores dos respectivos cartões ficaram sem suas quotas entre setembro de 2016 e julho de 2017. Nos postos de distribuição dos alimentos, depois de horas tentando fazer que suas digitais fossem lidas pelas máquinas biométricas sem sucesso, muita gente perdeu a paciência e derrubou as máquinas no chão.[15]

Em toda a Índia noticiou-se sobre máquinas que não reconheciam digitais, ou que só reconheciam depois de múltiplas tentativas. Descobriu-se que a digital das pessoas com mais idade era mais difícil de ler, bem como dos trabalhadores manuais e pescadores. Como o sistema presume culpa em vez de inocência, o ônus da prova recaía sobre o cidadão, não sobre o Estado. Para pedir quota alimentícia, candidatar-se a uma bolsa de estudos ou comprar um bilhete de trem, a pessoa tinha primeiro de provar quem ela era. A obrigação de provar que não era um fraudador recaía sobre o cidadão. Mesmo que ele não estivesse fraudando e que a falha fosse do sistema, o cidadão pagava pela falha do sistema, não o governo. Contestar uma decisão tomada pela máquina significava ir até a cidade grande mais próxima — muitas vezes a quilômetros de distância — e convencer um funcionário público de que o problema estava na máquina ou no registro digital, não na pessoa. Não surpreende que algumas pessoas destruíssem as máquinas do Aadhaar em sua fúria.

Enquanto o sistema reduzia o arbítrio dos cidadãos, empoderava quem ocupava posição de autoridade. O governo central era capaz de condicionar serviços públicos à autenticação pelo Aadhaar (a despeito de repetidos tribunais decidirem que o Aadhaar era voluntário, não obrigatório). Essa condicionalidade podia então ser estendida ao nível e tipo de serviços públicos disponíveis para as pessoas. Na verdade, funcionava assim no caso de diversos serviços — para distinguir pensionistas de não

---

[15] YADAV, Anumeha. In Rajasthan, there is "unrest at the ration shop" because of error-ridden Aahaar. **Scroll.in**, 2 April 2016.

pensionistas, por exemplo. Contudo, nessa condicionalidade há bastante espaço para a ocorrência de danos e abusos. Em 2017, o site de mídia independente *Scroll.in* noticiou um número crescente de pacientes HIV positivos que estavam sendo desligados de programas de tratamento devido à exigência de uso do número de Aadhaar, mas tinham medo de que a condição em que viviam se tornasse pública.[16]

De igual modo, enquanto o Aadhaar em si não trazia nenhuma informação sobre casta, etnia, religião ou língua, a partir do momento em que era vinculado a outros bancos de dados, sobretudo o National Population Register, passava a ser possível identificar as pessoas por grupo. A identificação formal de grupos por parte do Estado tem um histórico infame. Na época do *apartheid* na África do Sul, o penúltimo número da carteira de identidade sul-africana identificava a raça. No genocídio de Ruanda em 1994, qualquer um que tivesse escrito "Tutsi" em sua identificação estava sujeito a ser morto. Na Alemanha nazista de 1938, todo cidadão judeu tinha um "J" estampado na carteira de identidade e no passaporte. Na Índia, onde divisões políticas e religiosas se entrelaçam intimamente, há uma boa razão para recear que novas oportunidades de identificação de grupo causem aflição.

Graças ao Aadhaar, as empresas começaram a elaborar serviços utilizando a identificação única. Surgiram várias "plataformas confiáveis", edificadas sobre o Aadhaar, nas quais empregadores — e outros — podiam acessar e autenticar a identidade das pessoas. Uma empresa chamada TrustID se anunciava como "a primeira, única e abrangente plataforma de verificação on-line da Índia". Por meio da TrustID um empregador conseguia conferir se pesavam condenações criminais ou civis sobre um empregado potencial, ou se a pessoa tinha boa ou má

---

[16] Rao, Menaka. Why Aadhaar is prompting HIV positive people to drop out of treatment programmes across India. **Scroll.in**, 17 November 2017.

reputação (com base em pesquisas nos noticiários e em perfis de redes sociais). A empresa chegava a incentivar as mulheres a consultarem os candidatos a maridos encontrados via websites de casamento.[17] Outras empresas internacionais incorporaram o Aadhaar a serviços existentes. É o mesmo procedimento adotado por empresas que trabalham com plataformas como o Facebook a fim de traçar o perfil dos indivíduos e segmentá-los com base em informações pessoais — só que, no caso, fazendo isso por intermédio do governo. As mesmas indagações relacionadas a confiança, privacidade, liberdade e poder surgem aqui, com força política ainda maior. O Estado e as empresas privadas se associam para rastrear cidadãos o tempo todo e coletar todos os dados que puderem — dados que conseguem então utilizar com propósitos comerciais ou políticos. Esse conhecimento pouco transparente e assimétrico dos cidadãos parece o inverso do pretendido pela transparência democrática, sobretudo na ausência de forte sigilo e proteção de dados. "Estados totalitários costumam fazer isso contra a vontade de seus cidadãos", escreve Pratap Bhanu Mehta, presidente do centro de pesquisa Centre for Policy Research. No entanto, ele continua, "na nossa democracia, o nosso consentimento está sendo preparado para dar sanção oficial a mais controle e arbitrariedade".[18]

Em agosto de 2017, a Suprema Corte indiana chegou à decisão unânime, por 9 a 0, de que o artigo 21 da Constituição do país de fato garantia o direito fundamental à privacidade. Por isso, não era lícito o governo tornar obrigatório que as pessoas se identificassem empregando um identificador único como o Aadhaar, exceto em circunstâncias específicas. Para alguns, a decisão

---

[17] Extraído do website da empresa TrustID. Disponível em: www.trustid.in/about-us. Acesso em: 1 June 2018; Matrimonial frauds — Beware! TrustID blog, 24 June 2016.

[18] MEHTA, Pratap Bhanu. Big Brother is winning. **Indian Express**, 3 February 2017.

pareceu um enorme golpe no grandioso projeto. A decisão da Suprema Corte "suscita questões graves acerca do Aadhaar", o advogado Adarsh Ramanujan argumentou no *Financial Express* da Índia, e parecia dar "uma orientação ao governo central para criar um regime que garantisse que os direitos à privacidade não fossem obstruídos por outros grupos privados".[19] O julgamento era sobre privacidade de modo geral, e não tratava de casos específicos como o Aadhaar, mas ficou claro que seria a base a partir da qual poderiam ser lançados desafios futuros ao projeto. O governo Modi, no entanto, pareceu seguir em frente sem dar importância à decisão. Em outubro, ele vinculou o Aadhaar às solicitações de licença para dirigir. Em meados de dezembro, tornou o Aadhaar obrigatório para os cidadãos que quisessem acessar qualquer um dos 140 serviços do governo.[20]

Nandan Nilekani, que deixara o cargo de presidente do Aadhaar em 2014 a fim de se candidatar ao congresso indiano, vociferou contra os que criticavam o projeto. Havia, declarou ele, uma "campanha orquestrada" para difamar o sistema.[21] "Creio que o chamado *lobby* anti-Aadhaar seja na verdade um pequeno grupo de representantes das elites liberais falando de dentro de uma câmara de ressonância", disse ele para um canal de notícias de negócios indiano.[22] De qualquer forma, Nilekani argumentou, já era tarde para os opositores o deterem. Gente demais já estava inscrita. O número de identificação único se tornara parte da prestação de serviços. Outros viam os ataques

---

[19] RAMANUJAN, Adarsh. Right to privacy: SC judgment raises serious questions about Aadhaar. **Financial Express**, 5 September 2017.

[20] V. SINHA, Amber. Should Aadhaar be mandatory? **Deccan Herald**, 9 December 2017.

[21] PTI. There's an orchestrated campaign to malign Aadhaar: Nandan Nilekani. **Indian Express**, 11 January 2018.

[22] ET Now video. Disponível no Facebook em: https://www.facebook.com/etnow/videos/1471268036248071/. Acesso em: 8 fev. 2022, 12:18:53.

Democracia de vigilância 311

contra o Aadhaar como uma ação política, argumentando que o congresso o usava para obter ganho político antes da eleição de 2019 e que o tiro sairia pela culatra. "O Aadhaar hoje não é só um número", escreveu o editor do *Economic Times*. "O congresso o considera um meio de identidade, mas o governo Modi levou a questão a um nível diferente. O Aadhaar se converteu em arma nas mãos do pobre e em ferramenta poderosa para lutar contra os interesses do dinheiro sujo firmemente estabelecidos. Ele é hoje um símbolo de anticorrupção, contrário à força que impulsiona o dinheiro sujo, um símbolo de alocação eficiente de benefícios assistenciais."[23]

★★★

Enquanto as identidades virtuais, o rastreamento pelo governo e os limites da privacidade se tornavam questões políticas cada vez mais conflituosas na Índia, cerca de 320 quilômetros a sudoeste havia um país em que os cidadãos pareciam aceitar a supervigilância como o caminho para o futuro. Desde novembro de 2014, quando o primeiro-ministro Lee Hsien Loong externou sua visão de Singapura como a primeira "nação realmente inteligente", o país corria para conectar tudo. "Deveríamos encontrá-la [a inteligência] na nossa vida diária", afirmou o primeiro-ministro, "em que redes de sensores e dispositivos inteligentes nos permitem viver da maneira sustentável e confortável". Esses sensores — cabos aterrados sob as rodovias e no interior de prédios, câmaras nos cruzamentos das ruas, aparelhos GPS em ônibus, trens e táxis — leem e gravam tudo, desde o movimento do trânsito até as condições ambientais e a densidade populacional. O governo chama isso de E3A — "Everyone, Everything, Everywhere, All the Time" ["Todo o mundo, tudo, toda parte, o tempo todo" em inglês].[24] Em 2020, todo automóvel em Singapura precisaria ter

---

[23] SRIRAM, R. View: What privacy setback? Aadhaar may have just sealed Modi's victory in 2019. **Economic Times**, 28 August 2017.

[24] V. POON, Linda. Singapore, City of Sensors. **CityLab**, 21 April 2017.

312 DEMOCRACIA HACKEADA

um GPS embutido informando localização e velocidade não só ao motorista, mas também às autoridades. Dessa forma seria possível reduzir congestionamentos, alertar os motoristas sobre vagas de estacionamento e até cobrar-lhes pela vaga de maneira automática. Motoristas que ignorassem os avisos poderiam ser penalizados. Como relatou a *Computerworld*: "Motoristas serão punidos monetariamente se não derem atenção aos alertas e serão recompensados se o fizerem".[25]

Entretanto, a interconectividade virtual em Singapura iria muito além do trânsito e do transporte. Como mais de 80% dos moradores de Singapura moram em propriedades governamentais (sob contrato de arrendamento temporário), o governo consegue conectar também as casas em que eles vivem. O ministro responsável pelo programa Smart Nation [Nação inteligente] — dr. Vivian Balakrishnan — descreveu como, em um conjunto habitacional com sensores já implantados, isso significa que, em "parceria com empresas privadas, as autoridades conseguem medir consumo de energia, produção de lixo e consumo de água em tempo real".[26] Em termos laicos, isso se traduz no fato de as autoridades locais saberem quando você acaba de dar a descarga no banheiro. No caso de pessoas vulneráveis, em especial as idosas, sensores de presença captam a movimentação dentro de casa e enviam mensagens de texto para a família avisando onde elas estão e quando ("Sua mãe está na cozinha").[27] E o governo singapurense já está à frente do Google e da Apple em se tratando de serviços de saúde digital. Pacientes de fisioterapia têm a possibilidade de prenderem sensores corporais e se filmarem durante os exercícios. Um especialista consegue então

---

[25] HAMBLEN, Matt. Singapore's "city brain" project is groundbreaking — but what about privacy? **Computerworld**, 12 December 2016.

[26] SOUPPOURIS, Aaron. Singapore is striving to be the world's first "smart city". **Engadget**, 3 November 2016.

[27] Singapore Housing and Development Board. My Smart HDB Home@ Yuhua. Vídeos disponíveis no YouTube.

ver seus dados e averiguar como eles estão se saindo.[28] O programa chega a tomar emprestados termos mais condizentes com as *start-ups* do Vale do Silício — como a nação se converter em um "laboratório vivo" para abordagens inteligentes à vida. Supõe-se que o sentido disso seja que os cidadãos de Singapura vivem feito cobaias de laboratório. Como o Aadhaar de Nandan Nilekani na Índia, o governo de Singapura está desenvolvendo sua Smart Nation como uma plataforma, de modo que serviços públicos separados e empresas privadas consigam, a partir dela, desenvolver funcionalidades. Empresas de assistência médica são capazes de elaborar aplicativos de fisioterapia visando lucros, e empresas seguradoras de automóveis podem produzir opções a partir dos dados dos GPS. Todos tiram proveito do rastreamento inteligente e da supervigilância dos cidadãos.

No que diz respeito à política, o plano é considerado fundamental para o bem-estar futuro da nação. "A Smart Nation é para todos nós, jovens e idosos", disse o primeiro-ministro em 2017 na mensagem anual que dirige à nação, conhecida como National Day Rally.[29] O plano também é visto, ao menos dentro do governo, como essencial para a sobrevivência do país. Em um influente ensaio de 2014, publicado na *Foreign Policy*, Shane Harris atribuiu ao ataque terrorista ocorrido em Bali em 2002 e ao surto de SARS em 2003 a decisão de Singapura de investir pesado em vigilância por meio de grandes quantidades de dados. A doença respiratória, além de matar 33 pessoas e levar a uma desaceleração econômica e ao fechamento temporário de todas as escolas, trouxe nova ênfase à vulnerabilidade da ilha

---

[28] V. En, Siau Ming. Tele-rehab option for physiotherapy to be rolled out at institutions. **Today** (Singapore), 5 May 2017.

[29] PM Lee Hsien Loong, discurso do National Day Rally, 20 August 2017, Institute of Technical Education College Central. Transcrição e vídeo disponíveis em National Day Rally 2017. Prime Minister's Office website. Disponível em: http://www.pmo.gov.sg/national-day-rally-2017. Acesso em: 1 Jun. 2018.

a crises e ataques inesperados. A tecnologia de vigilância e o uso de grandes quantidades de dados eram vistos como uma maneira tanto de prever impactos futuros quanto de responder a eles com mais efetividade. Como consequência, Singapura se tornou um "laboratório não só para testar como a vigilância de massa e a análise de grandes volumes de dados seriam capazes de impedir o terrorismo, como também para determinar se a tecnologia poderia ser utilizada de modo a produzir uma sociedade mais harmoniosa".[30] A vigilância e o programa Smart Nation se baseiam em cinco décadas de história de Singapura como uma sociedade controlada. Desde a independência em 1965, e considerando o tamanho reduzido e a falta de recursos naturais de Singapura, seu governo tem sido bastante estratégico no uso dos trunfos de que dispõe para manter a economia e a autonomia. São eles, acima de tudo, sua localização e seus 5,5 milhões de habitantes. Contudo, apesar de sua particular aptidão para a vigilância por meio de grandes volumes de dados, o programa Smart Nation está sendo observado muito de perto por vários outros governos e desenvolvedores de políticas como um modelo potencial a imitar. Se não a países inteiros, ele poderia com certeza mostrar a outras cidades uma opção de como se tornarem mais sustentáveis em termos ambientais, mais eficientes na economia, mais interconectadas pela tecnologia e mais socialmente ordenadas.

No entanto, mesmo Singapura sendo bem-sucedida em criar a primeira nação realmente digital, ela o fará ao custo de tudo e qualquer vestígio de política democrática. Trata-se de uma iniciativa desenhada, assegurada e imposta pelo governo. Um governo tecnocrático de engenheiros (o Google aprovaria). Singapura tem "uma sociedade cuja liderança adota o *éthos* da engenharia", disse Vivian Balakrishnan. "Quase metade do nosso gabinete é composta por engenheiros. O nosso primeiro-ministro

---

[30] HARRIS, Shane. The Social Laboratory. **Foreign Policy**, 29 July 2014.

é um matemático. Estudou ciências da computação há quase quatro décadas em Cambridge e ainda é capaz de codificar. Em outras palavras, sabemos o que estamos fazendo."[31] Não é um programa que abre muito espaço para a divergência. Singapura se mostra uma democracia representativa, embora na realidade tenha se tornado o Estado de um só partido – o mesmo que está no poder desde a independência, em 1965. Os vários meios de discussão pública aberta e oposição vêm sendo sistemática e eficientemente eliminados. Em 2017, Singapura ocupava a posição número 151 no índice de liberdade de imprensa mundial, o World Press Freedom Index, abaixo da Rússia e do México. Desde 2013, qualquer website com mais de 50 mil visualizações por mês é obrigado a solicitar uma licença (ao custo de 40 mil dólares) — que pode ser recusada ou revogada se o governo fizer objeções ao conteúdo da página.[32] Caso uma publicação ou um jornalista publique qualquer coisa considerada "tendência à insubordinação" — como "incitar a insatisfação contra o governo" —, é passível de responder a processo penal com base no Ato de Sedição e a encarar três anos de prisão, ou mais, se for reincidente. O protesto civil e o agrupamento pacífico se tornaram quase impossíveis. Qualquer reunião "relacionada a causas" — políticas — exige permissão da polícia, sempre rejeitada. "A definição do que é tratado como agrupamento", relatou a organização de defesa dos direitos humanos Human Rights Watch, "é ampla ao extremo e inclui até uma pessoa sozinha."[33] O ambiente político, escreve a organização de direitos civis, "é sufocante".

Como não existe nenhum direito constitucional à proteção da privacidade para os cidadãos, nada impede que as autoridades

---

[31] Ho, Ezra. Smart Subjects for a Smart Nation? Governing (Smart) mentalities in Singapore. **Urban Studies**, 54:13, p. 3101-18, 2017.

[32] Freedom of the Press 2014 — Singapore. Freedom House.

[33] Singapore: Events of 2017. **World Report 2018**, Human Rights Watch.

usem todos os dados pessoais coletados para maior monitoramento e controle social. De acordo com o Departamento de Estado norte-americano, é exatamente o que elas fazem. Agências de segurança e forças policiais, informa o Departamento de Estado, têm "redes extensas dedicadas à coleta de informação e à condução de vigilância, além de capacidade altamente sofisticada de monitorar telefones, e-mails, mensagens de texto ou outras comunicações digitais que se pretendem privadas". Não precisam nem de mandado. A vigilância se estende a postagens pessoais em redes sociais. Li Shengwu, sobrinho do primeiro-ministro, foi levado aos tribunais em 2017 devido a uma postagem no Facebook que dizia que "o governo de Singapura é muito litigioso e tem um sistema de justiça submisso".[34] Por sua vez, Singapura tem uma forte legislação de proteção a dados, embora isso se coadune com o compromisso do governo de incentivar os negócios e a proteção contra fraude, em vez de corresponder a alguma preocupação com a privacidade dos cidadãos.

A maioria dos singapurenses não parece insatisfeita com sua situação política. Os cidadãos locais reelegeram o partido governante em 2015 (com 83 de 89 cadeiras e 70% dos votos). O país desfruta de extraordinário sucesso econômico, com renda média *per capita* de mais de 50 mil dólares.[35] Está cada vez mais interconectado, rico em dados e por eles orientado. Todavia, o custo disso tem sido a liberdade política, a privacidade pessoal e o arbítrio individual. Os cidadãos têm se despolitizado. Caso você se oponha aos limites do que pode fazer — por exemplo, relações sexuais entre homens são ilegais em Singapura —, não tem na prática nenhuma possibilidade de expressar

---

[34] Тон, Elgin. AGC initiates contempt of court case against Li Shengwu. **Straits Times**, 14 November 2017.

[35] Lee Kuan Yew's Singapore: an astonishing record. **The Economist**, 22 March 2015.

Democracia de vigilância   317

o seu desacordo ou de pressionar por mudanças. Faça barulho demais, e você enfrentará uma multa ou o encarceramento. A interconectividade, os dados pessoais e a "inteligência" estão possibilitando e ampliando a repressão aos direitos dos cidadãos e promovendo a despolitização. O filósofo iluminista Immanuel Kant escreveu que a felicidade não era base adequada para um Estado; qualquer governo que tentasse governar por ela necessariamente se tornaria autocrático. "Ninguém pode me obrigar a ser feliz" escreveu Kant, visto que a felicidade é subjetiva. "O governo edificado sobre o princípio da benevolência para com as pessoas, como a do pai para com seus filhos, [seria] o pior despotismo imaginável."[36]

Em Singapura, nem todo o mundo está contente com a direção que a cidade-estado vem tomando. Em meados de 2017, em uma demonstração pública bastante incomum de discordância, o irmão e a irmã do primeiro-ministro anunciaram que estavam deixando a ilha por período indefinido em virtude de se sentirem ameaçados pelo "mau uso da posição ocupada pelo irmão" na tentativa de cumprir uma agenda pessoal. Vigilância e supervisão constante pelo Estado tinham sido, nas palavras deles, fundamentais para a decisão de irem embora. "Sentimos a onipresença do Grande Irmão", escreveram. "Tememos a utilização dos órgãos do Estado contra nós." Todavia, em contraposição a isso, o próprio primeiro-ministro acreditava que Singapura não avançava rápido o bastante. Ainda não dispunha de um projeto de identificação biométrica e não havia pagamentos eletrônicos suficientes sendo feitos via celulares. Lee Hsien Loong observava com inveja a China, onde a revolução das plataformas acontecia em velocidade arrebatadora. "A China foi o mais longe possível com os pagamentos eletrônicos", disse Lee a sua plateia no discurso do National Day de 2017:

---

[36] GUYER, Paul. **Kant on Freedom, Law, and Happiness.** Cambridge: Cambridge University Press, 2000.

Na verdade, nas cidades chinesas mais importantes, o dinheiro se tornou obsoleto. Mesmo cartões de débito e de crédito são raros. Todo o mundo está usando o WeChat Pay ou o Alipay, tendo os aplicativos vinculados a suas contas bancárias [...]. Podem-se comprar lanches de uma lojinha de beira de estrada. [...] Pode-se pagar uma corrida de táxi com eles. Pode-se até dar gorjeta ao garçom do restaurante. Então, ao descobrirem que precisam usar dinheiro aqui, os turistas chineses perguntam: como Singapura pode estar tão atrasada?

A questão não envolvia apenas os pagamentos eletrônicos; a China liderava no desenvolvimento da inteligência artificial, do reconhecimento facial, do *e-commerce* e da assistência médica digital.

Um longo caminho fora percorrido desde que a China começou a se relacionar com a World Wide Web. Na década de 1990, quando havia o consenso de que nenhum governo poderia controlar a internet e John Perry Barlow podia declarar que "os governos do mundo industrial" não detinham "nenhuma soberania" sobre o "ciberespaço", o governo chinês estava entre os mais ansiosos com a ameaça que tudo isso representava para seu sistema político. Preocupou-se ainda mais após as ondas de protestos e revoluções espalhadas pelo norte da África e o Oriente Médio durante o ano de 2011. Como Vladimir Putin, os líderes chineses viram manifestantes empunhando cartazes com agradecimentos ao Facebook e ouviram as declarações de Hillary Clinton e outros sobre os efeitos inerentemente democratizantes da internet. Acreditaram então que seu governo poderia ser o próximo. No entanto, perto do fim da segunda década do século XXI, o governo chinês percebeu que, tendo vontade — e disposição para tirar proveito do poder das parcerias comerciais —, qualquer Estado poderia não apenas domar a web em seu território como empregá-la para reforçar o autoritarismo e a autocracia. De fato, a *web* confere aos estados potencial para criar uma sociedade mais centralizada e controlada como o

Democracia de vigilância 319

mundo nunca conheceu. São muitos os aspectos desse controle e nenhum deles está completo, mas ao longo de duas décadas o governo chinês construiu um arsenal que deixaria qualquer Estado totalitário do século XX morrendo de inveja.

★★★

Quando os delegados que participariam do Décimo Nono Congresso Nacional do Partido Comunista chegaram a Beijing em outubro de 2017, a censura das comunicações públicas relacionadas ao evento estava em vigor havia mais de um ano. No WeChat, aplicativo mensageiro chinês com quase 1 bilhão de usuários, as pessoas não conseguiam falar sobre o congresso, ou sobre quem discursava nele, ou sobre os problemas que planejavam discutir. Não que não pudessem escrever "Belt and Road Initiative" no aplicativo, em referência ao ambicioso plano chinês de criar novas rotas comerciais com o resto do mundo, ou "vazamento de informações", por exemplo. Contudo, se tentassem enviar as mensagens contendo essas expressões, elas jamais chegariam ao destino pretendido. Simplesmente desapareceriam.

Sabemos disso graças à pesquisa realizada antes e durante o congresso pelo Citizen Lab da Universidade de Toronto. Pesquisadores enviaram mensagens para números de telefone diferentes — alguns registrados na China, outros não — e observaram quais chegaram ao destinatário e quais não.[37] Assim conseguiram ver o que faltava na realidade. Não sabemos com exatidão quem bloqueia as palavras e expressões-chave, apesar de toda empresa de comunicação via internet na China empregar uma estrutura própria de censores a fim de atender às orientações estritas do governo. Gary King, Jennifer Pan e Margaret Roberts, especialistas em China de Harvard, avaliaram que, no ano de 2013, cada provedor de conteúdo da internet "empregava até mil

---

[37] CRETE-NISHIHATA, Masashi; RUAN, Lotus; DALEK, Jakub; KNOCKEL, Jeffrey. Managing the message: what you can't say about the 19th National Communist Party Congress on WeChat. **Citizen Lab**, 6 November 2017.

320 **DEMOCRACIA HACKEADA**

censores" e que isso era fomentado por 20 a 50 mil patrulheiros da internet ou *wang jing*.[38] Tudo isso faz parte do Great Shield [Grande Escudo], um programa de vigilância doméstico iniciado em 1998, dois anos após a Declaração de Independência do Ciberespaço de John Perry Barlow. Diferentemente de seus congêneres menos sofisticados do século XX, no entanto, o programa chinês não visa censurar toda discussão política. Críticas a políticos locais, alegações de corrupção de baixo nível e queixas gerais contra questões políticas são consideradas úteis pelo Partido (que as grava todas).[39] Entretanto, a crítica aos líderes do Partido ou qualquer sinal de ação política coordenada desencadeia a censura e a intervenção policial. Complementando o Great Shield existe o Great Firewall [Grande Barreira] a impedir que quem está na China acesse vários websites e serviços internacionais (inclusive o Facebook, o YouTube e o *New York Times*).

Às vezes, durante grandes eventos políticos como a remoção de limites para mandatos presidenciais, a censura não basta, sobretudo se grandes massas de pessoas começam a enviar e publicar postagens. Em função disso, o governo chinês também se serve do que tem sido chamado de "50 Cent Party" [Grupo dos 50 centavos] (devido à antiga crença de que se recebiam 50 centavos por postagem) para inundar as mídias sociais de comentários positivos e distrair as pessoas das notícias políticas controversas. Gary King e seus colegas calculam que o governo chinês e quem trabalha para ele "fabricam e publicam cerca de 448 milhões de comentários em redes sociais por ano".[40]

---

[38] KING, Gary; PAN, Jennifer; ROBERTS, Margaret E. How Censorship in China Allows Government Criticism but Silences Collective Expression. **American Political Science Review**, 107:2, p. 326-43, 2013.

[39] LORENTZEN, Peter. China's Strategic Censorship. **American Journal of Political Science**, 58:2, p. 402-14, 2014.

[40] KING, Gary; PAN, Jennifer; ROBERTS, Margaret E. How the Chinese Government Fabricates Social Media Posts for Strategic Distraction, Not Engaged Argument. **American Political Science Review**, 111:3, p. 484-501, 2017.

Democracia de vigilância 321

A abordagem do governo ao controle da comunicação digital como um todo é descrita por Margaret Roberts como caracterizada por "medo, atrito e inundação".[41] A ideia é incutir medo ao selecionar alguns ativistas ou manifestantes notórios e fazer deles exemplos, como um aviso para os demais. Criar atrito tornando difícil e impraticável o acesso a material censurado ou que se descubra o que aconteceu de verdade — por exemplo, utilizar uma rede privada virtual (VPN) para ler sites estrangeiros. E inundar com uma torrente de publicações adulatórias e irrelevantes os eventos políticos a fim de afastar as pessoas da crítica ou da controvérsia.

Essencial para o sucesso da abordagem do governo chinês tem sido a adesão de empresas comerciais de internet a sua causa. O governo consegue isso por meio de uma espécie de método de "morde e assopra". As empresas de internet têm de impor censura, monitorar e repassar informações sobre seus usuários e limitar-lhes a capacidade de ter acesso a "ideias erradas". Inclusive as plataformas de internet estrangeiras na China precisam obedecer às mesmas regras. Em 2017, a Apple concordou em retirar mais de 600 aplicativos VPN de sua loja de aplicativos na China para que as pessoas do país não pudessem utilizá-los com a finalidade de entrar em sites internacionais. No começo de 2018, ela passou o controle de seus serviços em nuvem na China para uma empresa local, concedendo ao governo chinês acesso aos dados na nuvem da Apple daquele país.[42] Algumas das maiores empresas de internet chinesas têm demonstrado boa vontade e entusiasmo para colaborar com o governo, sabendo que sua

---

[41] ROBERTS, Margaret. **Fear, Friction, and Flooding: Methods of Online Information Control.** Dissertação de PhD, Harvard University, 2014; v. ROBERTS, Margaret E. Testimony before the US-China Economic and Security Review Commission: Hearing on China's Information Controls, Global Media Influence, and Cyber Warfare Strategy. 4 May 2017.

[42] SHIH-HUNG, Lo. How Apple is paving the way to a "cloud dictatorship" in China. **Global Voices**, 10 February 2018.

322 **DEMOCRACIA HACKEADA**

prosperidade futura pode depender disso. A Alibaba, a Amazon chinesa, associou-se ao governo local para prestação de serviços de saúde, por exemplo, utilizando *blockchains* para proteger dados de pacientes. Faz isso via sua plataforma de assistência médica, a Ali Health.[43] Já o Baidu, o Google da China, trabalha com a segurança aeroportuária chinesa para usar software de reconhecimento facial e identificar a tripulação das companhias aéreas hoje e passageiros no futuro.[44] Existe até uma delegacia de polícia no *campus* da Alibaba para que os empregados possam denunciar possíveis crimes diretamente à polícia e conceder aos investigadores acesso a dados pessoais para auxiliar nas apurações.[45]

Duas das maiores empresas de internet na China foram ainda mais longe e estão ajudando o governo a criar o maior experimento de vigilância estatal e de controle social jamais testado — o já famoso Social Credit System, ou sistema de crédito social. Os "requisitos inerentes" a esse projeto, estabeleceu o governo na proposta original em 2014, "estão instituindo a ideia de uma cultura da honestidade, propagando essa cultura e as nossas virtudes tradicionais". Para isso, empregará "o encorajamento para que se preserve a confiança, bem como a repressão contra a quebra de confiança como mecanismos de incentivo". O objetivo, afirmou o governo, era elevar "a mentalidade da honestidade e os níveis de crédito da sociedade inteira".[46] Tendo fixado essa meta, o governo resolveu deixar a cargo das empresas

---

[43] Alibaba Partners Chinese Govt to Trial Blockchain in Healthcare. **CCN**, 22 August 2017.

[44] JING, Meng. Baidu offers facial recognition technology to help Beijing airport streamline boarding, traffic. **South China Morning Post**, 24 August 2017.

[45] LIN, Liza; CHIN, Josh. China's tech giants have a second job: helping Beijing spy on its people. **Wall Street Journal**, 30 November 2017.

[46] State Council Notice Concerning Issuance of the Planning Outline for the Construction of a Social Credit System (2014-2020). Publicado por Rogier Creemers em **China Copyright e Media blog**, 14 June 2014.

comerciais de que maneira pôr o projeto em prática — ver como ele funcionaria antes que o governo o encampasse e, se fosse bem-sucedido, o tornasse obrigatório em 2020. A Alibaba, por meio de seu braço financeiro denominado Ant Financial, lançou a primeira iniciativa, o Sesame Credit, em 2015. A Tencent, dona do WeChat e do serviço de mensagem instantânea QQ, criou e disponibilizou iniciativa semelhante no começo de 2018, apesar de ter voltado atrás bem depressa para desenvolvê-la atendendo a um pedido do governo.[47]

O Social Credit System pretende ser um programa de crédito financeiro em um país que nunca teve nada parecido com os perfis de crédito dos Estados Unidos. Contudo, na prática, ele confere pontos a cada cidadão, em uma escala de 350 a 950, de acordo com quão obediente e bem-comportado ele é. Rachel Botsman detalha a sistemática no livro *Who Can You Trust?* [Em quem se pode confiar?]: "O Sesame Credit é basicamente uma versão *gameficada* de dados em grandes volumes dos métodos de vigilância utilizados pelo Partido Comunista". A pontuação é calculada com base em tudo, desde o que você compra até como passa o tempo e quem são os seus amigos — tudo registrado graças à onipresença da plataforma Alibaba e seu serviço de pagamento via celular, o Alipay. Os seus pontos têm consequências tanto virtuais quanto no mundo real. Mara Hvistendahl, que viveu uma década na China e retornou para visitá-la em 2017, descobriu que a pontuação do Sesame Credit agora se estendia por enormes áreas da vida pública.[48] Conseguir um empréstimo, alugar um apartamento, alugar uma *bike*, comprar uma passagem aérea, encontrar um quarto de hotel, tudo isso pode ser afetado pela sua pontuação. Se você tem poucos pontos,

---

[47] Xiao, Eva. Tencent's new credit system to use payments, social data. **Tech in Asia**, 31 January 2018.

[48] Hvistendahl, Mara. Inside China's vast new experiment in social ranking. **Wired**, 14 December 2017.

se o seu nome consta da "Lista de Pessoas Desonestas", você se torna um membro da classe digital mais desfavorecida. Fugir dela, como melhorar uma pontuação ruim, pode ser doloroso e uma experiência árdua — mais penosa ainda se os seus amigos o desertarem com medo de prejudicarem a própria pontuação. As empresas e, por extensão, o governo chinês podem fazer isso porque a vida digital dos cidadãos do país — como acontece com a maioria de nós — está se tornando sinônimo de vida real.

O Great Firewall da China, o Great Shield, o 50 Cent Party e o emergente Social Credit System, todos se justificam pela busca da estabilidade social e para que o Partido Comunista possa manter o controle. Eles promoveram ampla expansão dos poderes do Estado e, por extensão, de algumas grandes plataformas comerciais como Alibaba e Tencent. Também inscreveram o povo chinês em seu programa de controle social digital, criando não apenas cidadãos paranoicos — obrigados agora a se preocuparem o tempo todo com seu crédito social —, mas uma nação de sentinelas e informantes, todos a observarem e registrarem consciente e inconscientemente uns aos outros por meio da vida diária digitalmente habilitada. As oportunidades de dissensão na China, já escassas, estão se tornando inexistentes. A exceção está onde a dissensão ou a desaprovação é sancionada pelo Estado — na delação de mau comportamento ou de conduta imprópria, por exemplo. Lendo a proposta para o Social Credit System, percebe-se que o Estado chinês enxerga os cidadãos quase como ratos em uma caixa de Skinner, a qual — graças às novas alavancas digitais — consegue direcionar e controlar por meio do condicionamento operante. O Estado "lançará atividades em massa para juízo moral, análise de conduta e avaliação de ocorrências em que houver falta de honestidade e o crédito não tiver sido enfatizado, e conduzirá o povo rumo à honestidade e à preservação da confiança, à moralidade e à manutenção da cortesia". Singapura não está no mesmo estágio que a China, mas admira a liderança tecnológica chinesa e caminha para a completa consciência da informação. Na Índia, enquanto a política democrática permanece aberta, forte e bastante contestada, com o Aadhaar foram criados os meios pelos quais o Estado pode reunir controle político e social bem maior sobre seus cidadãos.

★★★

Em janeiro de 2018, o primeiro-ministro indiano, Narendra Modi, encontrou-se com o líder dos filipinos, Rodrigo Duterte, em Nova Deli. Entre outras coisas, eles discutiram a possibilidade de levarem o Aadhaar para as Filipinas. Duterte demonstrou interesse em importar o sistema para ajudá-lo a "lutar contra a corrupção", e Modi "assegurou ao presidente filipino toda ajuda que estivesse a seu alcance para implantar os números de identificação únicos para os cidadãos da nação do sudeste asiático".[49] Além das Filipinas, noticiou-se que 20 outros países estavam interessados no Aadhaar.[50] Indonésia, Malásia, Sri Lanka e Singapura investigavam se o Aadhaar funcionaria em um ambiente que lhes fosse doméstico.[51] A Tailândia introduziu a verificação biométrica para operações bancárias por dispositivos móveis e, a partir de dezembro de 2017, exigiu-a para os cartões SIM dos celulares. "O objetivo não é rastrear usuários", disse o regulador, "mas incrementar a segurança, sobretudo em caso de pagamentos por dispositivos móveis."[52] Esses movimentos em direção à identificação digital única e à governança de plataforma são, em parte, defensivos. Os países envolvidos

---

[49] DH News Service. Philippines shows interest in Aadhaar. **Deccan Herand**, 25 January 2018.

[50] PK, Jayadevan. India's latest export: 20 countries interested in Aadhaar, India Stack. **Factor Daily**, 10 January 2018.

[51] SRINIVASAN, Meera. Sri Lanka is keen to introduce an Aadhaar-like initiative. **The Hindu**, 21 December 2017.

[52] Reuters staff. Thailand to roll out biometric checks for SIM cards nationwide. **Reuters**, 6 November 2017.

demonstram preocupação com a possibilidade de as plataformas tecnológicas transnacionais tomarem o controle dos dados dos cidadãos, caso eles não o façam primeiro. Ao mesmo tempo, não podem deixar de ver a questão como uma grande oportunidade de aperfeiçoar a eficiência governamental e arrastar os cidadãos para a economia digital. Não explicitam se também lhes interessa o aumento do poder do Estado.

Singapura ganha prêmios internacionais e louvores por suas inovações como "cidade inteligente". Venceu três prêmios SmartCities do *Le Monde* em 2017, um deles pelo "sistema de transporte público singular".[53] Existe até um prêmio Lee Kuan Yew World City Prize desde 2010, por "facilitar o compartilhamento de melhores práticas em soluções urbanas facilmente replicáveis em outras cidades".[54] Conquanto nem toda cidade adote a mesma abordagem de Singapura, há um consenso crescente de que as cidades inteligentes são o futuro, e que Singapura é uma das mais importantes, com as quais várias outras aprendem. A cobertura dada pela mídia de sua iniciativa Smart Nation é invariavelmente positiva, acrítica e revela grande fascínio. Uma reportagem de 2017 da BBC concentrou-se na eficiência e conveniência da tecnologia e seu potencial para salvar vidas. A única crítica mencionada foi de que o projeto "precisava ser acelerado".[55] Quem critica a orientação tomada por Singapura se concentra na ameaça à privacidade pessoal. Questionamentos do tipo "O projeto 'Singapore's city brain' [Cérebro da cidade de Singapura] é inovador — mas e quanto à privacidade?" são comuns. A privacidade de fato é claramente ameaçada — se

---

[53] The winners of the "Le Monde" Smart-Cities 2017 Global Innovation Awards. **Le Monde**, 31 May 2017.

[54] About the Prize. Lee Kuan Yew World City Prize website. Disponível em: https://www.leekuanyewworldcityprize.com.sg/about-the-prize. Acesso em: 10 fev. 2022, 12:38:29.

[55] VASWANI, Karishma. Tomorrow's Cities: Singapore's plans for a smart nation. **BBC News**, 21 April 2017.

Democracia de vigilância 327

não abolida — pelo projeto, sobretudo em sua forma final. Mas poucos falam sobre o poder que ele concederá ao Estado. A partir do momento em que Singapura dispuser de um mecanismo de identidade biométrica que mantenha relação amigável com os dados dos cidadãos, como acontece com o Aadhaar, e estiver conectado com os sensores oniscientes espalhados pela cidade e residências, então o Estado poderá saber tudo o que seus habitantes fazem o tempo todo. Tal qual um deus pansófico. A distinção originalmente feita por Aristóteles entre a esfera pública da atividade política e a esfera privada do lar será extinta.

Reimaginar o Estado como plataforma digital representa uma ameaça ainda maior à democracia liberal que imaginar plataformas tecnológicas comerciais como Google e Amazon assumindo as funções do Estado — em especial se o Estado como plataforma colaborar muito de perto com entidades comerciais, como acontece na China com empresas como Alibaba e Tencent. A partir do momento em que a relação primordial do Estado com seus cidadãos se der pela plataforma digital, seus poderes executivos terão um incremento incomensurável, ao passo que os dos cidadãos — sobretudo no que diz respeito a sua autonomia e arbítrio — serão diminuídos. Ao cidadão "dadificado", bem como à criança "dadificada", pode-se dizer o que eles têm ou não permissão de fazer, têm ou não permissão de ter. Podem ser impelidos, estimulados, incentivados e *gamificados*. O poder sobre a identidade digital confere ao governo maior controle — ou a sensação de maior controle — dos cidadãos: sobre seus movimentos, sobre a assistência social que recebem, sobre os serviços a que têm acesso e sobre seus direitos. Esse poder executivo aumentado pode ser utilizado positivamente, na distribuição de benefícios de forma mais ampla, como para assegurar assistência médica universal ou conceder acesso ao crédito. De igual modo, o poder pode ser exercido de maneira abusiva: para negar acessos, reprimir a dissensão, segregar grupos.

De um jeito ou de outro, o poder é mais centralizado, mais fácil de operar e menos transparente.

A definição e a "dadificação" dos cidadãos por parte do Estado permitem e incentivam a discriminação oficial, e uma meritocracia dura e rancorosa. Ai daqueles para quem o Estado confere direitos limitados, ou direito algum. Os imigrantes e outros não cidadãos estão sujeitos a sofrerem mais no Estado "dadificado", carentes de qualquer histórico de dados, qualquer reputação adquirida ou qualquer crédito social. Serão não pessoas. Todavia, mesmo quem tem identidade digital mais rica está sujeito à discriminação oficial. As autoridades discriminarão com base em históricos de dados — aqueles que tiverem cometido um crime no passado estarão mais suscetíveis à atenção da polícia; quem acumular pontos negativos na carteira de habilitação será detido com maior frequência; quem tiver um histórico de crédito pobre encontrará mais dificuldade para conseguir empréstimos. A discriminação será justificada, argumentarão as autoridades, porque será baseada em dados. Na verdade, talvez não haja alternativa a não ser discriminar se o algoritmo mandar fazê-lo. No entanto, como quando se diz que o passado define o nosso futuro, a "dadificação" dos cidadãos solidificará desigualdades existentes. Levará a uma "forma particularmente cruel de desigualdade", nas palavras do sociólogo Ralf Dahrendorf, uma vez que se libertar dela será bem mais difícil.[56] Também haverá injustiça impulsionada por dados. O jornal indiano *Scroll* relatou uma série de injustiças desse tipo em seu Projeto Identidade. Uma delas conta a história de Santosh Devi, mãe de dois filhos jovens e pastora de cabras em Rajasthan. Por acidente, seu cartão Aadhaar foi associado ao nome errado. As autoridades locais se disseram incapazes de

---

[56] DAHRENDORF, Ralf. The rise and fall of meritocracy. **Project Syndicate**, 13 April 2005.

Democracia de vigilância 329

mudá-lo, significando que, embora a família estivesse abaixo da linha da pobreza, a matriarca não podia comprar grãos subsidiados nem alimentar adequadamente seus filhos.[57]

O cidadão digitalmente rastreado não tem liberdade para protestar, opor-se ou discordar como seus antepassados fariam em situação análoga. Em alguns países, como Singapura e China, as possibilidades de oposição e discordância já são muito restritas e se tornarão tanto legal quanto socialmente inaceitáveis se os sistemas de crédito social tomarem o controle. Em países mais democráticos, à medida que o povo se conscientizar de que as autoridades e as empresas privadas coletam o tempo todo informações pessoais e as acrescentam ao perfil de cada indivíduo, e que esse perfil determinará suas chances de futuro, muitos tratarão de moderar suas atividades como lhes for mais conveniente. Saber que suas atividades políticas estão sendo monitoradas e gravadas também afetará seu comportamento. Durante protestos na Ucrânia em 2014, por exemplo, manifestantes em Kiev receberam uma mensagem de texto das autoridades: "Caro assinante", a mensagem dizia, "você está registrado como participante de um distúrbio de massa." Sabemos quem você é e o vigiaremos, era o que diziam as autoridades aos manifestantes.

A partir do momento em que todos os cidadãos e serviços estiverem digitalmente vinculados e centralizados, haverá menos restrições pesando sobre o executivo. A separação cuidadosa dos poderes, que o filósofo Montesquieu considerava essencial para a proteção contra o despotismo, que os autores da Constituição norte-americana passaram tanto tempo discutindo e aperfeiçoando, fica comprometida e ameaçada com a centralização dos dados de cidadãos pelo Estado. O uso de dados dos cidadãos para fazer previsões, como no policiamento preventivo, compromete o poder do judiciário de limitar a autoridade

---

[57] YADAV, Anumeha. In Rajasthan, there is "unrest at the ration shop" because of error-ridden Aahaar. **Scroll.in**, 2 April 2016.

330 DEMOCRACIA HACKEADA

do executivo e a aplicação da lei. A política fica paralisada pela automação e pelos algoritmos. Ou como os estudiosos Jathan Sadowski e Frank Pasquale escrevem sobre a sociedade em cidades inteligentes: "O *corpo* político se mumifica em uma espécie muito diferente de organização social: uma *máquina* monstruosa como um leviatã".[58] Tampouco os jornalistas são capazes de manter o Estado imputável. A democracia de vigilância impossibilita que ofereçam anonimato ou proteção a suas fontes.

No fim de 2016, o *Times of India* voltou a Tembhli e conversou com Ranjana Sonawane, a primeira pessoa a receber um número de Aadhaar nos idos de setembro de 2010. O jornal perguntou a Sonawane como sua nova identidade digital e o acesso a bancos a tinham ajudado desde então. "Estou encontrando dificuldade para sobreviver", respondeu ela. "Sinto que todos os governos usam o pobre só para fazer política, mas na verdade trabalham para os ricos. Conseguir trabalho diário ficou difícil porque os fazendeiros dizem que não estão recebendo dinheiro dos bancos e não podem nos dar trabalho. Eu queria ir para a feira de Sarangkheda montar uma loja de brinquedos, mas não consegui porque me falta dinheiro para viajar."[59] Em Tembhli, o programa de identidade única ainda não tornara a vida mais simples nem abundante, sem falar no que ele estava fazendo com a democracia.

---

[58] SADOWSKI, Jathan; PASQUALE, Frank. The Spectrum of Control: A Social Theory of the Smart City. **First Monday**, 20:7, 2015 (grifo do autor).

[59] JADHAV, Radheshyam. First Indian to get Aadhaar card & her village are truly cashless. **Times of India**, 29 December 2016.

CAPÍTULO 9
Democracia re-hackeada

Sobre montanha imensa,
Escarpada e íngreme, ergue-se a Verdade, e
Para a alcançar, há que a rodear e rodear.
John Donne, *Satire III*

Só o mais arrogante dos políticos viajaria até Atenas, lugar em que a democracia foi inventada, para relançar a democracia europeia. Emmanuel Macron era a própria definição de arrogância. No entanto, não apenas o recém-eleito presidente francês escolheu Atenas, como optou por fazer seu discurso ao ar livre, à noite, tendo a Acrópole esplendidamente iluminada como pano de fundo. Fora ali, disse Macron a sua plateia em setembro de 2017, "que se resolvera correr o risco da democracia; o risco que põe o governo do povo nas mãos do povo na convicção de que a lei respeitável é mais bem decidida pelo maior número possível de pessoas, não o menor".[1] Tendo acusado os colegas europeus de permitirem à democracia definhar, o presidente os desafiou a "redescobrirem o significado de soberania, democracia e cultura". A fim de lhes refrescar a memória, Macron destacou o legado de Péricles — o "primeiro cidadão

---

[1] MACRON, Emmanuel. Discurso em Atenas, 7 September 2017. Transcrição em: European Union — Speech by the President of the French Republic (Athens, 7 September 2017). **France Diplomatie**. Disponível em: https://www.diplomatie. gouv.fr/en/french-foreign-policy/european-union/events/article/european-union-speech-by-the-president-of-the-french-republicathens-07-09-17. Acesso em: 4 June 2018.

332 DEMOCRACIA HACKEADA

de Atenas" —, mencionou André Malraux, venerado escritor francês de *A condição humana*,[2] e manifestou sua concordância com o filósofo alemão Hegel. Poucos políticos seriam capazes de se sair bem com uma retórica tão imponente, mas Macron foi visto por muitos — ele, inclusive — como o potencial salvador da democracia liberal depois das convulsões dos últimos anos. Logo apresentaria "um itinerário para a construção do futuro da nossa Europa na próxima década". Os cidadãos seriam essenciais para essa renovação democrática, integrados ao processo de reforma por meio de toda uma série de "convenções democráticas". Para todos os que estavam preocupados com a guinada autoritária da política e desesperados por uma nova narrativa, Macron oferecia esperança.

Seis meses mais tarde, quando Macron apresentou esses planos de renovação democrática, os reformistas ficaram decepcionados a ponto de se desesperarem. David Van Reybrouck, autor belga de *Against Elections: The Case for Democracy* [Contra as eleições: em defesa da democracia],[3] e Claudia Chwalisz, autora de *The People's Verdict* [O veredito do povo], condenaram os planos por considerá-los "arcaicos, elitistas e alheios aos últimos desenvolvimentos de inovação democrática". Basicamente, escreveram esses autores, "equivaleriam a Guy Verhofstadt e Daniel Cohn-Bendit filosofando com Jacques Delors enquanto tomam conhaque sobre o que os europeus desejam".[4] O que propusera Macron para desiludir esses e outros reformistas fora, em essência, um questionário on-line aliado a um conjunto de reuniões na prefeitura local. Rebatizadas de "consultas aos cidadãos", no lugar de "convenções democráticas", que soava mais

---

[2] MALRAUX, André. **A condição humana.** Rio de Janeiro: Record, 1998.

[3] REYBROUCK, David Van. **Contra as eleições:** em defesa da democracia. Belo Horizonte: Editora Âyiné, 2017.

[4] CHWALISZ, Claudia; REYBROUCK, David Van. Macron's sham democracy. **Politico,** 12 February 2018.

Democracia re-hackeada 333

ambicioso, as descobertas a partir do questionário e das reuniões seriam transmitidas para Bruxelas a fim de que fossem digeridas e consideradas. O processo todo — inevitavelmente dominado por um grupo sem dúvida não representativo de pessoas, como indicavam suas novas estruturas — teria caráter apenas consultivo, sem implicar nenhum compromisso.

Não obstante, ao menos Emmanuel Macron reconheceu o tamanho do desafio, mesmo que sua visão de renovação democrática carecesse de substância e ele lhe arruinasse a execução. Outros líderes democráticos ou não reconheceram a extensão da crise, ou estavam distraídos demais por divisões internas para pensarem em reforma. No Reino Unido, a primeira-ministra Theresa May tentava desesperadamente imaginar o que significava o Brexit, ao mesmo tempo em que procurava esconder as fissuras cada vez mais largas em seu partido. Nos Estados Unidos, oficiais do governo e o Congresso nem imaginavam o que Donald Trump faria naquele dia, muito menos no ano seguinte. Na Alemanha, Itália e Espanha, partidos políticos tradicionais entravam em colapso e novas alternativas populistas abriam caminho rumo ao poder.

Esses e outros governos democráticos ignoravam evidências crescentes de desencanto com a maneira como a política era praticada e a democracia funcionava. Desconsideravam, para citar um exemplo, uma pesquisa atrás da outra demonstrando altos níveis de insatisfação pública. "As populações ao redor do mundo", descobriu o centro de pesquisas Pew em uma análise global das atitudes públicas em 2017, "via de regra estão infelizes com o funcionamento do sistema político de seu país", e essa infelicidade geral inclui muitos que vivem em democracias.[5] Mais da metade dos norte-americanos se declarou infeliz com

---

[5]   WIKE, Richard; SIMMONS, Katie; STOKES, Bruce; FETTEROLF, Janell. Many Unhappy with Current Political Systems. IN Globally, Broad Support for Representative Democracy, **Pew Research Center**, 16 October 2017.

sua democracia, o mesmo caso da maioria no sul da Europa, no Oriente Médio e na América Latina. Ainda mais alarmante era o grau de insatisfação democrática entre os jovens. A pesquisa empreendida por Yascha Mounk, que leciona sobre teoria política em Harvard, e Roberto Stefan Foa, da Universidade de Melbourne, descobriu que, em democracias maduras, eram os jovens que apresentavam menor probabilidade de acreditar ser essencial viver em uma democracia, e que se mostravam mais abertos às formas autoritárias de governo. Nos Estados Unidos, no Reino Unido, nos Países Baixos, na Austrália e na Nova Zelândia, quatro em dez *millenials*, ou menos ainda, disseram-se comprometidos com viver em uma democracia — proporção muito menor que das gerações anteriores. Esse ceticismo acerca da democracia se estendia, descobriu a pesquisa de Foa e Mounk, para as instituições liberais — com cidadãos "cada vez mais insatisfeitos com os partidos políticos estabelecidos, as instituições representativas e os direitos das minorias". Acompanhando essa insatisfação havia um desejo crescente em diversos países de um líder forte "que não precise se incomodar com eleições".[6]

Os governos democráticos, em sua maioria, também tinham ignorado as exigências de ondas de manifestantes mundo afora entre 2011 e 2013, inflamadas pelo que chamavam de "democracia existente de fato". Manifestantes do movimento "Occupy" em centenas de cidades espalhadas por inúmeros países protestaram contra a corrupção e a deturpação de políticas democráticas por elites financeiras e pela classe política. Paolo Gerbaudo, um sociólogo político do King's College London, compareceu a protestos nos Estados Unidos, na Espanha, no Egito, na Grécia e em outros lugares e conversou com diversos manifestantes. Descobriu que o objetivo deles não era subverter a democracia, mas resgatá-la. "Chamam de democracia. mas não é", dizia um

---

[6] FOA, Roberto Stefan; MOUNK, Yascha. The Danger of Deconsolidation: The Democratic Disconnect. **Journal of Democracy**, 27:3, p. 5-17, 2016.

dos *slogans* vistos por ele na Espanha. "Democracia, onde está você?", lia-se em uma faixa na Place de la Republique de Paris.[7] Como estudioso de ponta da sociedade em rede, Manuel Castells escreveu que esses movimentos "não se opõem ao princípio da democracia representativa, mas denunciam a prática da democracia como ela se apresenta hoje".[8] Por isso os manifestantes promoviam experiências com maneiras alternativas pelas quais envolver pessoas em deliberações políticas e chegar a decisões coletivas. Alguns poderiam ser mais bem descritos como não convencionais, como um gravador humano a dizer "repita depois de mim". Outros recorreram a modelos experimentados primeiro na Atenas antiga, enquanto outros ainda tiram partido da tecnologia mais recente. Os protestos *Occupy* acabaram se esvaindo, mas não porque governos democráticos resolveram instituir reformas radicais. Grande parte da raiva e da frustração permaneceu latente, sendo canalizada para novos partidos e causas populistas.

A desilusão crescente do público com a democracia foi vaticinada e espelhada por um conjunto cada vez maior de críticas intelectuais e convocações à reforma radical. O que estamos testemunhando, escreveu o professor de teoria política Simon Tormey em 2015, é "o fim da política representativa", na qual as pessoas estão ignorando e subvertendo estruturas e convenções estabelecidas. No lugar delas, estão optando pela política imediata ou "subterrânea" das tempestades no Twitter, dos *flash mobs*, dos protestos cibernéticos, dos "*buy-cotts*"[9] e da

---

[7] GERBAUDO, Paolo. **The Mask and the Flag:** Populism, Citizenism and Global Protest. London: C. Hurst, 2017.

[8] CASTELLS, Manuel. **Communication Power,** 2nd ed. Oxford: Oxford University Press, 2013.

[9] Trocadilho para designar um tipo de contraboicote em que os consumidores são convocados a adquirir produtos de empresas que estão sofrendo boicotes. [N. do T.]

336   **DEMOCRACIA HACKEADA**

ação direta.[10] As pessoas não esperam as eleições; elas agem. John Keane, estudioso australiano que investigou as lutas pela democracia desde o século sexto a.C. até o século XXI d.D., acredita que "o declínio da política de representação vem se aproximando há uma geração".[11] Para David Van Reybrouck, escritor e historiador belga desiludido com a proposta de reforma para a União Europeia feita por Emmanuel Macron, as democracias se tornaram obcecadas por eleições de uma maneira doentia. "Eleições livres e justas", escreve ele, "transformaram-se em um *kit* 'faça você mesmo' de democracia — a ser montado por quem a recebe com ou sem o auxílio das instruções incluídas no pacote".[12] Elas deveriam ser descartadas e, em seu lugar, sugere ele, deveríamos retornar ao princípio central da democracia ateniense, escolhendo por "sorteio".

Enquanto alguns aplaudem o distanciamento da expressão política convencional rumo à política da rua, para outros essa mudança justifica que se siga em direção diferente e que a autoridade de especialistas seja investida de mais poder. Jason Brennan, cientista político da Universidade de Georgetown, propõe o renascimento da epistocracia, ou o governo exercido por especialistas políticos.[13] Enquanto estudiosos travam discussões acaloradas sobre o estado da política, e ainda mais clamorosas sobre o que poderia ou deveria vir em seguida, existe um consenso crescente de que a democracia passa por um momento crítico, um ponto de inflexão, uma crise existencial. Como o eminente filósofo polonês, já falecido, Zygmunt Bauman disse

---

[10] TORMEY, Simon. **The End of Representative Politics.** Cambridge: Polity Press, 2015.

[11] KEANE, John. The End of Representative Politics? **The Conversation**, 19 May 2015.

[12] REYBROUCK, David Van. **Against Elections:** The Case for Democracy. London: Bodley Head, 2016.

[13] BRENNAN, Jason. **Against Democracy.** Princeton: Princeton University Press, 2016.

a *El País* em 2016: "Poderíamos descrever o que acontece no momento como uma crise da democracia. [...] As pessoas não acreditam mais no sistema democrático porque ele não cumpre suas promessas".[14]

Sejamos justos, alguns que ocupam posição de autoridade se sentiam eles próprios desanimados com a disfuncionalidade democrática e clamavam por reforma política. No Reino Unido, o ex-líder do Partido Liberal Democrata, Nick Clegg, condicionou a participação de seu partido no governo de coalizão de 2010 a um referendo sobre a reforma eleitoral (que ele perdeu). No parlamento europeu, Guy Verhofstadt, ex-primeiro-ministro da Bélgica, pressionou por reformas na União Europeia e por uma Europa mais federativa, parecida com os Estados Unidos, apesar de até esses esforços serem com frequência rejeitados por supostamente atenderem a interesses próprios ou serem tecnocráticos. Na maior parte das vezes, encontrar um político bem-sucedido que desejasse uma reforma de alto a baixo era tão raro como achar uma agulha no palheiro. Em vez de expandir a democracia participativa na Europa após o fim da Guerra Fria, argumentou o escritor e jornalista Edward Luce, quem estava no poder empreendeu um esforço consciente no sentido de administrar e controlar as massas. "A oicofobia[15] é real", escreveu Luce no seu livro perspicaz de 2017, *The Retreat of Western Liberalism*.[16] "O sentimento das elites tem se tornado cada vez mais cético em relação à democracia desde a queda do Muro de Berlim." Foram necessários o Brexit e Trump, e os choques eleitorais subsequentes, para provocar reflexão e reavaliação bem mais amplas de se a democracia estava funcionando como deveria.

---

[14] QUEROL, Ricardo de. Zygmunt Bauman: "Social media are a trap". **El País**, 25 January 2016.

[15] Medo irracional da própria casa ou do próprio lar. [N. do R.]

[16] LUCE, Edward. **O liberalismo em retirada.** Belo Horizonte: Âyiné, 2020.

Mesmo assim, alguns dos que se dedicavam a avaliar a saúde da democracia concluíram que o ano de 2016, em especial a eleição de Donald Trump à presidência, foi anômalo. Para Steven Levitsky e Daniel Ziblatt, dois professores de Harvard que escreveram sobre "como morrem as democracias" à sombra da vitória de Trump, a democracia nos Estados Unidos corria riscos, mas, em termos internacionais, o país era um ponto fora da curva. Dessa forma, previsões mais amplas da morte iminente da democracia são prematuras, acreditam eles. "Antes da eleição de Donald Trump", escrevem, "afirmações sobre uma recessão democrática global eram exageradas." Como prova, apontam para a persistência dos governos democráticos em grande parte do mundo e dizem que, "para cada Hungria, Turquia e Venezuela" que resvala para trás, "existe uma Colômbia, um Sri Lanka ou uma Tunísia" que segue em sentido contrário. Logo, reza o argumento, afirmar que a democracia está em crise global depois da eleição norte-americana é simplesmente estender os defeitos e psicoses políticos norte-americanos a um palco global. Olhando para vários indicadores democráticos, Levitsky e Ziblatt parecem ter razão. De acordo com o Índice Lexical da Democracia Eleitoral de 2016, mais de dois terços dos países do mundo tiveram eleições contestadas.[17] Um estudo separado, o Global State of Democracy 2017, concluiu que "a democracia como um todo fez progressos consideráveis nos últimos quarenta anos".[18] Ainda assim, há nítido contraste entre esses estudos e outros como o Economist Intelligence Unit's 2017 Democracy Index, que "registra o pior declínio na democracia global em anos". Necessariamente, cada aferição depende de critérios diferentes e diversos intervalos de tempo. O mundo é um lugar imenso e é difícil fazer afirmações globais que abranjam todo o planeta.

---

[17] V. Jiménez, Mélida. Is democracy in a worldwide decline? Nope. Here's our data. **Washington Post**, 15 November 2017.

[18] International IDEA. **The Global State of Democracy:** Exploring Democracy's Resilience. Stockholm: International IDEA, 2017.

Democracia re-hackeada 339

No entanto, existe uma omissão flagrante na tese de Levitsky e Ziblatt. Há muitas lições da história e avaliações das restrições formais e informais na presidência dos Estados Unidos, mas — desconsiderando as referências e alguns tuítes de Donald Trump — é como se a internet, as mídias sociais e as plataformas tecnológicas não tivessem acontecido. Como a empresa de seguros de vida que calcula a expectativa de vida de alguém com base em sua dieta, sem levar em consideração que a pessoa vive em uma zona de guerra. A omissão de Levitsky e Ziblatt também é cometida pela maioria dos governos democráticos. Para esses governos, a revolução nas comunicações é algo que se pode ignorar em grande medida — em se tratando de política. Claro, eles têm consciência de sua enorme importância econômica. Sim, reconhecem que essa revolução está mudando o modo pelo qual as pessoas se relacionam umas com as outras em sociedade. Mas e em termos políticos? Trata-se de um meio de envolvimento público e uma maneira pela qual tornar os serviços governamentais mais "e"-ficientes, mas isso justifica uma transformação na política democrática?

★★★

Ignorar ou negar a extensão do distúrbio político produzido pela revolução das comunicações carrega enormes riscos democráticos. Desconhece, por exemplo, até que ponto essa revolução já causou danos nos pesos e contrapesos democráticos. Até que ponto a função de "espantalho" da imprensa — o fundamento da reportagem local independente que se pretendia que mantivesse a honestidade das autoridades — desmantelou-se: quando regiões ou cidades inteiras não contam com nenhuma mídia independente comprometida, é difícil dizer que a responsabilização democrática está funcionando como deveria. Até que ponto os canais por meio dos quais uma comunidade consegue falar coletivamente com os que ocupam posição de autoridade e com seus representantes eleitos estão em declínio terminal:

os moradores da Grenfell Tower podiam blogar e tuitar tanto quanto quisessem, mas sem um veículo de notícias local e independente não houve autoridade que lhes desse ouvidos. Até que ponto uma esfera pública caracterizada por determinadas regras implícitas — respeito, moderação, civilidade e anseio pela verdade — foi destruída: quando o presidente dos Estados Unidos *trola* outros políticos e celebridades, insulta publicamente seus chefes de Estado via Twitter e destrói a legitimidade do judiciário ("esse pretenso juiz"), empurra as fronteiras da esfera pública muito além dos limites que tinham no século XX. Se as pessoas perderam a confiança nas principais fontes de informação e comunicação públicas, se lhes falta uma voz coletiva para falarem com o poder e se elas perderam o respeito pela legitimidade de quem ocupa posição de autoridade, fica difícil não concluir que a democracia está em estado frágil.

A democracia liberal tem como premissa a ideia de que o cidadão conta com a proteção do Estado e — na maior parte das vezes — pode ter uma vida livre da intromissão desse Estado. Em termos norte-americanos, a Quarta Emenda explicita isso e estabelece "o direito do povo de ter assegurada sua individualidade, moradia, papéis e efeitos, contra buscas e apreensões despropositadas". No entanto, em nosso mundo inundado pelos dados, a menos que seja explícita e concreta a proteção a esses dados, o Estado pode saber — ou descobrir — quase tudo a respeito de seus cidadãos. Além do mais, seus cidadãos talvez nunca descubram quando o Estado os está observando.

Governos autoritários com certeza não negam a dimensão em que a revolução das comunicações e as plataformas tecnológicas têm subvertido a política. O Partido Comunista da China foi o primeiro a reconhecer os perigos da internet para seu poder, convertendo-os depois em vantagem para si. Outros regimes autoritários seguiram o exemplo. O governo teocrático iraniano, irritado com o uso do Twitter nas eleições de 2009 e com a Primavera Árabe em 2011, anunciou que construiria uma internet nacional, a *"halal"*. Apesar da zombaria daqueles que viam a ideia como o equivalente ao menino holandês que enfiou o dedo para deter o vazamento de um dique, no fim de 2017 o Irã tinha construído sua National Internet Network, ou NIN, controlada pelo Estado. Todos os 500 websites presentes na NIN passaram pelo escrutínio cuidadoso do Estado. O governo se certificou de que o acesso aos sites domésticos aprovados era mais rápido e mais barato que aos websites estrangeiros (muitos dos quais — como Twitter, Facebook e YouTube — estavam bloqueados).[19] Também estruturou a NIN de modo que as pessoas fossem direcionadas até as notícias e as informações sancionadas pelo governo, e para longe de serviços ou informações reprovadas. Mas o maior aprimoramento do poder do regime iraniano viria da fase seguinte da NIN, quando, como no caso do Aadhaar na Índia, seria exigido que todo iraniano utilizasse um identificador único e exclusivo para entrar on-line. O presidente Rouhani, como Xi Jinping na China, estava chegando à conclusão de que a web, uma vez domesticada, poderia dar ao Estado controle ainda maior sobre os cidadãos do que jamais tivera. A Rússia enveredou por rota semelhante, ao introduzir uma lei em 2015 exigindo que qualquer dado pessoal sobre cidadãos russos fosse armazenado em servidores localizados dentro das fronteiras russas. Podia justificar o movimento em direção à "soberania dos dados" afirmando que não tinha como proteger os dados de seus cidadãos fora da Rússia. Na prática, todavia, como faltava aos russos proteção de dados contra o Estado, o governo e os serviços de segurança estavam livres para espionar tudo o que o povo fazia. A China aprovou lei similar em junho de 2017, obrigando todas as empresas a manterem os dados coletados na China dentro da China, a menos que houvesse autorizado de forma explícita por parte dos reguladores.

---

[19] V. Guards at the Gate: The Expanding State Control over the internet in Iran. **Center for Human Rights in Iran,** January 2018.

342 DEMOCRACIA HACKEADA

Governos autoritários sem dinheiro ou capacidade para nacionalizar a rede adotaram métodos alternativos para policiar e suprimir a dissensão digital, para distorcer debates e limitar a liberdade on-line. No Sudão posterior a 2011, à medida que cresciam as críticas ao governo nas redes sociais, o Partido do Congresso Nacional estabeleceu uma Cyber Jihadist Unit (CJU) para empreender "operações de defesa on-line"[20] domésticas. Os esforços da CJU se intensificaram depois das revoltas do ano seguinte, com o rastreamento de discussões on-line, a disseminação deliberada de informações falsas e o descrédito dos oponentes. Depois que soldados sudaneses estupraram mais de 200 mulheres e meninas no norte de Darfur em novembro de 2014, por exemplo, a CJU lançou campanhas de desinformação e tentou difamar quem relatara a atrocidade.[21] Em 2013, o governo vietnamita em Hanói admitiu que seguira a China ao empregar quase mil "formadores de opinião pública" on-line para divulgar propaganda governamental positiva.[22] Na Turquia, depois dos protestos do parque Gezi em 2013, o governo montou uma equipe com a força de 600 integrantes para atuar nas redes sociais promovendo o governo e atacando os oponentes. À semelhança do exército clandestino on-line de Vladimir Putin, usaram uma mistura de distração, intimidação e calúnia pessoal. Parte disso só foi descoberta depois que um grupo *hacker*, o RedHack, divulgou 57.623 e-mails trocados entre as figuras mais antigas do governo, remontando ao ano 2000.[23] Ironicamente, a tecnologia comercial, feita para possibilitar a publicidade na web, provou-se útil sobretudo para os governos autoritários.

---

[20] V. Sudan to unleash cyber jihadists. **BBC News**, 23 March 2011.

[21] V. Freedom on the Net 2014: Sudan; Freedom on the NET 2015: Sudan. **Freedom House**.

[22] PHAM, Nga. Vietnam admits deploying bloggers to support government. **BBC News**, 12 January 2013.

[23] Trechos dos e-mails podem ser encontrados em SOZERI, Efe Kerem. RedHack leaks reveal the rise of Turkey's pro-government Twitter trolls. **Daily Dot**, 30 September 2016.

Concedeu-lhes a capacidade de rastrear cidadãos à medida que se moviam e interagiam on-line, e passavam por diferentes plataformas e dispositivos. Combinando essa funcionalidade com a localização por dados, o governo passou a deter capacidade ainda maior de reprimir protestos, marginalizar a oposição e limitar a dissensão.

Enquanto governos democráticos negam qualquer grau de disrupção, ativistas políticos engenhosos e partidos insurgentes têm se mantido ocupados tirando vantagem das novas liberdades políticas que as plataformas conferem. "Graças a Deus pela internet, graças a Deus pelas mídias sociais, graças a Deus pelo Facebook", disse Matteo Salvini, líder do partido Lega da extrema-direita italiana, após a eleição de 2018 no país. O partido populista de Salvini acabara de aturdir os observadores conquistando quase 18% dos votos nacionais, quatro pontos mais que o Forza Italia de Silvio Berlusconi. Entretanto, ainda estava 12 pontos abaixo do M5S, ou o Movimento Cinco Estrelas, partido nascido diretamente da net e que passara a maior parte da vida dentro dela. O Five Star usava uma combinação de serviços de mídias sociais predominantes como o Facebook, mais sua plataforma própria feita sob medida — apropriadamente denominada Rousseau — para organizar, para inspecionar membros, lançar votações internas e levantar fundos. Desde seu lançamento em 2009, por meio do blogue de Beppe Grillo, foi capaz de se alavancar até chegar à condição de partido mais popular da Itália em 2018. Ou considere o Podemos espanhol, um partido inspirado no Five Star. Foi criado em 2014 por um grupo de acadêmicos espanhóis encabeçado pelo cientista político Pablo Iglesias e seu rabo de cavalo, com base no movimento de protesto 15-M ou Indignados. Em três meses obteve 8% dos votos nas eleições europeias e cinco cadeiras no parlamento europeu.[24] Um ano depois de ter sido formado, o partido era o segundo maior na Espanha em termos de afiliação.

---

[24] GERBAUDO, Paolo. **The Mask and the Flag:** Populism, Citizenism and Global Protest. London: C. Hurst, 2017.

344 DEMOCRACIA HACKEADA

Em toda a Europa, partidos e campanhas que empenharam dinheiro e esforços em novos métodos de campanha digital viram um extraordinário retorno do investimento. Em Reykjavik, depois do colapso financeiro devastador da Islândia na esteira do ano de 2008, no início apenas um partido levou as plataformas políticas a sério. E esse partido começou como uma piada. O Best Party (denominado Melhor Partido, em inglês, para que o imaginassem de fato a melhor opção) foi fundado em 2009 em protesto contra o caos provocado por outros políticos. Diferentemente dos demais partidos, soube aproveitar a recém-criada plataforma Shadow City a fim de promover suas políticas — "com base no melhor de todas as outras políticas", dizia — incluindo toalhas gratuitas para piscinas públicas, a exibição de um urso polar no zoológico e voos grátis para as mulheres.[25] Seu líder, Jón Gnarr, era comediante, como Beppe Grillo da Itália. Então, para espanto da maioria das pessoas, Gnarr se elegeu prefeito de Reykjavik em 2010. Em 2016, a campanha oficial Leave para o referendo do Brexit se declarou a primeira "do Reino Unido a investir quase todo o nosso dinheiro em comunicação digital e em seguida tê-la em parte controlada por pessoas cujo trabalho normal dizia respeito a coisas como informação quântica". Apesar de ser impossível quantificar que diferença fazia o conhecimento de informação quântica, a aposta rendeu bons frutos: para assombro geral, os britânicos votaram 52% contra 48% a favor da saída da União Europeia. Na campanha das eleições gerais do ano seguinte, o Partido Trabalhista Britânico ignorou a mídia tradicional e concentrou a atenção nas mídias sociais. Com a ajuda do grupo ativista popular Momentum, aumentou sua fatia de votos de 20% a pouco mais que isso no início da

---

[25] V. diversos relatos incluindo McGRANE, Sally. Icelander's campaign is a joke, until he's elected. **New York Times**, 25 June 2010, além de páginas arquivadas do Best Party e suas políticas no arquivo de internet Wayback Machine (apud bestiflokkurinn.is).

campanha para 40% na eleição propriamente dita, seis semanas mais tarde. Até Emmanuel Macron fundou um novo partido do zero com o benefício dos grandes volumes de dados e a segmentação inteligente dos eleitores. No ano anterior ao da eleição de 2017, o líder francês promoveu um grande exercício de escuta em toda a França tentando ouvir o país inteiro — "La Grande Marche". O benefício duplo da iniciativa foi descobrir com quais questões políticas as pessoas mais se importavam e coletar dados para a campanha presidencial subsequente. Por sua vez, Donald Trump, que a princípio descartara a campanha orientada por dados como "uma tolice digital", passou a acreditar que ela foi crucial para sua vitória em 2016.[26] Tão crucial que contratou seu diretor digital de 2016, Brad Parscale, como administrador da campanha de 2020.

No entanto, longe das eleições, governos democráticos continuaram a tratar a revolução das comunicações como se fosse marginal em relação à maneira como a política funciona, e a ruptura digital emergente como algo para os titãs tecnológicos solucionarem. No Reino Unido, o governo publicou um Estatuto Digital em 2018 utilizando os mesmos clichês de sempre, que poderiam ter sido escritos em 1998. "A internet é uma força poderosa para o bem", assegurava. "Serve à humanidade, propaga ideias e aperfeiçoa a liberdade e a oportunidade mundo afora." Desconsiderando o fato de ser politicamente anêmico, o Estatuto conferia autoridade à "internet" em si, apresentando uma perspectiva determinista inútil que a maioria das pessoas ultrapassara depois de 2011. No Fórum Econômico Mundial de 2018 em Davos, a primeira-ministra britânica Theresa May fez um longo discurso sobre o poder da tecnologia, mas enxergando problemas no mundo on-line de ordem social, não política. Como tal, podiam ser solucionados pela regulamentação

---

[26] V. Bash, Dana. Trump taps Brad Parscale to run his 2020 re-election campaign. **CNN**, 1 March 2018.

346   DEMOCRACIA HACKEADA

visando a segurança e pressionando-se as plataformas para que interviessem. "Essas empresas contam com alguns dos melhores cérebros do mundo", disse May a uma sala meio vazia em Davos. "Precisam concentrar o que têm de mais brilhante e melhor na satisfação dessas responsabilidades sociais fundamentais".[27]

Nos Estados Unidos, inexistiam sinais de que o presidente Trump ansiasse pelos efeitos democráticos perturbadores da tecnologia das comunicações sobre a política. Antes, como ele mesmo declarou quando reuniu 18 líderes da tecnologia na Casa Branca em meados de 2017, os progressos tecnológicos eram vistos simplesmente como uma forma pela qual encolher o governo, tornar seus serviços mais eficientes e promover a economia.[28] Para o próprio Trump, o principal benefício da revolução das comunicações parecia ser a capacidade de tuitar. Enquanto isso, a política continuava a migrar para o mundo on-line e cresciam cada vez mais a disparidade entre as oportunidades para as pessoas participarem e representarem a si mesmas digitalmente, e os limites da participação e representação nas instituições democráticas.

★★★

Não que tivesse havido falta de experimentos globais na condução da democracia de maneira diferente na era digital. Houve e continua a haver literalmente milhares de iniciativas com o intuito de mudar o modo pelo qual as pessoas têm novas ideias políticas, constroem a agenda política, participam da operacionalização da política, debatem a legislação, gastam o dinheiro público, monitoram os representantes e votam. Algumas existem

---

[27] MAY, Theresa. Discurso no World Economic Forum Annual Meeting, 25 January 2018. Vídeo disponível no *website* do World Economic Forum: http://www.weforum.org.

[28] V., por exemplo, ROMM, Tony. President Trump wants a "sweeping transformation" of government tech, he says at a White House meeting with execs. **Recode**, 19 June 2017.

há muito tempo e envolvem milhões de pessoas — por exemplo, as plataformas para apresentar petições e de ações coletivas, como a Avaaz, que foi lançada nos idos de 2007 e ostenta 46 milhões de membros. Outras iniciativas envolvem a construção de ferramentas cívicas práticas que facilitem aos cidadãos se envolverem com autoridades e seus representantes políticos. O MySociety, um empreendimento social sem fins lucrativos iniciado no Reino Unido, desenvolveu sites como TheyWorkForYou, WhatDoTheyKnow e EveryPolitician a fim de viabilizar que cidadãos, jornalistas e militantes políticos descubram mais sobre seus representantes eleitos. E existe um conjunto crescente de projetos nacionais incipientes com o objetivo de incluir pessoas na formação de políticas e legislação. Exemplos: o Parlement & Citoyens na França; o LABHacker da Câmara dos Deputados do Brasil,[29] e a plataforma Rahvaalgatus na Estônia. Eles são complementados por ampla gama de ferramentas eleitorais incrivelmente úteis que oferecem informação básica do tipo onde e como votar, e por um exército crescente de voluntários da democracia digital (por exemplo, pequenos grupos da sociedade civil como o Democracy Club no Reino Unido, administrado com um orçamento muito reduzido por um punhado de coordenadores comprometidos). No entanto, algo caracteriza quase todos esses experimentos, por mais bem-intencionados e inovadores que sejam: a maior parte ainda é marginal para a política tradicional. Muitos começaram (de propósito) fora dos canais políticos convencionais, mas assim permanecem desde então. Isso não significa dizer que não causem impacto — muitos o fazem, mas ainda precisam mudar o modo como a política democrática é praticada. As pessoas ainda marcam um X em um pedaço de papel que colocam dentro de uma urna eleitoral. Membros do Parlamento britânico continuam entrando por acessos separados para votar. O dinheiro público continua

---

[29] Para mais informações, ver: https://labhackercd.leg.br/. [N. do R.]

348 DEMOCRACIA HACKEADA

sendo alocado por governos centrais e sendo objeto de votação por parlamentares. No entanto, isso não se aplica a todos os lugares.[30] Cidades e também países estão testando novos métodos democráticos. Há inclusive alguns correndo certos riscos.

Imagine deixar crianças em idade escolar lhe dizerem como gastar 10 milhões de euros. Uma irresponsabilidade? A prefeita de Paris não pensou assim. Em 2017, Anne Hidalgo permitiu que os alunos do primário e do secundário votassem em como o orçamento escolar da cidade deveria ser alocado. Quase 70 mil aproveitaram a oportunidade para votar, "com mobilização de 82% das escolas elementares e 55% das faculdades", de acordo com Pauline Véron, responsável pelo programa.[31] Paris, juntamente de outras cidades incluindo Madri, Barcelona e Reykjavik, vem experimentando o "orçamento participativo" desde 2015. Cinco por cento do orçamento de investimento da cidade, ou cerca de 100 milhões de euros ao ano, são alocados por meio desse processo.[32] Fora da Europa, o envolvimento do público na alocação de orçamento de cidades remonta a muito antes de 2015. Porto Alegre, cidade na região sul do Brasil, começou a usar uma versão pré-digital do orçamento participativo na década de 1980 e desde então mais de 120 cidades brasileiras o adotaram.[33] As ferramentas digitais têm facilitado a participação e tornado muito mais claros os resultados. Em Reykjavik, quase 60% dos moradores têm usado a plataforma Better

---

[30] Para uma excelente análise das iniciativas de democracia digital ao redor do globo, v. SIMON, Julie; BASS, Theo; BOELMAN, Victoria; MULGAN, Geoff. Digital Democracy: The Tools for Transforming Political Engagement. **NESTA**, February 2017.

[31] VÉRON, Pauline: "le budget participatif de Paris aurait aussi pu etre thématique", lesbudgetsparticipatifs.fr, 22 November 2017.

[32] Mais informações em Paris Budget Participatif (https://budgetparticipatif.paris.fr/bp/).

[33] WAMPLER, Brian; TOUCHTON, Mike. Brazil let its citizens make decisions about city budgets. Here's what happened. **Washington Post**, 22 January 2014.

Reykjavik desde 2010 para sugerir ideias sobre o que a cidade deve fazer, e milhares têm participado da decisão de como gastar 3 milhões de euros do orçamento anual da cidade por meio do Better Neighbourhoods.[34] Desde 2017 eles também têm utilizado essa ferramenta para promover a colaboração na política educacional.

Contudo, fora do orçamento participativo e para além das inovações de *startups* e partidos políticos emergentes, os experimentos em reinvenção da democracia têm sido, na maior parte das vezes, periféricos e tangenciais em relação à operacionalização das políticas democráticas tradicionais. Por que isso acontece? Primeiro, parece que muitos políticos em exercício de mandato ainda precisam ser convencidos de que o sistema atual não cumpre o que se espera. Por que instituir grandes reformas se o sistema atual ainda funciona? Pode ser pouco convincente, mas esse argumento serve no caso de uma mudança incremental, não para uma reviravolta completa. E, mesmo se uma quantidade crescente de jovens não estiver convencida da eficácia do sistema, a maioria ainda crê na democracia — mesmo que mais no ideal do que na realidade.[35] Existem ainda razões histórias compreensíveis e justificáveis pelas quais os representantes democráticos anseiam por se lançarem atrás de uma democratização. Como demonstram as histórias das revoluções francesa e russa, o ataque contra a democracia vigorosa pode levar ao caos e à autocracia com a mesma facilidade que levaria a uma sociedade livre, aberta e heterogênea. Em 1791, Maximilien Robespierre se manifestou com paixão em favor dos direitos dos cidadãos e contra a pena de morte. "Livres são os países em que os direitos do homem são respeitados e, por conseguinte, as leis são justas", disse ele à assembleia constituinte. Onde os países

---

[34] V. Better Reykjavik, citizens.is. Disponível em: https://www.citizens.is/portfolio_page/better_reykjavik/. Acesso em: 15 fev. 2022, 16:10:48.

[35] V. World Values Surveys, de 2011 a 2014.

a empregam, a pena de morte "prova que o legislador nada é senão um mestre a comandar escravos e a puni-los sem piedade conforme seus caprichos". Três anos mais tarde, como membro importante do Comitê de Segurança Pública, Robespierre se pôs a eliminar inimigos políticos em um reino de terror, descrevendo o terror como "menos um princípio distinto que uma consequência natural do preceito geral da democracia". Os efeitos da maior democratização dependem de circunstâncias e contextos. A democracia, escreve Bernard Crick no livro *Em defesa da política*, "não estabiliza apenas os regimes livres; ela fortalece aqueles em que não há liberdade e tem possibilitado o totalitarismo".[36]

Assim, com cautela e reticentes, os governos democráticos têm banhado os pés, em vez de mergulharem de vez, nas reformas. Em teoria isso pode soar sensato, mas na prática tem sido pior que não promover nenhuma experiência. Testes com tokenismo, projetos vacilantes e execução ruim têm levado a participação limitada, baixa consciência e maior cinismo público. Experimentos governamentais com reformulação da democracia têm sofrido com três problemas específicos, talvez mais bem descritos como: a "lei Justin Bieber", o "paradoxo do atravessador" e o "dilema do *Campo dos Sonhos*".

A lei Justin Bieber determina que, se um governo assume um compromisso superficial com a participação pública, o público participará superficialmente. O site de petições da Casa Branca é um grande exemplo disso. Em setembro de 2011, a administração Obama lançou "We the People" [Nós, o Povo], um site de petições on-line com a pretensão de ser "a sua voz na Casa Branca". Se uma petição angariasse assinaturas suficientes em um período de trinta dias após ser publicada, a Casa Branca prometia responder. Embora o número mínimo de assinaturas fosse a princípio fixado em 5 mil, um mês depois ele foi elevado

---

[36] CRICK, Bernard. **Em defesa da política.** Brasília: UnB, 1981.

para 25 mil e, em 18 meses, para 100 mil.[37] Se o objetivo era baixar em proporção as petições a que a Casa Branca precisava responder, o sucesso alcançado foi fantástico, reduzindo de 44% para 2%.[38] Mesmo esse pequeno número provocou pouca mudança no governo. O Pew Research Center examinou cada petição apresentada entre 2011 e 2016 que ultrapassou o número de 150 assinaturas — quase 5 mil no total — e descobriu que apenas uma "serviu de instrumento para a criação de um ato legislativo", e outra contribuiu para mudar a posição do presidente Obama em uma questão. A quinta petição mais popular durante esses cinco anos, tendo recebido 273.968 assinaturas, foi para "deportar Justin Bieber e revogar seu *green card*".[39] Por isso, a denominação "lei Justin Bieber".

O "paradoxo do atravessador" foi concebido por dois estudiosos em Viena no ano de 2005. Harald Mahrer e Robert Krimmer tentavam descobrir por que tão poucas propostas de e-democracia chegavam ao parlamento ou ao governo austríaco e por que mesmo a que chegavam avançavam com lentidão bem maior que a outros. Depois de entrevistarem mais de 200 parlamentares e examinarem declarações públicas acerca de projetos digitais, descobriram que "a grande maioria dos políticos austríacos se opõe ativamente à e-democracia", sobretudo por enxergarem-na como uma ameaça direta a si próprios. Como lhes disse um político: "No fim, trata-se de uma questão de poder. Mais participação política dos cidadãos leva a uma perda de poder para os membros da elite política". Isso fez que os autores do estudo

---

[37] PHILLIPS, Macon. A good problem to have: raising the signature threshold for White House petitions. **White House blog**, 3 October 2011; PHILLIPS, Macon. Why we're raising the signature threshold for We the People. **White House blog**, 15 January 2013.

[38] HITLIN, Paul. "We the People": five years of online petitions. **Pew Research Center**, 28 December 2016.

[39] J. A. Deport Justin Bieber and revoke his Green Card. Criada em 23 January 2014, We the People, White House.

352   DEMOCRACIA HACKEADA

concluíssem pela existência de um "paradoxo do atravessador": "Os mesmos parlamentares que seriam responsáveis por apresentar novas formas de participação dos cidadãos na tomada de decisão política se opõem explícita e implicitamente a essas reformas".[40] Do mesmo modo que, caso lhes dessem a oportunidade, seria pouco provável que os perus votassem a favor do Natal, também é pouco provável que os políticos votem pela própria depreciação.

No filme *Campos dos Sonhos* de 1989, Kevin Costner faz o papel de um agricultor de Iowa que ouve uma voz incorpórea lhe dizer: "Se você construir, ele virá". Depois de ignorá-la por algum tempo, Costner chega à conclusão de que entendeu o significado daquelas palavras e então derruba seu milharal para construir um campo de beisebol. Apesar da localização isolada da fazenda, e de os amigos o chamarem de louco, como não podia deixar de ser, ele — ou melhor, eles — de fato vêm. Inovadores democráticos nem sempre têm tanta sorte. No Brasil, a Câmara dos Deputados construiu um portal de e-Democracia[41] para redigir a minuta de projetos de lei de forma colaborativa com o público. Apesar dos 37 mil brasileiros que se registraram no site e apresentaram mais de mil sugestões, apenas 6% dos deputados as aproveitaram. No Reino Unido, entre 2010 e 2013, o governo promoveu uma iniciativa on-line para deixar as pessoas comentarem as propostas de lei. Três projetos de lei passaram pela iniciativa; nenhum deles obteve muitos novos insumos do público. Um deles recebeu comentários de apenas 23 organizações. Construíram, mas as pessoas não vieram. Esse é o dilema eterno quando se redesenha a democracia: não saber se as pessoas participarão. Ou se apenas um grupo sem

---

[40]   Mahrer, Harald; Krimmer, Robert. Towards the Enhancement of E-Democracy: Identifying the Notion of the "Middleman Paradox". **Information Systems Journal**, 15:1, p. 27-42, 2005.

[41]   Para mais informações, ver https://edemocracia.camara.leg.br/. [N. do R.]

representatividade participará. Ou se todo o mundo participará, e o sistema ficará sobrecarregado. Se você não construir nada, claro, não corre esse risco. Portanto, a opção mais fácil é não construir coisa nenhuma.

Existe ainda uma forte propensão à ansiedade relacionada a uma maior democratização, e a saber se dar mais poder ao povo necessariamente leva a uma democracia mais vigorosa ou a uma melhor tomada de decisões. Conferem voz a essa ansiedade, de forma convincente, Christopher Achen e Larry Bartels em *Democracy for Realists* [Democracia para realistas], de 2016. Tendo levado quase duas décadas em preparação, o livro apresenta evidências copiosas para demonstrar que a "teoria folclórica da democracia", em que eleitores racionais tomam decisões embasadas, não se sustenta diante de um exame minucioso. A maioria dos cidadãos ignora a política na maior parte das vezes. Quando lhe dão atenção, nas eleições, têm a tendência de basear o voto não em uma análise retrospectiva fundamentada do desempenho do partido no poder, mas em uma combinação do que está acontecendo no momento da eleição (por irrelevante que seja), de lealdades do passado e de identidade social. Os autores ficaram chocados com a influência de uma série de ataques de tubarões em Nova Jersey na eleição presidencial norte-americana de 1916. Caso seja conferida aos cidadãos voz mais ativa fora das eleições, por exemplo, por meio de iniciativas e referendos, as evidências sugerem que, seguindo interesses próprios e míopes ou influenciados por pessoal de campanha, eles fazem julgamentos igualmente irracionais e desinformados.

Isso fica evidente sobretudo quando se pede aos cidadãos que votem em questões estritas e complicadas sobre as quais têm conhecimento limitado, como a fluoração da água ou vacinações múltiplas — mas a reação também costuma ser vigorosa quando os cidadãos têm a oportunidade de decidir se gostariam de pagar mais ou menos imposto. Mesmo quando eles dizem que valorizam muito os serviços públicos, e estando a segurança pública envolvida, se a consulta for por votação, eles tendem a votar nos serviços mais baratos. Achen e Bartels avaliam, por exemplo, que as reduções nos serviços de proteção a incêndio na Califórnia na década de 1980, em consequência de reforma tributária popular de 1978, impediram que o serviço de proteção agisse contra ou soubesse lidar com o terrível incêndio de 1991, responsável pela destruição de mais de 3 mil casas. "A democracia direta", escrevem os autores, "invalidara o julgamento dos profissionais do fogo com resultados terríveis."[42]

Achen e Bartels seguem uma longa linhagem de pessoas que, desde o advento da democracia moderna, têm questionado a eficácia ou sabedoria da democracia direta, em especial na forma mais pura — desde *Do espírito das leis*,[43] de Montesquieu, em que o barão francês defendia a ideia de que qualquer sistema equilibrado de governo precisa ter contrapesos ao poder — incluindo restrições ao poder da maioria — até James Madison, que perguntava em *Os artigos federalistas*[44] se, em momentos críticos, não havia a necessidade de haver "um grupo de cidadãos moderados e respeitáveis, a fim de refrear uma trajetória equivocada e suspender o golpe projetado pelo povo contra si próprio, até que a razão, a justiça e a verdade possam recuperar sua autoridade sobre a mente pública", e chegando a Alexis de Tocqueville, que, embora muito enamorado da democracia norte-americana, deixou clara sua ansiedade acerca dos perigos da tirania da maioria. Ela "exerce uma autoridade real prodigiosa e um poder de opinião quase imenso; não existe nenhum obstáculo capaz de lhe impedir ou mesmo retardar o progresso,

---

[42] ACHEN, Christopher H.; BARTELS, Larry M. **Democracy for Realists: Why Elections Do Not Produce Responsive Government.** Princeton: Princeton University Press, 2016.

[43] MONTESQUIEU. **Do espírito das leis.** Rio de Janeiro: Ediouro, 1993.

[44] MADISON, James; HAMILTON, Alexander; JAY, John. **Os artigos federalistas.** Rio de Janeiro: Nova Fronteira, 1993.

Democracia re-hackeada   355

de modo a fazê-la atentar para as queixas daqueles aos quais esmaga em seu caminho".[45]

Todavia, como os próprios Achen e Bartels reconhecem, esses não são argumentos contra a reforma em si, mas contra a reforma ruim. Eles demonstram o perigo do empoderamento pelo empoderamento em si, ou da reforma baseada em teorias falsas ou equivocadas. Também são argumentos fortes contra aqueles que presumem com leviandade que a internet e as mídias sociais são inerentemente democratizantes, sem questionar se isso é verdade ou o que significa de fato. Se há uma coisa que aprendemos com a década passada, em especial com a história de países como China e Singapura, é que nem a internet nem as redes sociais são inerentemente democratizantes. Ambas são ferramentas de comunicação dotadas de um poder enorme, capazes de transformar a política. Como elas transformam a política depende do contexto, de como são estruturadas e usadas. Um governo autoritário é capaz de usar a tecnologia para reprimir a dissensão. Um governo democrático pode assegurar que a tecnologia a possibilite e até a incentive. Não existe nenhum futuro via plataforma que seja tecnologicamente predeterminado para as sociedades democráticas, não importa o que digam os sábios do Vale do Silício. Tampouco é inevitável que a tecnologia inteligente e os dados pessoais aprimorem o poder do Estado. Ao menos por enquanto, o futuro está à disposição para quem quiser agarrar. Depende do que cada sociedade democrática e seus representantes decidirem fazer.

Até agora, muitos têm simplesmente aceitado que plataformas tecnológicas como Google e Facebook, construídas para executar tarefas específicas como fazer buscas na *web* ou promover a conexão com amigos, tenham passado a desempenhar muitas outras atividades — incluindo funções cívicas fundamentais

---

[45] TOCQUEVILLE, Alexis de. **A democracia na América.** São Paulo: Martins Fontes, 2000.

como embasar o voto das pessoas, divulgar notícias e fazer que as pessoas tenham voz pública. Entretanto, confiar funções democráticas assim tão vitais a essas organizações parece bem estranho. Como diz o próprio Mark Zuckerberg: "Caso alguém me perguntasse, quando comecei o Facebook, se uma das coisas fundamentais em que eu precisaria trabalhar hoje seria impedir que governantes interferissem nas eleições uns dos outros, minha resposta, se conversássemos em 2004 no meu dormitório, seria 'de jeito nenhum'".[46] Ele tem razão. Para parafrasear a eloquência de Zuck, é uma "ideia muito louca" pensar que as plataformas de comunicação deveriam necessariamente suprir as carências da democracia. Elas funcionam bem no caso de alguns serviços públicos — como comunicações de emergência logo após desastres naturais —, mas são terríveis em outros — como distinguir entre notícias confiáveis e menos confiáveis. Além disso tudo, por causa do modelo de negócio que adotam, estar sujeitas à manipulação lhes é uma característica intrínseca. Por mais que se esforcem para servir às necessidades da democracia, sempre se dobrarão diante desse problema.

Por essa razão é estranho ver líderes democráticos e elaboradores de políticas dizendo às plataformas que *assumam responsabilidades*. As gigantes tecnológicas deveriam, já disse Theresa May mais de uma vez, "fazer mais no sentido de encararem suas responsabilidades".[47] Não só elas estão mal equipadas para fazer alguma coisa nesse sentido, como o perigo, para a democracia liberal, é que o façam: que Google, Amazon, Apple, Facebook e outras plataformas comerciais de fato assumam mais responsabilidade por construírem a esfera pública, por oferecerem

---

[46] ROOSE, Kevin; FRANKEL, Sheera. Mark Zuckerberg's reckoning: "This is a major trust issue". **New York Times**, 21 March 2018.

[47] V. MAY, discurso junto à Reunião Anual do Fórum Econômico Mundial; e ASTHANA, Anushka. Theresa May calls on tech firms to lead fight against online extremism. **Guardian**, 25 May 2017.

serviços públicos, por ajudarem o governo a trabalhar com maior eficiência. Muitos cidadãos talvez se descubram então vivendo em uma democracia de plataforma que visa o lucro. Alternativamente, alguns governos democráticos seguirão em sentido contrário e tentarão controle muito maior do nosso mundo virtual, criando plataformas estatais próprias, elaboradas a partir de grandes volumes de dados e identidades digitais únicas como o Aadhaar, vinculadas a uma enorme teia abarcando todo o governo e serviços comerciais. Se forem bem-sucedidos, terão enorme incremento e centralização de seu poder, e os cidadãos se descobrirão vivendo em democracias de vigilância ou pansóficas, mais bem descritas como autoritárias em tudo, exceto no nome.

Cabe às próprias democracias — aos cidadãos, à sociedade civil e aos representantes eleitos — reinventar a democracia para a era digital. Fazer isso com consciência das mudanças forjadas pela revolução das comunicações, mas tentando converter essas mudanças em vantagem para a democracia, em vez de permitir que seja por elas pervertida. Descobrir como a tecnologia e as plataformas podem conferir mais poder às pessoas — não poder pelo poder, mas poder para que possam participar de maneira construtiva, para que consigam ser ouvidas, para que sejam capazes de mudar de fato as coisas. Existem países e comunidades em que os cidadãos e a sociedade civil tomaram a frente, e os representantes eleitos foram atrás, em que a tecnologia tem sido utilizada para potencializar a participação e fortalecer o processo democrático, incluindo deliberação e conciliação, sem ingenuidade em relação aos perigos. Isso começa a nos permitir uma suposição de para onde a política democrática poderia ir em seguida.

★★★

No ano de 2012, deitado em um leito de hospital, Chia-liang Kao decidiu criar uma "alternativa ao governo" (no sentido de produzir outra versão dos serviços digitais existentes).[48] Frustrado com a falta de transparência e comprometimento de Taiwan, ele e um grupo de autoproclamados *netizens* construíram nova opção on-line para o site do governo, mais aberta e funcional. Como montes de outras iniciativas tecnológicas cívicas, o g0v.tw, como foi chamado o site, poderia ter permanecido funcional, mas marginal, não fosse por uma crise política dois anos mais tarde que o alçou ao *mainstream*. Em março de 2014, com raiva de um acordo comercial proposto, uma centena de estudantes ocuparam o *hall* principal da Assembleia Legislativa e se recusaram a deixar o local. Outros milhares afluíram em seguida para o prédio do parlamento em apoio a esse "Sunflower Movement". A ocupação pacífica, que continuou por mais de três semanas, distinguiu-se pelo uso impressionante da tecnologia das comunicações. Os manifestantes transmitiam suas atividades on-line para pessoas em toda Taiwan. Isso talvez não fosse possível sem o auxílio de Audrey Tang.

Se existisse algo comparável a uma *rockstar* da tecnologia de um governo, Audrey Tang ocuparia o posto. De diversos modos, ela é descrita como "programadora brilhante", "gênio da programação" e "*hacker* genial", cujas palestras sobre tecnologia são recebidas com grande entusiasmo. Nascida em 1981, Tang aprendeu a programar sozinha, abandonou a escola aos 14 anos, lançou sua primeira *start-up* pouco depois, trabalhou com a Apple e outras empresas de tecnologia, mudou de gênero, aposentou-se aos 33 anos e se tornou uma *hacker* cívica. Quando o protesto do Sunflower Movement começou, Tang conseguiu ajudar os manifestantes a transmitirem o evento ao vivo pelo YouTube. Sem a transmissão, as notícias da mídia tradicional dando conta da invasão promovida por "criminosos" violentos teriam parecido críveis. Com o fim dos protestos (que tinham

---

[48] V. Jacomet, Noé. How the g0v movements is forking the Taiwanese government. Open Source Politics, **Medium**, 13 April 2017.

Democracia re-hackeada 359

atingido seus objetivos), o governo convidou Tang para ajudá-lo a mudar a maneira como ele trabalhava. Em 2016, eles a chamaram para se juntar à equipe. Ela refere a si própria como ministra do *hackeamento* e ainda se declara anarquista.

Fascina em Tang e outros que têm atuado em Taiwan o modo como a sociedade pode usar a tecnologia a serviço da democracia, em vez de permitir que ela a molde. Eles viram onde havia problemas com o funcionamento da democracia e descobriram como consertá-los. Veja o caso do Uber, por exemplo. Como a maior parte dos governos mundo afora, Taiwan não sabia o que fazer quando o serviço de táxi por plataforma chegou, em 2013. Deveriam tratá-lo como os serviços já existentes? Os motoristas do Uber seriam considerados empregados ou autônomos? O Uber deveria ser expulso? Em vez de submeter a questão ao processo normal de construção de políticas, o governo resolveu fazer uma consulta aberta, utilizando para isso uma plataforma de deliberação chamada pol.is. Cerca de 4.500 cidadãos participaram ao longo de quatro semanas, acabando por combinar cerca de sete recomendações (tais como não permitir que o Uber cobrasse mais barato que a tarifa padrão dos táxis). Em seguida o governo se reuniu com a empresa para discutir as recomendações em um evento transmitido ao vivo. Ao contrário do que aconteceu na maior parte dos outros países do mundo, o Uber aceitou quase tudo.[49] "Vejo o Uber como uma epidemia da mente", disse Tang. "Não se negocia com um vírus. Só o que se pode fazer é inocular as pessoas — por meio de deliberações."[50]

De igual modo, Tang reconheceu que, apesar de a tecnologia ter conferido voz pública a muita gente, governos democráticos

---

[49]   TANG, Audrey. Uber responds to vTaiwan's coherent blended volition. pol.is blog, **Medium**, 23 May 2016.

[50]   Apud RASHBROOKE, Max. How Taiwan is inoculating itself against the Uber "virus". **CityMetric**. 8 February 2017.

360 DEMOCRACIA HACKEADA

ainda precisam encontrar novas maneiras de ouvir essa voz — o que a levou a optar por inovações que possibilitem a escuta de muita gente ao mesmo tempo. Ou veja o caso da legislação e do planejamento: a maioria das pessoas considera o *legalês* hermético demais e isso as desencoraja a comentar as propostas de novas leis, mesmo que lhes seja dada essa oportunidade (como o piloto do parlamento do Reino Unido promovendo a leitura pública dos projetos de lei). Assim, Tang tem testado outras maneiras de transmitir texto, como, por exemplo, usando simulações de realidade virtual.[51] A integração entre tecnologia e democracia em Taiwan ainda é recente, e muitos experimentos ainda são incipientes, mas já mostram que as coisas podem ser feitas de modo diferente. Um aspecto em que Taiwan precisa inovar é em torno da identidade digital do cidadão e de sua relação com o governo democrático.

Para encontrar o país que foi mais longe na reformulação desse aspecto, você precisa viajar 8 mil quilómetros a oeste de Taipei, até o estado báltico da Estônia. Em 20 de agosto de 1991, a 76ª Divisão Aerotransportada da União Soviética chegou a Tallinn pronta para tomar o controle das comunicações da Estônia. A divisão havia sido enviada por líderes golpistas em Moscou que tentavam sabotar as reformas da URSS implementadas por Mikhail Gorbachev. Os cidadãos estonianos, que vinham se manifestando havia anos a favor da independência, bloquearam o acesso a instalações de rádio e televisão. Naquela noite, o Concílio Supremo da República da Estônia votou a favor da independência do país. Dois dias depois, a Islândia foi o primeiro país a lhes reconhecer a independência em caráter oficial.[52] Duas semanas antes da declaração da Estônia, Tim

---

[51] WHITE, Edward. INTERVIEW: Taiwan's "Digital" Minister, Audrey Tang (Part 2). **News Lens**, 3 November 2016.

[52] Estonia and Iceland — what we share. Ministry of Foreign Affairs, Republic of Estonia, 23 October 2009.

Berners-Lee publicou em um grupo de discussão que estava disponibilizando ao público, pela primeira vez, a World Wide Web. A partir do momento em que começaram a construir sua nova nação, os estonianos se esbaldaram em dados e na *web*. Ao mesmo tempo, fizeram-no sabedores da própria vulnerabilidade como nação, da iminente ameaça à segurança vinda do leste, e estavam visceralmente conscientes dos perigos do governo centralizado, ao estilo soviético. Avance 25 anos e a Estônia terá se convertido com sucesso no país digitalmente mais capacitado, mais seguro e mais satisfeito do mundo. Mas, ao contrário de países autoritários como a China, conseguiu isso centralizando o controle no cidadão, em vez de no Estado. Desde o início, escrevem Helen Margetts e Andre Naumann do Oxford Internet Institute, o objetivo do país foi "desenvolver uma sociedade centrada no cidadão e inclusiva", com a ênfase no "cidadão como primordial".[53] Queriam ver seus cidadãos na qualidade de sujeitos, não objetos do governo.[54] Desse modo, embora quase todos os cidadãos tenham uma ID eletrônica, também são donos dos próprios dados públicos. Os serviços do governo são de uma eficiência incrível — são famosos os cinco minutos necessários para se declarar imposto no país —, mas nenhum departamento tem permissão para copiar dados pessoais ou coordenar com outros órgãos o conhecimento que detêm das pessoas. As autoridades podem conferir dados se tiverem justificativa e causa, mas o cidadão recebe notificação do propósito disso caso aconteça. Em outras palavras, o Estado é mais transparente que os cidadãos. O sistema todo se baseia em padrões abertos, mas

---

[53] MARGETTS, Helen; NAUMANN, Andre. Government as a Platform: What Can Estonia Show the World? Oxford Internet Institute, University of Oxford, February 2017.

[54] VAARIK, Daniel. Where Stuff Happens First. White Paper on Estonia's Digital Ideology. Disponível em: https://www.mkm.ee/sites/default/files/digitalideology_final.pdf. Acesso em: 17 fev. 2022, 16:33:37.

protegidos por criptografia; é acessível, mas decentralizado, e eficiente sem ser invasivo.

★★★

Uma piada antiga diz que um turista se perde e solicita orientações para um morador local. "Bem, no seu lugar, eu não começaria daqui", é a resposta que ouve. O mesmo poderia ser dito em relação à maior parte das democracias no fim da segunda década do século XXI. Tendo a oportunidade, ao redesenhar seus sistemas de informação, a maior parte delas faria melhor começando da posição da Estônia em 1991. Acontece que elas não estão lá, mas aqui. E aqui, em se tratando de política no mundo digital, é um caos. O mundo digital já entornou para o mundo real, ao qual se tornou indissociavelmente ligado. Trata-se de um mundo dominado por plataformas tecnológicas transnacionais gigantescas, cujos propósitos às vezes apoiam a política democrática e às vezes a corroem. Um mundo no qual governos autoritários solucionaram como "domar" a internet de modo que ela lhes potencialize o poder. Um mundo em que as sociedades democráticas ainda estão começando, tardiamente, a perceber quanto sua política tem sido transtornada.

A reconstrução das coisas não será tarefa simples. Significará reconhecer que existe uma discrepância insustentável entre a capacidade de nos fazermos representar e os modos pelos quais somos representados na política democrática. Significará admitir que essa discrepância vem corroendo a legitimidade dos processos democráticos estabelecidos, sobretudo as eleições, e que, se estes não forem remodelados, só farão piorar. Significará aceitar que os sistemas de mídia, pelos quais os cidadãos recebem informações políticas e as autoridades são responsabilizadas, não funcionam. E significará também reconhecer que a moeda da web, os dados pessoais, embora comercialmente problemática, pode corromper políticas democráticas.

Se vamos criar uma nova democracia digital, um bom começo é aceitando a dimensão da tarefa e aprendendo a lidar

Democracia re-hackeada 363

com ela. Como no enfrentamento das mudanças climáticas, a empreitada não exigirá meses ou anos, mas décadas. Também precisamos ser honestos acerca do que sabemos e do que não sabemos. Toda vez que um grupo de políticos interroga um executivo do Vale do Silício, o resultado acaba sendo parecido com um vídeo do YouTube explicando como funciona uma plataforma. Em parte, o problema é de geração, mas isso não serve de desculpa para os governos não aprenderem. Ao mesmo tempo, deveríamos parar de tratar engenheiros de softwares como uma espécie de clero. Só porque alguém é capaz de escrever um algoritmo, não significa que a pessoa saiba como a política funciona. Isso se aplica em especial a sumos sacerdotes como Zuckerberg, Page, Brin, Cook, Bezos etc. Por mais inteligentes e talentosos que sejam, as obras de sua criação lhes extrapolaram a compreensão e o controle. É difícil ver um futuro saudável para a democracia liberal em um mundo completamente dominado por um punhado de superpoderes tecnológicos. Precisamos de uma esfera digital menos centralizada, espaços cívicos digitais e serviços públicos que não dependam do rastreamento de dados pessoais e de *ad techs*, e uma democracia digital que comece — como na Estônia — com os cidadãos no centro.

Considerando como será difícil para a democracia se desenvolver, é tentador rejeitar por inteiro as inovações digitais; tentar retornar ao mundo das canetas e dos papéis (e das máquinas de escrever, como fez o governo russo). Mas enfiar a cabeça na areia não fará desaparecer a web, as gigantes da tecnologia, a inteligência artificial, a utilização dos grandes volumes de dados e a política de plataforma. Além disso, mudar pode ser difícil, mas não é impossível. Como Taiwan, Estônia e outros países e comunidades têm demonstrado, a democracia é capaz de evoluir, e a tecnologia pode ser usada para renovar processos democráticos. Ela pode ser re-hackeada, mas só se houver disposição para fazer isso.

Agradecimentos

"livro?" Tenho quase certeza de que esta será a primeira e a última vez que receberei um e-mail com uma oferta tão extraordinariamente lacônica no campo "Assunto". O e-mail vinha de Alex Christofi da Oneworld, futuro preparador e editor deste livro. Sou imensamente grato a Alex não só por propor que o escrevesse como por todo conselho e apoio ao longo do processo. Suas ideias e sugestões foram de imensa utilidade, e eu não conseguiria finalizar a tarefa sem seu apoio e encorajamento. Preciso ainda estender esses agradecimentos a todos da Oneworld.

Uma combinação eclética de pessoas foi muito gentil em ler, comentar e oferecer considerações sobre vários capítulos, as mais notáveis delas sendo a minha esposa Jojo, o meu colega Gordon Ramsay (não o *chef*), o meu cunhado Nick Kettlewell, Brian Cathcart, Sam Robertshaw e outros. Sou muito grato a eles e a todos que entrevistei em função do livro. Obrigado também a Annabel Merullo e Laura McNeill da PFD, e ao King's College London, onde dou aulas e pesquiso.

Este livro se baseia em uma enorme pilha de artigos de jornais, livros, reportagens, artigos assinados, conclusões de grupos de estudo, avaliações da indústria e dados primários. Felizmente, a maior parte está em domínio público. Procurei indicá--los no texto. Sou grato aos diversos escritores e pesquisadores cujo trabalho ajudou a subsidiar este livro, mesmo me faltando espaço para agradecer a todos aqui.

Há dezoito meses comprei uma porca. É possível atribuir o fato a uma crise de meia-idade, mas a verdadeira responsável é minha falta de imaginação. A minha esposa fora passar o fim de semana fora e eu lutava para encontrar alternativas para distrair os nossos quatro filhos pequenos. Graças a uma rápida pesquisa na internet, descobri que havia uma ninhada de porquinhos à venda não muito longe de nós. Concluindo que seria uma bela maneira de passar a manhã de sábado, corremos para o carro e partimos. Cerca de duas horas depois, voltamos para casa trazendo uma porca dentro de uma cesta.

Tenho vários arrependimentos em razão de compras por impulso. Deixar de planejar onde Pigpig (como ela seria chamada) viveria provavelmente é um dos principais. De igual modo, eu deveria ter preparado melhor a minha esposa espantada, mas receptiva. No entanto, um detalhe impede que eu me arrependa por completo da compra de Pigpig. Existem poucas coisas mais sólidas na vida que uma porca. Ela está quase tão distante do mundo virtual quanto possível. Para gente como eu, que se perde em meio a preocupações com o nosso futuro político na era das plataformas tecnológicas superpoderosas, das campanhas políticas fomentadas por inteligência artificial e de um Estado alimentado por dados, recomendo que providencie uma porca. Poucas coisas conseguirão trazê-lo de volta à terra mais rápido. Um agradecimento final vai então para Pigpig.

Esta obra foi composta em *Minion Pro*
e impressa por Corprint Gráfica sobre papel
Pollen Natural 70 g/m² para Editora Hábito.